阶段性成果

特色发展引导专项资金资助项目

支持资金项目资助

国家出版基金项目

国家社科基金重大项目（16ZDA133）

“十三五”国家重点出版物规划项目

中央高校建设世界一流大学学科和

中央高校基本科研业务费资助项目

上海市促进文化创意产业发展财政

·中国经济专题史研究丛书·

货币、信用与贸易：

在东北探寻近代金融（1860—1931）

燕红忠　著

上海财经大学出版社

作者简介

燕红忠，上海财经大学讲席教授、博士生导师，教育部青年长江学者、新世纪优秀人才；中国经济史学会常务理事、近代史专业委员会副主任；国家社科基金重大项目首席专家，马克思主义理论研究和建设工程重点教材《中国经济史》编写专家。主要研究领域为金融史、商业史、社会组织与经济发展。

近年来，先后主持国家社科基金重大项目、国家社科基金一般项目和后期资助项目、国家重大科研项目“清史工程”(典志·商业志·商人篇)、教育部人文社科基金和博士后科学基金等项目十余项。在《经济研究》《历史研究》《经济学(季刊)》《金融研究》《近代史研究》、*Frontiers of History in China*、*Frontiers of Economics in China*(FEC)、《中国经济史研究》《中国社会经济史研究》《财经研究》等核心期刊发表论文70余篇，出版《近代中日货币战争研究1906—1945》《货币、信用与贸易：在东北探寻近代金融(1860—1931)》《中国的货币金融体系1600—1949年》《晋商与现代经济》《明清晋商与徽商之比较研究》(合著)《世界市场价格变动与近代中国产业结构模式研究》(合著)等专著10部。其中，《近代中日货币战争研究1906—1945》入选2019年国家哲学社会科学成果文库。

主编《中国金融史》，参编教育部马克思主义理论研究和建设工程重点教材《中国经济史》和国家“十一五”规划教材《中国经济史》。研究成果先后获得省(市)社会科学研究优秀成果奖一等奖4项、二等奖2项，省(市)教学成果奖一等奖2项，教育部高校科学研究优秀成果奖三等奖2项。多次赴荷兰、南非、日本、美国等国家和地区参加世界经济史大会等国际学术会议交流。

长期发展之类长时段、大跨度的研究；二是聚焦于近代中国的金融发展、内债管理、房地产业发展和近代经济思想演化的研究；三是对改革开放前国防经济思想的专门探讨。

第四，中华民族五千年的文明生生不息，延续至今，其值得研究的内容十分广泛，也具有现实意义。本丛书从经济史学的视角，来探讨经济发展规律，以期达到“以史为鉴”的研究效果，因此，选题具有开放性、包容性和延展性。

我们期待这套丛书的出版能够对中国经济史学的研究做出新的贡献，并进一步凝聚经济史学学术共同体，推进经济史学学科的持续发展。

编委会

2020年2月

导 言

近年来,学术界关于中国传统商业贸易的研究已经取得了很大进展。但一方面,由于传统商业习惯和商业保密的原因,对传统货币和信用市场的运作缺乏系统的史料;另一方面,也由于当前对金融史和商业史研究的分离,从而缺乏基于商业组织与金融运行之间关系的深入考察。本书的主要目标是基于近代东北贸易发展和大宗商品交易过程中的货币和信用关系,主要基于过炉银制度、期粮和交易所市场、区域货币与汇兑市场,探讨贸易、货币和金融信用之间的内在关系,以及近代中国区域金融市场的发展转型。

史料是史学研究的基础,之所以选择东北作为研究对象,首先是基于资料的可获得性。在历史上,由于正式统计的不足,加之商业习惯和商业保密的原因,使得贸易交易、货币信用等具体情况的系统史料非常缺乏。而在东北,为了给其殖民统治提供经济对策,日本各种派出机构从1905年前后开始对东北各地商贸进行了大量实地调查,从而保留了大量调查报告。在考辨其调查背景、动机和目的基础上,有利于对当时的商业和金融进行深入分析。其次,东北是近代史上的新开发地区。一方面,作为新开发地区,清政府对东北地区商业和货币信用的管理相对比较宽松,为近代金融信用的最初发展提供了条件;另一方面,近代东北地区也是以日本为主的外国殖民金融势力渗透、地方军阀干预和民间商人参与共同竞争博弈的典型区域。因此,东北的贸易发展及其背后的金融信用,也能够很好地反映贸易、货币信用和金融市场发展转型之间的内在关系。

有关清代东北与内地贸易的关系及其影响，学术界已经有很多讨论。早在19世纪初期，关于清廷漕粮海运的争论就曾涉及南北贸易的规模和运输情况。王业键关于长江三角洲的谷物供给和粮食价格、张忠民关于上海口岸经济的发展、范金民关于明清江南商业发展的研究，都不同程度地探讨了东北和江南的贸易及其可能的规模。① 邓亦兵专门对清代前期的沿海运输业进行了考察。② 与此同时，有关东北与内地的贸易也涉及经济史中的热点问题，即中西方“大分流”的争论。李伯重在对江南农业发展的研究中，利用早期的官方史料和20世纪初年的大豆产量数据，专门对19世纪前期东北输入江南的大豆总量进行估算，从而说明18世纪江南农业中存在肥料革命和农业生产率的提高。③ 这又进一步成为彭慕兰大分流的重要基础之一。Christopher M. Isett 认为，李伯重严重夸大了东北地区的大豆产量和输出量，他通过耕地面积和亩产量重新估算了东北在1725—1900年每间隔25年的大豆净产量和最大可能输出量，进而说明18世纪中国的中心地区江南存在严重的马尔萨斯压力以及日益恶化的土地劳动生产率。④ 按照其所估算的东北大豆最大输出数字，1775年为112万石(标准石，下同)，1800年为146万石，1825年为177万石，1850年为236万石，1875年为315万石、1900年为525万石。而王业健和李伯重所推算的18世纪末19世纪初期的数字则是1 000万石，两者之间差距甚巨。

由于营口是东北早期经济发展时期的主要贸易港，营口贸易及其金

---

① Y. C. Wang, *Food Supply and Grain Price in the Yangtze Delta in the Eighteenth Century*, in The Second Conference on Modern Chinese Economic History, Institute of Economics, Academia Sinica, 1989; *Secular Trends of Rice Prices in the Yangzi Delta*, 1638—1935, in Thomas G. Rawski and Lillian M. Li eds. *Chinese History in Economic Perspective*, University of California Press, 1992, pp. 35—68. 张忠民：《上海：从开发走向开放 1368—1842》，云南人民出版社，1988年；范金民：《明清江南商业的发展》，南京大学出版社，1998年。

② 邓亦兵：《清代前期沿海运输业的兴盛》，《中国社会经济史研究》1996年第3期。

③ 李伯重：《江南农业的发展》，上海古籍出版社，2007年。

④ Christopher M. Isett, *State, Peasant, and Merchant in Qing Manchuria, 1644—1862*. Stanford University Press, 2006.

融体系不仅支撑了东北的地区开发和经济发展，而且对于其整个贸易覆盖地区也有着深远影响。因此，本书第一章主要利用早期的日本调查资料，对营口贸易的发展过程、营口贸易的覆盖区域、市场网络及其运行机制、营口的贸易模式和商业构造的变化等问题进行分析与探讨。

期货合约和信用工具都是构成金融市场的主要内容。第二章考察在前交易所时代东北豆货贸易发展基础上所形成的豆品期货市场及其信用特点。晚清时期，东北作为新开发地区，豆货产销和出口贸易构成了其经济发展的主要推动力。由于农产品生产、流通与货币交易具有极强的季节性，在现货交易达到一定规模之后，逐渐发展出以远期合约或期货交易为特征的期货市场。东北的豆品期货广泛存在于口岸市场、大集散地市场、产地集散市场和产地市场四级市场网络之中，期货交易主要有批买卖和期粮两种形态，其中尤以集散中心的期粮交易更为重要。期货市场的信用凭证有类似本票的飞子、类似交易合同的批帖与条子等形式。期货市场的基本机能主要体现在价格创造和金融信用分配方面。当时的豆品期货市场不仅发展到相当的水平，而且支撑着整个集散市场乃至外贸体系的有效运行。进入20世纪，随着外国势力的进入和政府的干预，对豆品期货市场乃至整个市场体系的运转和秩序都造成了很大破坏。

第三至五章考察支撑商业贸易背后的信用和货币制度即过炉银制度的运行机制与发展兴衰过程。营口“过炉银”这一货币制度大体形成于19世纪七八十年代，并在世纪末之前维持了稳定运行。由于营口是晚清时期东北贸易的主要港口，因此过炉银也成为当时东北的主要贸易货币，它不仅很好地适应了东北地区季节性极强的贸易特点，也为以营口港为核心的东北贸易提供了良好的货币市场基础。但进入20世纪，随着日俄军事和金融势力的侵入，以及官方的介入和干预，东北经济和贸易遭受了一系列外部冲击和商业危机，营口过炉银在应对外部冲击和信用危机的过程中，经历了从过炉现银制度、“卯色”交易到支票转账制度，从中断决算、不完全决算到公定价决算、“卯色”决算，从宝银、小洋、上海汇水到各种纸币的定价。过炉银的经营也从完全依附于商业贸易的商号，逐渐转变为具有近代商业银行性质的金融机构。过炉银制度在从诞生到被废止的70余年历史中，经历了两个重要的标志性转折，一是1907年的东盛和破产案，二是1918—1919年的西义顺破产风波。东盛和破产是外部冲击长期积累的结果，它标志着过炉银制度的重大调整和市场覆盖范围的逐步收缩。而1918—1919年的西义顺破产风波则是商帮之间恶性竞争的结果，标志着官方对金融市场管理的强化，过炉银作为一种民间货币逐渐走向衰落。西义顺银炉破产案的发生、破产救济、政府监管和过炉银制度的衰落，从一个侧面反映了近代竞争性货币市场的运行及民间货币的最终命运。

日俄战争后，日本获得旅大租界和中东路南段长春到大连的所有权益。1907年，大连开埠，作为日本对华贸易的自由港，逐渐超越营口，成为东北地区的主要贸易港和金融周转中心。虽然大连的海关和行政权由日本殖民者所管理，但参与贸易和金融交易的则多为中国人，在当时的东北区域经济发展乃至东北和上海的经济循环中发挥着重要作用。以“大连商人”为主体，为规避农矿业商品交易风险的汇市交易、平衡金银差价交易，成为影响上海汇市乃至后来标金市场的强大金融势力，也是通过上海金融市场左右日元定价和世界银市的主要势力之一。第六章考察了以大连为中心的钱市、汇市与贸易之间的关系。大连虽为日本的租借地，但其与东北内地和上海的经济联系却更为紧密。由于金、银两种货币同时流通，大连成为连接日本、东北和上海的桥梁，东北特产物的出口需经大连结算，同时大连也是东北与日本、东北与上海进行货币兑换和资金汇兑的重要枢纽。大连钱钞市场和汇兑市场休戚相关，为大连与上海及东北内地间的资金汇兑和投机套利提供了交易场所。套利活动促使朝鲜银行限制大连向日本汇款，进而影响日本与大连、上海的贸易和资金流动。20世纪20年代后，两地贸易收支差额有所扩大，但银价差额逐步缩小，投机交易对银价差缩小的向心力大于贸易收支差额对银价差的离心力，表明两地货币市场联动更加紧密，市场运行效率有所提升。

交易所是大宗商品、货币或证券的交易场所，是近代市场经济发展的一个重要方面。东北是近代交易所发展最早且最为典型的地区,第七章和第八章考察了近代东北交易所的发展兴衰过程、交易所的主要制度安排及运行机制等内容。近代东北交易所主要是在日本关东厅的推动下建立的,由日方官商所主导,在参照日方交易所相关法规的基础上逐步建立起来。在这一过程中,日方交易所的建立起到较好的示范作用,同时也反映了中国传统的商业习惯和信用特点。在资本规模和交易品种方面,日方交易所无论官营还是民营,资本规模都较大,交易品种也较多,涉及商品、证券、钱钞等。中方经营管理的交易所则规模较小,交易的货物种类也有限。交易所的建立为东北特产物的出口及进口商品的交易提供了便利,促进了这些商品交易量的提升,扩大了市场交易规模及范围。东北各交易所基本围绕特产物或杂粮集散中心进行设置,哈尔滨、长春、开原、公主岭、四平街、铁岭、辽阳、营口、安东、大连都是特产物集散地,而且也是交通枢纽,特产物的流通和输出大多通过这些地区。一方面,特产物的交易需求催生了交易所;另一方面,交易所设立后,为特产物提供了一个集中交易的场所,进一步扩大了特产物的交易规模。

东北交易所的发展在很大程度上为近代中国交易所法规制度的制定提供了参照,也推动了相关市场交易制度的转型发展。过去在对有关东北市场的研究中,对于东北豆货交易所制度的来源往往倾向于日本带来说,事实上东北豆货交易所制度的主要部分是对原有中国市场制度的继承,所不同的是日方将其规范化和法制化了,并且以官营形式使其具有殖民地法制的强制性,即参与者无法自由变更制度的性质。其之所以能够通行,其一是由于因地制宜地改变和强化了东北曾经通行的制度,并不断地对制度进行调整和创新,使交易制度更具合理性;其二是清廷和后来军阀政权的市场政策摇摆不定,中国商民为避开其对正常市场的干扰而大量进入租界和满铁附属地;其三是日本殖民政权关注的是获取经济利益,为了与中国政府进行市场竞争,为市场参与者提供了非常宽松的政策环境。“九一八”事变后,日本通过军事强制手段控制东北,逐步推行统制经济政策,东北的交易所也迅速走向了衰落。

目录

第一章

晚清营口贸易的商业机能与市场网络

有关营口贸易,20 世纪初日本的各种主体曾做过大量调查,积累了很多资料。战后,日本国内也有以这些调查为基础的相关研究,但这些研究大多存在明显的扭曲和偏见,影响了其分析和结论的客观性。在 20 世纪 60 年代以前,主要代表者为佐佐木正哉和石田兴平。[①] 这些研究带有鲜明的“日本帝国主义殖民地支配史”的特点,有意忽略了中国的主体地位和东北原有的经济发展。首先,将东北与内地间关系定义为殖民地与宗主国的关系,以军部炮制的对中间资本的批判论为分析工具,以华北土地剥削的强化为人口移动的原因,其探讨也以东北被殖民地化为必然结果展开,集中体现了战后初期日本研究界方法论混乱的状况。[②] 其次,忽略了一个重要时期,即对营口成为贸易港至日俄战争前这一时期的探讨,

---

① 佐々木正哉:《営口商人の研究》,近代中国研究委員会《近代中国研究》第一輯,東京大学出版会,1958 年,第 213—267 頁;石田興平:《清代満州における中国植民地的経済循環の形成》,滋賀大学経済学会《彦根論叢》第 59・60・61 号,1959 年 10 月,第 18—32 頁;石田興平:《清代満州における貨幣流通と経済循環》,滋賀大学経済学会《彦根論叢》第 70・71・72 号,1960 年 10 月,第 16—32 頁;石田興平:《営口を中心とする輸出入品の取引と経済循環》,滋賀大学経済学会《彦根論叢》第 77 号,1961 年 7 月,第 1—16 頁。

② 战前,日本为了侵略东北,曾炮制“满洲是中国移民殖民地”的说法,意在强调“东北非中国固有领土”,使其侵略行径合法化。20 世纪 30 年代,军部为了排挤财阀和商业资本,曾令其御用学者炮制所谓“商业资本等同于中间盘剥,等于腐朽没落资本”的理论,在实际政策中也采用排除中间商的政策,并令高桥龟吉等御用学者从事“华北调查”,炮制“土地集中”“民不聊生”的论据,以制造国民政府无力解决国内问题,华北农民会欢迎日本统治的依据。而这些御用学者在战后摇身一变,成了马克思主义经济学“权威”,影响很大,由此引起部分学者研究方法论的混乱。

对影响经济和贸易发展的基本要素的变化也不加考察，笼而统之地将一港主导和多港竞争前后两种经济循环混为一谈。再次，与第二点相关联，对营口交易币制的形成时期、市场参与者及过程的考察，基本直接沿用1910年满铁调查的结论。

20世纪80年代以后，日本东洋史研究界曾有反思，有学者指出，在日本发动“九一八”事变占领东北之前，东北被殖民地化并非必然趋势。有关东北开发和经济发展过程的研究者更注重华商资本在开发过程中的作用与特点，以及中国地区间商品流通结构的变化，如宫田和小濑对沿海开港地之间的商品流通的探讨①，塚瀬关于外来因素对东北经济影响的考察②，山本关于区域贸易圈形成问题的研究等。③ 但这些成果仍然在不同程度上受到前期研究传统的影响，并在数据使用方面存在一定的“混乱”，同时缺乏对外贸、港口和腹地相互关系和运行机制的整体视角，以及贸易和金融关系的系统考察。本章主要利用日本的早期调查资料和数据④，并结合这一时期的海关贸易报告，在考辨前述相关研究的基础上，对营口贸易的商业机能与市场网络进行系统考察，特别是弥补营口开港至1907年前后这段时期现有研究的不足。⑤

晚清时期，东北区域经济发展中的自然区域包括辽河流域、三江流

---

① 宮田道昭:《19世紀後半期、中国沿岸部の市場構造—“半植民地化”に関する一視点》,《歴史学研究》第550号,1986年1月,第1—14頁;小瀬一:《十九世紀末中国開港場間流通の構造:営口を中心として》,《社会経済史学》第54卷第5号,1989年1月,第644—672、751頁。

② 塚瀬進:《中国近代東北経済史研究:鉄道敷設と中国東北経済の変化》,東方書店,1993年;塚瀬進:《満州事変前、大豆取引における大連取引所の機能と特徴》,《東洋学報》第81卷第3号,1999年;塚瀬進:《中国東北地域における大豆取引の動向と三井物産》,江夏由樹ほか《近代中国東北地域史研究の新視角》,山川出版社,2005年。

③ 山本進:《清末民初奉天における大豆交易—期糧と過炉銀》,《名古屋大学東洋史研究報告》第31号,2007年,第49—71頁;山本進:《清末東三省幣制:抹兌と過帳》,《九州大学東洋史論集》第35号,2007年4月,第163—184頁;山本進:《清代東銭考》,《史学雑誌》第114編第3号,2005年,第38—61頁。

④ 虽然海关也提供了这一时期营口贸易的统计，但是营口贸易同时包含了海关和常关，并且海关统计对于豆油的输出遗漏很大，而这些日本调查资料则包含了上述信息，同时也可以观察到更多的有关腹地市场的信息。

⑤ 雷慧兒的《東北的豆貨貿易:1907—1931》(臺灣師範大學歷史研究所專刊(7),1981年5月)是一部非常重要的关于东北豆货贸易的专题研究著作，但其研究起点是1907年，即以大连、安东、大东沟的开港为标志，并且主要以日本大连满铁产业部所出版的《满铁调查月报》为最重要的基础资料，因此与前述日本学术界依赖满铁调查所得出的诸多论点具有一定的类似性。

域、东部内蒙古、辽西锦州、辽东半岛及鸭绿江流域的一部分。在这五个区域中，后两者可与芝罘直接贸易，但从比例上来看，其贸易额仅占整个东北贸易的一成左右，而前三个区域通过营口与关内的贸易，构成当时东北经济的主要部分。营口贸易的主要内容是上述三大区域农产品出口与所需日用品的进口。营口贸易早在营口开港前就已产生，并在不同时期呈现出不同的特点，即其贸易对象地区，以及主要商品构成、运输形态、贸易参加者和运营形态等都有所变化。

一、东北贸易发展概况

明代虽有海禁，但走私贸易极为活跃，不仅有东亚、南洋贸易，也形成了以长三角为分界的南北两大沿岸贸易流向。一是长三角与华南各省的棉花与砂糖贸易，主要由闽粤各港船只进行；二是由沙船帮从事的北方贸易。清朝自康熙二十四年(1685 年)解除海禁后，沿岸贸易的规模和经营形态都得到迅速发展。18 世纪就有闽粤商人运砂糖到上海、采购棉花而归的记录。① 1846 年，福建船入上海港约 300 艘，广东船约 400 艘。② 至于沙船贸易，明代江南就有适合航行北方的商船 1 000 艘以上③，清初沙船航行范围扩大到山东半岛以北④。乾隆十四年(1749 年)，清廷正式准许由盛京运出大豆，此后东北大豆、豆饼被大量运往南方。⑤ 嘉庆九年(1804 年)，包世臣在《海运南漕议》中描述了上海沙船帮的运营及其以南方布茶与关东豆麦为主要交易的状况。“中外尚未通商以前，商市以豆业为领袖。”⑥19 世纪中叶，宁波与上海同为南北贸易的中转基地，商人分为南号、北号两帮，北号拥有 180 艘左右海船。

关于南方船只到北方贸易的记录虽然不连续，但也能从中观察到其

---

① 褚华：《木棉谱》，《上海掌故丛书》第 1 集，上海通社，1935 年。褚华为乾隆时期的上海人。

② *The Chinese Repository*, Vol. XV, No. 9, Sept. 1846, pp. 467—468. 闽船多来自海南和台湾，粤船多来自澳门与东南亚。

③ 周世德：《中国沙船考略》，《科学史集刊》1963 年第 5 期。

④ [清]谢占壬：《古今海运异宜》，《皇朝经世文编》卷 48。

⑤ 加藤繁：《康熙乾隆時代に於ける滿州と支那本土との通商について》，《支那経済史考証》，東洋文庫，1953 年。

⑥ 民国《上海县续志》卷 1《风俗》。

商业模式和贸易规模。雍正九年(1731 年)，闽船 59 艘运销砂糖入天津港。[①] 道光十八年(1838 年)，闽粤船 147 艘至天津，在天津卸货后，转道盛京、锦州载大豆而还。[②] 此外还有以上海和宁波为中继港口的贸易，自 1845 年 7 月起一年中，福州港有来自宁波的 1 141 艘船到港，运来北方所产大豆 18 万担[③]，占福州港进口总额的 1/4，即沙船将东北出口大豆分批次销售到福州[④]。但是比较这一时期长三角和闽粤船只的所有和运营状况可知，相对于闽粤船为贸易参加者所共有，运输和贸易机能捆绑在一起，上海沙船为船主所拥有，交通运输业与贸易已经分离。这种分工状态之差，造成了五口通商后沙船和华南各港船只相对轮船货运竞争力的差别。[⑤] 第一次鸦片战争后，清廷尚未开放北方各港，闽粤两省帆船一度将其贸易范围扩大到北方，第二次鸦片战争后才逐渐趋于减少。[⑥]

(一)海关贸易的发展

营口开港后，贸易管理机关分为海关和常关，海关称新关，常关称旧关、钞关或西关。海关主要管理外轮与外海航船，常关主要对应内海航船和中国帆船。图 1.1 是根据海关贸易数据描绘的 1872—1905 年内外商品贸易状况。从其贸易数据可得出以下一些结论：第一，营口贸易的发展可分为：1872—1873 年、1874—1881 年、1882—1889 年、1890—1894 年、1895—1899 年、1900—1905 年 6 个阶段。第二，1872—1873 年是上一个商业周期的下降期，至 1874 年到达低谷；之后的 1874—1881 年、1882—1889 年两个时期，是以 8 年为单位的上升和下降周期，可以视为营口贸

---

① 香坂昌紀：《清代前期の沿岸貿易に関する一考察——特に雍正年間・福建—天津間に行われていたものについて》，東北大学文学会《文化》第 35 卷第 1、2 号，1971 年 12 月，第 28—65 頁。该论文使用雍正七年和九年的史料《奉闽船到津摺》考证了闽船的贸易状况。

② 佐々木正哉：《営口商人の研究》，近代中国研究委員会《近代中国研究》第一輯，東京大学出版会，1958 年，第 213—267 頁。

③ 1 担＝60.479 千克，下同。

④ BPP, *Return of the Trade the Various Ports of China, 1845—46*. Vol. 40, 1847, Foochow, p. 106.

⑤ 闽粤两省的帆船数量由于外国轮船竞争而减少较多，但沙船由于船舶专营程度高，相对于外国商船，在沿海贸易方面一直占有较大比例。参见宮田道昭：《19 世紀後半期、中国沿岸部の市場構造—"半植民地化"に関する一視点》，《歴史学研究》第 550 号，1986 年 1 月，第 1—14 頁。

⑥ 如汕头的商用帆船数量 1858 年为 400 艘，1869 年为 300 艘，1882 年 110 艘，1893 年减少到 80 艘。

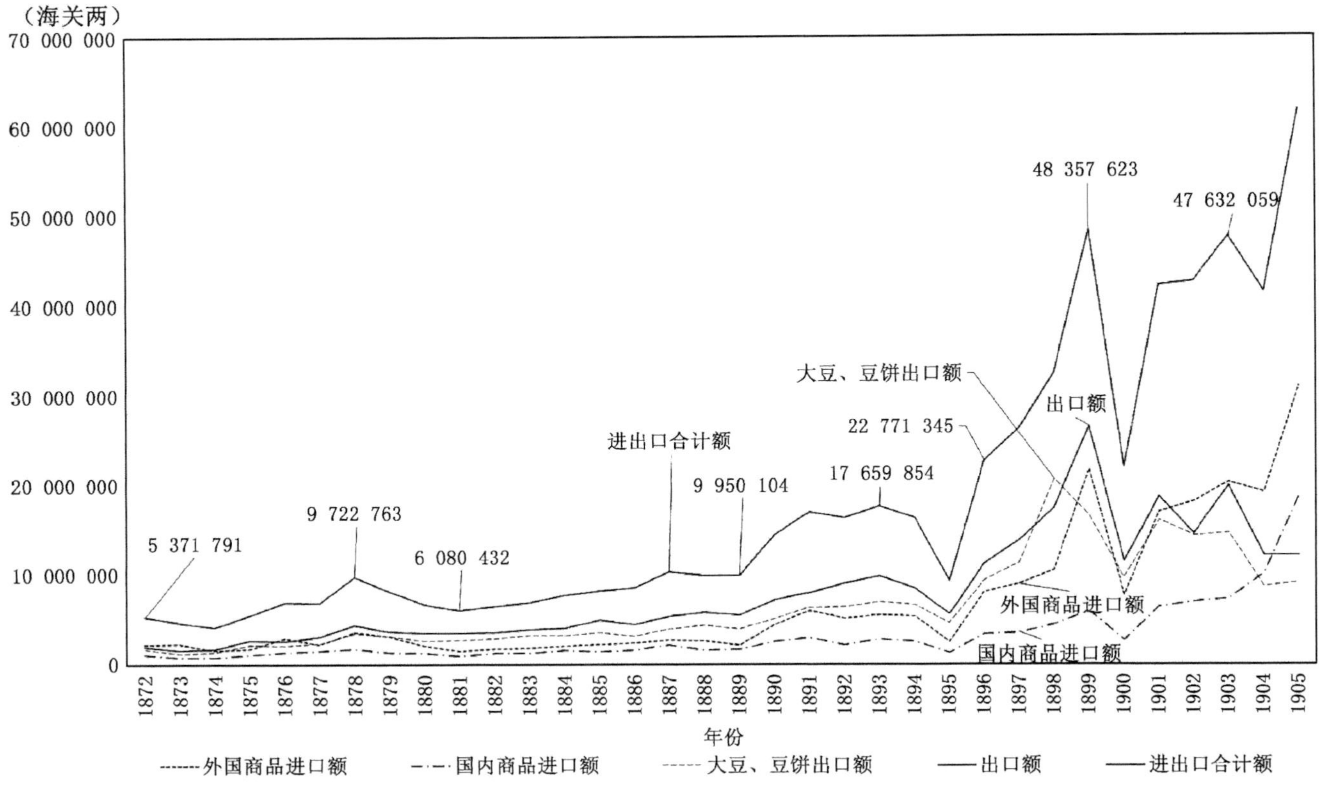

资料来源：《東亜同文会ノ清国内地調查一件／営口駐在班ノ部》第二卷，1907年，第18～19頁；拓殖局，《拓殖局報第二十五　大豆ニ関スル調查》，博文館，1911年，第196～198頁。

图 1.1　营口开港后的海关贸易

易主导下东北特有的商业周期,特征是出口额先于进口额的增长,豆货出口额的增长带动日用品进口额的增长,从而带动经济规模的增大。第三,1890—1894年、1895—1899年、1900—1905年三个时期,是对外贸易强劲增长时期,豆货出口增长带动直接和间接的外国商品进口大幅度增加,贸易规模增大推动东北经济规模迅速增大。但是这三个时期的贸易增长,皆因外来的战争和动乱因素而被打断。因此,营口贸易前期主要取决于内贸与自身生产周期,甲午战争以后对外贸易的影响因素大增。

豆货是营口港和东北贸易的主要商品。图1.2是1872—1906年海关贸易中,豆货出口的变化趋势。图中的上段是出口数量与金额的变化,下段是大豆与豆饼出口量的变化。从总趋势来看:第一,豆货贸易无论金额和数量都呈现长期增长趋势,至甲午战争前,以数量上升为主导,其后则以价格上升为主导,因此出口金额增长趋势快于数量增长,并呈加速状态。第二,1881年以前,出口金额与贸易数量波动几乎同步,豆货贸易量尤其是大豆贸易量呈现3～4年的周期性波动,受天气等自然环境影响的波动直接反映在贸易额上。第三,1878年贸易额与1889年出口水平十分接近,但数量规模相比差别很大,此后连续减少,到1881年减少近四成。第四,1881—1889年,大豆贸易量依然呈周期性变动,而且幅度较大,但豆饼贸易量呈现稳定上升趋势且波动较少,豆货贸易金额也呈现较稳定的上升趋势,但与数量上升之间差别逐渐拉大。这既表明价格上升低于数量增大的趋势,同时表明油坊业发展与交易金融体系有稳定价格、熨平大豆生产丰歉变动的效果。第五,在甲午战争前大豆与豆饼的贸易量呈现平行发展,但甲午战争后豆饼的出口一举达到接近大豆的水平,之后超过大豆贸易量,表明油坊业在甲午战争后到日俄战争前在快速发展,成为牵引经济规模增长的主导要素。

(二)常关贸易的继续保持

常关贸易与中国传统沿海贸易有着重要关系。在营口开港后相当时期,沙船和闽粤两省商船在营口货运中比外船占有优势。1873年的牛庄贸易中,帆船出口额为389.3万两,外船出口额为158.2万两,中国帆船的贸易额是外船的约2.5倍。1875年,中国船运出大豆和豆饼数量分别

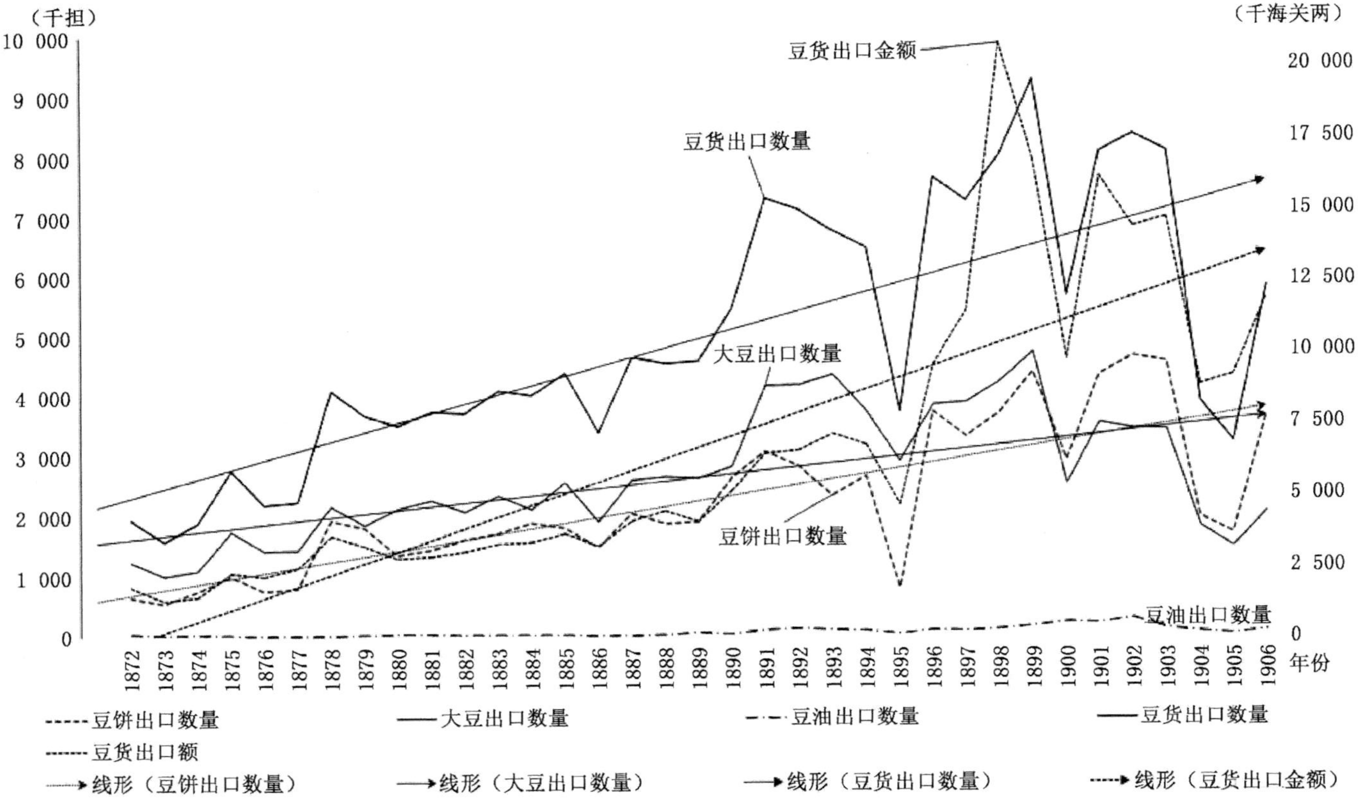

资料来源：拓殖局，《拓殖局報第二十五　大豆ニ関スル調査》，博文館，1911年，第196—198頁表中豆货出口数据。

图 1.2　海关贸易中的豆货出口状况

为 186 万担和 103.5 万担,外船运出量分别约为 174 万担和 100.7 万担。1876 年度双方的出口量几乎相同,但进口量中,中国船只相当于外船的 2/3 。[①] 日本调查指出:“营口常关贸易,即所谓帆船贸易起源极早。本港开港即 1831 年时,贸易主要由帆船和西洋帆船进行。1858 年牛庄开港条约禁止外轮输出大豆与豆饼,输出入满洲的货物多由帆船运输。……1864 年营口海关设立后,贸易逐年发展,贸易多被轮船所占。……但就帆船贸易统计来看,自 1901 年开始公布,……一直占营口贸易额的二三成,到 1918 年仍占三成二分。常关贸易之所以不衰有其原因,现在营口常关贸易以内贸为主,从上海、山东、华南进口土布、陶器、铁器,返程出口豆油、大豆、豆饼。其中如土布、陶器、豆油,轮船输出入的大部分会因包装等原因有损伤,用帆船最为方便,故至今营口帆船贸易依然不衰。”[②]常关最初因清廷禁止外轮输出谷物而繁荣,1862 年禁令取消后,因华南商人往返贸易模式而维持。

1900 年以后,营口开始公布常关贸易数据。观察 1901—1903 年常关贸易,可推测 19 世纪 90 年代常关贸易规模和对豆货出口的影响。如表 1.1 所示,尽管庚子事变对东北贸易打击巨大,1901 年常关贸易额仍达 1 600 万海关两以上,三年间平均值为 1 500 万海关两以上。出口额约相当于海关出口额的三成弱,进口额约相当于海关贸易额的四成。表 1.2 为 1901—1906 年常关豆货出口数量。1890—1899 年的 10 年间,海关每年平均出口大豆 387.6 万担、豆饼 293.9 万担、豆油 8.73 万担,常关 1901—1903 年平均每年出口大豆 38 万担、豆饼 24.4 万担、豆油 36.23 万担,分别相当于海关出口大豆的 12.9%、豆饼的 6.3%、豆油的 414.9%,即帆船的豆油出口为主渠道,表明当时豆油主市场主要为内贸市场。

---

① 1873 年参照 BPP, *Commercial Reports*, *Newchwang*, Vol. 11, 1873, p. 62(110). 1875 年状况参照 *IMC Report*, *Newchwang*, 1875. 1876 年状况参照 *IMC Report*, *Newchwang*, 1876.

② 外務省通商局:《滿洲事情》第 2 回第 4 輯(牛莊),1921 年,第 81 頁。

表 1.1　**营口常关的贸易额**　单位:海关两

年份	进口额		出口额	进出口合计金额
	外国商品	国内商品		
1901	51 234	10 231 780	6 156 991	16 440 014
1902	6 981	12 306 785	5 411 032	17 724 798
1903	3 356	10 220 329	3 748 732	13 972 417

资料来源:東亜同文書院,《清国商業綜覽》第二卷,東京丸善株式会社,1908 年,第 442 頁。

表 1.2　**1901—1906 年牛庄帆船输出豆货数量**

年份	大豆(担)	豆饼(担)	豆油(担)	豆货出口合计金额(海关两)	占出口合计金额比例(%)
1901	554 676	340 396	336 063	3 920 865	63.7
1902	355 673	197 921	447 131	2 953 873	54.6
1903	231 039	193 483	303 677	2 719 164	72.5
1904	394 780	402 685	184 212		
1905	99 443	130 236	139 498		
1906	211 204	167 936	181 078		
合计	1 846 815	1 432 675	1 591 659		

注:合计金额根据海关豆货贸易平均价格计算。

资料来源:拓殖局,《拓殖局報第二十五　大豆ニ関スル調査》,博文館,1911 年,第 204 頁。

(三) 清末贸易模式的变化

以营口为中心的东北经济发展,在 1900—1906 年间经历了庚子事变、俄军占领、日俄战争等一系列动乱与战争的影响。之后又因铁路竞争、多港通商、外国殖民地的设置等一系列环境变化,营口陷入深重的交易体系与金融体系危机,其影响力开始下降,使得东北贸易模式也开始发生变化。

图 1.3 是 1896—1910 年营口进出口贸易额的变化。从图中可以看出:第一,至 1899 年以前,出口额大于进口额,尤其是直接从外国进口额,

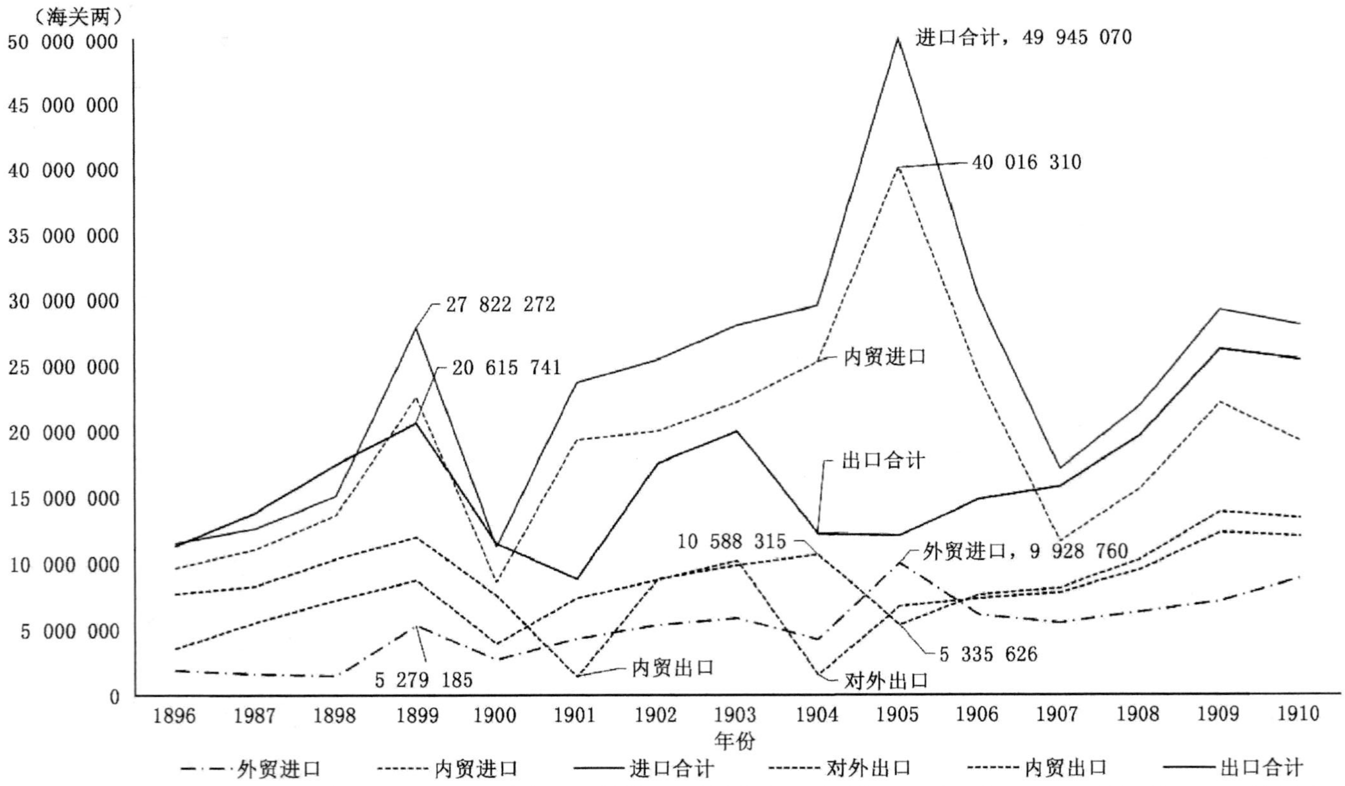

资料来源：参照関東都督府陸軍部，《明治三十七八年戦役 満洲軍政史》第五巻，1915年，第584—585頁；織田一，《支那貿易》，東京専門学校出版部，1899年，第23、45頁。

图 1.3　庚子事变后的贸易状况

相对于直接对外出口大为滞后,整体经济规模增大是由出口增大所带动的。1899 年直接进口一举增大,但对内贸易进口比率增长更快,进口增长是顺差积累所导致的。第二,1900 年的动荡虽然对贸易造成了打击,但进口额的下降比率远远大于出口额。此后一年,出口额仍受庚子事变影响继续下跌,进口额却迅速恢复接近庚子事变前的水平。这是由于俄国占领形成的进口。1901—1903 年营口从庚子事变打击中逐渐恢复,对外直接出口拉动恢复。但进口率增长一直在较低水平,这是经济秩序恢复动向造成的趋势。第三,1904—1905 年,内外贸出口皆受打击,但内外贸出口呈现相反动态,内贸出口在 1904 年微增之后下降,外贸出口当年跌入低谷之后回升,外贸进口遭受打击,内贸进口数量剧增。而且渤海湾一直处于日军封锁之下,进口剧增是军需品进口所导致的。第四,尽管 1905 年 10 月已经停战,但高水平军需进口维持到 1906 年,导致 1907—1908 年的大萧条,内外贸出口都在低水平徘徊,内外贸进口也双双跌入低谷,之后缓慢恢复。到 1909 年,进出口都恢复接近战前水平以后,又开始跌落,尤其是内贸进口跌落的比率更大。第五,1907 年以后进口的恢复与出口的恢复几乎完全同步,这表明营口贸易此时才脱离军需和其他非经济因素的干扰。但进口比出口先行增长,而且 1909 年以后,外贸出口增长的钝化与外贸进口进一步增加,使营口对外贸易逐渐转为入超。因此,营口贸易在经历 1900—1906 年的一连串动荡和战争之后,由出口先行增长转化为进口先行增长的模式。这是由于在 1907—1909 年,营口因战后萧条等的打击,经历了开港以来最严重的金融危机和信用危机。与之相反,大连、安东、海参崴的进出口额都迅速增长,大连的豆货合计水平在 1908—1910 年接近和超过营口,1911 年由于满铁运力不足而使得营口再度成为第一进出口港,此后营口则完全落在大连之后。

表 1.3 是 1907—1909 年多港竞争环境下东北各港对外出口豆货的统计。从中可观察到,1907 年贸易恢复自由后,大连迅速夺去了对日出口份额,在内贸中也比营口占有优势,由此可见 1907 年危机对营口打击的沉重。1908 年营口的内贸和与香港的贸易大为恢复,但由于安东和海

参崴出口比率增大，大连开辟对欧出口，营口所占总体数量和金额比例仅有微升。1909年营口内贸份额的恢复幅度虽大，但大连对欧、对香港贸易量都有长足的进展，加上安东和海参崴贸易的增加，营口占贸易总量的比率反而锐减。与此同时，营口占总贸易额的比率比其占总贸易量的比率比上年大幅度升高的现象表明，在营口成交，而在其他港交货的交易增多了。

表 1.3　　1907—1909 年东北各港出口大豆数量及金额　　单位：担，海关两

年份	出口地（港口）		大连	牛庄	安东	海参崴	合计	大连比例	营口比例
1907年	日本	数量	718 389	166 211	72 310	116 686	1 083 616	66.3%	15.3%
		金额	1 844 641	414 696	149 054			76.6%	17.3%
	中国内地	数量	1025824	916 118	3 511			52.7%	17.1%
		金额	2 176 185	2 285 715	7 222			48.7%	51.1%
	欧美	数量							
		金额							
	中国香港	数量	143 584	65 100				68.8%	31.2%
		金额	230 550	162 424				58.7%	41.3%
	其他	数量							
		金额							
	合计	数量	1 857 755	1 147 429	75 861	306 168	3 387 253	54.8%	33.9%
		金额	4 251 384	2 862 835	156 276	899 422	8 199 917	51.8%	34.9%
1908年	日本	数量	1 298 686	187 604	21 579	581 114	2 088 983	62.2%	9.0%
		金额	2 207 166	440 681	46 211	1 189 626	3 885 294	56.8%	11.3%
	中国内地	数量	1 319 370	1 835 439	849	314 211	3259889	40.5%	56.3%
		金额	2 142 929	3 841 646	1 698	651 200	6 727 473	31.9%	57.1%
	欧美	数量	21 804	18		151 731	173 589	12.6%	
		金额	37 128	42		206 327	353 497	10.5%	
	中国香港	数量	69 771	141 769			211 541	33.0%	67.0%
		金额	118 612	323 016			451 628	26.3%	71.5%
	其他	数量			45	68 574	69 029		
		金额			959	145 335	146 294		
	合计	数量	2 709 668	1 964 830	22883	1 105 650	5 803 031	46.7%	33.9%
		金额	4 606 435	4 615 385	48 868	2 302 490	11 573 186	39.8%	39.9%

续表

年份	出口地＼港口		大连	牛庄	安东	海参崴	合计	大连比例	营口比例
1909年	日本	数量	1 335 375	161 883	19 462	19 616	1 536 336	86.9%	10.5%
		金额	4 693 918	533 052	43 734			89.1%	10.1%
	中国内地	数量	823 568	2 682 164	3 198	6 841	3 516 061	23.4%	76.3%
		金额	2 653 903	7 510 415	6 113			26.1%	73.8%
	欧美	数量	1 299 284	38 823		3 467 749	4 805 856	27.0%	0.8%
		金额	2 598 568	107 529				96.0%	4.0%
	中国香港	数量	868 466	288 448			1 156 914	75.1%	24.9%
		金额	1 736 003	779 086			2 515 089	69.1%	31.0%
	其他	数量	2 032 973		1 991		2 034 964	99.9%	
		金额	4 065 944					100%	
	合计	数量	7 359 955	3 171 318	24 652	3 494 206	14 050 131	52.4%	22.6%
		金额	14 718 396	8 930 092	54 474	228 492	23 931 396	61.5%	37.3%

资料来源：拓殖局，《拓殖局報第二十五　大豆ニ関スル調査》，博文館，1911年，第199—200頁。

上述变化说明，1907年以后营口一港垄断东北贸易的情况已经结束，1908—1909年大连和安东合计的影响力已经远远超过营口。1907年之后我国对日直接出口额与进口额、对欧出口额都迅速增长，却与营口几乎无关，主要贸易增长已不再反映在营口贸易上。对于贸易港营口来说，在大连、安东、海参崴的竞争之下，如何维持贸易份额成为首要问题。这说明营口贸易模式乃至东北经济循环方式在1907年开始变化，到1909年多港竞争格局已形成。因此，对于营口带动东北经济发展的分析，应以1907年以前的状况为主。

总之，日俄战争前营口贸易的基本结构与特征为：第一，贸易总额呈长期上升之势，从而带动了东北经济规模的扩大。第二，出口以豆货为主，进口以棉纱、棉布、日用杂货为主，主要进出口商品结构相对单纯。第三，绝大多数外国商品经上海转进口。第四，对外直接贸易从19世纪90年代初开始迅速增加。第五，外贸中出口增长快于进口增长，反映了出超增大的趋势;[①]而内贸中进口增长则快于出口增长,表现为入超增大的趋势。这种贸易构造导致外国势力与外商无法插足营口贸易,贸易主导权一直掌握在华商手中。但是,上述结构在此后的动乱和战争中受到压制和破坏,外来势力入侵、铁路开通、新港开放、租界设置等环境变化引起了新的变化,使东北贸易模式由一港主导转化为数港竞争带动,外贸尤其是对日贸易对于东北经济发展的影响逐渐增大,进而导致营口商贸体系的影响力被压缩到仅有贸易总额的三成左右。此外,仅仅考察贸易额的变化,并无法判断生产规模扩大与价格上升两种要素哪一种的贡献更大,因而尚需对其地区内的流通构造和生产规模的变化进行进一步的分析。

二、腹地地区的市场网络及运行机制

(一)腹地地区的市场网络

庚子事变前,东北商业城镇的分布与联系强弱是因当时的交通状况与商人投资状况而形成的。当时,营口与东北腹地的联系主要靠辽河航运和马车运输所维系。1900 年以前,以营口为中心的货物集散区域有盖平、海城、新民屯、辽阳、奉天、铁岭、开原、昌图、公主岭、长春、八面城、奉化、金家屯、通江口、法库门、郑家屯、康平、锦州、哈尔滨、呼兰、齐齐哈尔等地,即由辽河水运和马车运输相联系的辽河流域、内蒙古东部、三江流域各地区。上述各地向营口运来以豆货为主的当地商品,通过营口由沿海开港城市进口棉纱、棉布、日用杂货,转运这些地区。长春作为联系辽河流域与松花江流域的陆地交通枢纽,发展为拥有 10 万人口的城市,通江口至宽城、宽城至伯都讷或吉林为联系两大水系最近的水陆通道,松花江流域的部分豆货经伯都讷或吉林运至长春和通江口,或直接在冬季由马车运往营口,营口进口的棉纱、棉布等也由此通道运往长春,再由长春

---

① 関東都督府陸軍部:《明治三十七八年戰役 滿洲軍政史》第五卷,小林又七印刷所,1915 年,第 591—597 頁。

运往松花江流域。[①] 铁路开通前，辽河沿岸市镇起到货物集散中心的作用，“辽河沿岸物产冬季冰期车运至河岸市镇，河岸市镇辐辏，待春末河开再由船运至牛庄港。进口货物则由该港上溯运至内地，到水运不能到达地区，再以车运分送，远达吉林、黑龙江、宽城各市。”[②]与货物集散相关联，辽河及支流的牛船、槽船的数量最盛时约达 2 万艘[③]，沿岸市镇有河船店数百户，仅通江口一地就有 30 余户。河船店以租船经纪、代理采购、仓储、运输、收购农产运销为业，也兼营进口货物的分销和运输，有宽大院落和仓房。[④]

在日俄战争中，营口依然发挥着很强的影响。“南满吞吐贸易商品者有三，曰安东、曰新民屯、曰牛庄即营口是也。安东县所占不过鸭绿江流域及辽东半岛之一半，进出口总额号称 500 万两。新民屯不似营口有火车、水运之便，单靠马车运输支配奉天以北之满洲。自 1905 年 9 月至 1906 年 1 月，凡 5 个月间，自新民屯发车向内地之马车达 8 万辆，其总量不下 120 万英吨。概因南满铁路被军用，不许民间运输商品，去往东北内地货物皆由营口经京奉铁路运至此地，其他有经天津、秦皇岛运入者。……总之，牛庄集散区域覆盖辽河全域，远及吉林、长春、哈尔滨等黑龙江流域之一部乃事实也！可以认为，牛庄贸易占满洲贸易绝大部分”[⑤]。

甲午战争之后，营口对日本直接出口迅速增加，出口商为减少直接汇兑费用，利用日本华商从日本采购商品的数量也迅速增加。1898 年俄国

---

① 参见日本驻长春领事致外务大臣公信第一六七号附录，长春领事馆外务书记生小松正则调查：《長春ニ於ケル大豆事情》，《豆及豆粕関係雑件》第一卷，1910 年 11 月 30 日，国立公文書館アジア歷史资料センター，B11091343300，第 54 頁。

② 関東都督府陸軍部：《明治三十七八年戦役　滿洲軍政史》第五卷，小林又七印刷所，1915 年，第 455 頁；本宿家全：《支那各港略誌》，大阪商船，1899 年，第 52 頁。

③ 牛船、槽船是辽河航行主要船只。牛船是载重四五十石的平底有篷帆船，槽船为载重七八十石的平底无篷帆船，一般 8～10 艘连作一队航行，开河后每月往返营口至上游港一次。参见東亜同文書院：《清国商業綜覽》第二卷，東京丸善株式会社，1908 年，第 437 頁。

④ 辽河水运深受中东铁路开通影响，1905 年还有各种河运船只约 1 万艘，1910 年减到 4 500 艘，沿河各市镇河船店仅剩 67 家，通江口仅剩 8 家。参见日本驻长春领事致外务大臣公信第三十五号附录，长春领事馆外务书记生小松正则报告：《滿州ト大豆》，《豆及豆粕関係雑件》第一卷，1911 年 3 月 1 日，国立公文書館アジア歷史资料センター，B11091343300。

⑤ 川畑竹馬：《北清之栞〔正编〕》，川畑竹馬，1906 年，第 280—281 頁。

开建中东铁路后，日本政府曾派员来华调查中东铁路的影响，1902 年印行的调查报告较详尽地描述了辽河流域与营口的贸易，“辽河流域大豆产量丰年为 300 万石，灾年也有 260 万石。其大豆九成经营口输出海外和华南”，并列出其主要产地有大民屯、新民屯、法库门、铁岭、英守屯、通江口、金家屯、田庄台、腾鳌堡、辽阳、奉天、开原等地。以上各处都通过辽河及支流船运大豆来营口。到冬季，松花江流域陆运来者亦不在少数，即经吉林、宽城子(长春)而来者。而宽城子大豆由哈尔滨附近的呼兰城、阿什河、白彦苏苏、伯都讷及齐齐哈尔等处运来。[①] 辽河流域的主要集散中心沿河分布，与港口相对应，如法库门港口为三面船，开原为英守屯，铁岭为马蜂沟，新民屯为马厂，奉天根据水量大小有埃金铺、长滩两处，辽阳为黄家岭。集散中心市镇商号也是对应港口的主要投资者，港口的船店和商铺都是集散中心商铺的联号。

表 1.4 描述了 1894 年的辽河流域集散规模，从中可知，早在甲午战争前，其集散规模已经接近庚子事变前的水平。由此也可观察到辽河沿岸各港与集散市场的基本构造，即辽河流域集散地分近、中、远三层，锦州到田庄台为近距离，新民屯到盛京为中距离，铁岭到通江口为远距离，谷物集散规模随着距离的增加而增加。中距离圈以盛京为中心，是当时东北人口最密集的地区，自身消费规模较大，相对集散规模则较小。远距离圈占整个集货量近八成，基本可分为三部分：一为铁岭，包括开原与英守屯，主要集散区域为辽河以东地区的大肚川、大疙瘩、掏鹿、山城子、海龙城、朝阳镇；二为法库门与三面船，其主要集散区域为吉林、宽城子、呼伦河、新城、阿什河、郑家屯，即内蒙古与吉林方向，行政属开原县管辖，但其商业远比开原繁华，集散规模仅次于铁岭和通江口，其运输 1/4 为陆路，3/4 经三面船水运；三为通江口，集散大豆来自昌图、金家屯、八面城、奉化、怀德、八家子、宽城子、买卖街、黑林子等地，不仅包括周边产地，还包括经吉林、宽城子转运而来者，日俄战争前集散规模最大。[②]

---

① 此处所指距离为大致华里数，未必完全准确。引自島川毅三郎：《満州二関スル報告書送付ノ件》，1902 年 4 月 15 日，国立公文書館アジア歴史资料センター，B03050320600，第 316—317 頁。

② 船津辰一郎：《南満州ニ於ケル商業》，金港堂，1907 年，第 445、471、499 頁。

表 1.4　1894 年 2 月辽河沿岸存豆状况调查　单位:石

<table>
<tr><th>地　名</th><th>大豆种类</th><th>存　量</th><th>杂　粮</th><th>存　量</th></tr>
<tr><td>营口</td><td>青豆、黄豆</td><td>260 000</td><td rowspan="15">主要包括高粱、小米、玉米等</td><td>60 000</td></tr>
<tr><td>锦州</td><td>黄豆</td><td>10 000</td><td>—</td></tr>
<tr><td>海城</td><td>青豆</td><td>不详</td><td>—</td></tr>
<tr><td>田庄台</td><td>黄豆</td><td>75 000</td><td>320 000</td></tr>
<tr><td>新民屯</td><td>黄豆</td><td>60 000</td><td>—</td></tr>
<tr><td>大民屯</td><td>黄豆</td><td>30 000</td><td>不详</td></tr>
<tr><td>辽阳</td><td>黄豆</td><td>40 000</td><td>50 000</td></tr>
<tr><td>盛京</td><td>黄豆</td><td>180 000</td><td>80 000</td></tr>
<tr><td>铁岭</td><td>黄豆</td><td>650 000</td><td>50 000</td></tr>
<tr><td>法库门</td><td>黄豆</td><td>80 000</td><td>—</td></tr>
<tr><td>三面船</td><td>黄豆</td><td rowspan="2">145 000</td><td>—</td></tr>
<tr><td>英守屯</td><td>黄豆</td><td>—</td></tr>
<tr><td>开原</td><td>黄豆</td><td>100 000</td><td>—</td></tr>
<tr><td>通江口</td><td>黄豆</td><td>780 000</td><td>140 000</td></tr>
<tr><td>合计</td><td>大豆</td><td>2 410 000</td><td>1 000 000</td></tr>
</table>

资料来源:支那調查会,《支那通商》,文献社,1901 年,第 292 頁。

日本驻营口领事报告也指出,辽河沿岸港口运至营口的大豆数量 1894 年为 225.5 万石,1900 年为 284.6 万石,1901 年为 150.3 万石,1902 年为 153.5 万石。[①] 东亚同文会教授根岸佶曾据此估算辽河流域的大豆产量,认为在 20 世纪初年,营口年出口大豆合计为 880 万～930 万担,其涵盖范围包括辽河和松花江流域各一部分。若按平均出油率 9%还原生产豆油所用大豆量的话,1901 年出口大豆总量为 1 014.37 万担,1903 年为 887.3 万担,这应是营口涵盖市场范围内所产大豆的最低水平。再加上当地消费量,当地每年大豆产量应在 1 000 万担,即 60 万吨以上。[②] 铁

① 日本调查中所使用的"石",应为"关东石",即当时东北所使用的"石"(1 石＝300 斤)。通常情况下,1 关东石＝2.5 标准石,但输出码头多以 1 关东石等于 2 标准石进行核算。下同。

② 東亜同文書院:《清国商業綜覧》第二卷,東京丸善株式会社,1908 年,第 462—464 頁。

路开通前,营口港覆盖地区每年大豆集货量已接近 300 万石。1899 年营口贸易总额为 4 800 万海关两以上,1901 年以后因铁路分流,运至营口的豆货减少了约一半。但是营口贸易额仍维持在 4 600 万海关两左右,这一方面显示与出口收入无关的进口增加,同时也显示出口额中价格涨幅远大于数量的涨幅。

关于辽河流域与三江流域的联系,前述日本派员 1902 年报告中曾引用俄国麻秋宁 1895 年发表的调查(即表 1.5)来说明三江流域与营口的关系。因所引数据为完整年份统计,故推测其为距发表时间最近的 1893 年度的统计。其中,呼兰城为产地中心市场,伯都讷为中转市场,吉林、长春既是消费地,也是中转市场,奉天为辽河流域中心城市,营口为进出口港。因此,运往吉林、长春、奉天、营口者都可视为运往辽河流域。可知上述各城市运销辽河流域的货物比例占其外运货物的近七成,与辽河流域保持着极为密切的经济联系。

表 1.5　三江流域与辽河流域的经济联系　单位:普特

齐齐哈尔对各地输出量		呼兰城输出量		巴彦苏苏输出量	
瑷珲	418 000	松花江及黑龙江各地	131 000	由松花江到黑龙江	170 000
布特哈、墨尔根	357 000	齐齐哈尔及瑷珲	131 000	齐齐哈尔	186 000
吉林、营口	105 000	奉天	21 000	吉林、长春、营口	161 000
		营口	1 337 000		
合计	880 000	合计	1 619 000	合计	517 000
伯都讷出口量		三姓输出量		合　计	
松花江下游	160 000	松花江下游	323 000	运吉林合计	2 700 000
齐齐哈尔	1 702 000			运营口合计	3 993 000
吉林	2 700 000			运往辽河流域合计	6 824 000
营口	2 501 000				
合计	7 263 000	合计	323 000	合计	10 603 000

资料来源:島川毅三郎,《満州二関スル報告書送付ノ件》,1902 年 4 月 15 日,国立公文書館アジア歴史资料センター,B03050320600,第 316 頁。

长春与营口早期的豆油交易也可证明这种联系。楢原陈政曾提示了1897年豆油出口状况："集于该市豆油以长春为首，数量约占五成，新民屯次之，约占二三成，其他还有盛京、辽阳、田庄台、海城各处来者。输出由营口以中国民船运往华南，尤其长江一带者甚多，据说与轮船运输合计达二十万篓之多，通常以轮船运出者每年约七千万斤。"①整体出口豆油规模约8万吨，其中轮船运出量为5.6万吨。② 按出油率9%还原的话，仅生产豆油就消耗大豆88.89万吨，相当于370.4万石。③ 此数字远超根岸佶的估计。长春和新民屯分别为内蒙古东部和三江流域的转运枢纽和加工地。

稍晚的其他资料记载，营口输出豆油每年至少50万担以上，但是其出口量并不反映在海关报告中，因为"以中国船运往他港者占大部，轮船输出者仅占一部分，故上述海关报告中由营口输出数额不过仅有实际输出量的三分之一"④。世纪之交的实际数据如前所述，1890—1899年海关年均出口量与1901—1903年的平均数量相比，仅为常关的1/4弱。假设常关平均出口量与上述三年平均数相同，两关合计年均出口量约为45万担。甲午战争后，海关出口量跃升，1897—1901年平均为20万担左右，约占总量的三成强，与后一报告的描述相吻合。

由远及近的这组数字表明，营口贸易曾有以豆油为主的时代。由于早期豆油的主要用途为照明和食用，因此，煤油进口增加是导致南方各地采购豆油减少的原因。从豆油出口规模观察，也能发现早期东北豆油生产规模曾很大，但因其主要靠帆船出口，因而缺乏相应的统计资料。其后受到煤油进口的影响，生产规模在世纪末趋于被压缩的状态。整个统计资料显示的趋势为，在庚子事变和日俄战争引发的长期动乱中，东北大豆实际生产规模比以前大为缩小，因此，至1910年前后的所谓"增长"，实际

---

① 外務省通商局:《清国商況視察復命書》，元真社，1902年，第93頁。该书虽1902年由外务省出版，但内容为1897年在营口的实际调查。其对产地的记载为：宽城三四千万斤，新民屯一千五百万斤，盛京、辽阳、田庄台、海城各处合计一千余万斤。

② 营口运输油有两种篓：一种为产地运往营口者，每篓容量2 000斤左右；一种为营口油坊用于装船输出的篓，每篓约装500斤。营口1斤为16两，相当于0.8千克。

③ 1关东石等于240千克。

④ 支那調查会:《支那通商》，文献社，1901年，第293頁。

上是社会状况逐渐安定以后的恢复过程。但在日俄战争后日本的各种调查报告和统计中，对上述统计数字一直讳莫如深或视而不见，而强调日俄战争后的所谓“变化”，其意图无非强调对日贸易、战争景气及日本殖民政策对东北经济带来的好处。但事实恰恰相反，1900年后的战争与动乱对整个东北经济造成了沉重的打击，尤其对营口原有的贸易和循环造成了破坏。

(二) 营口与东北腹地的经济循环机制

图1.4是依据当时各种调查资料勾勒的以营口为中心，对东北腹地的交易、经济循环状况。图中第一部分显示营口的主要行业与交易内容由经手出口的油坊、粮行、装船行，经手进口商品及销售的大屋子，以及经手金融业的银炉构成。作为主要的进出口港，其与东北内地经济关系主要有与周边产地的关系、与周边城镇的关系、与辽河沿岸主要集散地的关系、与作为另一经济圈的三江流域的关系。与周边产地基本以粮行、油坊发行的钱帖进行交易；与周边城镇如海城、盖平、牛庄、田庄台则存在一种分工关系，周边城镇在大豆集散、榨油、柞蚕丝收购与出口、食盐集散方面分担着营口的部分机能，有相当一部分是利用过炉银结算的。

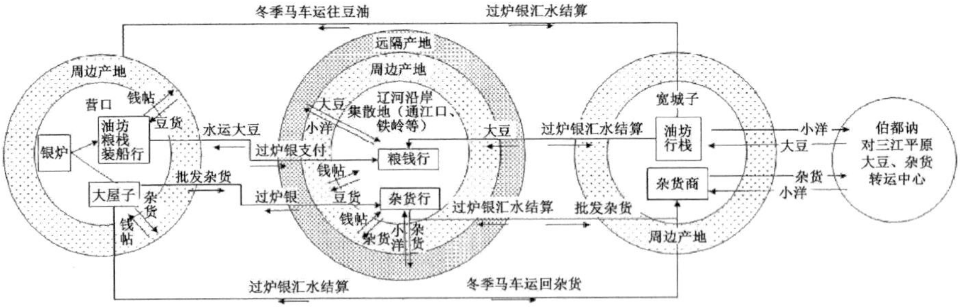

注：

①图中自左至右第一个圆表示营口主要行业构成以及与周边产地的关系。

②第二个圆表示辽河沿岸主要集散地与周边产地、远隔产地的关系。

③第三个圆表示宽城子(长春)行业构造及与周边产地的关系。

④第三个圆与第四个圆之间的联系表示经宽城子与三江流域产地的关系。

⑤第三个圆与第二个圆之间的联系表示辽河流域与三江流域的联系。

图1.4　以营口为中心的东北内地的经济循环

营口与辽河沿岸大集散地的关系,可通过其与铁岭的关系所表示。铁岭商业主要由粮钱行与杂货行构成。粮钱行从远隔产地采购,主要以现银或小洋支付,对周边产地以钱帖支付。在豆货出口额长期大于杂货采购额的状况下,为避免汇兑损失并获得信贷支持,钱粮行将贸易差额的大部分以过炉银存款存于银炉。这是因两者商业周期不同而产生的,每年 11 月中旬到次年 3 月中旬辽河封冻期间是营口金融需求最淡季,却是集散地金融需求最旺季。钱粮行不仅需采购各产地豆货储存,还需对豆货出售者代理采购支付,并预付次年进口杂货款项。进入 19 世纪 90 年代后,随着东北出口规模的飞跃增加,进口规模也相应增大,由两者构成的金融需求更是跳跃性增加。这一趋势导致大集散地对营口金融体系的依赖程度逐步增强。其基本金融流程为:钱粮行收购资金由过炉银汇兑提供,其出售豆货应收款由杂货商代收并用于采购杂货,杂货行对产地出售杂货收取现银,钱粮行也依托过炉银信用对产地杂货销售提供延期付款,收购谷物支出的现银通过杂货销售回收。

营口与三江流域的关系,如其与通江口的关系所示。通江口作为辽河最北部的港口,经宽城子到伯都讷以最短陆路运输距离连接两大流域。其与各产地关系虽与铁岭基本相同,但由于面对更广大的产地,相对于铁岭最大钱粮行以自担风险的收购和出售,即差价交易为主要交易方式,通江口钱粮行主要是接受农户或产地粮商委托,代理出售豆货,有指定价格委托和一揽子委托两种委托方式。作为铁岭期货交易标的物的飞子多由通江口钱粮行发行。

辽河流域与三江流域的联系通过宽城子中转,主要由宽城子到营口的冬季马车运输和经通江口的水运构成。由于运输距离和马车运力所限,日俄战争以前,由三江流域出口到辽河流域的商品,以质轻价高的豆油为主,占营口出口豆油的三成左右。宽城子由此形成以吸收三江流域大豆加工豆油为主的中继机能,其销往营口的豆油数量约占营口豆油出口量的一半。此外,宽城子也是来自三江流域大豆运往营口的中转站,出于采购进口杂货支付和返程运输经济上的考虑,宽城子的油坊和粮栈多数拥有过炉银账户,冬季往程豆油货款回收构成返程货物棉纱、棉布、杂货、食盐的采购支付工具。经宽城子运往通江口的大豆则待解冻后经辽河水运至营口。

此外,寓居大屋子和粮行、油坊从事交易的还有来自更远的齐齐哈尔、哈尔滨、呼兰平原的商户。尽管距离非常远,但由这些地区的商人也拥有过炉银账户的角度考虑,可知其采取的是与辽河流域商户类似的买卖兼营的交易方式。其主要目的是大量采购进口杂货,它们到伯都讷的运输由于可利用三江流域水运,其交易量的大小较多取决于运输成本加进口杂货销售利润与汇兑成本的比较,而运输现货能够较大程度地覆盖远地汇兑方面的损失,也比较易于获得银炉信用,因而也吸引了不少豆货和山货的交易。而且,东北各地的陆运与水运的一个重要特点是以运出货物为主,因此,其运费构成基本上是返程货物运费只有运出货物的一半或三分之一以下。这一运费构成有利于进出口兼营,也构成日俄战争后一段时期内传统运输工具能与铁路运输抗衡的原因。

综上所述,营口在庚子事变前几乎垄断所有对辽河流域、内蒙古东部、三江流域的进出口贸易,与其保持极强的经济联系。而且,从豆货交易数量观察,甲午战争前的豆货交易数量规模已经接近 19 世纪末的最高水平,但出口额却只有 1899 年的一半左右。这表明甲午战争后的贸易额"增长",主要是因对日出口引起的价格上升实现的。将这一结论与前述贸易额变化结合起来,可以发现:从开港后到 19 世纪 90 年代中期,东北贸易是在价格基本不变的条件下,通过生产规模的扩大实现的;而甲午战争后,价格上升的因素影响则显著增大。

三、营口与南方地区的贸易及其机制

(一)营口与华南贸易状况

如前所述,长三角与闽粤间的棉花和砂糖贸易、沙船帮从事的北方贸易早在明代就已开始。清代中期以后,以长三角为中心的中继贸易极为活跃,闽粤各港对北方也存在直接贸易。这表明,支撑营口贸易长期发展的要素是对内贸易市场。地区间贸易首先涉及贸易双方地区的互利基础、交易模式、贸易支付平抑机制等方面的因素。本节主要以汕头和厦门为例探讨上述关系。之所以选取这两个地区,是由于它们是营口早期的主要贸易港。而且五口通商后营口与其他各港内贸都因缺乏常关资料而无法进一步探讨。比如上海和宁波进口豆油、豆饼数量都不少,也有专营的商帮,但是其进口数量和金额却不反映在海关统计上。汕头因在鸦片战争中抵制外来入侵以及后来赈济北方灾民义举,得到清廷免除厘金优惠,其常关统计较为公开;[①]厦门因缺乏港口集散设施,只能靠前往他港的轮船到港停靠来进口,故豆货进口大部分显示在海关统计上。

东北豆油生产始于19世纪20年代,最初营口主要对南方出口大豆。油坊业兴起后,开始出口豆油,但是副产品豆饼并无用处,被山东油坊业主将其运回故乡作为肥料。[②]后汕头商人大量采购用为蔗田肥料。同为糖产地的厦门、台湾、广州也推广开来。油坊业主要商品从一种增至两种,提升了整体附加价值,为豆油增大了减价空间,有力地推动了需求的扩大。甲午战争后,台湾被霸占,国内蔗糖产地集中于汕头、厦门、广州附近。

至19世纪90年代,豆油用途与市场分布为:"豆油主要用于照明及食用,其出口市场为广东、福建、宁波及长江流域。广东、福建消费其三成,长江流域消费其七成","华南豆饼用途不一,上海、宁波用于水田,江苏各地用于鱼饲料,福州转运至当地兴化府,用于制火腿的猪饲料,厦门、汕头用于蔗田。据此划分,蔗田肥占六成强,水田养鱼占三成,猪饲料不足一成"。[③]这表明豆油消费主要在长江流域,豆饼主要市场为福建、广东,主要用途是蔗田肥料和饲料,豆饼已作为肥料和养殖业饲料而大量

---

① "该港贸易有优势,即由该港运入内地货物有免收厘金的特殊优惠。昔时英人寻衅,英舰犯港,肆虐之极,引发乡民仇视。至战后据约开港,乡民沸腾,拼死抵抗不从上命。清廷乃与乡民约,免其厘税,讨其欢心方得开港。后光绪十一年,华北岁荒,饿殍相望,潮州望族丁氏首倡筹义款一百万两以充赈济之资。帝嘉许潮民勇于公义,捐赠巨资,下诏继续免该港一带厘税,沿续至今。"参见外務省通商局:《清国商況視察復命書》,元真社,1902年,第365頁。

② "道光十年营口始为通商港而趋发达,距今已80年。其时,满洲盛产大豆输出南方,其间满洲亦渐开发,杂货日用品需求益增,仰給于南方,故船舶出入益繁。敏于商机之华商始大举迁营口。其中山东资本富裕者最早在营口开业。如当时西义顺不事大豆贸易,而将其榨油输出,又将豆饼运至故乡山东为自家田肥料,此实为营口油坊之始。"参见東亜同文会:《東亜同文会ノ清国内地調査一件/営口駐在班ノ部》第二卷,1907年,国立公文書館アジア歴史資料センター,B03050508300,第1—4頁。

③ 外務省通商局:《清国商況視察復命書》,元真社,1902年,第93—94頁。

消费。

各市场的状况为，“汕头主要进口豆饼，豆和豆油次之，一次进口规模较大。这是因为太古、怡和、招商各公司在当地建有大仓库，一月内进口货物免库存费。广东进口豆油多，一次的进口量也很大。厦门进口大豆、豆油、豆饼虽不少，但无集散设施，进口货需用小船运往内河……，故需随用随进，但牛庄往厦门船极少，基本靠去汕头、广州船只途中靠岸卸货。福州进口豆货不多。香港需要豆油不少，进口量多。上海入伏前两周豆货需求多，大量进口转销长江各港”。[①] 东北豆货贸易已融入华中、华南生产和生活的循环之中。但是，在上述各海关的进出口中，却很难发现系统的豆货贸易数据。比如宁波商帮中，北号会馆拥有很强势力，[②]不仅直接从事营口贸易，也对福州、厦门和长江各港运销豆货，[③]但其海关统计中却全无相关记录。上海的情况也与此类似。因此，以下主要通过厦门、汕头进行考察。

“厦门与北方各港间……，还有很多帆船从事运输，从牛庄、烟台各港输入豆油、豆饼，输出砂糖、纸、茶，其势不可藐视”；“该港输出甘蔗、纸、朱、文旦为大宗，运往天津、芝罘、牛庄，由上述三港输入品为豆饼、大豆、干鱼、咸鱼等”；“该港有同业团体……，其行会分为十郊(郊即他地帮之意)，其中势力最盛者为洋郊(与香港、南洋交易商)、北郊及疋头郊(棉织物商)三帮”。“北郊即经营该港与北方各港，即天津、牛庄、芝罘及上海、宁波、温州等各要港并沿岸各地间贸易者，多以中国船由该港输出砂糖、茶、纸、烟草、麻袋，由牛庄、芝罘以大豆、豆油、豆饼、烧酒、毛皮、药材、小

---

① 外務省通商局:《清国商況視察復命書》，元真社，1902 年，第 93—94 頁。

② 该港会馆有洋布公所、咸货公所、蓝靛公所、缎业公所、建帮会馆、北号会馆、木行会馆、米行公所。该港与沿海各港间贸易，北以天津、山东、牛庄为主，南以福建为主。以北方贸易为主者称北号，有店二十余，各拥有五六艘到十五六艘中国船与北方贸易。以福建贸易为主者称建帮，有店二十余，其中数店有二三艘船，其余无船，雇他人船贸易。北号输出米、棉花、纸，输入豆油、豆饼、西瓜子、花生及枣。……北号会馆内住有若干北方商贾。参见外務省通商局:《清国商況視察復命書》，元真社，1902 年，第 279—280 頁。

③ 该地“民船沿岸贸易也极盛，其中往返福州者，往货运载棉花、豆、豆饼、油等，返程运木材、陶器、纸、橄榄等。……又去往北部天津及牛庄者，运往纸、竹等，载回豆和豆饼”。参见《南清視察復命書》，大阪商船，1900 年，附録，第 116 頁。

麦、面粉为返程货物输入该港”。[①]

表1.6与表1.7分别为厦门及其对北方贸易的状况。1898年以前基本稳定，但之后两年进口额上升，出口额自1899年以后显著下降。在进口额中，由营口和芝罘的大豆和豆饼进口占有重要地位，对营口贸易保持巨额逆差，对上海贸易保持相当的顺差。

表1.6　1896—1905年厦门的贸易状况　单位：海关两

年份	进口			出口			进出口总额
	外贸	内贸	合计	外贸	内贸	合计	
1896	12 392 952	3 902 727	16 295 679	1 667 769	1 154 844	2 822 613	19 118 292
1897	11 336 255	3 603 756	14 940 011	1 467 916	973 315	2 441 231	17 381 242
1898	11 569 442	3 592 363	15 161 805	1 353 472	943 585	2 297 057	17 458 862
1899	13 602 129	4 854 081	18 456 210	1 222 101	1 201 343	2 423 444	20 879 654
1900	11 076 220	5 124 533	16 200 753	1 239 856	681 141	1 920 997	18 121 750
1901	11 129 448	5 389 077	16 518 525	1 216 703	808 476	2 025 179	18 543 704
1902	14 157 702	5 101 200	19 258 902	1 454 426	782 121	2 236 547	21 495 449
1903	12 496 325	5 858 848	18 355 173	1 863 612	699 668	2 563 280	20 918 453
1904	13 892 998	4 870 171	18 763 169	2 018 690	663 828	2 682 518	21 445 687
1905	11 833 462	6 495 432	18 328 894	2 187 994	852 302	3 040 296	21 369 190

资料来源：外務省通商局，《清国事情》第2輯，1907年，第558頁。

表1.7　1896—1898年厦门对北方贸易的收支状况　单位：海关两，担

港别贸易/年度		1896年	1897年	1898年
厦门对营口	出口额	282 820	232 308	193 811
	进口额	1 156 185	1 446 205	1 657 837
厦门对上海	进口额	349 207	330 873	302 566
	出口额	1 644 863	1 163 914	1 102 848
豆货进口量	豆饼	635 768	485 490	643 159
	大豆	465 293	571 188	630 576

---

① 以上关于厦门的引文，参见外務省通商局：《清国商況視察復命書》，元真社，1902年，第332、342、346—347頁。

续表

港别贸易/年度		1896 年	1897 年	1898 年
由营口进口	豆饼数量	282 197	325 199	
	豆饼金额	423 295	487 798	
	大豆数量	373 125	191 291	
	大豆金额	521 990	306 065	
由芝罘进口	豆饼数量	269 438	366 288	
	豆饼金额	404 202	399 435	
	大豆数量	1 581	3 131	
	大豆金额	2 530	5 009	

资料来源：《南清視察復命書》，大阪商船，1900 年，附録，第 41 頁；外務省通商局，《清国商況視察復命書》，元真社，1902 年，第 357 頁。

表 1.8、表 1.9 和表 1.10 分别为汕头及其对营口的贸易状况。表 1.9 显示汕头自 1881 年以后一直对营口豆饼有稳定的需求。其统计数字与表 1.10 不同，因其只获得了新海关贸易数据而未能包括旧海关的贸易量。[①] 但我们至少可以了解到，汕头对营口及上海的贸易与厦门呈现相同的特征，对营口保有巨额逆差，对上海保有一定金额的顺差。两者的不同在于：厦门外贸为逆差，内贸为顺差，依赖进口商品的国内销售弥补逆差；汕头内外贸皆为逆差，外贸逆差维持在一定水平，内贸逆差迅速增大。而且，汕头的贸易规模扩大远比厦门迅速，其原因在于内贸增加速度远比外贸快。以上两地的贸易结构显示，南方产糖地区对营口豆货需求为营口贸易和东北经济发展提供了巨额的资金供给。世纪之交，汕头贸易规模呈现快速增长，但内贸进出口的逆差额却迅速拉大。

① 汕头有新海关和旧海关之分，没有厘金局。新海关一名洋关，设在租界，主要经办轮船进出口税及船舶吨税；旧海关是对帆船沿海贸易和内河航运货物的海关，旧海关主要货物包括大豆、豆饼、油、砂糖等。参见外務省通商局：《清国事情》第 2 輯，1907 年，第 656—657 頁。

表 1.8　　1895—1904 年的汕头贸易　　单位:海关两

年份	对外贸易			国内贸易			进出口总额
	进口额	出口额	合计	进口额	出口额	合计	
1895	9 781 597	2 232 624	12 014 221	9 370 507	5 846 306	15 216 813	27 231 034
1896	8 650 122	2 335 729	10 985 851	10 026 505	6 519 680	16 546 185	27 532 036
1897	9 441 305	2 976 623	12 417 928	9 081 540	7 332 665	16 414 205	28 832 133
1898	12 570 842	3 596 093	16 166 935	11 394 478	8 368 971	19 763 449	35 930 384
1899	13 314 948	4 112 574	17 427 522	18 221 164	10 048 179	28 269 343	45 696 865
1900	12 525 066	4 952 481	17 477 547	19 147 834	7 405 353	26 553 187	44 030 734
1901	13 621 300	5 016 307	18 637 607	18 562 472	7 843 054	26 405 526	45 043 133
1902	14 140 672	4 898 173	19 038 845	19 243 412	6 815 859	26 059 271	45 098 116
1903	13 721 608	4 652 044	18 373 652	18 788 715	7 260 435	26 049 150	44 422 802
1904	14 105 085	5 828 259	19 933 344	21 580 916	8 836 604	30 417 520	50 350 864

资料来源:外務省通商局,《清国事情》第 2 輯,1907 年,第 637—638 頁。

表 1.9　　汕头进口牛庄的豆饼数量　　单位:千担

年份	进口量	年份	进口量	年份	进口量	年份	进口量
1881	1 111	1886	1 286	1891	2 046	1896	792
1882	1 418	1887	1 630	1892	1 539	1897	1 028
1883	1 465	1888	1 336	1893	1 168	1898	1 119
1884	1 686	1889	1 234	1894	1 226	1899	1 161
1885	1 384	1890	1 726	1895	257		

资料来源:各年度汕头海关报告数据。转引自宫田道昭:《19 世紀後半期、中国沿岸部の市場構造——"半植民地化"に関する一視点》,《歴史学研究》第 550 号,1986 年 1 月,第 1—14 頁。

表 1.10　　汕头对营口及上海的贸易收支　　单位:海关两,担

		1896 年	1897 年	1898 年	1899 年	1903 年
对营口贸易	进口额	2 752 344	2 722 655	3 694 918	3 962 284	7 596 000
	出口额	198 858	158 581	169 689	376 010	
	豆类进口量	593 008	783 905	932 915		907 000
	豆饼进口量	2 238 596	2 242 344	2 604 295		2 540 000

续表

		1896 年	1897 年	1898 年	1899 年	1903 年
对上海贸易	进口额	2 641 818	1 995 886	2 738 283	3 633 407	
	出口额	2 645 319	3 020 768	3 742 580	4 011 397	

资料来源:1899 年数据来自山吉盛義《清国広東省汕頭並潮州港情況》,外務省通商局,1903 年,第 17、21 頁;其余年份数据来自《南清視察復命書》,大阪商船,1900 年,附録,第 30 頁。

除此之外,同为国内砂糖产地的广州地区也是豆饼、大豆的重要需求地之一,19 世纪末每年采购额高达 300 万海关两,而且其贸易收支结构也与上述两港构造极为接近,即为营口豆货贸易提供巨额现金收入。需要指出的是,台湾在被日本占领前,也是牛庄贸易的需求者之一。

可以看出,汕头与厦门的共同特点是进出口总额长期不均衡,内外贸都存在巨额逆差。汕头的总体入超额,1897 年为 821.3 万海关两,1898 年为 1 200 万海关两,1899 年为 1 737.5 万海关两。厦门 1903 年合计出口额为 649.6 万海关两,进口额为 1 442.2 万海关两,逆差额为 792.7 万海关两。但两地皆为蔗糖产地,因居民下南洋者都很多,每年可获得巨额华侨汇款,因此,商品贸易虽呈逆差,但经常收支却呈现持平或顺差状态。[①] 两地出口商品方式也有相似之处,厦门主要对天津出口砂糖,汕头对北方各港及上海出口砂糖,[②]但两者对牛庄砂糖出口量都不大。因此,其对营口贸易都须通过上海结算。以厦门为例,"观当地与北方贸易,相对从牛庄和芝罘进口豆货,仅少量出口砂糖和杂货,因此常处于入超倾向。相反,对天津常处于出超状态。而对牛庄、芝罘的入超金额,以当地对上海汇兑结算,对天津出超结算,也由对上海收汇结算。对芝罘汇票见票后 10 日内,对牛庄 15 日内,对天津 5 日内付款为限"[③]。

然而,随着对日本豆饼出口份额的增加,上述供求关系开始倾斜。以

① 山吉盛義:《清国広東省汕頭並潮州港情況》,外務省通商局,1903 年,第 8 頁。

② "该港重要输出商品砂糖为大宗,烟草、夏布次之,蓝染洋布又次之,……内贸输入豆类、豆饼、粮食为大宗。""砂糖对国内各港运输量为上海 134 万担,汉口 30 万担,镇江 29 万担,芝罘 10 万担,天津 15 万担。""大豆、豆饼从牛庄和烟台输入,由牛庄输入尤多。"参见外務省通商局:《清国商況視察復命書》,元真社,1902 年,第 366—367 頁。

③ 外務省通商局:《清国事情》第 2 輯,1907 年,第 565 頁。

汕头为例,“其进口品中增长最快的货物是豆饼、大豆、麻、丝绸类等,……豆饼历来从营口输入,但营口豆饼最近被日本买占,所以去年(1899年)从牛庄以外的汉口进口较多”[①]。1899年也是汕头经济增长的高峰期,当年“红糖比1889年增加20万担,比1891年增加15万担,只有白糖比1891年减少2.6万担,但是比1889年增加15万担。去年砂糖商误信爪哇糖歉收减产风传,导致输出北方数量过多,多少遭受了些损失”[②]。尽管如此,营口大豆的价格上升依然对其造成压迫。1903年,汕头进口大豆254万担,进口豆饼90.7万担,进口量基本与1898年持平,但支付金额为豆饼503.3万两,大豆256.3万两,超过1898年1倍以上。[③] 再加上进口米价剧增,丝绸类价格连年上涨,以及庚子事变的影响,其贸易增长开始减缓。[④]

豆价上升也对广州和厦门形成压迫,造成豆货贸易数量减少。1905年前后,因对营口、芝罘、天津贸易无利可图,厦门经营北方贸易的商家由20家减少为10家,有不少改营对上海、宁波贸易,其商号由30家增加到60家。对北方贸易的到港船只由七八十艘减少到50艘,豆饼、大豆进口各减少三成多和四成,对北方砂糖出口减少三成以上,出口杂货也减少三成。当地豆饼和大豆售价也各上涨1倍左右。豆价上升也影响到泉州和漳州的油坊生产,当地油坊歇业时间加长,售价则明显受到北方大豆价格波动的影响。[⑤]

因此,汕头、广州、厦门三地的肥料需求是支撑早期营口发展的主要因素,贸易促进了东北与华南相互的经济作物种植和加工业发展,营口贸易顺差主要来自对华南各港贸易,为营口贸易扩大和东北开发提供了持续的资金供给。19世纪90年代,随着外国砂糖进口的增加,南方糖业的发展空间开始被压缩,国内砂糖生产增长速度减慢,对营口的豆货需求增加也开始放缓。19世纪90年代后半期,豆货对外出口迅速增大,豆货价

---

① 山吉盛義:《清国広東省汕頭並潮州港情況》,外務省通商局,1903年,第17頁。
② 山吉盛義:《清国広東省汕頭並潮州港情況》,外務省通商局,1903年,第21頁。
③ 《汕頭港ノ状勢》,大阪商船,1905年,第13頁。
④ 山吉盛義:《清国広東省汕頭並潮州港情況》,外務省通商局,1903年,第17頁。
⑤ 外務省通商局:《清国事情》第2輯,1907年,第564—565頁。

格飙升，进一步抬高了南方砂糖生产成本，导致其豆货进口数量的减少。但外贸需求的增大弥补了这一缺口，对外贸易盈余成为东北开发资金的新供给渠道。

（二）营口与上海、华南的贸易机制

营口与主要出口地华南及主要进口地上海的关系如图 1.5 所示。其基本流程为：第一，出口商将豆货出口到华南，通过油坊、粮行、装船行获得过炉银账户和延期付款信贷，将收款汇水在上海汇市出售；第二，进口商通过大屋子获取过炉银账户和延期付款信贷，在汇市以过炉银购买收款汇水用于支付进口货款；第三，出口商以上海为收款地出口货物，在上海市场出售规银汇水，获取过炉银汇水汇回本地，进口商在上海以过炉银汇水购买规银汇水用于支付进口货款；第四，出口商在汕头、厦门等地出售豆货获得现银，部分用于当地采购，部分开为上海收款汇水用于采购或租船的支付；第五，汕头、厦门商人采购当地货物到营口出售，以此获得以货物为担保的过炉银账户和信贷，用于采购豆货出口华南；第六，上海金融市场上，春季过炉银支付额大于收款额，过炉银对规银汇水有下跌压力，夏季过炉银货款回流，当年进口支付基本结束，过炉银对规银汇水有上升压力；第七，银炉与票号在过炉银价格偏高的夏季进行套利交易，将其汇回或兑换为现银运回营口，用于秋季采购，在过炉银价格偏低的春季，其在营口出售规银汇水以提供支付工具，同时也可平抑过炉银价格。

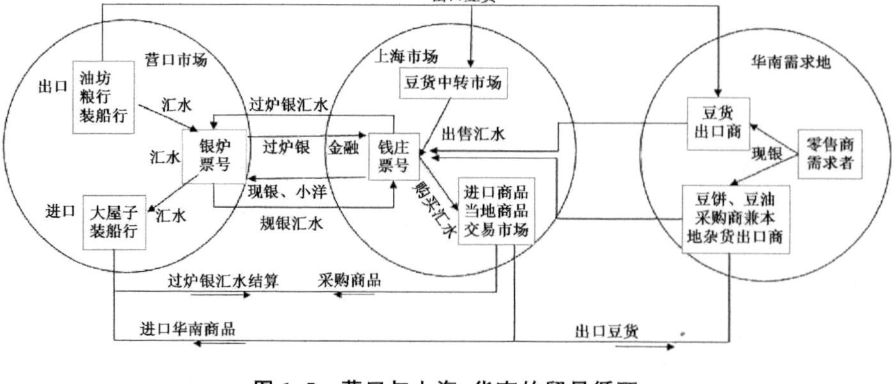

图 1.5　营口与上海、华南的贸易循环

过炉银本身具有延期支付功能，而且可通过卯色交易将偿还期延长，最长可将决算延期一年，因而东北内地商户可通过账户透支和卯色交易获得较长期的贷款。同样，通过出售进口货获得过炉银账户的华南客商，也可通过同样手法得到延期支付的优惠。在出口方面，过炉银不仅是豆货现货买卖的工具，也通过期货影响其未来价格形成。在进口方面，过炉银提供延期付款，也通过汇兑作为对外支付工具。上述机能在极大方便交易的同时，也使所有交易参加者都能通过选择支付方式和时期，得到尽量减低金融成本的好处。

四、对日贸易及其影响

1890年以前，营口采购的外国商品数额虽大，但几乎全部经上海转进口，其直接出口份额也很小。进入90年代，营口对外国出口额迅猛增长，1899年出口额为1890年的19倍强，直接进口额为1890年的13倍强。其在内贸中虽呈入超，但在对外直接贸易中却呈现强劲的出超倾向，尤其是对日贸易更是如此。表1.11显示了营口贸易的上述特征。表1.12为90年代初的营口贸易结构，也显示对外贸易所占比率不超过贸易总额的10%，金额不足6%。对外出口相对价格较低。表1.13为19世纪90年代日本进口大豆的整体情况。此前营口豆货主要对华南输出，日本也主要从朝鲜进口大豆。但1888年、1891年朝鲜连遭大歉收，日本鱼肥也因捕捞量减少而骤减。1893年日本从中国进口大豆和豆饼量骤然增加，仅从营口进口就达173.1万海关两，而且几乎完全用于豆饼和大豆的进口支付。而当时营口从日本的直接进口额仅8万余海关两。[①] 当时，日本主要的豆饼需求地是关西，主进口港是神户。神户经手豆货进口的是建记、益昌、天鼎三家华商。日商平重岸善、铃木岩主要从事日本国内豆饼买卖经纪，有马商店、藤商会、三井物产、石川商店、久寿里商店、山本商店等则从事对日本各需求地的销售。[②] 这一时期，中国从日本进口商品并不征税，直接进口商品主要为棉布、棉纱、杂货类，直接出口商品主

---

① 山田鍹之助:《満州貿易案内》，南陽堂，1895年，第108頁。

② 日清貿易研究所:《清国通商綜覧》第2编，日清貿易研究所，1892年，第462—465頁。

要是豆油、豆饼。从 1892 年到 1899 年，中国对日大豆出口一直占日本大豆进口的一半以上，多数年份占 75%左右，而豆饼出口一直占其总豆饼进口的 99%左右。从营口的角度来观察，日本市场是新出口市场。表 1.14 反映了营口大豆与豆饼出口占营口豆货出口比例的变化。甲午战争前，对日直接出口数量和金额都在迅速增大。对照表 1.13 可知，即使在甲午战争中的 1894 年，中国对日豆货的出口仍在扩大。1895 年虽然受到战争影响，但豆饼出口量依然在增加，1896 年一举比上年增加 2 倍，占营口豆饼出口量的一半以上。1897 年以后对日大豆、豆饼出口量分别为营口出口量的四成和一半，至 1899 年接近六成。

表 1.11　　19 世纪 90 年代的营口贸易　　单位：海关两

年份	进口额			出口额		进出口合计
	外国商品进口	直接进口	进口额合计	直接对外出口	出口合计额	
1890	4 449 057	379 209	7 250 465	460 946	7 197 816	14 448 281
1891	6 060 683	360 266	8 995 027	1 172 813	8 069 746	17 064 773
1892	5 166 304	670 296	7 297 265	2 167 111	9 065 658	16 362 923
1893	5 548 403	864 494	8 349 430	1 994 644	9 310 424	17 659 854
1894	5 343 017	596 754	7 886 161	3 919 538	8 532 443	16 418 604
1895	2 465 400		1 283 219		5 605 086	9 353 705
1896	8 112 912	1 886 485	11 494 059	7 555 929	11 277 287	22 771 246
1897	8 995 929	1 641 415	12 550 059	5 547 826	13 808 612	26 358 671
1898	10 577 471	1 453 138	14 993 035	7 181 598	17 448 280	32 441 315
1899	21 775 930	5 279 185	27 741 872	8 893 141	20 615 751	48 357 623

资料来源：外務省通商局，《滿洲事情》第 2 輯(牛莊、安東)，大空社，1911 年，第 45—47 頁；織田一，《支那貿易》，東京專門学校出版部，1899 年，第 23、45 頁。

表 1.12 营口 1891 年出口贸易的比例与份额

出口地	出口数量(担)		出口金额(海关两)		出口总额(海关两)	豆货出口金额所占比率(%)
	大豆	豆饼	大豆	豆饼		
外国	329 930	214 567	295 772	157 308	460 946	98.3%
中国香港	110 290	—	99 567	—	247 830	40.2%
国内各港	3 717 318	2849293	3 368 595	2 120 151	7 360 970	74.6%
外贸比率(含中国香港)	10.6%	7.0%	10.5%	6.9%	8.8%	—
外贸比率(仅外国)	7.9%	7.0%	7.9%	6.9%	5.7%	—
合计	4 157 538	3 063 860	3 763 934	2 277 459	8 077 588	74.8

注:各种商品出口总额中,因有 7 842 两再出口,故合计数需减去这一部分。

资料来源:山田鎗之助,《滿州貿易案内》,南陽堂,1895 年,第 199—200 頁。

表 1.13 19 世纪 90 年代日本的豆货需求 单位:担,日圆

年份	大豆		豆饼		从中国进口大豆		从中国进口豆饼	
	数量	金额	数量	金额	数量	金额	数量	金额
1890	900 168	1 856 279	137 694	194 296				
1891	1 069 229	2 010 879	262 917	355 989				
1892	1 545 150	2 712 044	616 427	824 652				
1893	1 641 464	3 446 636	410 535	599 893	1 229 022 74.87%	2 602 272 75.50%	403 909 98.38%	592 030 98.69
1894	1 377 522	2 977 795	532 920	822 195	1 070 802 77.73%	2 313 298 77.68%	528 456 99.16%	816 910 99.36
1895	1 217 895	2 554 764	571 900	946 028	669 750 54.99%	1 380 265 54.02%	566 790 99.11%	939 948 99.36
1896	1 572 982	3 475 016	1 643 037	3 220 060	894 765 56.88%	1 940 079 55.83%	1 637 848 99.68%	3 212 931 99.78
1897	2 349 376	5 889 617	1 704 471	3 315 587	1 614 234 68.71%	4 071 063 69.12%	1 701 485 99.83%	3 311 712 99.88
1898	2 406 507	7 101 103	2 101 410	4 614 967	1 993 832 82.85%	5 904 584 83.15%	2 098 258 99.85%	4 610 625 99.91%
1899	3 080 788	8 822 111	2 795 504	6 791 813	2 365 234 76.77%	6 666 098 75.56%	2 616 505 93.60%	6 047 238 89.03%

注:从中国进口数字第二行的百分比表示占日本进口的比率。

资料来源:支那調查会,《支那通商》,文献社,1901 年,第 285—289 頁;加藤末郎,《清国出張復命書》,農商務省商工局,1899 年,第 22—24 頁。

表 1.14　营口对日豆货出口与直接贸易

年份	大豆		豆饼		对日贸易金额(海关两)		
	数量(担)	比例(%)	数量(担)	比例(%)	进　口	出　口	合　计
1890	146 190	5.20	110 196	4.20			
1891	315 973	7.60	116 427	3.80			
1892	892 378	21.40	197 316	7.00%	84 613	1 172 027	1 256 640
1893	1 085 443	32.50	418 899	18.00	82 295	1 731 601	1 813 896
1894					77 121	1 129 326	1 206 447
1895					16 583	970,817	987 400
1896	871,960	24.00	1 484 247	54.20	142 928	3 089 568	3 232 496
1897	1 670 230	39.20	1 656 513	49.80	208 476	5 079 216	5 355 100
1898	1 830 525	43.37	1 727 210	46.73	594 390	6 632 732	7 227 122
1899	552 944	50.10	2 616 505	59.71	1 723 999	8 091 791	9 815 790

注：①表中"比例"为对日出口占营口出口总量的比例；②1899 年大豆出口为 1—6 月数据。

资料来源：河野文一，《北清各港視察報告書》，1899 年，第 69 頁；支那調查会，《支那通商》，文献社，1901 年，第 289 頁；東亞同文書院，《清国商業綜覽》第二卷，東京丸善株式会社，1908 年，第 437 頁。1899 年豆饼对日出口数据参见羽賀哲治《富の滿州》(末広堂，1906 年)第 14 頁，据称当年仅对日豆饼输出额达 6 047 230 海关两。

19 世纪 90 年代初，营口豆饼用途广泛、价格低廉、出口连续增大，引起了日商的注意，[①]华商主导豆货贸易也引起日本官方的关注，"本国(日本)与牛庄间贸易，大豆与豆饼几占其八成。过去的明治二十六年(1893 年)对日输出额实达一百七十万两之巨，此后估计愈增。然因此等巨额豆货全由清商之手输出。日清贸易扩张之势终于引起我该业者注意，明治二十六年(1893 年)三井物产公司派员至当地专事采购"[②]。1897 年更有调查指出："概言之，该港贸易乃该港与清国各港之贸易，与对外国贸易

① 营口的大豆贸易"引起我方(日本)商人注意乃明治二十四年(1892 年)左右，日清战后输入猛然增加"。参见羽賀哲治：《富の滿州》，末広堂，1906 年，第 88 頁。

② 山田鎗之助：《滿州貿易案内》，南陽堂，1895 年，第 138 頁。

(除日本外)直接关系甚少,因该港唯一重要输出物之豆、豆饼、豆油,仅供给华南之广东、福建、江苏、浙江各省,而无对外直接输出。输入品以棉纱、洋布为最重要。却仅从上海转口输入,并不由外国直接输入。故该港贸易为清商所垄断,不容外商过问。"[①]这些都说明当时营口的出口商品构成简单,除日本外仅为内贸,进口商品几乎全经上海、华南转口输入,这种特征构成华商主导营口贸易的基础。

此后,日本逐渐展开对东北大豆贸易的调查,开始讨论如何获取东北豆货贸易主导权的问题。到日俄战争前后,日本国内对这一问题的讨论分为大连派和营口派,两者观点形成对立。这是由于大连有不冻港和铁路的优势,而营口有传统贸易和水运优势。此处的传统贸易优势,是指营口油坊业和金融业及与各地传统贸易关系。因此多数意见认为,"即使大连拥有种种优势,但两者竞争将是长期的"。[②] 最后,议题升级到"日商是否应主导豆饼制造业","营口与大连的豆饼制造、豆货集货能力孰优孰劣的比较"上,最终得出日本政府应下大力"扶植大连,抑制营口"的结论。

19 世纪 90 年代营口对日豆货出口的增大,是由于当时东北与日本在经济上具有较高互补性且日本国内大豆榨油业不发达等原因造成的。[③] 此时日本虽完成第一次工业革命,但尚处于进口替代初期,其棉纺织业尚无海外市场,农业也因肥料价格上涨而不得不寻求替代资源。[④]营口作为棉织品进口和豆货出口港,其贸易对象港相对集中并固定的特点,引起了日方注意。多数日方调查者和参与者都持取代原有贸易港,获取对营口贸易主导权的意见。因此,日本政府和商界一面展开营口商业

① 外務省通商局:《清国商況視察復命書》,元真社,1902 年,第 81 頁。

② 羽賀哲治:《富の満州》,末広堂,1906 年,第 93—98 頁。

③ 日本国内 1896 年才出现首家大豆油坊,1899 年才有一菜籽油厂改为大豆榨油厂。在中国豆饼进口之前,豆饼对日本市场完全是未知商品,其市场由神户华商开辟,豆饼效用由中国农村实践证明。参见山口寛雄:《満州産大豆油粕の内地に於ける消費の現在と将来》,南満州鉄道株式会社哈爾賓事務所調査課,1923 年,第 28—29 頁。

④ "本国(日本)近年鱼肥、油渣价格腾贵,清国豆饼需求顿时增大,甲午战前仅六七十万日圆的进口,1896 年一跃而 300 万,1899 年达 670 万日圆之多,其中由牛庄输出者达 6 成以上。"参见中村桂次郎:《日清貿易策》,日本経済社,1902 年,第 94—95 頁。

贸易调查，一面开始探讨夺取营口商业贸易主导权的具体方案。[①] 不仅如此，其目标还包括与英美争夺对华棉织品出口、海运业的主导权等。

19世纪90年代以前，营口外贸额很少，之后迅速增加。当时营口主要外贸地区为英国占领的香港地区和日本，对日本豆饼出口占营口豆饼出口量的60%。外贸大量需求引起价格上涨，提升了豆货贸易的整体利润率，使营口贸易充满活力。这一变化不仅吸引了华商对营口的进一步投资，也引起日本的觊觎。90年代中期，日本认识到东北豆货资源与抑制其农业成本的关系，各种调查中的建议表明，夺占东北大豆资源成为世纪之交日本官方的主流意见。但是，日俄战争中军管的经验和各种调查显示，营口传统商业体系很难轻易插足。日俄战争后日本获得旅大殖民地和满铁经营权，这使日本对东北的政策转向了"扶植大连，抑制营口"的方向。

前述营口贸易对东北和对上海、华南的商业循环模式也在1907年以后发生变化。对东北内地的主要变化是由交通运输条件和出口港的变化引起的。日本接收大连以后，日商大量进入东北收购豆货，1908年以后欧洲商人也参与了抢购。外商不经营口而直接与各集散地粮行、油坊交易，营口对于铁岭以北产地的影响力迅速下降。1910年，东北内地客商虽仍来自各城镇，但主要目的是为进口日本以外的各国杂货和日用品，运来豆货是其获取信用和支付进口的手段。此后，营口商业模式也变为以大屋子的进口机能支撑油坊、粮行的豆货采购机能的模式。原来的对长三角、闽粤的三角贸易模式，转变为对内贸市场、日本、台湾地区、欧美的四角模式，豆货价格不再主要由内贸供求所决定，而很大程度上取决于豆货国际贸易的成本，主要受银价变化、各市场需求、丰歉程度、农民上年收入多寡、豆货集散市场中各势力的消长等多种因素影响而综合决定。多

---

① "近年该港输入我国(日本)大豆、豆饼数量激增，给该港贸易以异常刺激，豆价涨幅亦前所未有。查我与该港关系，一我肥料腾贵，正苦于寻求廉价肥料之际，大豆豆饼输入为奖励农业所必需，需求既广、销路亦大，不容置疑；二满洲人口增加，田野开垦尤速，民风渐脱质朴而趋奢靡，洋货输入处增加之势，若我商贾勤勉从事，不难对其供应我制品，如此则该港将来对我贸易之利非少，且很偶然，清国不无特别对我开放之感，唯视我商贾以坚韧勤勉、殚精竭虑，与清商角逐竞争之手段如何？至少我商贾若不勇于与清商对峙，该港商权将永归于清商专擅之下。"参见外務省通商局：《清国商況視察復命書》，元真社，1902年，第81頁。

市场的需求、不同的涨跌因素形成一种稳定的合力，支撑东北豆货生产规模和经济规模继续扩大，这种模式一直持续到“九一八”事变之前。① 与此同时，主导东北豆货贸易的主体也开始发生变化。1907 年以后，交易主导权渐由营口商人手中转移到由营口、东北和关内各地商人投资所形成的大连商人手中。日本财阀和欧美商人通过掌控大豆货源及其对外贸易主导权，以中国资源换取其利润，外贸利润逐渐被其攫夺。第一次世界大战前后，随着东北割据势力的兴起，各地方政府也将豆货贸易作为其割据一方、进行军阀战争的摇钱树，豆货交易利润相当一部分被其提取，官银号及附属粮栈在豆货交易中逐渐占有重要地位。

五、营口的商业构造及其特点

如前所述，营口贸易带动东北经济增长的作用和范围可以 1906 年底为限，分为前后两个时期，前期是以国内贸易收入为主导，其后变为对外贸易收入为主导，并从营口一港主导，变为营口、大连、安东、海参崴四港竞争的局面，营口在整个东北豆货贸易中的影响减小到只有原来的三到四成。在营口主导的时期，南方产糖地区的逆差为其提供了巨额贸易盈余，通过营口贸易为东北经济开发提供了日益增大的流动资金。在其带动下，19 世纪 80 年代末，营口豆货生产规模已接近世纪末的水平。从 19 世纪 90 年代起，外贸因素的影响逐渐增大。1898 年、1899 年，日本的豆饼进口需求已经占到营口豆饼出口量的六成左右。外贸需求的竞争推动了豆饼价格的上涨，豆货价格两年间上涨了 1 倍以上。豆货价格上涨使南方糖业生产成本普遍升高，国内蔗糖生产从增长转为停滞，再转向减少，两地贸易互利基础开始崩溃。这对营口和东北，意味着主要贸易收入由国内贸易为主转向对外贸易为主的过渡期，与长达 7 年的战争与动乱时期相重叠，之后迎来战后金融危机与多港竞争的时期。以下着重对营口贸易的形成时期、商业模式及特点、交易货币变化等几个问题进行

---

① 雷慧兒：《東北的豆貨貿易：1907—1931》，臺灣師範大學歷史研究所專刊(7)，1981 年 5 月，第 20—29 頁。其中按表 3、表 4、表 5 时间序列，据海关报告归纳了 1907—1931 年中国大陆、日本、欧美、中国台湾各市场对大豆、豆饼、豆油需求的不同因素影响。

考察。

(一)营口贸易的形成

关于营口贸易的形成时期，主要问题在于廓清一些史料记载造成的混乱。石田等描述营口商业构造的主要依据是1911年出版的《南满洲经济调查资料第六 营口》[①]，这一调查内容与更早的其他调查结论的不同之处，集中于以下数个时期的设定和结论：其一，营口贸易形成和主要营业者的创设时期，皆以营口开港即1860年为起点；其二，基本顺序为：英国设领事馆，之后有清驻军和地方官设置，此后山东人开油坊，广东人搞贸易，金融业者设银炉，“营口显著发展不过最近20年的事”[②]；其三，与以上时间设定相关联，断言“从事银两改铸的银炉产生于1875年”，“卯期决算制度始于1883年”。但进一步考察其中的记载，却能发现与上述设定和结论诸多矛盾的地方。再比照其他早期调查，能发现其对营口贸易的开始期、与华南贸易的开拓期、牛庄贸易向田庄台及营口转移期等问题并不能给出合理的解释，且有故意篡改、偷换概念的嫌疑。其最大的问题在于将营口实际成为辽河口主要贸易港口的时间与营口开港时间两个时间概念有意混为一谈。参考更早出版的其他调查和战后的研究，能够搞清以下一些事实：第一，营口成为主要港口，是由于辽河淤塞造成贸易港口下移，其大致时期约为道光十年(1830年)至十五年(1835年)。[③] 第二，营口作为贸易港是因商业需要，营口很多商户创立于开港前，清廷不得不对其商业习惯予以默许。1862年，首任英国领事赴任，却发现商业中心已移到距牛庄90华里外的营口，不得不将错就错将营口称作牛庄，清廷

---

① 南満洲鉄道調查課:《南滿州経済調查資料第六 営口》，南満洲鉄道調查課，1911年，第1頁。其中记载，“明治四十三年(1910年)由满铁调查科科员井阪秀雄调查”。

② 南満洲鉄道調查課:《南滿州経済調查資料第六 営口》，南満洲鉄道調查課，1911年，第2—3頁。该调查在第73页又不得不承认，“牛庄繁荣顺流移至田庄台，再移到营口，见机敏捷的山东商贾率先来到此处经营商业，开设油坊，至今营口商人大部分实为山东商人。当时创设而至今日者有：西义顺、永远兴、天增栈、仁裕、兴福茂、福通、顺泰等，其创设时间为道光二十年(1840年)左右”。

③ “营口之发达仅为近八十年来之事，……其时牛庄若今日营口，乃客货船舶集散地，牛庄因而名传遐迩、脍炙人口。但河水年年变浅，……终使盖平成船舶汇集之地，之后三转田庄台，四转至营口。……如今外人称牛庄，实营口也。变迁之中，唯牛庄之名仍流传商人之口，以至营口也含于牛庄名下。道光十年起营口始为通商港而趋发达，距今已八十年。”参见東亜同文会:《東亜同文会ノ清国内地調查一件/営口駐在班ノ部》第二卷，1907年，国立公文書館アジア歴史資料センター，B03050508300，第285—288頁。

行政与开港机构设置也显示一种对实际状况的追认。第三，后来的研究中，佐佐木正哉有关过炉银制度创立期、山本有关营口汇兑形成期的考察，都是基于对上述时间设定的否认。前者论证了营口过炉银制度创始于盖平钱票危机后的1845年左右，后者论证了过炉银汇兑的形成期约在19世纪50年代。

（二）营口的商业模式及特点

营口港"清商以豆类输出商、油坊为首要，以棉纱、棉布商及票庄、银炉、当铺次之"[①]。1905年时，主要商人有丝绸、棉布、杂货商162家，大豆、豆饼商53家，银炉26家，钱庄21家，木材商16家。[②] 营口贸易的参与者主要包括行栈业和客商，尽管三井和小寺等日本贸易商于19世纪90年代初就已来到营口，但其销售和采购都经营口商人中介，与一般国内客商并无区别。其活动方式在1907年才开始变化。营口贸易可以分为进口和出口两部分，出口行业主要由参与豆货贸易的油坊、粮行、装船行构成，进口行业主要由参与棉布、棉纱日用品进口的大屋子、装船行构成。

营口主要商业形式是行栈业，即经纪行。1893年时，营口已有上百家行栈，出资者以广东、山东人居多。主要业务是代客买卖，其著名者如表1.15所示。此处并未按经营商品种类来分类，而是按其机能统称为行栈，即无论谷物商、油坊、银炉、杂货行都属经纪商，其代理范围包括采购、销售、金融、租船、装船。这种划分是依据营口实际商业构造而定的。"营口大屋子与牙行非常相似，却不如牙行般受官府严厉束缚，开业自由，不受官府任何干涉，实际上从事与牙行大同小异业务。……总之不可忽视的事实是，营口是新由移民集合而成的城市，营口实现了自身发展而无传统势力掣肘。维持旧势力所掌率的特殊制度存在的牙行规定，面对别开生面迅速成长的营口大屋子，尚无施加任何束缚的余地。"[③]营口油坊、粮

---

① 外務省通商局:《清国商况视察復命書》,元真社,1902年,第106頁。

② 関東都督府陸軍部:《明治三十七八年戰役 滿洲軍政史》第五卷,小林又七印刷所,1915年,第624—625頁。

③ 東亜同文会:《東亜同文会ノ清国内地調査一件/营口駐在班ノ部》第二卷,1907年,国立公文書館アジア歴史資料センター,B03050508300,第327—329頁。

行也具有牙行机能,但同样自由开业。

表 1.15　　1894 年前营口的著名行栈

店号	经营项目	店号	经营项目
(西)义顺	谷物、油坊、银炉、当铺、杂货店	东永茂	谷物、油坊
裕盛长	谷物、银炉、当铺	长东	谷物
(东)盛和	谷物	仁裕	谷物(招商局代理)
永增盛	苏子油(豆油)	东泰兴	苏子油(豆油)
兴顺魁	杂货	长深盛	杂货
火船号	杂货	兴记栈	杂货
和长	杂货		

注:括号内文字为引用者所加。1904 年以前公议会定员为最大 13 家商户,此处列出的 13 家商号很可能是公议会会员。

资料来源:山田鎗之助,《滿州貿易案内》,南陽堂,1895 年,第 129 頁。

营口"华商大致可分为大屋子和揽柜上(也写作'栏柜上',引用者)两种,前者为批发,后者为零售。由其营业细分,有大屋子、油坊、装船行、银炉、襍货铺、粮行、小码头、染坊等多种。其中可称巨商者,经营大屋子、油坊、装船行、银炉等的商人居多。大屋子又名发(货)行,为兼营行栈者;油坊是制造豆饼豆油之处;装船行是船舶营业者;银炉为中国式银行。襍货铺即所谓杂货商,有经手西洋杂货和日本杂货的两种,指买卖东西百货者。粮行为谷物行栈,小码头是专营谷物类运输者,染坊从事染布"。行栈业是集进出口、批发、零售、加工、金融服务等机能于一身的综合经纪业。多数营口巨商都具有兼业构造,围绕营口进出口贸易商品形成综合性经纪机能。营口主要商号兼业状况如表 1.16 所示。

表 1.16　　营口主要商号兼业状况

商号	兼业种类	商号	兼业种类
西义顺	大屋子、装船行、油坊、小码头、粮行	源成东	大屋子、襍货铺
东永茂	大屋子、装船行、油坊、小码头、粮行	源成会	大屋子、襍货铺
厚发合	大屋子、油坊、银炉、小码头、粮行	兴记栈	大屋子、襍货铺
兴顺魁	大屋子、油坊、襍货铺、粮行	同兴宏	大屋子、油坊

续表

商号	兼业种类	商号	兼业种类
义泰德	大屋子、装船行、油坊、小码头、粮行	同兴成	大屋子、揽柜上
仁裕号	大屋子、装船行、小码头、粮行	正祥孚	银炉、小码头、粮行
长隆泰	大屋子、油坊、粮行	同聚源	油坊、小码头、粮行
元茂盛	大屋子、油坊、粮行	仁裕东栈	装船行、粮行
信昌永	大屋子、油坊、粮行	义顺厚	粮行、小码头
义顺华	大屋子、油坊、粮行	大盛亨	银炉、杂货铺
晋太丰	大屋子、银炉、装船行、小码头	太古元	油坊、粮行
同兴公	大屋子、杂货铺	太古盛	油坊、粮行
永远兴	大屋子、小码头	怡兴源	油坊、粮行
兴茂栈	大屋子、粮行	永同庆	油坊、粮行
世昌德	大屋子、银炉、杂货铺、染坊	振昌号	装船行、粮行
成顺号	大屋子、杂货铺	永茂德	小码头、粮行
兴茂福	大屋子、杂货铺	三合福	粮行、杂货铺
大森茂	大屋子、小码头	裕盛源	银炉、粮行

资料来源：東亜同文会，《東亜同文会ノ清国内地調查一件/営口駐在班ノ部》第二卷，1907年，国立公文書館アジア歴史資料センター，B03050508300，第293—302頁。

1905年营口有15户山货行，但无一不是兼营。杂货行兼营者5家，药铺4家，客栈3家，粮行、酱菜、蔬菜行兼营者各1家。营口为山货集散地，各地山货行派员皆寓居营口山货行，仅经手参茸者即达三千人之多。其交易手续费规定由卖主向山货行与经纪各交二分，并将扣除手续费后余额的千分之一作为公捐交给公议会。杂货行分为大货行和宁波行，前者多有零售机能，后者很少有。华南、上海、宁波、福建、香港、广东商户派驻人员寓居杂货行，办理销售和采购交易。一般棉纱、棉布、丝绸类经纪费为销售额的二分，花色洋杂货和普通杂货经纪费为三分。但其中势力最大的是由油坊、粮房、银炉、装船行构成的出口商群体。

粮行和粮栈有数十户，各地为销售或采购谷物而来者寓居于此。交易商品主要是南方运来的大米和东北各地运来的谷物。一般大米交易由装船行和客商经手，粮行与卖主交涉将其收购后批发或零售给东北内地客商。粮行的其他谷物通过外柜或跑市场的在粮市采购，再将其批发或零售。粮行对客户采购也提供经纪服务，并多兼帆船装船行，为其办理装船手续。一般经纪费为售价的二分。

如表1.17所示，行栈内部结构是适应营口外部分工状况而设定的，所有行栈中大货屋的构造最复杂、粮行最简单，但其机能却非常相似，只按照营业需要保有最少限度人员，具体搬运、装船、经纪等机能利用社会分工。大杂货行伙计包括卖货5人、管货6人、书信1人、跑外城4人、学徒4人；山货栈包括伙计5人、学徒3人；宁波行包括看门4人、学徒8人，管栈称为管院；粮行包括跑市场2人、学徒4人。由此可知，营口商业基本构造是各经纪行细致分工下的协作体制，因而能以较少资本运营大规模商业，从而促进商品高速流转。1900年以前的营口贸易中，因进口货主要从上海转口，租船也在上海或华南签约，无论外轮还是帆船，须借助当地行家(即行商)力量办理货运手续或采购、装货及通关手续。某航运公司调查指出：营口港的入港船舶，“不依据租船契约无人可进入此港，即运货所需船只通常在南方各港租船。盖因牛庄是位于中国最北边的开港地，在此港只有两种选择，要么接受所有提供装载的货物，要么空船出港。所有船只都可在港外安全停泊，船长停船港外后，乘驳船趁大潮入港观察商情，若知无货可装，再趁潮而去，可免空耗导航费”①。这从另一个角度证明营口行商与货运的关系。“往昔……轮船装船行在营口市场拥有很大势力。”②粮行和油坊大多兼营装船行，除以行家名义代理货船出入港手续外，也应出口商订货的要求代理采购和装船。

表1.17 营口商行企业构造

行　业	掌柜	副掌柜	账房	外柜	伙计学徒	厨师	管栈	苦力	更夫	合计
山货栈(福春长)	1	4	2	3	8	2	1	1	2	24人

① 本宿家全:《支那各港略誌》，大阪商船，1899年，第52頁。

② 日本驻长春领事致外务大臣公信第三十五号附録，长春领事馆外务书记生小松正则报告《满州卜大豆》，《豆及豆粕関係雑件》第一卷，1911年3月1日，国立公文書館アジア歴史资料センター，B11091343300。

续表

行　业	掌柜	副掌柜	账房	外柜	伙计学徒	厨师	管栈	苦力	更夫	合计
大货屋(义顺栈)	1	8	4	2	20	2	3		4	44人
宁波行(东聚福)	1	2	4	4	12	3	2		1	29人
粮行(永丰吉)	1	2	2	1	6	1	2	2	1	16人

资料来源:関東都督府陸軍部,《明治三十七八年戦役 滿洲軍政史》第五巻,小林又七印刷所,1915年,第626—632頁。

在兼业构造之下,各商号内部有主次分工。“几乎所有商号都兼营三四种行业,但各有主业。各掌柜如同科长,有正副之分。每个掌柜部下有伙计十余人。总管一切的是大掌柜,以下有二掌柜、三掌柜、四掌柜、五掌柜之分。之所以要排一二三,是根据与主业关系轻重而区别,若以油坊为主,销售豆油、豆饼主管就是二掌柜;若银炉次于油坊,负责银炉的主任就是三掌柜,其余可类推。”①这表明无论油坊、银炉、装船行、大屋子、粮行,都具有相似的内部构造,只是业务主次不同。表1.18为某商号内掌柜设置的实际例子,这是一个以油坊为主业的商号,其主要业务是制造并销售豆货,辅助业务包括行栈业,销售棉布和杂货,过炉银经纪,轮船、帆船和马车经纪等。销售进出口商品的客商通过其提供的综合经纪服务完成交易。一般来说,大商号的掌柜人数约15名,伙计有六七十名,学徒有30余名。做苦力的虽然常雇者人数不少,但根据需要临时雇用者也不少。1907年以前,当地的油坊业拥有最大的资本规模,但油坊业资金周转极快,过炉银信用机制具有加速资金周转、降低成本的作用。

表1.18　营口大商号的内部分工

名称	级别	机能	名称	级别	机能
大掌柜的	总经理	总揽业务决策	掌货盘的	五掌柜	销售白布清水布套布
掌盘的	二掌柜	销售豆油豆饼	掌粮石盘的	五掌柜	销售粮石
掌银盘的	三掌柜	账房	掌杂货盘的	五掌柜	销售东西洋杂货

① 東亜同文会:《東亜同文会ノ清国内地調査一件/営口駐在班ノ部》第二巻,1907年,国立公文書館アジア歴史資料センター,B03050508300,第312—314頁。

续表

名称	级别	机能	名称	级别	机能
管油坊的	四掌柜	管制造豆饼	掌洋货盘的	五掌柜	销售花旗布褡裢布
管油柜上的	四掌柜	管油坊	管货的	五掌柜	管帆船马车装卸货
管装船的	四掌柜	管轮船装卸	过兑银钱的	五掌柜	管过炉银
管应酬的	四掌柜	管招呼客户	管院子的	五掌柜	管店内一应事务
管栈房的	四掌柜	管库房	管油工人的	五掌柜	油坊工头

资料来源：東亜同文会,《東亜同文会ノ清国内地調査一件/営口駐在班ノ部》第二卷,1907 年,国立公文書館アジア歴史資料センター,B03050508300,第 312—314 頁。

当地出口商全部为客商,分为国内客商和外国客商。国内客商中,“寓居粮行油坊的输出商主要是广东和福建等地商人,仅豆类商就 70 余家”。国外客商主要是经手直接对日豆货出口的华商。1896 年,对日出口豆货的华商以日清行和复兴号为最大,此外还有鸿泰号、升昌号、泰昌号、启昌号、启泰号、广德泰各店,以及日商三井物产。[①] 1898 年,神户经手豆货华商如表 1.19 所示,分别寓居正昌号、东盛和、西义顺三家,三井驻员寓居东永茂店内。

表 1.19　营口经手对日豆饼出口的华商

日本神户商号	复兴号	鸿泰号	升昌利	泰昌号	启昌号	启泰号	广德泰	广昌隆
驻员寓居的营口商号	正昌号	西义顺	义生泰	正昌号	正昌号	正昌号	东盛和	东盛和

资料来源：加藤末郎：《清国出張復命書》,農商務省商工局,1899 年,第 52 頁。

庚子事变前,营口豆货贸易的主要对象地区是国内,上海和宁波是豆油的主要需求地和大豆、豆饼贸易的中继交易地,汕头、厦门、台湾、广州是主要的豆饼、大豆需求地,芝罘为锦州和辽东半岛所产豆货的加工及贸易中继地。来到营口的客商主要以三江帮、建帮、粤帮为主。据 1907 年东亚同文会的调查,[②] 营口有福建公所、广东公所、三江公所三处会馆。

① 外務省通商局：《清国商況視察復命書》,元真社,1902 年,第 108 頁。

② 東亜同文会：《東亜同文会ノ清国内地調査一件/営口駐在班ノ部》第三卷,1907 年,国立公文書館アジア歴史資料センター,B03050510700,第 366—389 頁。

其中，福建公所设立最早，据董事称，设立已有百年，但其间经诸多事变，其详细沿革变化已无从考察。1894 年，当地福建商人达 43 家。其后因甲午战争，商人避乱而走，战后再兴，至 1907 年成员有 16 家。三江公所是江苏、江西、浙江三省商人会馆，据说三江商人来营口是光绪初年，公所设立于 1889 年，1907 年会员有 70 余户。三江商人主要构成为上海商人，对营口出口上海附近所产土布和各种杂货。1907 年初由公议会改组的营口商务总会，其名誉会董之一是江南沙布庄久大号，即以收购和运销土布为主，兼营沙船运输和土布贸易的上海商号。而东盛和破产后，被拖欠货款最多的客商商帮也是三江帮。此外还有广东公所，其规模最大，但设立最晚。1899 年方才由 6 户商家设立广东会馆，1907 年时，有商户 18 家，客商 40 家。从营口与华南的贸易历史来看，汕头是最早从营口进口大豆、豆饼的港口，早在两地开港之前就有贸易往来。营口巨商中，仁裕、裕盛长、东盛和、东永茂、裕盛源、太古盛等投资者皆为广东籍商人。仁裕号是营口成为贸易港时开设的，已有 70 年以上的历史；裕盛长创设于光绪元年，是营口最早开设的银炉之一；东永茂、东盛和都开设于 1885 年。满铁 1910 年的调查也表明，营口的客商中，来自沿海的主要有三江帮、宁波帮、福建帮、广潮帮、广州帮，还有来自北京、天津、山东、关里的 37 家，来自东北的客商有各地 36 个城镇，远达哈尔滨、齐齐哈尔、三姓、呼兰、岫岩等地的数百家。①

当地的外商主要从事轮船运输业和洋糖、煤油等个别商品进口销售，其所运载的主要是华商委托的货物。三井和小寺虽然从事豆货贸易，但主要业务是运来日本货物并将采购的豆货运回日本。由于早期对日出口额远大于进口额，而且进出口商互不联系，来运豆货的船只往往是空船，运来日本货的船只也往往无货可运。1907 年以前，无论抵港船只还是出港船只，日本船的空船率都是最高的。

总之，19 世纪晚期营口行业划分和商业规范的最大特点是以经纪业为核心，即以分担一段交易中有限风险的分工经营模式展开的，无论粮

---

① 南满洲鉄道調查課:《南滿州経済調查資料第六 營口》，南滿洲鉄道調查課，1911 年，第 81—83 頁。

行、油坊、装船行、银炉、杂货行都具有行栈业的特点,其主要交易是中介买卖双方,其主要收入来自手续费收入。这是一种能够对应市场急速增大的高弹性交易体制,成为促进当地与外部商品流通快速发展的主要因素。

(三)油坊业的发展

19世纪90年代营口的贸易增长,由豆饼出口所带动,油坊业地位持续上升,至日俄战争结束为止一直居于营口商家的顶峰。“油坊业四十年前才在该市出现,而今数量逐渐增加,占重要的巨商地位,维持该市繁荣多赖其力。”① 1896年营口有大油坊20家,1898年增至25家。奉天各城镇分布着很多油坊,以营口为最盛,“以榨油、制造豆饼,且代外来客商采买豆类、豆油、豆饼为业。”②豆饼质量由公议会实施日常监督。为保持豆饼重量一致,公议会订有严格规约,委员每周一次巡视各油坊检查,发现有制造豆饼重量不足者,或者罚款,或令打碎重制。油坊对油质提供保证,质量不好时须对客户提供赔偿。③ 1905年营口油坊22户中,根据公议会所定铺捐等级,属一等商户的11户、二等6户、三等2户,四等与八等、十一等各1户。当时全营口共有一等商户12户、二等商户15户,④可知当时油坊规模居营口商界之首。

营口开港时,曾有外商设立蒸汽机动力油坊,但因其设备不完善,加上众商反对,不到一年就关门大吉。1895年,粤商陈仁山投资设机器油坊一处,为躲避朝廷干涉和同业反对,租用太古轮船公司土地,并命名为太古元,伪装成太古洋行旗下企业。当时机械油坊设备投资约5万两,每年流动资金约3万两。但该号初年经营却未达到收支相抵,1896年以后因豆饼出口的增大,营口工价、地价、物价迅速上升,机器油坊经营方得以成立,1897年再设一处。⑤ 之后,又有粤商开设怡兴源,1898年东盛和开

---

① 外務省通商局:《清国商況視察復命書》,元真社,1902年,第107頁。

② 加藤末郎:《清国出張復命書》,農商務省商工局,1899年,第48頁。

③ 外務省通商局:《清国商況視察復命書》,元真社,1902年,第110頁。

④ 公议会根据营业额大小制定铺捐等级,分为24等,一等每月小洋71.4元,十一等每月8.75元,二十四等每月1元以下。参见営口軍政署:《営口軍政志》,小林出張所,1907年,第245—246頁;坂本辰之助:《実業の満洲》,集成堂,1905年,第237頁。

⑤ 加藤末郎:《清国出張復命書》,農商務省商工局,1899年,第48頁。

设东生怡，1901 年东永茂也设同名机器油坊。如表 1.20 所示，新式油坊数量渐增。[①] 营口主要从事豆货交易的商号，包括油坊在内共有 61 家。1896 年营口年产豆饼约 572 万张，约合 23.3 万吨。1899 年营口仅豆饼出口即达 35.2 万吨，其生产能力增加一半以上。如表 1.20 所示，1902 年油坊投资已发生变化，需固定资本 10 万两、流动资金 10 万两。这一方面是由于动力和压榨都改为机械，设备投资增大了；另一方面也由于营口物价、地价、工价的提高。此后，营口发生进一步通货膨胀，尤其是房地产价格和机械投资价格上升幅度较大。据 1907 年对东盛和的清算结果，东生怡油坊仅设备、厂房、各种家什工具的评价额就达小洋 20 万元。价格上升导致营口投资条件恶化，这也是导致营口后来工商业竞争力弱化的原因。

表 1.20　　营口油坊业盛衰

<table>
<tr><td colspan="4">1896 年共 21 户
旧式 20 户</td><td colspan="3">1902 年共 26 户
旧式 22 户</td><td colspan="2">1905 年开工油坊 15 户
旧式 11 户</td><td colspan="2">1910 年共 19 户
改造油坊 17 户</td></tr>
<tr><td>商号</td><td>机械</td><td>商号</td><td>机械</td><td>商号</td><td>商号</td><td>商号</td><td>西义顺</td><td>兴顺魁</td><td>西义顺</td><td>裕发祥</td></tr>
<tr><td>兴顺魁</td><td>18 班</td><td>义泰德</td><td>8 班</td><td>元茂盛</td><td>西义顺</td><td>广隆昶</td><td>元茂盛</td><td>同聚源</td><td>元茂盛</td><td>大生茂</td></tr>
<tr><td>元生福</td><td>6 班</td><td>元茂盛</td><td>8 班</td><td>元生福</td><td>同兴宏</td><td>德发合</td><td>德发合</td><td>义泰德</td><td>兴顺魁</td><td>正祥孚</td></tr>
<tr><td>德生长</td><td>6 班</td><td>元泰利</td><td>6 班</td><td>永昌和</td><td>永同庆</td><td>兴　隆</td><td>永昌和</td><td>广隆昶</td><td>义泰德</td><td>兴顺隆</td></tr>
<tr><td>永同庆</td><td>8 班</td><td>同兴声</td><td>6 班</td><td>裕盛增</td><td>同聚源</td><td>小东永茂</td><td>长隆泰</td><td>同兴宏</td><td>永同庆</td><td>新昌号</td></tr>
<tr><td>义顺盛</td><td>6 班</td><td>东永茂</td><td>12 班</td><td>义泰德</td><td>裕　元</td><td>兴隆发</td><td>裕发祥</td><td></td><td>长隆泰</td><td>大昌号</td></tr>
<tr><td>同兴宏</td><td>8 班</td><td>福德栈</td><td>6 班</td><td>兴顺魁</td><td>同升东</td><td>小西义顺</td><td colspan="2" rowspan="2">新式油坊 4 户</td><td>东永茂</td><td>源昌号</td></tr>
<tr><td>西义顺</td><td>16 班</td><td>义顺来</td><td>12 班</td><td>义顺慎</td><td>厚发合</td><td></td><td>怡兴源</td><td>太古永</td></tr>
<tr><td>东生怡</td><td>10 班</td><td>东生利</td><td>4 班</td><td>长隆泰</td><td>天合达</td><td></td><td>东永茂</td><td>太古元</td><td>太古元</td><td></td></tr>
<tr><td>长隆泰</td><td>10 班</td><td>永昌和</td><td>8 班</td><td colspan="3" rowspan="2">新式油坊 4 户</td><td>太古永</td><td>怡兴源</td><td colspan="2">旧式 1 户 同聚和</td></tr>
<tr><td>元顺和</td><td>4 班</td><td>裕盛福</td><td>6 班</td><td colspan="2" rowspan="3">估计年产：4 855 360 张，1905 年实际输出 3 788 950 张豆饼</td><td colspan="2">日系 1 户 小寺油坊</td></tr>
<tr><td colspan="4">新式 1 户</td><td>东升怡</td><td>太古元</td><td>怡兴源</td><td colspan="2" rowspan="2">日产 63 200 张豆饼，但当年 10 月开工不到一半</td></tr>
<tr><td>太古元</td><td colspan="3">相当于 16 班产量</td><td>东永茂</td><td></td><td></td></tr>
</table>

注：①《清国商業綜覽》关于营口油坊部分中，涉及通江口水运之处有“距今 26 年前”字样，而通江口水运始于 1876 年，可知其所说“现在”为 1902 年的状况。②1896 年处“班”为 1 昼夜粉碎 26 垛大豆，生产 130 张豆饼的能力，一垛大豆为 8 升 2 斗。1902 年

① 東亚同文会：《支那経済全書》第八辑，東亚同文会編纂局，1909 年，第 311 頁。

时,旧式油坊需固定资本 2 万两、流动资本 4 万两,旧式油坊 10 班月产 37 500 张豆饼,每垛成本银 0.416 5 两;新式油坊固定资本和流动资本各 10 万两,月产 9 万张,每垛成本银 0.254 7 两。

资料来源:1896 年状况参考外務省通商局《清国商況視察復命書》,元真社,1902 年,第 107 頁;1902 年状况参考東亞同文書院《清国商業綜覽》第五卷,東京丸善株式会社,1908 年,第 67 頁;1905 年状况参考関東都督府陸軍部《明治三十七八年戦役 滿洲軍政史》第五卷,1915 年,第 484—486 頁;1910 年状况参考外務省通商局《滿洲事情》第 2 輯(牛荘、安東),大空社,1911 年,第 214—215 頁。

根据表 1.21,油坊拥有营口各传统商业机构中最复杂的构造,由制造部门和交易部门构成。其交易部门除大掌柜和副掌柜 3 人外,还设有 6 名掌柜,其职责分别为管油坊 1 人、管交易 2 人、管豆类采购 2 人、管库 1 人。而且内柜 3 人职责是辅佐账房,看豆的负责过斗交货,装船的负责货船装卸手续。由掌柜级别人数看,比表 1.17 中大杂货行还多,加上交易品种相对集中,其交易机能远比杂货房强大。这从另一个角度表明油坊的主导作用。

表 1.21　　油坊内部构造

<table>
<tr><th rowspan="2">职务</th><th colspan="12">交易部门</th><th colspan="6">制造部门</th><th>总计</th></tr>
<tr><th>大掌柜</th><th>副掌柜</th><th>掌柜</th><th>账房</th><th>管油坊</th><th>管院</th><th>内柜</th><th>外柜</th><th>看豆的</th><th>装船</th><th>学徒</th><th>合计</th><th>包垛</th><th>打锤</th><th>打榨</th><th>机械</th><th>杂役</th><th>合计</th><th rowspan="4">147人</th></tr>
<tr><td>人数</td><td>1</td><td>2</td><td>4</td><td>2</td><td>1</td><td>1</td><td>3</td><td>11</td><td>3</td><td>3</td><td>3</td><td rowspan="3">34人</td><td>24</td><td>48</td><td>24</td><td>4</td><td>13</td><td rowspan="3">113人</td></tr>
<tr><td>工钱</td><td colspan="6">分红</td><td rowspan="2">500吊</td><td rowspan="2">400吊</td><td rowspan="2">300吊</td><td rowspan="2">300吊</td><td rowspan="2">300吊</td><td rowspan="2">21吊</td><td rowspan="2">15吊</td><td rowspan="2">19吊</td><td rowspan="2">50元</td><td rowspan="2">3元</td></tr>
<tr><td>分红比例</td><td>1分</td><td>8厘</td><td>7厘</td><td>6厘</td><td>5厘</td><td>4厘</td></tr>
</table>

资料来源:東亜同文会,《支那経済全書》第八辑,東亜同文会編纂局,1909 年,第 346—353 頁。

中东铁路开通前,除本地产品外,每年还有外城油、外城饼输入。豆油以长春产为第一,约占一半;新民屯居其次,占二到三成;其他则来自盛京、辽阳、田庄台、海城,约占二成。各地运来豆油全部由营口油坊提供保证和代销,油坊先检查油质,之后附上自己商标出售。若油质不好,油坊负有赔偿责任。除油坊外,还有数十间粮行,从事豆类买卖经纪,同时也多兼营装船行。

(四)交易货币

营口的交易货币表现为两种形态,一为主要交易货币过炉银,二为作为过炉银定价货币的实际货币。对前者的需求主要表现在主要商品的交易期,对后者的需求则表现在决算期和交易辅币大量需求期两个方面。早期营口主要交易使用锦宝银,曾流通铜钱、钱票等辅助货币,与外地各港之间交易,甚至打工农民汇回工资也主要依赖两地汇兑。区域分割的币制规定导致汇兑成本高昂,因而过炉银汇兑和营口各种交易媒介机构借助过炉银的交易,实际上首在提供一种降低交易成本的选择,即通过减少汇兑次数,避免单一交易的综合性交易和金融服务。营口商业的这种特点,使山西票号不得不将汇兑机制融合到营口经纪业中。营口的主要交易媒介机构如银炉、油坊、大屋子也因此获得强大的金融支持。银炉通过信用发行和控制兑现,能够在交易旺季迅速地扩张到自身资本的数十倍、上百倍之多,并随着交易的结算和收汇而在淡季收缩信用。过炉银的定价货币初为锦宝银,但是随着交易量的扩大与锦宝银的退藏,不得不寻求新的实际交易辅币。19 世纪 80 年代末南方各省开始铸造银洋,小洋作为辅币大量流入是在 19 世纪 90 年代初。小洋流通加强了东北与内地的经济联系,因其流通范围广、携带方便的特点,小额汇兑成本开始下降。之后,随着锦宝银退出实际流通和市场辅币需求量增大,小洋作为实际交易货币逐渐取得过炉银定价货币的资格。因此,小洋的进出口能部分显示当地的货币需求。

图 1.6 为 1907 年小洋与钞票的比价变化。在货币市场上,小洋与钞票间及与过炉银的比价,随着商品交易中现金需求变动而变动。1898 年前,铁岭与通江口钱粮行都曾发行钱帖、银票作为交易货币,用于大豆收购和日用品销售,部分缓解了对现金的需求。与俄国势力入侵的同时,铁岭、通江口等各大集散地的钱粮行,营口钱庄业为回避风险而回收了所发票帖,改用小洋交易。这一变化使整个东北内地通货紧缩倾向加剧,使得东北市场小洋比价与其他开港市场相比经常处于高位,银炉由此获得从关内运输小洋提供收购资金的盈利渠道,各集散地行栈对营口的金融依赖也逐渐加强。到了豆货收购与农民返乡季节更是如此。图中,旧历腊

月、四月、六月、八月是小洋需求高峰，之后的旧历二月、五月、七月、九月形成低谷，显示出一年中对决算货币和交易辅币的需求规律，即腊卯决算，六月运交，十月后新豆采购为辅币需求最高峰。但当年11月初发生了东盛和破产事件，商人急于兑现且小洋奇缺，导致价格异常变动。

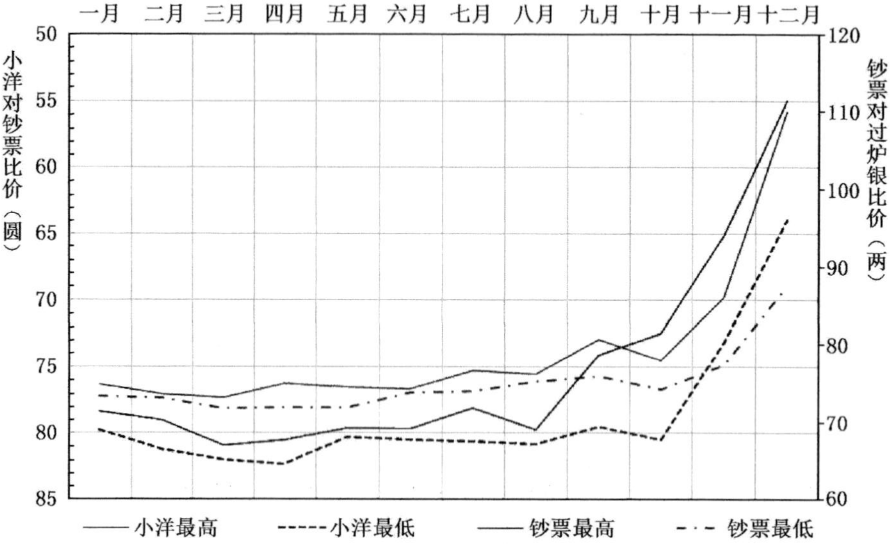

资料来源：東亜同文会，《東亜同文会ノ清国内地調查一件/営口駐在班ノ部》第三卷，1907年，国立公文書館アジア歷史資料センター，B0305051070，第354—356頁。

图1.6 小洋、钞票的比价变动与货币需求

表1.22为1902—1906年营口与各港间小洋的流动状况。1902—1903年为正常贸易，营口对各港小洋流动为净流入，芝罘和上海为营口货币供给地。1904—1905年为战争时期，营口对各港资金流动为净流出，其中既有资本逃逸，也有战时物资进口支付。“小洋在营口作为过炉银辅币广泛流通，但1904年我军(日军)占营口后渐失踪影，被军票取代。辽河上冻后市面几乎无小洋，大致上如往年般被打工者带回家乡。华商曾从上海输入30余万元小洋(另有8万元墨银，引用者)被日本海军捕获，押往佐世保，未能输入。因此虽市面小洋奇缺，但清商恐再遭祸，不敢

进口小洋，军票在营口作为辅币受到欢迎。”①世纪之交，先是俄国纸币，战时又有日本军票和横滨正金银行钞票在当地流通，日军封锁港口没收货物，并强制推行军票，扩大了军票流通。军票之所以被接受，根本原因在于可兑换日本银币。

表 1.22　　1902—1906 年各地对牛庄的小洋输出输入　　单位：海关两

地区	1902 年		1903 年		地区	1904 年		1905 年		1906 年	
	输入	输出	输入	输出		输入	输出	输入	输出	输入	输出
香港	17 090	112 300	3 710	6 230	香港	16 800	—	66 667	—	—	30 770
日本	5 600	73 137	—	9 658	日本	6 275	—	5 565	—	—	12 141
华北	107 230	588 543	214 154	242 325	上海	915 800	51 600	1 253 034	171 250	385 858	1 532 249
中部	810 790	577 683	1 063 667	1 373 317	芝罘	644 580	131 730	205 420	125 978	12 830	27 500
华南	—	145 195	2 800	58 480	华南	1 463	—	—	14 060		206 690
沿岸	—	7 000	6 287	—	天津	—	—	131 537	—	—	45 933
合计	940 710	1 507 858	1 110 618	1 690 010	合计	1 584 918	183 330	1 662 223	311 288	404 688	1 855 283

注：华北指芝罘、天津、胶州，主要为芝罘；中部指上海、苏州、杭州、宁波等；华南指温州、广州、厦门、汕头。

资料来源：東亜同文会，《東亜同文会ノ清国内地調査一件/営口駐在班ノ部》第三卷，1907 年，国立公文書館アジア歴史資料センター，B03050510700，第 359—361 頁。

对以上各种要素的考察，大致可勾勒出 1907 年以前营口贸易的主要构造。1896 年以前，在对外贸易所占比例极小的情况下，营口贸易主要由营口对长三角、营口对闽粤、长三角对闽粤之间进行，芝罘可看作东北豆货贸易的中继港，香港需求则包括在广东需求之中。营口主要出口商品中，豆饼、大豆主要需求地为闽粤，豆油主要需求地为长三角。主要进口商品来自上海，其对上海贸易收支基本趋势为赤字，对闽粤基本收支为巨额黑字。从季节上看，一年中资金需求最高峰是秋冬交易和决算季节，开河后逐渐减缓，最低谷是豆货资金回收后的 8 月，过炉银比价最高。闽粤砂糖主要出口地为上海，由上海大量进口棉花，对营口出口砂糖和杂货，进口巨额大豆、豆饼，其对上海贸易基本趋势是黑字，对营口则是巨额赤字，可以对上海黑字抵充对营口赤字，侨汇和南洋贸易货款在上海收汇

① 東亜同文会：《東亜同文会ノ清国内地調査一件/営口駐在班ノ部》第三卷 1907 年，国立公文書館アジア歴史資料センター，B03050510700，第 361 頁。

成本也比较低。宁波是对长江沿岸豆油中继贸易的主要港，上海是对华南中继贸易的主要港，同时也是营口棉纱、棉布、杂货的主要采购地。由以上三角贸易关系形成豆货流向上海和华南，资金由华南经上海回流营口的主要流向，也有一部分作为山东、河北、山西等省打工者收入流回关内。19 世纪 90 年代，营口对外贸易增大后，日本、香港等地成为新的豆货需求地，引起豆货价格上涨。豆货价格上涨导致华南产糖地的成本恶化，外糖进口迅速增加又侵占其市场份额，豆货价格逐渐受外贸所左右，原有的豆货生产与砂糖生产相互促进的机制受到了压抑，华南的需求增长趋于停滞。90 年代中期，外贸开始成为营口贸易和东北经济发展的新的资金供给。日俄战争直接影响华南豆货进口，战后豆货价格进一步上升，导致华南豆货进口条件进一步恶化。之后的营口金融危机、对欧出口、多港竞争，都增大了外贸因素的影响，并缩小了营口对整个东北经济的影响力，导致营口的商业贸易模式逐渐发生变化。虽然在华商的主导下，到 1911 年为止，营口仍然维持了第一出口港的地位，到 1915 年为止维持了主要进口港的地位，但此后则逐渐低下。

小 结

综上所述，清初的国家统一促进中国南北贸易的大发展，辽河口贸易至少可以上溯至康雍乾三代。早期经济的开发和持续，主要受清朝边防和漕运政策的影响。但进入 19 世纪，尤其是营口成为辽河口主要贸易港后，以商人为主导的追求商业利益的贸易模式才得以形成。营口与华南的大豆种植及豆货加工与甘蔗种植及蔗糖生产之间的互补关系，营口与上海间豆油出口与棉纱、棉布、杂货采购的互补关系，上海与华南之间棉花需求与蔗糖需求的互补关系，促成三者间汇兑机制与资金供给体制的完成，为营口豆货贸易的长期稳定发展提供了基础，并带动了东北经济开发和不断发展。19 世纪 90 年代初，营口的对外贸易开始扩大，甲午战争后对外出口增长引起豆价大幅度上升，对外贸易也一度拓展了营口的现金收入。直到 19 世纪末之前，相继侵入中国的俄日金融机构，仍然无力改变中国内贸形成的交易和支付体制，出于盈利和降低交易成本的考虑，反而积极利用营口与上海间汇兑机制以求扩大对本国的贸易。因此，尽管世纪之交豆货的外贸出口迅速增大，但其支付机制并未发生根本的改变，运用过炉银汇水决算，以及通过出口收入带动内贸进口增长的模式，在此后相当一段时间内得以持续。随着外资银行尤其是横滨正金银行提供汇兑机制，以及日商的活动嵌入，加上清廷统治衰落和日本殖民势力入侵，营口乃至整个东北原有的商业贸易和支付机制才逐渐遭到破坏。

第二章

晚清辽河流域的豆品期货市场

期货(Futures)与现货相对应,是交易双方按约定价格在未来某一期间完成特定资产交易行为的一种方式。买卖期货的合同或者协议叫作期货合约,买卖期货的场所称为期货市场。现代期货交易都是在有组织的交易所内完成的,相关资产的种类、数量、价格、交割时间、交割地点等,都有标准化的特点。但从历史的视角来看,最早的期货合约和交易产生于粮食市场即谷物期货,以规避农产品季节性波动所造成的风险。

期货交易是金融市场的主要组成部分,关于近代中国金融市场的研究已经取得了一定的进展,但关于期货市场的研究不仅比较薄弱,而且有限的文献也仅仅是对交易所的建立过程及其中所包含的期货交易内容进行简要介绍。虽然日本学者的相关研究不同程度地涉及东北早期豆品期货市场,如石田兴平关于营口贸易和经济循环的讨论[①],山本进对奉天大豆交易及东北区域贸易圈形成的研究[②],塚濑进对大连和满铁附属地大

---

① 石田興平:《営口を中心とする輸出入品の取引と経済循環》,滋賀大学経済学会《彦根論叢》第77号,1961年7月,第1—16頁。

② 山本進:《清末民初奉天における大豆交易:期糧と過炉銀》,名古屋大学《東洋史研究報告》第31号,2007年3月,第49—71頁。

豆交易所的考察[①]，以及安富步对东北金融和大豆贸易的研究[②]等。但这些研究所关注的主要是东北经济的开发和贸易圈；或者是围绕日本在大连和满铁附属地所设立的交易所而进行的。本章基于19世纪末20世纪初期日本在东北地区的各类调查资料，以当时东北最繁荣的豆货交易区——辽河流域为中心，对前交易所时代（即以茶馆和公议会为交易平台的场外交易时期）中国传统豆品期货交易市场的自我孕育、产生与发展过程，期货市场的发育水平、市场层次，期货市场对豆货贸易的价格形成、分散风险和资金融通的作用，以及期货合约种类、内容和特点，市场交易方式、交易工具以及信用机制等内容进行系统考察。

一、豆品期货市场的产生与发展

晚清时期，东北作为新开发地区，其开发动力来自关内农民的移居与垦荒，其贸易主要由豆货出口和日用品进口两大商品流构成，通过对外运销豆货，对内运销棉布等日用杂货实现经济循环。从1860年开港到1912年之前，营口一直是东北最主要的贸易港，它的贸易与金融体系由此渗透到当时东北经济主要部分的辽河流域、内蒙古东部、三江流域。位于辽东半岛的安东、锦州、大东沟等地，虽因地利之便与烟台等地有直接交易，但其规模比之营口不可同日而语。东北各地市场中的实际交易额也以营口港规模为最大。随着1877年昌图开府，辽河水运向北延伸至通江口，形成连接东北与内蒙古的交易地带，将辽河流域、三江流域、内蒙古东部三大区域与贸易港营口连接起来。以营口港为中心的交易和金融体制，承担起东北经济主要部分与华中、华南、日本等地的贸易纽带。与贸易方式相适应，当时的运输手段是以辽河流域为中心，分为跨区域的马车运输、辽河沿岸水运、营口港与内地各开港地间海运三个层次；东北各地交易市场也随交通网的分布形成口岸市场、大集散地市场、产地集散市

---

① 塚瀬進：《満州事変前、大豆取引における大連取引所の機能と特徴》，《東洋学報》第81巻3号，1999年，第374—401頁；《中国東北地域における大豆取引の動向と三井物産》，江夏由樹ほか編：《近代中国東北地域史研究の新視角》，山川出版社，2005年，第70—94頁。

② 安富步：《"満洲国"の金融》，創文社，1997年；《満洲暴走隠された構造：大豆・満鉄・総力戦》，角川新書，2015年。

场、产地市场(农民和产地粮商)四级市场网络；辽河沿岸城镇作为集散中心相互覆盖、连接，形成了覆盖整个流域的市场体系；三江平原通过冬季马车运输与通江口水运形成与辽河流域的主沟通渠道；以伯都讷、吉林、宽城子为中心形成集散、加工与水陆运输转换体系，将所产大豆加工为质轻价高的豆油运销营口后出口。

由于农产品生产、流通与货币交易呈现极强的季节性，出于维持价格、确保货源、交易支付等种种目的，在现货交易达到一定规模之后，逐渐发展出以远期合约或期货交易为特征的谷物期货市场。从当时的记述中可以发现，至少在口岸市场、大集散地市场、产地集散市场中都广泛存在着期货交易，而在产地市场，本地粮商与农户直接签订的预期交易合同实际上也为期货合同。因此可以说，期货交易在整个东北的四级市场中都存在，是影响豆价和市场运行的主要因素之一。

早在道光十三年(1833 年)，就有盛京协领奇成额因对商民买空卖空行为失察而被参革。道光十五年(1835 年)，又有御史豫泰奏请禁止奉天、锦州等地买空卖空："各直省于每月奏报粮价，稽查有无增减，原以防奸商市侩罔利居奇。……兹据该御史奏称，奉天锦州等处，复有奸商开设太和、天和、恒盛各字号，邀群结伙，买空卖空，悬拟价值，转相招引。空有钱期、米期，循环互易，行中籍以抽分，价随意长。以致粮价日贵，民食愈艰，产谷之区，商贩闻风不前，邻省市价亦因之昂贵。此等恶习于穷黎大有关碍，著盛京将军、奉天府尹确查严办。"①这份奏折反映了奉天、锦州等处字号商自立市场进行期粮、期钱交易。交易方式是集中于某地，喊价交易、择价高者成交。结算按约定的"钱期、米期"结算差价，交易可"循环互易"。开市者代行交易，赚取手续费，并操控行市。产地粮商不参与，说明完全是买空卖空。其直接后果是抬高了期粮价格，也带动了现粮价格上升，甚至影响到邻省。由此可知，至少在 19 世纪 30 年代初，东北已经出现了相当规模的期粮和期钱市场。

东北豆品期货市场的产生和发展，与油坊交易习惯及当地交通状况

---

① 《大清宣宗成皇帝实录》卷二百七十六，道光十五年癸未，中华书局，1986 年，第 261 页。

密切相关。咸丰初，油坊业最先在开原、铁岭出现，之后广东、山西、山东商人开设更大规模的油坊。豆油、豆饼生产促进了豆货交易，也增大了市场容量。但对于生产后的销售，油坊须承担产品变质和减量的风险，运转资本也受仓储压迫，因而形成先接受订货再生产的经营方式。这一方式促进了原料大豆、豆油、豆饼预约交易的发展。此外，冬季封冻、夏季道路泥泞等自然条件制约，也促进了豆货定期或预约交易派生出在成交后至交货前可随意转卖合同或交易标的物的交易习惯。[①] 预约交易主要是在有实际交货需要的农民与产地粮商、产地与集散地商人对营口商人、营口商人对出口商之间进行，是预先确保货源的一种方式。期粮交易则在套利的金融业者与需要资金的各地粮商、油坊间进行，是金融业者和投机者的牟利手段，客观上起到调节资金需求、支撑豆价的作用，同时也是出口港对集散中心、产地的资金借贷渠道。

东北的豆品期货交易主要分为批买卖和期粮交易两种类型。批买卖在多数情况下是为购买现货，以交付现货为目标。此种交易随着辽河沿岸粮商仓储和运输方式的变化而产生，囤载交易中以交付现货为目标的交易与飞子交易都属于批买卖。批买卖一般需要预付部分或全部货款，签订交易合同，然后在商定日期交付现货或授受差价。在实际中又有以下两种形式：甲、在约定日期交付现货；乙、在卯期交付现货或结算差价。第一种形式即所谓预约买卖，类似延期交易合同；第二种方式则类似定期交易合同。[②] 辽河流域原生的期货交易是第二种交易，在日俄战争发生前最为普遍。其与第一种交易的主要区别是：预付比例少；卯期交货或结算差价。这是由于19世纪90年代以后，随着大豆贸易规模迅速增大，出口商为确保货源，预先采购大为增加。甲午战争后，预约交易比现货交易占有更大比例。而且，当时期货交易主要集中在营口、安东、铁岭、通江口、新民、奉天等传统信用体系能覆盖的大集散地和出口港。由于没有外来干扰，各卯期间的价格波动是可预测的。基本表现为距结算期越远越

---

① 関東都督府民政部庶務課：《滿洲穀物取引慣習一班草稿》，滿洲日日新聞社，1910年，第35—37頁。

② 拓殖局：《拓殖局報第二十五 大豆ニ関スル調査》，博文館，1911年，第240頁。

低,越近越高。实际例子如营口开河大豆、安东开凌豆、新民府期豆,信用交易与卯期决算构成其最主要的交易特点。日俄战争后,战争、外来势力入侵、清廷干预引发市场秩序普遍瘫痪,加上外商进入各集散中心以现金展开竞争性采购,价格变动幅度增大,市价变动往往超出经验性预期。因此,日俄战争后批买卖中的"甲"交易开始流行,而且期限普遍缩短,表现为外来干扰对传统信用体制的破坏。安东的开凌豆虽看似批买卖,实为期粮交易,买空卖空者很多。开凌豆意为开河之豆,指安东盛行的鸭绿江解冻后交货的交易。卯期为四月初一日,从上年八月初开始交易,解冻前终止。每日开市、公布行情,买主将货款全额交付,卖主交给买主名为豆单的记名票据(与飞子同)作为交易证明。豆单可转卖,到了交货期,以卖主购回形式按当日时价以现银结算,是以合同价与时价差额为标的的交易。至于交付现银差价还是交现货任由双方自定。开凌豆虽表面上要求对现货预付全部货款,但其实不仅无现货,就连预付款也极罕见,只是预想行情卖出购回,故是任卯期时价决定盈亏的交易,与期粮几乎一样,其区别只是契约成立时是否付款。故流弊极大,当地每年因此破产者不在少数。[①]

期粮交易俗称为"期粮兑交"或"捣把",最初也是以到期交割现货为目的,但随着无法交货状况下的频繁交易,部分交易者可能最初既无现货,亦无收货意思,随着买空卖空交易的增加,逐渐形成根据交割时的标准行情授受差额决算的做法。因此,期粮交易多属获取差价交易,即为赚取成交豆品证券定价与实物时价之差。拥有豆货的卖方在无法交货期间通过出售合同获得了资金融通,又通过交割期购回合同支付此期间的利息。这种期货合同买卖完全类似一种金融融通方法,合同差价在无外来干扰情况下可表示其间的贷款利率。有诚意的买方一方面在无法交货情况下有效利用采购货款获得金融利益,另一方面也能在资本闲置期间规避豆价变动,保证最初的预定采购数量。期粮交易主要发生在辽河沿岸的集散中心,最大量的交易发生在冬季无法交货时期以及夏季大豆出苗

① 拓殖局:《拓殖局報第二十五 大豆ニ関スル調査》,博文館,1911 年,第 247 頁。

后到阴历十月新豆上市之前。期粮交易在庚子事变前已极为盛行，在日俄战争时达到顶峰。

总体而言，东北豆类交易最初依托华南市场起步，19 世纪下半叶随着内贸规模的增大，营口交易关系扩展到新民、奉天、铁岭、通江口及其他地区；再随着油坊业发达，市场容量进一步扩大，各集散地不仅需每日清晨规定本地集散现豆行情，制定交易价格标准，也开始短期期货交易。19 世纪 90 年代，随着对外直接出口的迅速增加，自然期货及短期交易已不能满足其需要，营口油坊与粮行开始与东北内地粮商签订长期的期货买卖契约，各地粮商则与农民签订买青苗合同。至此，大豆交易分为现豆、期豆市场，并在各主要集散城镇形成专门的期货市场。① 产地对集散中心、集散中心对营口的市场链由此形成。清末时期东北的大豆交易结构大体上如图 2.1 所示。

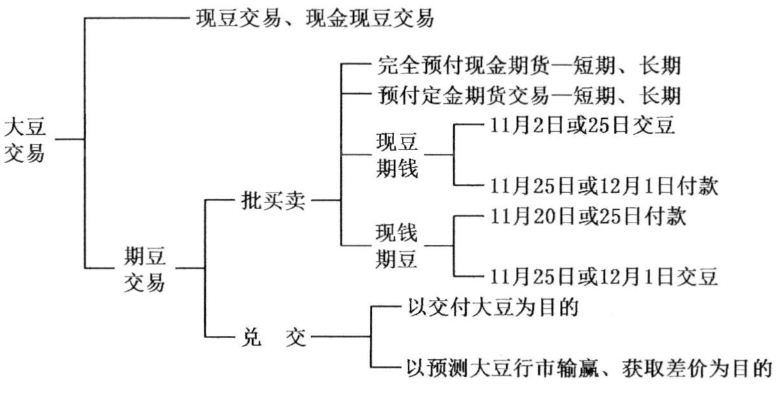

资料来源：農商務省農務局，《大豆其他ノ豆類ニ関スル調査》（農務彙纂第七十四號），日本農会，1919 年，第 277 頁。

图 2.1　清末东北的大豆交易市场

可以看出，“批买卖”交易分为短期全额支付交易、长期交货短期先付定金交易，以及长期交货先期付款交易（即约定到期交货数日前付款）。

---

① 農商務省農務局：《大豆其他ノ豆類ニ関スル調査》（農務彙纂第七十四號），日本農会，1919 年，第 274 頁。

在买卖者间，现货可在 10 日内或数月后交割，卖方约定交付现货时间，在签订契约的同时，从买方接受全额或半额支付，到期交付现货。其契约不仅在粮商与客商，大粮商与产地粮商之间，甚至农民、客商与粮商之间也可签订。“兑交”是指大豆与货款交换的意思，主要分为交付粮石或差价两种形式，后者可无限制进行交易。前者在交易中扩展了交付定金购买期货的范围，但只决定交付现豆的日期，到期才以现金和现豆相交换，多在油坊和粮行与外来客商交易中运用。作为中介的粮栈通过经纪中介，在双方价格和数量一致时交换飞子，到期以飞子为凭交货付款或结算差价。

根据 20 世纪初日本在华有关调查，营口的豆货集散主要通过冬季的马车运输和开河期间的辽河水运实现，前者为车载交易，后者为河载交易，前者主要以现银、制钱或钱帖结算，后者以过炉银或现银结算，两者间比例约为 1∶9。但由于对大豆交易的现货与期货交易的比例难以把握，这一比例往往被当时的调查者和后来的研究者误认为是现货和期货交易的比例。事实上，在豆货交易中，由于运输条件限制、交易季节性、油坊业经营特征等的影响，期货交易在豆货交易中所占比例应该更大，运输比例不能与交易比例简单地划等号。

二、交易过程、方式及其特点

期豆交易的基本方法是，“在规定的开市时间，买卖双方都在场情况下，各自向行栈提出希望价格和数量委托，分别与对手达成契约，至约定时期完成交易。但在期限到来前，可由甲至乙，由乙至丙辗转买卖。……且有不重期买卖和可重期买卖两种，前者主要通行于通江口，后者主要通行于铁岭、营口”①。其价格在开市时以竞价方式决定，买卖双方各自喊价，寻得对方后决定价格，以其最终成交价作为闭市后标准价。

期豆的交割日多类似于营口过炉银的卯期，一般一年分为 4 期，分别为旧历三月初一、六月初一、九月初一和十二月初一。在 3 个月前缔约，

① 関東都督府:《満洲ニ於ケル期糧ト銀市》,國光社,1906 年,第 17—18 頁。

即三月期在上年十一月、六月期在二月、九月期在五月、腊月期在八月签订合约，合约在交割日前的3个月内可以持有、转售或购回。交割方式称为现豆或充豆，若欲在规定交割日完成所有交割，应在前月二十五日将货款交付经手粮行，至到期日办理收货及与之相关的结算事宜，完成交接。如果当期无法成交，原则上可根据相关条款重新签约或换取“新飞”转入下期继续持有或交易。只有通江口的期限设定比较特殊，每年以六月初一日的交割日为界，分为上下两期，若不完成第一期交割，就不能开始下一期交易，这很大程度上是由通江口的市场职能即接受委托销售的机能所决定。此外，以十二月为期交割的期货也非常特殊，这是因为十二月份正处于封冻期间，须待翌年二月开河后才有可能进行现货交割，因此以十二月为交割期的合约，基本上都是纯粹“买空卖空”的投机。即使在十二月进行的现货交易，同样由于道路封冻而无法运输，反而需要增加库存费用。这样，十二月的现货交易结算就会和三个月期的期货交割重合，这时市场上就会既有期豆交割，也有现豆结算。

交易预付款或定金本应在每次交易时缴纳，但在东北各地的豆品期货市场上，基本只有初次交易时严格收取，第二次以后将根据粮行与委托者之间的信用程度决定其缴纳额度，或是否缴纳，每个人的情况并不相同。“据闻实际交易情形为：一般在首次交易时，无论是至期交割完了，还是在其间转卖，惯例是无论哪一期只要顺利完成首次交易，从同一客户第二次委托开始不再需要预付。如果卖方实际运来大豆，即使是初次委托也不需缴纳，或根据历来交易对信用确切者，无论其为卖方或买方，即使是首次交易也不收其预付款，此种情况亦不乏其例。”[①]以下分别以铁岭、通江口和营口为例，探讨各地豆品期货市场的交易过程、基本规则、交易方式及其特点。

（一）铁岭

19世纪中期后，铁岭逐渐成为辽河流域最大的货物集散市场。1877年通江口通航前，铁岭是最主要的大豆集散中心；中东铁路开通后，其地

① 関東都督府：《滿洲ニ於ケル期糧ト銀市》，國光社，1906年，第19—20頁。

位再度上升。铁岭的期豆市场始于咸丰三年(1853年)，即辽河码头马蜂沟河运开始之后。最初，粮商在县城内关帝庙设银钱市场，进行现银、期银交易，称为钱市，其行会称银行。粮商在县城内楼南路东商姓茶馆内进行期粮交易，名为茶馆。钱市清晨开市，茶馆正午开市，顺序为先钱后粮。1877年以后，为与通江口竞争，铁岭商人逐渐改善制度以强化其集散力。1888年春，银行与粮行各商户合资重修关帝庙，将钱粮交易移至庙两廊进行，废止茶馆，将钱谷移至同一场所交易。[①] 同时更订铁岭银行同业规约，以吸引售粮者来铁岭交易。[②] 1903—1904年，为扩大"银粮定期买卖"[③]，再次改订钱粮行规。1904年的具体规定如下：

一、腊月一日为限之定期大豆，达成买卖契约之上，交付批帖于买主以为后日之证。但以上契约以随年大路之元豆为准，至来年二月末河开交付货物，但每斗须付加色钱百文。为防交货弊害，必经粮行之手行之。买卖现豆及市售，至年末不钱货两清时，应付堆用百文。

二、三月一日为限交割之大豆称期豆，满期照时价计豆价清算交易。但以现物决算者，皆以其年四等大豆授受，另每斗加色钱一百文。

三、来年六月一日为限之定期大豆交易，亦与三月同，至满期照时价清算交易。以现货清算时，付账用二成(铜钱三个)。

四、九月一日为限之期豆交易，亦与三六月同，但对现货交易仍需付账用二成、加色二百文，但堆用在六月期付讫者不必再收。[④]

上述规定为分析铁岭期货交易特征提供了重要线索。首先，其期限

---

① 参见民国《铁岭县志》第8卷，"实业·商务"，第11页。

② "铁岭银市由来已久，原无定章。仅遇事相互协商，故参差不齐。原本银市另有开市之处，本次合为一处，颇为得宜。但谷物交易久有成规，不需更立规约。经两行协商，决定令钱市营业亦皆归划一，以广招徕。"此规则载于関東都督府陸軍部：《明治三十七八年戦役 滿洲軍政史》第九卷，小林又七印刷所，1915年，第511—513頁。此规约是为粮市、银市合在一处交易而制定的，两者合并为光绪十四年(1888年)春重修关帝庙之后，故判断其为1888年制定。

③ "铁岭为通行重衢，亦为理财名区，不可无银粮之定期买卖。行之既已久，其规约中有不合时宜者，交易之际亦不可无收取账用之事，故规定以下各项。"见関東都督府：《滿洲ニ於ケル期糧ト銀市》，國光社，1906年，第22頁。

④ 其中堆用为仓房费、账用为经纪费、辛力为手续费。另此处所说的"成"是以四舍五入法整数计算铜钱方法，一成为铜钱二枚、二成三枚、三成五枚、四成六枚、五成八枚，以此类推。其基本源自制钱单位"文"与铜钱一枚的换算比例，即制钱一千文为一吊，折合铜钱一百六十枚。商家在计算账用、辛力、堆用等时以文为单位，但实际支付须换算为铜钱个数，由此产生习惯折算法。参见船津辰一郎：《南滿州に於ける商業》，金港堂書籍，1907年，第387—388頁。

规定表明，上年八月与次年二月进行的腊月期与次年六月期的交易都偏重定期交易，即以批买卖为主要内容；腊月和六月进行的三月期和九月期的交易偏重期粮交易，即以获取合同差价为目的的交易。腊月为最大交易季节，交易流程为：第一，签约、交付批帖；第二，合同标的物以最下等大豆为准；第三，实际交货时，据大豆等级支付加色；第四，必须以粮行为中介，以保证交易履行；第五，延期履行时，加收仓储费。

其次，1900 年以前“以七、八、腊为定期”，银行同业规约中也有“七、九、腊”为决算期的规定。[①] 这既表明银钱交易与期粮交易期限的一致性，也表明七月青苗买卖、八月和腊月定期、腊月新豆交易为主的交易季节。而在改订的期限规定中，对六、九、腊三期重点说明交易方式，对三月期则主要说明结算及交割的手续。这表明六、九、腊月三期偏重交易，三月期偏重交割，三月期的期豆结算与现豆买卖的规模皆为最大。庚子事变后，原七月的青苗买卖提前到六月，使根据青苗长势估算秋后收成的预约交易时期提前了，这不仅显示约期交易的重要性增强了，也显示出每 3 个月一期的交易规范化的趋势。[②]

再次，就实物交割和结算来看，“批买卖为期货约定，……至光绪二十六年(1900)，本地批买卖以三月一日、七月一日、九月一日、十二月一日为决算期，到期交割现银与谷物。……现货交付期为旧历十月初一、十五日，十一月初一、十五日，十二月初一日五次。”[③]此处现货交付期，实际是当年新豆上市期，依据成熟早晚、距离远近、路况好坏分期上市，在旧历十月到十二月初期间汇集于集散中心，以保证当年农家预定卖出部分能按期交易。[④]

再者，1900 年以前，大豆分三等，1904 年大豆等级增为四级：头路、二路、三路、大路。头路为最上等，等而下之，大路为第四等，或称大路元豆。

---

① 関東都督府陸軍部：《明治三十七八年戰役 滿洲軍政史》第九卷，小林又七印刷所，1915 年，第 511—513 頁。

② 此处所说交易期与期豆分期皆为旧历，下同。

③ 南滿洲鉄道株式会社調查課：《南滿洲経済調查資料第三 鉄嶺 北山城子 海龍城 朝陽鎮 大疙瘩 掏鹿 開原城 附開原驛》，南滿洲鉄道株式会社調查課，1911 年，第 21—22 頁。

④ 一般当年产大豆应于次年九月底前交割完毕，但东北农民根据上年现金收入高低，也有将当年所产大豆囤藏至一年后交易的可能。

这表明其对于大豆质量的细分化。后来有调查者指出,相比周围其他集散地,铁岭是优质大豆市场,其大豆市场行情比其他城镇“常高出三、四分”。这表明期货市场的发达提高了其价格创造机能,吸引了各产地的优质大豆来此交易。

最后,相比其他集散市场,铁岭豆货市场的层次最多,粮行代客交易体系最完善,服务种类最丰富,规定最详细。粮行在现豆和期豆两个市场提供成交,发行交易凭证、决算交易,进行期银交易、兑现票据、汇兑、装船、监督交货、强制清算等服务。决算方法是“至决算期,从定期前 1 个月至 25 日起各店应各带决算账簿,在交易所相互冲抵决算,有关其借贷应据当日行情计算。凡为客商交易之定期买卖谷物,满期后与现银换算已毕者,一切以其时洋银行情为准决定,过后不许以洋银行情涨落为借口,彼此发生异议”①。

铁岭豆货市场的基本特征为:第一,以粮石采购、运输、销售为中心的交易体系,运用现粮、期粮、预期、前贷、易货等多种方式,保证豆货采购数量并提供价格支持;第二,差价交易与经纪业并重;第三,运用过炉银、期粮与期钱市场、钱帖等多种金融工具,保障与出口港及产地间联系,实现金融分配机能;第四,与营口商人结合,以期货市场交易引导东北豆价的形成。

从事豆品期货交易的粮行大多拥有牙帖,资本金达到一定标准以上②,一般粮行不得涉足。同时,还有交易保证金、代理交易、手续费、结算方式、连带保证人、监督客商并强制决算等方面的严格规定。抵押一定财产即交易保证金是钱粮行代理期豆交易的前提条件。客商委托粮行进行期豆交易时,最初必须携带粮行信用者的介绍信,无介绍信的客商必须将相当金额或代用品存入粮行,称为压钱或押钱。压钱即信用保证金,一般会附有利息。之后,方可委托粮行采购约为压钱两倍的货物。如果签订购买契约的货物在决算日前价格暴涨,其押钱已不足货值的一半,但粮

---

① 船津辰一郎:《南満州に於ける商業》,金港堂書籍,1907 年,第 391 頁。

② 如铁岭要求“核准有资本金三十万吊以上的粮行和油坊”,方能作为期粮市场经纪人。“期粮市场成员多持有牙帖特许,街头徘徊的经纪多为粮行雇员,分管牙行的部分业务。”参见拓殖局:《拓殖局報第二十五 大豆ニ関スル調査》,博文館,1911 年,第 253—255 頁。

行一般也不会另行要求客商追加押钱。

接受客商期货交易委托后，粮行会根据其信用出具买卖契约。例如，甲客为卖主时，甲行与卖主联合签发卖粮批帖，经乙行之手交付乙客，乙行则连同乙客签发买粮批帖，经甲行交甲客即卖主。甲、乙粮行各在预先准备的账簿上记载姓名、数量、价格及决算期后，合同成立。之后，粮行将账簿提交期粮捐局接受审查，盖印证明。期粮买卖成立时，粮行由买卖双方各收用钱(账用)每石 125 文，其中 25 文充作期粮捐。决算方法为：至决算日，甲、乙粮行之间自行决算，与买卖客商无直接关系。故客商仅止于前述甲客与甲行、乙客与乙行的关系，完全立于第三者立场。

规约规定，凡受客委托买卖期豆，粮行负有一切责任履行决算义务，不得借客违约或其他口实免除责任。但若客商到期不履行决算，粮行间决算可缓至卯期内当月末，此时粮行不仅能要求客商，还能要求介绍人履行合同义务，所以介绍人实为连带保证人。而且，粮行还可将预存压钱抵充决算之资。若客商仍不履行决算，依据铁岭期粮总局规定“可据行栈指控，扣押客人财产以为偿还之资”。而且，期粮局的规定表面上仅针对客商，但当地习惯是介绍者也负有完全责任。[①] 这是一种类似强制平仓的规定。

钱粮行在耕种期间往往预先对农民借贷日用品或资本、肥料、油、酒等其他必需品，农民以收获谷物折价偿还，即通过“买青苗”方式签订定期交易合同，以借贷生产资料或日用品采购秋后的大豆。农民则一般在大豆出苗后长到 6 寸左右时，根据长势预估收成，将其预估收获的七到八成，与产地粮栈签订定期出售合同，收获后交货。产地粮商转手将与农民所签“买青苗”合同转售给集散地商人或营口商人。所谓定期交易，主要立于这种农民与产地商人、产地商人与集散地商人及营口商人之间的联系上。1905 年前后，在当地调查的日本农商务省官员指出，买青苗“在日本虽很常见，但在当地(各相关者之间，引用者)关系更为密切，将出资者与耕作者，生产者与需要者相互连接起来，使金融与销售之间实现圆滑对

① 拓殖局:《拓殖局報第二十五 大豆ニ関スル調查》，博文館，1911 年，第 277 頁。

接”[①]。

(二)通江口

自 1877 年后,通江口成为辽河流域最主要的大豆集散地,与郑家屯并称昌图府最大的商业中心。其覆盖商业区域广大,东到怀德县、昌图府一带,东北到宽城子,北到奉化县、八面城一带,西可达金家屯。[②] 作为辽河最北端港口,不仅周边货物集散于此,该地也作为经宽城子与三江平原联系的水陆交通枢纽而发达。通江口的商业构造以大豆交易为中心,结合其所需的杂货销售、金融借贷、运输保险等职能构成。但由于面对更广大的产地,通江口钱粮行的主要采购方式是受农户委托代销,而不是通过采购与销售赚取差价。其接受农户委托销售的方式:一是指定价格委托;二是不指定价格的一揽子委托。农户运来大豆委托销售,粮行会按大豆时价,对其贷出相当于委托销售豆价的五六成的金额,或为农户采购杂货,代付货款。“总之,粮行接受委托的同时,以大豆为担保贷出一定额度”。接受委托后,粮行将大豆在院内扎囤保存,由货主处收取一定仓储费,标注某某所存,并将位置与囤数告知货主。“粮行对于指定价格委托者,时时通报大豆市场行情,并找出因指定价格不当而无法出售的理由,设法令委托者变更或撤回指定价,一揽子委托其根据行情就高销售,……行栈便可依照对本身有利的原则处理交易,获得较高利润。但狡猾的通江口商人也有被营口商人左右之处,在种种手段束缚之下,交易甜头大部分被其拿走。”[③]日本调查员认为,基本的利益分配格局是,直接涉及出口交易并提供金融体系者获利最多,提供采购、储藏、运销者居其次,农户所获最少。

“捣把”在通江口豆货交易中占有很重要的地位。“捣把是俗语,由字义解释很难。不过一般将定期交易称为捣把。如甲、乙二人在茶馆相会,甲说,愿卖以本月某日为期每石某吊价大豆数百石,乙答可买。交易就此

---

① 農商務省商工局:《滿洲商工業調查報告書》,農商務省商工局,1906 年,第 76 頁。

② 農商務省商工局:《滿洲商工業調查報告書》,農商務省商工局,1906 年,第 160—161 頁。

③ 関東都督府陸軍部:《明治三十七八年戦役 滿洲軍政史》第九卷,小林又七印刷所,1915 年,第 526—527 頁。

成立，双方互换证书。到期以当日市价与成交当日合同价相比较，授受其差额。但是，也有很多根据当初合同的性质交付现货的情况。只是签约时并不付定金，仅凭交换证书而定。”也就是说，通江口期货交易主要是定期交易，粮行一面以合同差价交易引导粮市价格，一面以批买卖形式对外大量代购代销。其交易并不付定金，而是通过双方交换买卖批帖或飞子，或代购合同进行。需要指出的是，捣把交易价格并非完全凭空而定，而是参考出口港和其他集散地价格而定，粮行之间、粮行与客商根据自身对价格走势的预测相互博弈。通江口各粮行都将捣把作为一个重要业务，“各店设要员一名专任之，平日八方奔走，熟谙各方状况，以决断是当买还是当卖。开战前与营口气脉相通，每日用电话向铁岭报告营口市价，再由铁岭以快马急报其变动（战前铁岭有俄国电信局）”。“捣把作为商业机构之一并无不利，相反应说是交易上最必要机制。然而，完全由个人成交终究会伴随相当严重的弊害”。[①] 这是因为虚假交易的存在，如甲、乙二人密谋，以任意定价假装达成交易，再将消息传播于市，农户可能被虚假价格所欺骗。

通江口的豆品期货市场设于公议会内，“当地期粮市场成员由栈房二十四间构成，选出值年任计费管理之职，这与铁岭大致相同。其交易方法有喊价与竞卖两种，开市时间自上午八时至下午一时，其期限为一年两期”[②]。通江口期粮市场的交易规则大体如表 2.1 所列。与铁岭相比，通江口市场的基本特点为：第一，面临更广大的产地，更重视预约交易机能，作为囤载交易标的的飞子，多由通江口粮商发行；第二，接受农民委托销售比例更大，形成以代销为主的特点，通江口钱粮行都接受农民指定价格委托，“当农民感到市场时价于己不利时，会将准备出售的大豆委托粮行保管，并以指定价格委托粮行销售，粮行在市场出现其指定价位时，自行代其交易”[③]；第三，公议会规约主要以对营口交易为目标；第四，通江口

① 関東都督府陸軍部：《明治三十七八年戦役 滿洲軍政史》第九卷，小林又七印刷所，1915 年，第 528 頁。

② 関東都督府：《滿洲ニ於ケル期糧ト銀市》，國光社，1906 年，第 16 頁。

③ 関東都督府陸軍部：《明治三十七八年戦役 滿洲軍政史》第九卷，小林又七印刷所，1915 年，第 474 頁。内容为 1905 年 10 月营口军政署派往铁岭调查商业情况人员记录。

始终处于运销额大于采购额的状态，为保值不得不将超出货款以过炉银存于营口银炉，在借贷关系上处于债主地位，但因受制度提供者牵制，在实际交易中往往扮演过炉银债务人的角色。

表 2.1　通江口期粮市场规约

·期豆买卖征收每斗各一成二分五厘经纪费；
·买期豆时不问本地或外地人，一律年底前完成交易，每斗收季用三成；
·代客收取现豆，每斗苦力费一百文；
·至期收受之际，不得以六吊六百文增额计算；
·至期收受之际以当年杂脐大豆为准，不许另立等级；
·代客装卸现豆，收苦力费三成；
·代客买卖囤存大豆，各收苦力费三成；
·代客囤存大豆，收堆成三成，以定期出售时收一成二分五厘；
·代客收汇，每百两收小洋二角；
·代客开汇票，每百两收三角；
·代客存储豆油，每篓收贴用三吊，六、八月各收季用一吊；
·存油过十月初一，加收堆成三吊；
·存油每次取用十斤，篓口用按时价收；
·买卖现银时每两经纪费四成。
以上为新规定，其余一律依旧章，不遵者罚款百元以充公用；
另交易挂牌开始，撤牌结束，先行交易者无效。

资料来源：関東都督府，《満洲ニ於ケル期糧ト銀市》，國光社，1906 年，第 25—26 頁。

(三)营口

在东北各地豆货交易市场中，营口当时的市场容量最大，其在豆品期货交易中的限制也最为严格，不仅有每口(即每单)交易 100～500 石的数量限制，还有 3 个月的期限，并规定不得提供抵押，以保证飞子的流通。营口市场的特点之一是没有专设的期货市场，期货交易主要在粮行、油坊、银炉、装船行间进行，其作用主要在于调剂余缺、赚取利差。油坊掌握着商品形态的转换，因而在交易上最为方便，也具备较高的信用，能机变地从事自营、委托销售、代客收购等活动。若市场豆价下跌，担心储豆太久，可将其制成豆油；或原为制油而采购的大豆，一旦价格上升，便可直接销售。营口油坊一般会向铁岭、通江口等地派驻店员，令其汇报当地行情，以决定从粮行或农户手中采购的时机。装船行仅次于油坊，以轮船输出豆货为业。营口装船行多兼营油坊，轮船多为汕头、上海、芝罘、香港船行所拥有，前往营口装运杂货，回程装载豆货。入港轮船一般载重 1 000～2 000 英吨。当预约货物不足时，需直接采购河载豆，或由经纪出面购买油坊、粮行囤载豆补足。后者一般在轮船到港前通过飞子交易进行。①

营口市场的另一特点是银炉参与期货交易。营口年末至三月是资金需求淡季，银炉的参与主要出于资本运用考虑，而且由于银炉本行利润过低，不得不靠代客买卖大豆和收购飞子获利，前者用于实际交货赚取账用，后者通过转售赚取利差。所有大豆期票买卖在冬季最多，但封冻之后实际交货者少，多为投机。"冬季地载买卖有现银与过炉银两种，银炉一般买前者，同时卖出后者，以套其利。以此利差为利息标准，一般称豆银或油银，这与我国（日本，引用者）日息行情意思相同。"即期货价与现货价之差，通过定期票据与现银价格之差的平均数表现为标准利差。以期票购买豆、饼、油的交易期限，随买主意思决定。其交易流程为："希望交付现货时，先至所有货物的行栈，就品质询其加色，当卖方决定后，交换加色约定书，另由经纪处购买存豆期票，方得以完成交票。支付以过炉银进行，成交为收票付款。而对投机性买卖者来说，……不需定加色，单以标准行情高低决定胜败。"②各集散中心由于加工业规模较小，主要利润来自豆类的产地收购与出口港销售间的差价，提供仓储和运输及保险服务、经纪费等。由于经纪业相对利润率较低，所以大粮行的收入中有一部分是通过采购转卖来进行获取的。从这一角度看，集散中心粮商在期货市场上往往处于以抬高粮价与营口商人博弈的状态。

营口商人从事期货交易的主要目的是确保货源和套利，尽管集散市

---

① 油坊、装船行参与期货交易，参见農商務省商工局：《滿洲商工業調查報告書》，農商務省商工局，1906 年，第 104—106 頁。

② 支那調查会：《支那通商》，文献社，1901 年，第 297 頁。

场商人以及大农户与营口商人之间存在着价格博弈关系，但由于两者在金融上、供货上长期相互依赖，因而集散地的期豆交易基本上着眼于维持价格，并没有形成大的矛盾与风波。期货市场的差价基本可以反映利差走势，期豆与现豆交易，与出口扩大处于相辅相成的关系。

总之，“交易所的经济本能有两个，一个是对于社会大众的指导功能，一个是所谓保险功能，将生产者及资本家经商者的危险转嫁给投机业者，前者尽力保持物价平衡，后者使商人的负担得到减轻”①。从与近代期货市场比较的角度观察，东北期货市场在无外来因素干扰的情况下，很好地体现了期货市场的基本功能，即规避价格风险、创造并逐渐调整价格、套利、确保商品采购或销售途径。通过上述期货市场机能，利用营口的信用货币制度圆满地实现了金融与信用的分配，支持了东北地区的长期贸易发展和经济开发。

三、交易工具和信用维持机制

(一)信用凭证：飞子、批帖与条子

豆品期货市场上的信用凭证或合约证书是代表豆货流通的票据，主要形式有飞子、批帖、条子三种。飞子是粮商为证明交易合约所发的证书，以之作为囤载交易的凭证，在安东称为豆单，在铁岭叫作豆票。买卖双方达成交易意向以后，同到粮行处对账，由粮行代理买卖双方发行明确其责任的凭证，至期有交货责任。同时，飞子也称为期票，具有与支票或本票效能相类似的职能。② 飞子一般须记载以下九项事项，并由发行者签名盖章：(1)明确表示交付标的物的文字；(2)标的物及数量③；(3)交付日期；(4)收取人姓名或商号；(5)价格；(6)交货场所；(7)发行日期；(8)编号及骑缝章；(9)不得以飞子提供担保④。图 2.2、图 2.3 为飞子的例示。

---

① 関東都督府:《満洲ニ於ケル期糧ト銀市》，國光社，1906 年，第 12—14 頁。

② “一般所谓支票是作为代替货币的信用证券而流通，但在东北除了代替货币流通的支票外，在谷物交易中还有代表货物的信用证券流通，票据署名者依其表述而负相应责任的原则，在飞子上也适用”。関東都督府:《満洲ニ於ケル期糧ト銀市》，國光社，1906 年，第 19 页。

③ 营口规定，每张飞子数量至少在百石以上、五百石以下，其他地方多无此限制。

④ 营口规定，他处无此规定。

可以看出，上述要素中第一到第三条为交易成立的必要条件，第四条以下各项并非必须，因各地习惯而异，但是否记载却会影响飞子的效力。

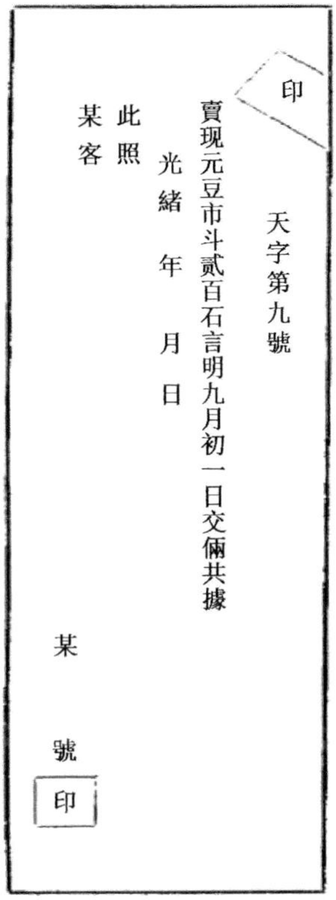
印
天字第九號
賣现元豆市斗贰百石言明九月初一日交倆共據
光緒　年　月　日
此照
某客
某　號
印

资料来源：拓殖局，《拓殖局報第二十五　大豆ニ関スル調査》，博文館，1911 年，付録，第 320 頁。

图 2.2　飞子格式

如果飞子上无收取人记载，发行人可将货物直接交予持票人，但如果有明确记载，则只能交给指定的收取人。如果收货人将权利转让并通知发行人，则可将货物交给转让人。飞子的发行人和收货人的权利义务关系，在不向第三者转移时原本简单，但是一旦在市场上流通就产生种种复杂关系，其习惯也因地而异。一般而言，在飞子辗转流通时，转让人与发行者负有相同的担保责任，如果发行者不履行义务，转让者则要承担其义务。飞子辗转流通并不需要背书，而是通过各个经手人的账簿记载予以

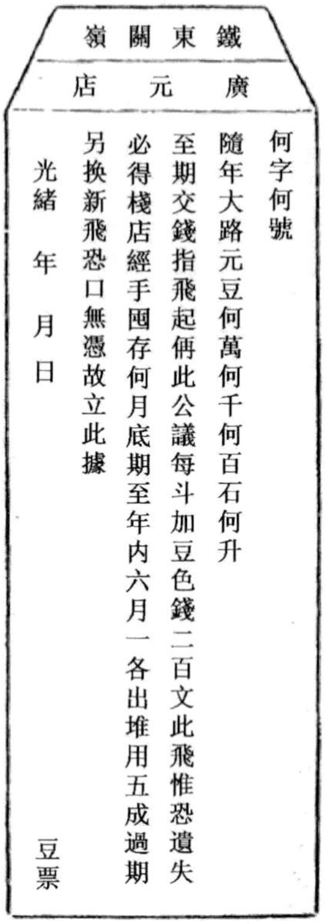
鐵東關嶺

廣元店

何字何號

隨年大路元豆何萬何千何百石何升

至期交錢指飛起俩此公議每斗加豆色錢二百文此飛惟恐遺失

必得棧店經手囤存何月底期至年內六月一各出堆用五成過期

另換新飛恐口無憑故立此據

光緒　年　月　日

豆票

注："指飞起戴"中的"飞"为豆票，即交票收货。

资料来源：船津辰一郎，《南满州に於ける商業》，金港堂書籍，1907年，第391頁。

图 2.3　铁岭飞子范例

证明。对于记名飞子，如果转让人已经通知发行者，并在粮行的账簿上进行转记确认，那么转让人就可以免责。当飞子发行人破产时，登记的收取人有优先其他债权人获得支付的权利。但经纪买卖的飞子，并不承担担保责任。[①]

批帖和条子都是期粮交易的买卖契约。批帖也称批票、批单，1905

① "历来飞子以记载收取人为习惯，但粮石、豆饼、豆油多由经纪交易，初以记载经纪姓名为常。但由于经纪无资力，常拒绝履行义务。在这种情况下，粮栈对经手流通者常采用无记名方式发行，久之遂成习惯。"参见拓殖局：《拓殖局報第二十五　大豆ニ関スル調査》，博文館，1911年，附録，第320—321頁。

年以前多由通江口进行囤存开具，在各集散地市场与营口商人进行交易。由于十二月应交现豆因道路封冻只能待来年河开后启运，因此，粮栈常开具大豆库存凭证在市场进行交易。批帖的具体格式见图 2.4，其基本要素为：(1)明示买卖的字句；(2)对方姓名或商号；(3)买卖标的物；(4)买方标的数量和金额；(5)卖方标的，买方交款期；(6)契约日期。除以上六点外，以下三点也是必要事项：一是显示批卖的字样；二是关于交割事项；三是购回规定。这三点在 1907 年十月期粮交易被政府禁止后几乎从批帖上消失了，但批帖的转卖和购回仍在进行。

条子本是所有可买卖证券的总称，期粮交易被禁后，批帖自然也被禁止，所以商人们另创条子形式用于期粮交易。条子专用于契约差价买卖，是约定或以一定物品为准，或以一定期限行情为准计算差价的契约证书。条子的形制见图 2.5，一般通行的格式需要记载以下事项并签名盖章：(1)明示为买条子或卖条子的字样；(2)对方姓名或商号；(3)作为契约标准的物品及数量；(4)成交时的标准行情；(4)履行时期(必为卯期)；(5)签订日期。此外，作为契约差价买卖的凭证，还须有明确表示为买空卖空约定的字样。比如图 2.5 中的“至期化市”，就是表明不付现货，决算差价之意。

飞子与批帖、条子的效力几乎一样，但三者多少有些区别。其一，飞子具有期票或支票的性质，批帖和条子则为契约证书；其二，飞子主要在批买卖中发行流通，多用于预约交易，批帖则多用于期粮交易，有时也用于批买卖，但条子仅用于期粮交易；其三，飞子可以不记载对方姓名或商号，批帖和条子则必须记载；其四，飞子只由卖方发行，批帖和条子买卖双方均可提供；其五，飞子不记载购回条款，批帖则可以记载。

(二)金融信用及其维持机制

豆品期货交易是东北传统金融市场中的重要组成部分，也具有一般金融运行的基本特点。其基本特征：一是贸易商的兼业经营与金融业的附属性质；二是信用维持的自治性、熟识性和封闭性。

1. 兼业经营与金融业的依附性

在营口和辽河流域，油坊、粮行、装船行、大屋子等贸易商人处于商业

割印

立批帖永同慶記今將實有豆石批賣與
阜凝盛名下牛斗營元豆五佰石言明每石價賒來年六月初一日（或每石現銀價〇兩〇錢）銀參兩參
錢正共合營平錦寶銀壹千陸百伍拾兩正其銀吊有欠帖（或筆下交足）此豆定於來年河開船到在没
溝營見批帖以現俩交付若現俩不敷即以外批帖交付不誤倘船來遲准以三月初一爲期指囤交客
過期之後設有薰蒸霉紅等事永不與賣主相干後有憑立此批帖存照

光緒十九年八月十七日

信行大吉

永同油房

资料来源：支那調查会，《支那通商》，文献社，1901年，第299頁。

图 2.4　批帖格式

体系的顶端，最大商号一般都兼营两种或数种行业，集进出口、批发、零售、加工、金融服务等机能于一身。油坊、粮行、装船行、大屋子不仅是进出口交易的媒介机构，而且与金融媒介机构互为表里，构成一种支撑贸易

今定賣與
西義順寶號六月一日茶館元豆三百石價は吊言明至期化市此
年　月　日
東永茂條

今買妥
東永寶茂號茶館六月一日元豆ろ石價は吊言明期化市
年　月　日
西義順條

资料来源：拓殖局，《拓殖局報第二十五　大豆ニ関スル調査》，博文館，1911 年，附録，第 321—322 頁。

图 2.5　条子格式

交易与金融的体制。而银炉、钱庄等金融机构大多都是贸易商人以扩大交易为目的而兼设的联号或分号组织，其财东多为油坊、粮行，主要是为自身及交易伙伴提供金融结算服务。虽然随着贸易规模的增大，金融业也为一般商人提供融资和信用服务，但在很长时期内都具有为特定商人团体服务的公益性质。金融业作为贸易业出资者的附庸，其主要职能一方面是为其商业联号提供交易资金，减低贸易运作的风险和金融成本；另一方面也为交易伙伴提供结算和信用,进而稳定货源和季节性价格波动。而金融本行则长期利润极小,其盈利主要来自贸易经纪的佣金、汇水交易差价以及期货交易的套利。

营口商人对集散地商人采购多用过炉银,以信用担保,采用预付或不付定金方式交易,货主主要靠抵押或转卖飞子获取贷款并支付采购。集散地商人对产地商人及农户的采购,也多采用代理销售和提供信贷助其采购,发行钱帖或现金结算等多种方式。铁岭的金融机能基本由大粮行代行,故称钱粮行。钱粮行中以经纪为主者即粮栈,主要靠延揽买卖客商入住,代客交易以获取经纪收入,其业务包括通报行情、代行交易、提供保证、代办运输等。[①] 对一般客商,"行栈代客买卖谷物,却毫不约束客人行为",所有规定皆为保证豆货出售而定。铁岭对营口交易的一般模式为,由派驻营口店员负责收货与出售,以收到货款从营口采购杂货发往总行。总行收货后发往掏鹿、山城子等各地,再由驻当地店员销售,并将其收入货款采购为大豆发往总行。但这种交易也并非总是一个模式,而是以极灵活的方式进行多种组合。如对营口发运粮石,如果将价款直接汇回,就需承担手续费和汇兑差价,而直接在营口采办杂货发往总行,则可由杂货销售利润多少抵消汇款成本。但若当时杂货价高,到铁岭仍无利可图,就可以在营口买卖期豆或现银套利,这是其兼业很多的原因。粮栈兼营烧锅是因经手高粱,兼营油坊是因经手黄豆,其兼营布店是因派往南方店员购回棉布和杂货。钱粮行兼营与粮石采购相关的所有商品,根据市场上各种商品行情选择最有利的两地间流通品种,以减低硬通货普遍不足情况下的金融成本。

在大豆销售方面,铁岭常常对卖方客商提供金融优惠以吸引其前来交易,粮行习惯上可以所出售货物为担保,对卖方提供贷款。售粮客商往往不带现银,所需费用多从粮行借款。粮石交易"用钱"规定中就有对卖方客商的特殊贷款规定。行栈以其货物为信用依据提供贷款,利息为每千吊月息 1 吊 500 文,每月结算利息。但这种利息却称为用钱。原因是

① 外務省通商局:《鉄嶺事情》,外務省通商局,1908 年,第 27—28 頁。

当时一般利息为月息1分2厘到2分，而粮行所收利息只有其一成，作为利息收受有压低放款利率之嫌，因此作为记账手续费处理，定名为用钱。[①] 铁岭粮商不仅通过经手汇票、货币买卖等金融业，还通过发行钱帖将其在营口以过炉银交易获得的延期付款，进行商品促销和收购粮石，从而在信用影响所及范围内赊购赊销，大大强化了其金融地位和融资能力，促进了金融与豆货定期交易的对接。“铁岭原为内地所需商品采购地，交易额也达巨额，故生出信用交易习惯。……尤其因铁岭对营口出口大豆数量巨大，以出口应收款与采购货款相冲抵者居多，因此虽至决算期，实际上极少授受现银。另外，铁岭对山城子、掏鹿、开原、大疙瘩、大肚川、朝阳镇及伊通州等地商店批发杂货，也实行半年以上延期付款。”[②]总之，其金融特征为，对本地日常及小额交易不采用信用交易，对外部大市场间巨额交易以信用交易的方式进行。钱粮行不仅能利用对营口的汇兑来决算对外债权和债务，也能在当地交易发行钱帖用于支付。其特征是巧妙运用借贷资本、钱帖发行、汇兑冲抵以及汇票等金融方式的时间差，构筑无息或低息的金融组合，以方便内外商品流通。

在通江口，钱粮行同样具有利用过炉银信用的金融分配机能，将自身所获过炉银信用运用于粮户贷款、买青苗、日用品赊销。“通江口金融由营口机构运转，恰如营口银炉是通江口的银行一样，不觉间变成满洲商户存款于营口的格局，营口过炉银交易额达到巨额乃势所必然”。过炉银在通江口并无可交易银炉，也没有在当地买(存现银)和卖(借贷或卖掉所有过炉银)。但“仔细观察其交易可以发现，营口过炉银在当地有极大潜在势力，支配着当地物价涨落”。[③]

以营口与辽河流域为主体的豆货集散体制，通过期货市场与货币及汇兑市场上相互联系的金融与商品交易而实现。由于其支付机能多采用无形的信用交易，在实物交易中也要求熟练运用多形态、多商品、多币种、

---

① 拓殖局:《拓殖局報第二十五　大豆ニ関スル調査》，博文館，1911年，第245頁。

② 日本外務省:《各国事情関係雑纂/支那ノ部/鉄嶺》第二節，国立公文書館アジア歴史資料センター，B03050403000，第376頁。

③ 関東都督府陸軍部:《明治三十七八年戰役 滿洲軍政史》第九卷，小林又七印刷所，1915年，第526頁。

多期限的交易组合,从而在口岸、集散地和产地之间形成了一个基于商品、金融和信用活动循环的综合体系。这是一个相对封闭的体系,从而使拥有不同货币体系、投资方式、成本核算方法的外商长期无法理解和适应。这一体系也在相当时期内为传统商业习惯覆盖下的商人提供了保护,同时也为营口长期垄断东北贸易和辽河流域的经济开发提供了交易条件和信用基础。

2. 信用维持的自治性、熟识性和封闭性

首先,辽河流域的贸易和金融的发展来自传统商业和信用的支撑,行会组织不仅是商业的立法者、监督者和执行者,也是信用的供给和维护者。中国最普遍存在的行会是同乡或行业组织,东北的行会不仅素有自治传统,而且多为超出同乡和行业之上的公议会组织。晚清时期,在营口、铁岭、开原、奉天等东北主要城市和城镇都设有公议会。如前所述,各地的豆品期货市场一般都设置在公议会中,商业交易、货币发行等也主要由公议会组织和监督。因此,东北的金融信用首先是依靠公议会规约和位于商业顶端的业者自律实现,强调商人团体的共同利益和准则。

其次,中国传统商业多采用的是合资、合伙制度,经商者需要对其债权债务负有无限责任,这与日本和欧美近代企业和交易所设立的规范完全不同。正如当时日本调查者所称,“粮市是一定的行会成员组织的,设置一定管事职位从事管理,并在一定时间开市,是在一定规定范围内从事谷物交易的市场,与我国(日本)的会员组织的商品交易所相类似。但是粮市原本不具有法人资格,只是一种商人集合的场所,因此不受官方监督”①。“此期粮与银市,其外形与我国(日本)交易所虽有相似,但涉及法律上、行政上、经济上、观念上却有着根本的差异,两者几乎不可比较。”东北的“期粮与银市交易之决算虽然委之交易双方之交涉,但期粮或银市团体成员同样负有担保责任”;有关“期粮、银市团体不存在特有财产,另外,也没有依据交易宗旨而设立的储备金”;“加入会员不存在股东”,“团体对于会员的交易不承担责任”。②这些规则和习惯与日本的交易所完全

① 拓殖局:《拓殖局報第二十五 大豆ニ関スル調査》,博文館,1911年,第255頁。

② 関東都督府:《満洲ニ於ケル期糧ト銀市》,國光社,1906年,第12—14頁。

不同。

由于出资额与家财数额紧密联系，中国传统商业对实际出资额和商号决算的内容有极度保密的习惯。当时东北商号及其财东的信用程度，只能依据其公称资本额和外观的营业额估计。虽然各大商号的财东来自各地，但地方商业团体可通过各地对其投资者的家财估计、联号、交易伙伴和实际交易中运用资金的多寡估测其信用。以出资财东资产估计、总号及联号出资额与营业规模估计其资本实力，同时根据营业持续年限形成独特的信用评价机制，并在日常营业活动中不断获得其信用证明。“当地清商公称资本，大商店八九万两，普通商店七八千两到一万两。但其营业额达数十万两，多者能从事一百七十八十万两的交易。相比其资产，营业额能达如此巨额，令人感到诧异。但交易多少是根据其店东，即出资者资产信用的多少而定，无论其公称资本多寡，信用高者能进行巨额交易，这一点并不足怪。”①东北的商业习惯和信用关系也曾引起日本殖民者的重视，“满洲各地尽管不完善却已存在此特殊习惯，即使直接移植进步的日本式交易所也不会有任何效果”，“豆类依然是以前的交易系统，多少有些不方便，但是他们的信用值得重视，搬到有老铺的地方是理所当然的事情”，“因此在实施时，需吸收彼我所长以补其短，确立特殊的制度”。②

最后，交易和信用关系具有熟识性、封闭性和长期性的特点。东北金融机构的设立者和期货市场的参与者都是资本规模和营业额很大的油坊、大屋子和粮行，其基本客户来自与总号有长期交易关系的各地客商，在为基本客户提供金融服务的基础上扩大交易规模和范围，并在相对封闭的体系下得到良好的运行。在此基础上，中国传统商业多以三年或更长的时间来清算债务，决算盈亏。而欧美和日本近代企业主要靠借贷资本运营，其企业核算和资金运用也要求当年进行决算。外商和外国机构难以理解华商的信用特征，也不理解当时中国商业的风险何在，这为它们最初介入东北商业设置了很大障碍，他们不得不选择直接嫁接在当地信用体系上进行营业，进而也很容易引起华商与外商之间的矛盾。

---

① 外務省通商局：《滿洲事情》第 2 辑（第 1 回，牛荘、安東），外務省通商局，1911 年，第 193 頁。
② 関東都督府：《滿洲ニ於ケル期糧卜銀市》，國光社，1906 年，第 32—33 頁。

(三)日本调查者对市场的评价

世界上最早出现的期货市场一般认为是17世纪形成的大阪堂岛米市场,该市场当时已经开始通过产地米证券进行交易。1906年出版的关东都督府调查资料《满洲的期粮与银市》,就期货交易的各个主要环节,曾对东北原生期货市场与日本期货市场及交易所制度进行了详细比较,认为东北的期粮市场"几与日本当时定期交易一样…… 但并无日本将当月、半期、期货三期交易同时根据需要进行组合的情况,即不具有严格履行的交易期特征"。对于粮商发行的飞子和记账,"与日本中介商在交易账册记账及发行交易保证金收讫证书一般,为日后交易证据";在期粮市场的结算方式方面,"与日本当月末加收交易保证金的方式相同";而大豆标准价格决定方式也"与日本1878年前的公定价表示法基本相同";关于大豆的评级方式,"与日本定期交易的标准米定级方式相同,如东京交易所以武州中等米或者上等米,大阪以摄津米,马关以周防中等米为标准米。以之显示作为其买卖标的米的标准,据此才能观察标准米时价及考虑与之相伴的至到期日的价格走势,预测其差额,并以此预想签订契约的价格"。①

但是明治维新后日本事必学西洋,对传统市场制度也仿照西洋方式加以修正,反而导致原有交易制度部分失灵。正如其调查者在总评中所指出的:"清期粮市场,虽然组织尚不完善,发达程度尚幼稚,但其所发挥的机能,感觉似有超过日本交易所之处。日本交易所的投机者中,对其所经手商品无任何经验之辈甚多,多数只以赚取差价为目的。相反,满洲期粮市场只有粮行、栈房等有商品经验者及生产者,故尽管其买空卖空者居多,但行情却常能保持接近实际的状态。其行价之公平,到了豆价加上买卖现豆所需辛力账用②等即可计算现货市价的地步。而如营口、铁岭的油坊,一面又作为栈房从事期粮买卖,采购豆油、原料大豆时,注意很好地运用银市、期粮等经济机制以相当程度地减轻商品成本,而常保不失各方

① 関東都督府:《滿洲ニ於ケル期糧ト銀市》,國光社,1906年,第17—20頁。

② 辛力账用,铁岭经纪术语,指粮行交易手续费,又称为"纸价辛力"。

均衡。总之可以说，其尽到了交易所应有的经济职能。”①

当时的日本调查者多怀挑剔和蔑视的态度从事调查，尽管如此，日本拓殖局调查者在研究铁岭钱粮行在期粮市场的活动特点后亦指出：“粮行虽为兼业经纪，但在期粮买卖中与普通经纪或中介业完全不同，即并非单纯为他人商业行为提供斡旋，而属于通过代理他人销售或采购，自身对交易对象获得了权利，并负有义务的纯粹行栈商的营业。其与我国（日本）交易所中无论自我交易或代他人交易，因此而对交易所负有交易上一切责任的经纪人的角色，完全偶然地几乎一致，亦堪称奇事。由此可知，期粮买卖中的粮行可完全视同我交易所中的经纪人。”在其看来，中国原生的期货市场竟“完全偶然地”与导入近代市场制度的日本相一致，着实称奇！同时提出，中国“期粮与我定期交易相类似，余认为将来在满洲设立商品交易所时，期粮制度多少可资参考”。②

总体而言，日本机构关于东北交易机制的评价，在日俄战争前后和1911年以后有很大不同。最初调查者的目的在于搞清东北经济实际运行状况，对东北交易机制及作用的评价多为客观评价和赞叹；而到1911年以后，为宣扬殖民体制和日本人带来的“好处”，对东北原有市场机制的评价开始更多地表现为贬低、视而不见以及想当然地臆断与编造。③

四、清廷干预和战乱对市场的影响

如前所述，豆品期货市场是在东北特殊的自然地理环境下发展起来的交易机制，也是随着豆货进出口规模的扩大而形成的商业制度。19世纪后半期，随着豆货出口市场的扩展，东北各集散中心的期货市场也在不断扩展并保持着有效运转。进入20世纪，随着对外直接出口份额的增大，豆货需求不再由东北对华南的交易所主导，而是加入了很大的国际变数，逐渐脱离原有交易规律，其损失规模也非当地粮行资本规模所能掌

① 関東都督府:《満洲ニ於ケル期糧ト銀市》，國光社，1906年，第29—31頁。

② 拓殖局:《拓殖局報第二十五　大豆ニ関スル調査》，博文館，1911年，第252、277頁。

③ 比如将东北市场发展与日本需求想当然地结合在一起，是各集散地日本领事报告多见的手法。前引農商務省農務局《大豆其他ノ豆類ニ関スル調査》（1919年）中，也将东北期货市场的出现故意说成是在对日直接出口开始以后。

控。与此同时，清廷的期粮市场干预政策，进一步放大了战争和环境变化等外来干扰造成的影响。

1901年秋，山西籍候补知府王文恒上奏，建议对东北各大集散地的期粮交易进行征税。此建议迎合了面临财政困窘的盛京将军府的需要，时任盛京将军的增祺认为，“不若公开批准期粮交易，将其作为补充财源”。经其转奏、批复后，期粮捐局于1903年十二月正式开设。期粮捐局的最初设想是对谷物期货交易征税，审理裁决与之相关的诉讼，并作为政府对期货市场的监督衙门。其开设告示指出：“昌图府下之通江口及铁岭、锦州府、新民府、辽阳州、开原县、广宁州、英守屯等处，为大豆、谷类囤积转运之区。商户买卖期粮以八月为始，翌年六月初一日为决算之期。商户有授受现货者，或照时价以金钱决算者不一。”“经本军督部堂熟察，当此财政疲敝，各项费款筹款困难之际，由肩挑负贩之小商人征收亦难，因之今后应对此期粮交易课税，以讲求彼此融通之道。”具体征收方法为，每百石交易由买卖双方各征收2吊500文。“今后以三个月为一期交易，期近则资本运转容易”，“令山西试用同知王文恒赴上述各处具体试办”。[①]

期粮捐局总局设在铁岭，在开原、英守屯、锦州府、新民府、辽阳州、广宁县、绥中县、通江口、奉化县、宁远州十处设分局。总局统辖分局，设立总办、帮办各一名，总办总理局务，帮办协助总办，并交互巡视监督各分局。另设兼任总办二名，专理诉讼。设司事七、书办六，承总、帮办之命，执掌庶务、会计、征收等事务。分局设委员一名、司事一名、书办二名，处理分局事务。其处务规程的基本内容如下：[②]

(1)铁岭总局设置规定，人员、职责、俸银、办公费等。

(2)各分局人员、职责、俸银、办公费等。

(3)重大事件处理程序。

(4)先后设置总、分局十一处，其职责为“不仅避免奸商择地转移，为

① 盛京将军增祺：《关于对期粮交易征收捐税告示》，光绪二十九年十二月初四，拓殖局《拓殖局報第二十五　大豆ニ関スル調查》，博文館，1911年，第255—257頁。

② 《期粮捐局处务规程》，拓殖局《拓殖局報第二十五　大豆ニ関スル調查》，博文館，1911年，第257—261頁。

避公课而在局外交易以图私利，还防其妨碍已设局业务，使收入减少行为；同时防止免职书办杂役等通谋作弊”，即主要职责为增加税收。

(5)总分局发行三联收据，总局统一编号，盖骑缝章二处。第一联交商人，每百张交付尽时，将第二联交总督，第三联在局保管。每月征款由总局在下月十五日前造册，向总督和粮饷处报告。各分局月报远者十日，近者五日内必到，当征者每征必报，速由总局交督辕粮饷处，同时报督抚。

(6)每年度终了若收入合计达二百万吊以上，对有功司书、杂役参照东边木税章程，从关常寻常之区别奏请行赏，奖励奋勉。

(7)总分局经费支出规定仿照大车税厘章程，原则上永不超过征收额二成。

(8)在各地商人有三、六、九、十二月期随意定期买卖粮石时，总分局应从其买卖开始日令其申报买卖金额。要求具报其买卖石数、期限等，向局提交盖商号印之报条，决定纳税号码。局内依照报条登账。至期照规征税。若有五日内不申报者，视为逃税，征其三倍。应缴税额到期合计缴纳，以三联单以为凭证。

(9)商人经手期粮者历来全数另有账簿，故自开征日起令其携账簿至总分局，每有交易应盖局骑缝印，若携账簿而未盖骑缝印，或交易不记账者，视为故意逃税，不得宽容，即处三倍之罚，以杜其弊。

(10)为免纷争，只许华人买卖，不许外人交易。局内对买卖双方皆须详查，无外人方可对账簿盖印，按规定办理。若有奸商图谋不轨，与通事合谋教唆外人拒纳税者，经照会所管外国衙门查实，其通事由局处分(枷号示众)。且将同谋商人财产没收拍卖以充交涉费。

由上述规程可知，整个机构设置主要是为了征收捐税，缺乏相应的市场管理措施，各地期粮捐局对市场交易监督不力，造成流弊百出，纷扰不绝，交易者争讼于官府，多数期货市场因争讼而无法交易。官商勾结成为无法解决的痼疾，原有交易秩序呈现破坏趋势。

官商勾结、操控价格、谋取暴利的案例，以 1902—1904 年铁岭大豆期货交易最为典型。铁岭为优质大豆集散市场，每年十月，出售大豆的地方客群集而来。1902 年秋铁岭大豆开市时，市价为每石 4 吊余，至交割期，即1903年阴历六月初一，市价被抬至6吊，地方客蒙受很大损失，粮行却获很大利益。1904年，铁岭粮行趁其获利丰厚，将1903年所产大豆向营口及宽城方面商人卖空，以期获得更大利润。之后大豆行价频频走高，进入1904年春，其腾贵之势依然不止。卖方粮行眼见将蒙受巨损，便谋划压低市价以为减少损失之计，买通地方官令于当年阴历三月停市。官家下令压低市价，强迫解除合同，有不服者一律拘押。结果导致本应获巨利之买家反蒙受巨额损失，本应受巨损之粮行反而获得暴利。①

另一典型案件为通江口争讼案。1904年日俄开战，7月俄日两军分据通江口与营口，交通南北分断，水运断绝对通江口形成沉重打击。1905年1月，通江口和营口商人达成出售大豆20万石的期货合同，当地私下流通大豆达100万石以上。2月，日俄两军在奉天战意转浓，通江口停市。3月，奉天俄军败退，日军进入铁岭。6月，通江口也被日军控制，此前的5月，日军因铁岭物资奇缺、物价飞涨，逐渐开放民间使用辽河水运。此时，通江口商人拒绝营口商人的交货请求，并将为其购买的大豆运往营口直接出售，由此引发通江口争讼事件。② 这一事件导致当年冬通江口集散大豆降至往年的两成左右，1906年初则完全没有进货。1900年通江口原有钱粮行23户，至1904年关闭者有3家，1905年关闭2家，1906年关闭5家，到该年冬天只剩13家。但即使仍在营业者，其店员也大部分归省或解雇，只剩原来的两成左右。③

战时物价高涨，各粮行纷纷囤积居奇。1905年9月，日俄签订停战协议，导致当年夏秋之交谷价和银价双双下跌。受此影响，1906年1月奉天城内最大粮行13户中，破产者7户，停业者3户。④ 其中如奉天日兴隆粮行，先是通过预期交易大量囤积粮食，在谷价下跌后，于1905年旧历十月前后从营口银炉厚发和借现银8万两后，却在1906年1月关店逃

① 拓殖局：《拓殖局報第二十五　大豆ニ関スル調査》，博文館，1911年，第283—284頁。

② 该事件的具体情况参见関東都督府陸軍部：《明治三十七八年戰役 滿洲軍政史》第五卷，小林又七印刷所，1915年，第401—420頁。纠纷双方分别为营口贸易商东盛和、西义顺与通江口商户广增达、广义信、信逢源、广增通、广泉溥、德兴广、仁发合、富成海8家商号。

③ 船津辰一郎：《南滿洲に於ける商業》，金港堂書籍，1907年，第472—473頁。

④ 関東都督府陸軍部：《明治三十七八年戰役 滿洲軍政史》第七卷，小林又七印刷所，1915年，第430頁。

逸，同时将所有财产隐匿并改换名义，由此引发营口银炉对奉天粮行贷款案。[①] 后经营口军政署、奉天驿巡道、交涉局、奉天将军相互交涉，直到1906年10月才偿付完结。类似事件不仅直接造成大量粮商破产，也对东北的金融信用体系形成巨大冲击，特别是对营口过炉银的信用基础造成了很大破坏。

1904年初日俄战争爆发，期粮捐局也暂停活动。光绪三十二年(1906年)正月，盛京将军赵尔巽再发告示，令重新开始期粮交易。面对主管官僚良莠不齐，官商勾结、操纵行市、牟取暴利的普遍发生，赵尔巽也曾试图设法解决。正如新任期粮捐局督办告示中所指出的："近年来客军压境、税务疲敝。去冬期粮买卖虽开始，纳捐额未多。且往往有设商情浮动之口实扰乱决算者，或占垄断之利，或狡展逃责。更有甚者，亦有招巨额损失却否认自身债务之辈，结党发起诉讼，益成捐税之妨碍。通江口、奉化等事件实为前车之鉴。……据前年增将军告示内记载章程，凡各处期粮交易，至其决算期不付现货时，无论何等定期，又不论豆饼、大豆、其他谷物，一切以满期当日行情为准。若货物足而货款不足，其咎在买主，若货款足而货不足，其咎在卖主，照各当日市价每斗市钱二百文增减(过在卖主，每斗减价二百文，又过在买主，按同额加价之谓也)，以示薄惩之意。此方法虽极宜，然随日久不守者多，不顾自己资本之多寡，擅自煽买，或为买占，至满期狡赖，终止交易，扰乱行情、纷扰迁延，实不成事体。"[②]1906年初，新任期粮捐局督办发布了新订期粮交易简章，其规定中加入若干维护市场秩序的内容。交易于当年重开，1907年盛极一时，铁岭日成交量达到七八万石，锦州日成交量达到180囤(每囤210石)，期粮捐局收入每月高达177 000余吊。

但期粮捐局素无威信，商人也对其缺乏信赖。[③] 故1906年后恢复开

---

① 关于此案，参见関東都督府陸軍部：《明治三十七八年戦役 滿洲軍政史》第五卷，小林又七印刷所，1915年，第386—401頁。

② 《新任期粮捐局督办就日俄战后再开期粮交易之告示》，光绪三十二年正月二十九日，拓殖局：《拓殖局報第二十五　大豆ニ関スル調査》，博文館，1911年，第262頁。

③ 如期粮捐局第一任总办王凤久就是日俄战争期间铁岭劳军款诈骗案的主谋。関東都督府陸軍部：《明治三十七八年戦役 滿洲軍政史》第九卷，小林又七印刷所，1915年，第190頁。

市的期粮市场中，仍然因官方介入而发生不公平交易，争讼不断，纷扰不绝，而且争讼事件极少能得到公平解决。新民府1907年阴历六月初一应交高粱行情，六月十五应交豆饼行情，由于买方中有二三权势之家哄抬高价，引起双方纷争，最终由商务总会仲裁方才得以解决。但过后连续发生当地巨商鸿兴号及其他商号的破产。开原的一笔23万石的高粱期货交易中，随着1907年阴历六月初一交割期的临近，价格每日攀升。在卖方将遭重创之时，当地期粮捐分局出面裁定市价，反导致卖方转亏为盈，由此引发争端，最终交提法司裁决。在锦州，1907年阴历四月初一粟米(小米)期货交易中，市场实价是每石5吊400文，买方将其抬至8吊800文，由此生出一场纷争。虽因商务总会和地方官协调，决定以较公平价格交货，但买方不服，一面向奉天商务总会提出申诉，一面向农工商局提出仲裁，都没有得到解决。最终向提法司提出诉讼，交其裁决。[①] 由于政府的介入和不当干预，期粮交易中始终存在种种弊端，条规紊乱、争讼滥发，几至不可收拾。恰逢御史弹劾，当时总办道程元也向东三省总督奏请，终获上谕，于光绪三十三年(1907年)十月初一撤销期粮捐局。期粮交易也被全面禁止，但之后仍有私下交易者。[②]

清廷禁止期粮市场并取缔期货交易，导致整个大豆市场的价格形成机制有了重大缺陷。在期粮交易被严厉禁止后的一段时间，东北整体豆货走势呈现各自为政、忽高忽低、此高彼低的状况，总体豆价走势变得无法预测，终于酿成1909年的交易危机。卖方收款后因价格进一步上升、须承担损失而不愿交货，最终履行合同的义务和赔偿责任都落到保证人身上。原本粮行只是介绍买卖双方交易，并作为履行契约的保证人。由于价格变动幅度过大，其作为保证人所承担的风险完全超过收受的交易手续费。在农户和产地粮行签约后因价格上升拒交现货时，履行合同的责任就完全落在粮商身上。资本薄弱的新集散地粮行完全无力赔偿，只剩停止营业之一途。甚至有收款后逃走、伪装破产的情况，从而导致整个

① 以上案例参见拓殖局：《拓殖局報第二十五　大豆ニ関スル調査》，博文館，1911年，第283—284頁。

② 如到1910年初，锦州知县仍然发出告示严禁私下期粮交易。参见関東都督府民政部庶務課：《満洲穀物取引慣習一班草稿》，関東都督府民政部，1910年，第38页。

信用和交易体制发生危机。此次交易风潮的打击，以及外商在各集散地的纠纷和损失表明，建立包容新加入者的市场秩序和豆价形成机制已成为刻不容缓的问题。这促使日本殖民地机构开始逐步在铁路附属地筹建期粮交易，进而在大连设立交易所，从而进一步促进了大连市场的发展。

正如当时日本调查者所观察到的，"官家禁止恰如只手堵溃坝，而其他形式的期货如批买卖依然很盛，尤其自前年大豆对欧出口开始后交易益繁，而且近来又习惯了预付全部货款，无端生出几多弊害。尽管如此，若讲求逐步改善之法，未来应有更大的发展"。政府干预和相对封闭环境的破坏，也放大了东北传统期货市场在交易安全和信用制度方面的缺陷。如交易保证金制度不完善；靠一般商业信用形式，不实行每日结算或短期结算；对一定时期内交易价格涨跌幅度无限制；无持仓限额制度；实物交割和强制平仓等虽有类似制度，但漏洞较大。对这些问题，后来都有改善的建议或尝试。如清廷某中枢重臣为矫正期粮交易弊端曾提出期粮捐局修正案，但建议尚未采纳，期粮捐局已被上谕撤销。其建议中提出了设立交易保证金制度，追加保证金和强制平仓，缩短交易期限以减低风险、保证交易安全的规定，可谓正中当时市场时弊。[①] 1913 年，开原站公议会根据实际交易量实施了交易保证金制度，对长期期货采用先付款方式，具体为预定交货日后，在到期前 5～10 日前付款，至交货日将买卖额互抵之后，剩余部分以现货交付。当年期粮交易总量达 70 余万石，买卖额互抵之后，实际交粮 8 万余石。[②] 由于这一市场设于铁路附属地内，没有清廷干预，官商勾结也无从下手，从而使其期粮交易在公议会管理下基本保持了平稳。但之后殖民政权利用华商希望避免清廷干预的心理，竟将这一市场成果攫为已有，先后在大连及开原、奉天、公主岭等满铁附属地设立交易所，吸引华商进行交易。

总之，清廷完全出于税收目的而不考虑维护商业秩序的政策，对于东北交易秩序的破坏有着巨大的影响。这一政策失败后，清廷又采取长期

---

① 拓殖局：《拓殖局報第二十五 大豆ニ関スル調査》，博文館，1911 年，第 238、266—268 頁。

② 農商務省農務局：《大豆其他ノ豆類ニ関スル調査》（農務彙纂第七十四號），日本農会，1919 年，第 276—277 頁。

禁止期货交易的政策。由于进入北洋时期，这一禁止政策仍然得以延续，迫使东北商人不得不利用日本殖民机构谋求恢复期货交易，客观上为大连、开原铁路附属地等日本控制地区的商品交易所的开办创造了条件。

小结

历来以营口贸易网为中心的辽河沿岸集散体制中，通江口和铁岭占有重要的位置。原有的期粮期钱交易在相对封闭的条件下，形成了高效率的集散市场体制。尤其是在价格形成与金融信用分配方面，在原有相对封闭的市场环境下都发展到与近代交易所体制极为接近的水平，在市场效率和作用方面甚至超过了日本的商品交易所。

外国势力的进入，导致相对封闭市场环境的解体，对东北的市场秩序构成决定性的破坏因素。1905 年冬开始，通江口地位迅速衰落，集于通江口的大豆骤减至十七八万石，1906 年冬则全无大豆入场。[①] 此后一段时期，铁岭地位一度更形重要，但由于日本殖民势力的影响，其地位从 1910 年后开始逐渐低落，第一次世界大战期间被开原超过。导致两集散中心地位变化的基本原因为：第一，官方的干预和战乱对传统信用体系的冲击，加之相对封闭的市场环境被打破，交易对象的不确定性大为增加；第二，战争中水陆运输被管制和征用的影响；第三，战时投机过热引发的争讼案的影响；第四，战时物资缺乏引发的通货膨胀，导致停战前后的囤积和大量订货，致使东北经济直接受到战后需求骤减的冲击；第五，战后殖民机构扶植殖民地的运输和交易政策，加上铁路影响，客观上分散了辽河的集散功能。

通江口争讼案、清廷废止期粮交易、东盛和破产，是华商主导东北开发时代结束的标志性事件。通江口争讼案表示传统信用体制的崩溃，其

① 1905 年阴历二月已停市，故统计上只有十七八万石豆货集散，实则私下流通大豆达百万石之多。后因发生期粮交易争讼案，各地商人为免殃及，1905 年入冬后纷纷转以铁路运输，导致通江口市场迅速衰败。此时通江口市场未复，故无正式交易记录。船津辰一郎亲赴通江口调查，目睹了当地的萧条。在影响当地市场的因素中，战时主要是水运的中断，停战后是交易纠纷，1907 年后运输格局变化则使其丧失了再生机会。参见船津辰一郎：《南満州に於ける商業》，金港堂書籍，1907 年，第 472—473 頁。

直接影响要素有价格变动异常和幅度过大;清末市场官商勾结,其背景是外力入侵、对外出口影响增大、清吏治腐败。由东北过去的经验看,市场遭遇强力外来干扰时会造成停市和过炉银危机,重开后的交易是淘汰失败者后在新价格基础上进行,即市场持续,失败者退场。但由于官商勾结的痼疾,自然清理过程在长期动乱中不再发生作用,反而陷于不断的讼争,导致失败者不败,市场交易被迫中断的后果。最终东北 11 个期货市场在日俄战争后只有 3 个能够重开,而至 1907 年则全部被禁。

在庚子事变到日俄战争结束期间,清廷期粮政策对整个市场秩序崩溃有着至关重要的影响。战时投机过热很大程度上是期粮征税政策引发的。此政策只是对交易征税,对市场无任何管理,鼓励市场买空卖空的风潮。及至后来,在外来因素干扰下发生交易亏损时,又发展到官商勾结、操纵价格、以图私利,在各集散市场引发大量争讼事件,导致信用机制的破坏,以及市场秩序的混乱与解体。最终,又完全不顾市场需要,完全禁止期粮交易。禁止政策的持续导致整个东北大豆统一价格形成机制的缺失,此后两年大豆统一价格无法形成,豆价走势混乱,出口数量虽大幅度增加,参加者反皆受损失,利益皆归国外购买者。东盛和破产不仅代表营口向华南市场的主要出口商破产,也造成了整个营口金融、交易体制的危机,迫使以营口为中心的辽河货物集散体系不得不进入重组时期。此后两年,面对大连的争夺,营口商人无法作为一个整体做出反击,其中最大的两家东永茂、西义顺忙于填补东盛和破产后的市场空白,如油坊业、银炉业、集散地市场、华南内贸市场等。

1909 年底,当营口危机终于过去,大连所占贸易市场份额已经与营口相接近。在日本殖民势力入侵和不平等条约的保护下,营口作为主要贸易港和商业秩序提供者的地位趋于降低。通过探讨其变化过程,至少可以了解到大连作为殖民地,其之所以在贸易上获得对于营口的优势,并非由于"日本带来先进的交易制度",更非因"日商资本充裕",而是除大连地理环境优越及日本扶植之外,还由于清廷对交易秩序的不当干预,传统信用机制的破坏,日本各机构对传统华商交易秩序的调查研究和积极模仿,引起华商投资和交易中心的转移所导致。

第三章

营口过炉银及其运行机制

在银两货币时代，除了银两携带和运输不便之外，更重要的是各地银两重量和成色标准不同，在交通不发达和信息不通畅的条件下，贸易的结算不仅异常复杂，而且成本高昂。在大宗交易过程中，由于贵金属货币供给不足，同时也为避免现金交易的不便，由商人团体或行会组织所建立的转账结算、债务冲销，以及在此基础上发展的货币汇兑、支付和短期借贷等构成了近代早期货币市场的基本内容。比较典型的有晋商在北部地区的“过标”制度、宁波钱庄的“过账”制度和营口地区的“过炉银”，以及察哈尔拨谱、福建番捧等。这些区域性货币市场体系已经具备现代金融学中货币市场的一些主要特征和基本职能，[①]即主要为交易者提供短期借贷和信用，但其运行和表现形式却具有很强的历史独特性。

相对于钱庄和票号的丰富成果，学术界关于银炉和过炉银制度的研究则相对比较薄弱。虽然此前国内学界已有数篇有关“过炉银”的文献，

① 在现代金融学中，货币市场是指一年期以内的短期借贷市场或短期金融交易市场，包括票据贴现、银行间拆借、短期债券、回购等，主要满足交易者的资金流动性需求。

但大多是初浅的介绍，未能作深入的论述，在使用资料上也非常单薄。[①]而早在20世纪初期，日本出于殖民侵略的目的，对东北经济进行了大量调查，积累了很多关于过炉银制度的资料。战后，由于资料利用的便利性，日本学者关于过炉银也进行过比较深入的研究。在20世纪80年代之前的主要研究者有宫下忠雄、石田兴平、佐佐木正哉等[②]，其研究特征是直接以过炉银或币制为对象，展开贸易和金融的分析。宫下忠雄认为，过炉银制度属于银两信用制度之一和直接转账制度，"在银两信用手段中，银两纸币与银两活期存款，往往其纸币单位和存款单位会脱离与本来银两单位间的价值关系，而作为单独的购买力而起作用……，营口过炉银的情况下，其转账的存款单位逐渐断绝与银锭秤量银两单位的价值关系，进而作为存款单位的当地货币基础本身，也有变成如奉天票之类不兑现纸币的时期，与当时银的价值关系仅被看作通过变动的对外埠汇兑行市，与外埠银锭或银币的交换关系"[③]。石田兴平利用现代经济学原理，主要对20世纪初营口油坊、粮行、装船行、大屋子运用的过炉银体系，与东北内地客商组成的物流和货币流模式进行了分析。佐佐木正哉的贡献是对辽河口贸易港（牛庄、田庄台与营口）金融和商业上承继关系的考察，以及营口大商人通过油坊、大屋子、银炉之间机能上的相互补充和扩张机制的探讨。但这些研究的主要缺陷是深受战前"殖民地政策学说"影响，以东北的殖民地开发过程为基本视点，忽略了中国自身的发展因素和传统。正如有日本学者所指出，战前及战后早期的日本社会经济史学，是"以欧

① 在国内，从20世纪80年代以来，也有少量对营口的银炉进行介绍的文献，其中直接涉及"过炉银"的论文有：张宗江、刘纬：《对营口过炉银问题的探讨》，《吉林财贸学院学报》1990年第3期；佟静：《近代营口的地方性货币——过炉银》，《辽宁师大学报》1994年第5期；姚景芳：《谈营口炉银的兴衰》，《辽宁师专学报》2014年第2期。但总体来看，这些文献都是从地方史角度进行的简略介绍和描述，尚没有涉及货币市场运行机制的层次；与此同时，其关于过炉银产生和早期发展内容所依据的材料主要为民国《营口县志》和《营口文史资料》中的一篇关于营口银炉史的记述。

② 宮下忠雄：《中国幣制の特殊研究：近代中国銀両制度の研究》，日本学術振興会，1952年；《営口過炉銀の研究》，《神戸経済大学創立五十周年記念論文集》第1，1953年；佐佐木正哉：《営口商人の研究》，《近代中国研究》第一輯，東京大学出版会，1958年；石田興平：《営口における過炉銀制度の成立と機構》，《彦根論叢》1962年03号；《営口における過炉銀の基調とその推移》，《彦根論叢》1962年05号。

③ 宮下忠雄：《中国幣制の特殊研究：近代中国銀両制度の研究》，日本学術振興会，1952年，第19—20頁。

洲价值观和近代观念的尺子来理解中国的各种事实,夸大中国落后与缺点,其结果孕育了对中国人的优越感和蔑视感”①。也恰如佐佐木正哉的研究结论:“在如过炉银般不安定、不确实的通货金融制度下,投机性交易居于支配地位,不可能形成独立的产业资本”,为克服货币不足的危险,“它们不得不依赖于具有更安定和强力金融力的外国银行”。② 最近的研究则有山本进、山本早苗等③,其特征是从货币信用要素中寻求东北经济贸易变化的原因。但由于对过炉银本身的发展缺乏明晰合理的分期,从而在论证中也存在诸多模糊和矛盾之处。

本章主要通过清末时期日本在东北特别是营口地区的调查资料和海关贸易报告,以及部分日本学者的战后研究,对营口过炉银的产生、性质和运行机制进行探讨。下章在此基础上对清末时期过炉银在应对外部冲击、内部动荡和商业危机下所进行的一系列的制度调整和演变进行分析。

一、过炉银的发展过程

过炉银从诞生到被废止有 70 余年的历史,根据有无大的外来冲击和制度主导者的变化基本可划分为三个时期:第一阶段从 1860 年至 1900 年,为产生和发展期;第二阶段从 1900 年至 1913 年,为外生因素引发的动荡、改革与兴盛时期;第三阶段从 1914 年至 1933 年,是在地方割据势力膨胀与日本殖民势力侵入加深这一大背景下,逐渐衰退并最终被强力废止时期。营口过炉银的产生和发展,与东北的商业贸易密切相关,上述时期的划分也是基于其在商业贸易中的主导地位、辐射范围等因素。正如我们在第一章中所论述的,在 19 世纪 60 年代,营口贸易量大概占当时东北贸易的一半,世纪之末则进一步上升至 80%上下。1890 年以前,营口贸易以对长三角和华南的内贸为主,虽然采购外国商品的数额很大,但

① 塚瀬進:《戦前・戦後満州史研究の成果と問題点》,《長野大学紀要》第 32 巻 3 號,2011 年,第 57 頁。

② 佐佐木正哉:《営口商人の研究》,近代中国研究委員会:《近代中国研究》第一輯,東京大学出版会,1958 年,第 262 頁。

③ 山本進:《清末民初奉天における大豆交易:期糧と過炉銀》,《東洋史研究報告》第 31 號,2007 年 3 月,第 49—71 頁;山本早苗:《営口の過炉銀》,《愛知県立大学大学院国際文化研究科論集(9)》,2008 年,第 265—289 頁。

几乎全部经上海转进口。19 世纪 90 年代,营口对外直接贸易特别是对日贸易迅速增长,但直到 1900 年之前,贸易主导权仍然完全掌握在华商手中,外国势力和外商尚无法插足。[①] 与此相适应,过炉银信用虽受甲午战争的冲击,但其仍然在公议会的管理下维持了稳定运行。

进入 20 世纪初期,东北贸易模式开始发生深刻变化,国际贸易的地位大为增强,东北也开始不断遭受外来势力及其引发危机的频繁干扰。随着日俄两国在东北划分势力范围,东北市场以长春为中心,分为南、北满两大市场区域。这一变化为东北市场添加了新的竞争要素。日俄两国分别以铁路与出口港结合的方式,展开了对东北贸易主导权的争夺。俄国主要经营以哈尔滨为中心由中东路连接海参崴港的物流贸易体系;日本主要经营以长春至铁岭为中心由满铁线连接大连港、以奉天为中心经安奉路连接安东港的物流贸易体系。日本获得旅大殖民地、长春至大连铁路经营权及一切附属的不平等权益,设立关东都督府与满铁等殖民地经营机构,通过殖民地的经济、金融政策不断扩大其在东北经济中的影响。俄国的远东政策则倾向经营海参崴港,尤其是大豆对欧出口开始之后,俄国对北运大豆以优惠运费的方式与日本展开贸易资源争夺,加之北满集散市场价格比较平稳,由海参崴出口大豆数量迅速增加,一时间形成了大连、营口、海参崴三足鼎立的态势。1907 年大连正式开港,在 1908—1910 年间其豆货合计水平已经接近和超过营口,1911 年由于满铁运力不足而导致营口再度成为第一进出口港,此后则完全落在大连之后,营口商贸体系的影响力开始大幅下降。

在"多港竞争"的初期,过炉银信用在保持营口商业竞争力和贸易机能方面依然发挥了重要作用。正如当时的日本调查报告中所称,"以营口为中心的货物集散区域有盖平、海城、新民屯、辽阳、奉天、铁岭、开原、昌图、公主岭、长春、八面城、奉化、金家屯、通江口、法库门、郑家屯、康平地区,东北内蒙古及锦州方面,由上述各处向营口运来豆货,从营口向这些地方输出棉纱、棉布、日用杂货";"上述地区商人往昔都有过炉银账户,不

① 有关营口贸易的发展和结构变化,参见第一章。

动现金单靠账户转记即可进行交易,每年4次卯期进行决算,而且营口从上海输入货物,与该地决算也以过炉银汇兑进行";"往昔因京奉铁路的修建,营口在辽西即锦州的势力圈曾受不小打击,南满铁路归我国(日本)所有以来亦受其影响,现在除法库门、通江口、金家屯、新民屯等数处外,其他地方显著受到大连侵蚀,但营口与往昔相比,丝毫未因此招致衰退";"大连不如说是个装船地,在牛庄冬季封冻期间,由于交易后直接运出不便,往往转运大连,该地为出货地而非交易地"。[①] 虽然这一时期营口港在整个东北贸易中所占比例不断下降,但其贸易的绝对额仍然在一个较长时期内保持了增长。过炉银的制度设计、运行机能和覆盖范围也一度达到历史的最高水平。

清末,过炉银依然是营口贸易的媒介物和当时东北最重要、最有信用的货币,"营口市场曾支配满洲各地的贸易,如今过炉银交易在铁岭和北满一带依然很盛行"。当时,东三省官银号和大清银行发行的小洋或大洋兑换券,因其信用缺乏,尚未能广泛被社会所接受。"以日本金票换取洋钱兑换券时,欲获得五六万元亦有不小困难,但以过炉银为媒介求之,十万、二十万圆可容易获得。再若以横滨正金银行钞票购买奉票交易,一日间欲得五六万元也难,但以过炉银购买则十万、二十万元可立至。""内地商人来营口进货或销货必须利用旧式批发商,而其交易的棉纱、棉布,或大豆、豆饼、杂粮等所有交易皆可赊购,以过炉银定价进行。支付货款时可带小洋票,但只要其不换为过炉银就不能进行账面决算。收取货款时,收入的过炉银只要不交换为其他货币,就无法带回。"[②]

民国初年,"营口的商业逐年衰减,除了满铁运费政策、河口淤塞外,还有金融上打击也是不可小看的事实","近年尤其欧洲战乱开始后,随着本国贸易商和金融业者的努力,因战乱导致的银价高涨,以及卢布纸币的低落,中国商人逐渐开始不讨厌金票的授受,逐渐接受以金票定价的交易。进口贸易的大半,至少与本国商人相关的部分,得以金票交易代替了

① 参见日本驻厦门领事馆事务代理副领事森安三郎致外务大臣小村寿太郎的信函,《豆及豆粕関係雑件》第一卷,1909年5月13日,国立公文書館アジア歴史資料センター,B11091342200。

② 外務省通商局:《満洲ニ於ケル通貨事情》,外務省通商局,1919年,第121—122頁。

过炉银交易，此乃与本国贸易上可喜之现象”。[①] 随着营口贸易的下降，进口贸易的大半已改为金票定价，过炉银势力范围大为缩小。1911 年，金票和过炉银已经有正式的兑换行市。从 1914 年开始，达成决算货币采用奉天小洋（票）的协议，后随现大洋票的出现，又采用大洋票决算。[②] 过炉银已不再是东北的主要交易货币，而逐渐变为营口一隅的金融信用。随着官方银行兑换券、外资银行纸币发行和流通的扩大，并非不能取代过炉银作为营口的交易货币，[③]但因各方势力互相抗衡，营口商会的斗争和华商的大力支持，营口过炉银才得以延续下来。

二、过炉银的产生与性质

清代东北与关内的大豆贸易可追溯到康熙二十四年（1685 年）解除海禁以后，19 世纪中期，清廷为鼓励商船海运漕粮，曾一度准许其免税运出豆货。随着移民垦荒政策的实施，豆货南北贸易的进一步发展成为带动东北经济开发的主要因素。早期的东北贸易主要为易货交易，并通过发行钱帖作为交易货币。

东北基本上本地不铸钱，因而早在乾隆时就出现钱票，也有东钱钱制，即以 160 枚铜钱为一串省陌流通。道光时进一步出现商人钱票、烧锅票等货币形式。盖平曾作为当时最为繁荣的贸易港口，也是发行钱票即盖平钱帖的金融中心。盖平钱帖的流通不仅覆盖各个贸易港口，甚至遍及整个今天的辽宁省。由于盖平钱帖是以东钱为单位的不兑现纸币，以致发行数量过大而无法保值，在道光十五年（1835 年）发生钱庄破产和金融危机，导致营口逐渐取代田庄台、盖平成为东北海上贸易的中心。[④] 其贸易结算货币逐渐倚重于银两，并因各地银两重量和成色庞杂而生出通用银两规定和改

---

① 外務省通商局：《滿洲ニ於ケル通貨事情》，外務省通商局，1919 年，第 121、124 頁。

② 栃倉正一：《滿洲中央銀行十年史》，滿洲中央銀行，1942 年，第 47—48 頁。

③ 随着民初各种纸币的发行，东北各地类似于过炉银的“票银”和“抹兑银”等转账货币都逐渐消失。

④ 中国人民银行：《中国近代货币史资料》第一辑，中华书局，1964 年，第 123—125 页；The Maritime Customs, Decennial Reports on the Trade, Published by Order of the Inspector General of Customs, Shanghai, 1893, Newchwang: Decennial Report, 1882—91, p. 36.

铸需要。“通用银两之品位由营口商人大会设立严格规则”,[①]由公议会制定,经道台告示定为改铸标准。[②] 银炉在银锭上记载自己的名称、成色、重量以示负责。营口宝银采用牛平,每锭重53两5钱,牛平比库平每百两少3两3钱5分,也称营平。成色为千分之992,所铸宝银名为锦宝或营平银,作为大宗交易本位货币使用。

在委托银炉改铸期间,商人须将银两存于银炉,遇有银钱支付,由银炉以铸好的宝银代付,改铸完成再从总额中扣除。商人初以委托改铸存银条为凭证交易,其后随着银炉信用增加、保管设施完善、代付机能发达而渐成制度。商人如有盈余现银,也会将其存入银炉,这样不仅可免去搬运麻烦和费用,也减少了途中风险。交易中双方若为同一银炉存款者,只需口头通知银炉,由其在账簿上将存银转记户头即可完成,过炉银制度由此产生。“过”是转移或过户,“炉”是经银炉办理,外国人将其称为Transfer Money,或Transfer Tael,当地人简称炉银或码子。[③]“某商无论进口任何商品,名义上虽称作现银买卖……,作为出售代偿,他必须收取交易货币(过炉银)。但这不过是以其名义存在银炉的债权。……买卖双方同到银炉,令银炉将付卖方金额记入买方账户借方,卖方账户贷方。双方能核实银炉账簿,也可在个人账簿抄录交易记录。只要无特殊要求,双方间无票据授受”,“其银炉存款能起到与现银同等的作用”。[④]

过炉银不仅能在同一银炉中不同账户间过户,还能以变通办法清算不同银炉和行栈账户上的债权债务,由此产生的债务债权由银炉间设法互相结算,银炉居于双方交易保证人的地位。这一信用方法不仅能防止货币在流通中的磨损、节省搬运和保管费用,还能在转账允许范围内提供货币供给、避免因币制不完善和现银缺乏妨碍交易的进行。“例如当地商家存现银于银炉,对此发行票据时,银炉给予保证使之易于流通。到决算季节,银

---

① 加藤末郎:《清国出張復命書》,農商務省商工局,1899年,第53頁。

② 横浜正金銀行大連支店:《満州に於ける通貨及金融》,横浜正金銀行大連支店,1914年,第25頁。

③ 関東都督府陸軍部:《明治三十七八年戦役 満洲軍政史》第五巻,小林又七印刷所,1915年,第641—643頁。

④ Report on Trade at the Treaty Ports in China,1871—2. Published by Order of the Inspector General of Customs,Shanghai,1874,Newchwang,pp. 4—5.

炉将各商家收入支出相抵后，只将不足额以现金授受，简单地完成决算。”[①]因此，“过炉银本为经银炉改铸后宝银之意，与一般宝银无二，实质上却为银炉账上无形通货，银炉不单纯为改铸银两之处，也实际兼营银行业务。”[②]这样，过炉银变为记账单位和信用单位，银炉则变为金融机构。[③]

银炉间日常发生的债权债务关系，通过每天银炉间交易进行结清和整理。“这种情况下，若由各银炉间直接结算本可省去不便，然银炉间转账意味着承担他人风险，因此一般不采用相互直接结算的方式，而必设某变通法避免这一不便。方法之一即在当日交易结束后的傍晚，有交易的店家代表根据习惯晴天在西大庙（雨天在恒义利等）集合，决定相关各方对某银炉的银钱交付。偶有当事者开户银炉不一时，可通过倒付方式，即找出与甲乙双方各自交易银炉有交易关系的第三者，进行过炉银的交换（由第三者代付）。当事者授受完成后，将其通知银炉转账。交易盛时每晚集合者达二百余名，喧闹之极。”[④]银炉账簿是唯一证明交易的文件。“银炉为经手过炉银备有两种账簿，一为流水账，一为万福账。前者是每有转账请求时直接记入的账簿，后者是每天交易结束后区分各交易店重新转记的账簿。流水账分为上下段，上段为入，即收入部分，下段为去，即支出部分。……每有记载请求，无论交易对象大小事项皆记入之，至夜再将其按各店一揽子记入万福账。万福账亦分上下两段，且设有每个交易店账户……，至月末结算入、去的合计金额，每三个月进行决算整理。……若甲乙两商交易银炉各异，各自通知银炉，各在其账户之下以前述方式记载入去，只需据其记载转换债权即可。”[⑤]有关交易支付转账问题，“多数仅凭口头通知即可完成，一旦他日生出争议，甲乙商人、AB行栈以及各自银炉，只需将账簿对照即可裁决”[⑥]。

为防止银炉过度发行信用的风险，银炉与银炉之间、银炉与其出资

---

① 山田鎗之助:《滿州貿易案内:附・地理大要》，南陽堂，1895年，第131頁。

② 中村桂次郎:《日清貿易策》，日本経済社，1902年，附録，第11頁。

③ 外務省通商局:《滿洲事情》第2辑（第1回，牛莊、安東），外務省通商局，1911年，第295頁。

④ 旦睦良、池永省三:《滿洲通貨及金融》上卷，滿洲日日新聞社，1912年，第27—28頁。

⑤ 外務省通商局:《滿洲事情》第2辑（第1回，牛莊、安東），外務省通商局，1911年，第288—289頁。

⑥ 中村桂次郎:《日清貿易策》，日本経済社，1902年，附録，第11頁。

者(财东)如油坊、粮行、大屋子之间,以及设有银炉的贸易商之间不得直接以过炉银支付,而是采用存摺方式进行登记和冲销,至卯期再以现银决算。若以过炉银结算借贷,习惯上也必经过油坊,而非银炉。“银炉与银炉,或银炉与行栈之间虽往往使用存摺,但行栈与商人之间却很少有此存摺,多为各自记账”[①],说明商人与银炉间的债务处理方式,与银炉间债务处理方式是不一样的。

以转账结算为主要内容的过炉银制度大概在咸丰至同治初年已经具备雏形,同治六、七年(1867—1868 年)间,银炉对兑换现银征收每锭 30 吊制钱的高现色,当时道台屡禁不止。[②] 按照海关报告记载,在 19 世纪 70 年代初,过炉银加色水平已实现稳定,保持在 1%～5%[③],与过炉银密切相关的公议会在同治年间也已经运行良好[④]。但由于营口早期商业规定多基于口头规约,过炉银的转账结算也依靠口头通知而进行,有记录的过炉银决算之议始于 1883 年。[⑤] 当时营口主要油坊与银炉合议后设立规约:第一,油坊和其他商贾将所有现银存入银炉,由银炉在账簿上设立各商号存款账户。相对各账户存款,银炉负有随时对应支付和提取要求

---

① 中村桂次郎:《日清貿易策》,日本経済社,1902 年,付録,第 11—12 頁。

② 井阪秀雄在调查报告中也有相互矛盾的记录。他在“贸易”篇中指出,从事银两改铸的银炉创设于 1875 年;而在金融篇中却说,“此折扣(现色)最初秘密授受,金额也不过每锭数吊钱。后来公然建行市,其金额也逐渐腾贵,同治六、七年达到每锭 30 吊钱,官府屡发告示尽力禁止,依然行之”。参见南满洲鉄道株式会社調査課:《南滿洲経済調査資料第六 营口》第一篇“貿易”,南滿洲鉄道株式会社調査課,1911 年,第 73 頁;《南滿洲経済調査資料第六 营口》第三篇“金融(営口の過炉銀)”,南滿洲鉄道株式会社調査課,1911 年,第 10—11 頁。

③ Report on Trade at the Treaty Ports in China, 1871—2. Published by Order of the Inspector General of Customs, Shanghai, 1874, Newchwang, pp. 4—5; The Maritime Customs, Decennial Reports on the Trade, Published by Order of the Inspector General of Customs, Shanghai, 1893, Newchwang: Decennial Report, 1882—91, p. 36.

④ 东北传统贸易城市奉天、营口、宽城子的公议会,“设立大致都在前清同治年间”。参见中島宗一:《滿洲国に於ける商工团体の法制的地位:在滿邦人商工会議所及び滿人商会に就て》,南滿洲鉄道株式会社,1937 年,第 52 頁。

⑤ 现有文献大都认为过炉银创立于 1883 年前后,但事实上,1883 年只是有正式记载的讨论决算规约的年份,与过炉银相关的惯例和口头规约应该在此前很长一段时期就已经存在。如民国《营口县志》也认为过炉银创设于旧历 1880 年六月,“裕盛祥银炉执事李润斋者,为贸易便利起见,在公议会提议创设一种过炉银办法,凡向炉房取送宝银者,不论巨细,一律登记账薄,或随时取用,或转过他商,均听其便”。每年按四期归卯,“如到卯期而存银未取者,每锭加色一两或一两七八钱,至多不得过二两为率,谓之卯利”。“如此办理既省手续又免烦扰,而商家多增过筹银码,可资周转。众议赞同,由是炉银之名称始定”。参见营口市地方志办公室:《营口县志》,辽宁民族出版社,1999 年,第 156 页。

的义务。存款者承诺一般情况下不请求兑现，每有收付以口头通知银炉，令银炉以转账方式结算；[①]第二，对银炉所发行过炉银债权债务必须按一年 4 期，即阴历三月初一、六月初一、九月初一、十二月初一以现银进行决算，决算期定名为卯期。[②] 基本原则是卯期以外允许征收加色，但卯期必须以过炉银与现银等价决算。这一制度创设后十数年间，即 1883 年到义和团运动爆发的 1900 年之间，过炉银制度在公议会监管下保持了顺畅的运营，过炉银成为营口唯一的基本货币，市场信用亦甚好，加色水平基本维持在 1%～5%，即 5 钱 3 分 5 厘到 2 两 6 钱 7 分 5 厘之间。[③] 卯期决算制度为过炉银提供了稳定运营的基础。

大额交易用过炉银，小额交易用铜钱和钱帖，表明在营口地区已经形成了比较完善的区域货币体系。过炉银最初是依据锦宝银成色、重量规定为基础的记账、转账货币，具有虚银两的性质，后逐渐衍生出各种提供信用的机能。银炉原是银两改铸机构，逐渐变成信用提供机构、过炉银发行机构、价格维持机构。过炉银发展初期以现银为基础，但不久就通过封存现银而变为信用符号。决算制度强化了现银封存规则，其后的过炉银运用接近完整的货币形态，除作为价格尺度、支付工具外，还能创造信用、提供借贷、买卖汇兑。“一般都知道，营口一般大宗交易所用货币，并无有形货币，而采用作为有形货币代用品的无形物，即名为过炉银的信用符号。作为宝银替代物的过炉银，是所有货币与商品乃至实质性标的物的标准，市场价格以过炉银计算。其之所以被如此广泛使用的信用基础，可归因于其代表宝银，恰如日本银行拥有准备金而发行兑换券一样。”[④]

就其性质而言，“过炉银为营口商业交易最重要之媒介物，有纯货币功能。观其性质类似银行活期存款，观其运营方式类似德国转账交易，观

---

① 外務省通商局:《滿洲事情》第 4 辑(第 2 回，牛荘)，外務省通商局，1921 年，第 143—144 頁。

② 卯期在东北各地一般商品决算中使用很普遍，在营口特指过炉银决算期:“铸钱之期曰卯，宋以后始有画卯、点卯之名，盖取其时早，相沿既久，遂以一期为一卯。”参见南滿洲鉄道株式会社調査課:《南滿洲経済調査資料第六 営口》第三篇“金融(営口の過炉銀)”，南滿洲鉄道株式会社調査課，1911 年，第 11 頁。

③ The Maritime Customs, Decennial Reports on the Trade. Published by Order of the Inspector General of Customs, Shanghai, 1893, Newchwang: Decennial Report, 1882—91, p. 13.

④ 東亜同文会:《東亜同文会ノ清国内地調查一件/営口駐在班ノ部》第三卷，国立公文書館アジア歴史資料センター，B03050510700，第 23 頁。

其功用又完全是货币。过炉银运用完全是货币授受，持有过炉银无非拥有对银炉债权。过炉银无形：凡货币常以有形物为代表，然过炉银全无有形之物，乃银炉在一定账簿上记载而已，无任何代表证券。然有形与无形，与是否货币并无关系”[①]。从事前登记记账、定期决算的角度来看，过炉银具有短期定期存款货币（存款债权）即 M2 的性质，或者定期支票的性质。“决算债权债务为过炉银制度成立的原因，也是运用过炉银最重要的目的。……其虽看似货币，实为代表宝银的一种权利，不存在任何形体。且不到期得不到现银，若必欲兑现须支付相当贴现，不如说更像附有支付期限的无形支票”。[②] 从其作为贸易冲销和转账结算的信用工具来看，过炉银是对现银的替代，具有现金、无形现金的性质，也具有活期存款的功能，大体上相当于 M0 和 M1 层次。从过炉银与现银的兑现关系以及异地汇兑关系来看，过炉银又具有贴现期票的性质。过炉银加色与贴现利息相近，其时价随到期日接近而逐渐降低，至期完全消失。正如 1911 年出版的满铁调查科营口调查中所强调的，“营口有名为过炉银的当地特有货币制度，主宰营口金融界，一切机构及货币皆附属于其下存在”[③]。

三、营口公议会与银炉组织

银炉业的规则制定和监管由当地的公议会所承担。中国最普遍存在的行会是同乡或行业组织，但营口公议会是处于同乡会所和行业之上的巨商组织。“他们或定市价，或定标准，或防范银行破产，或保证金融运行，总之为当地商务发达、振兴产业计，完全等于经济机构。……在某些地方，因掌握当地官府收入财源，其首脑势力甚至凌驾于地方官之上。……其团体成员资格也有限制，一般须是字号以上有力商家，……其首长几拥有无限权力，肩负一方兴衰之责。”[④]公议会在营口也是“商务与市政

① 外務省通商局：《滿洲事情》第 2 辑（第 1 回，牛荘、安東），外務省通商局，1911 年，第 287—288 頁。

② 横浜正金銀行大連支店：《滿州に於ける通貨及金融》，横浜正金銀行大連支店，1914 年，第 32—33 頁。

③ 南滿洲鉄道株式会社調査課：《南滿洲経済調査資料第六 営口》第三篇“金融（営口の過炉銀）”，南滿洲鉄道株式会社調査課，1911 年，第 1 頁。

④ 守田利遠：《滿洲地誌》中巻，丸善株式会社，1906 年，第 565—568 頁。

上重要机构之一，然而其并无成文会则、规约等，也无记录，因此无法确知其创设时期。……该市有力巨商多来自广东、山东及其他外省，据其已居当地二三十年者言，彼等到时已有公议会，可知公议会乃开港时来此商民所创。作为商业团体，公议会活动最初止于商业上兴利除弊，纯属商人合议机构……。初时会员十家，后增至十三家，至一九〇五年再增至十五家，会员皆为本港头号豪商巨贾……，凡事苟涉商业必常关注，若有碍商业之处必予匡正，若有利之事必力求增进之策……，故商业上重要之银炉业行会规约或禁止购买湿豆条例等，皆经其手，或由其协助，或据其意见制定。又各商业之事若属重要，涉及全港商业，其合议不在各行会，而必在公议会，据其合议结果制定"[①]。

行会商人中规模最大的是油坊、粮行、装船行、大屋子、银炉等商号[②]，由其中最大的10～15家组成凌驾于营口各行业之上的公议会，对营口进出口贸易、主要商品交易实施垄断性管理，最大商号兼营上述两种或数种行业。各商号代表由两种方式产生，平时参会者为各商号所推代表，多长于文采，称上会先生，掌柜或财东很少出面。但规定遇有重大事件时必由掌柜或财东出席。公议会成员每年由两家任值年，处理日常事务。营口公议会并非一般商人组织，"是极少数有实力商人的专制支配组织"[③]，"动辄考虑巨商利益，却不免对他者利益造成伤害"[④]。一般商人既非会员，也无加入资格。其拥有制定商业规则、向一般商人摊派会费、制定新税则并强制实施的权力。

表3.1描述了20世纪初营口公议会成员的变化情况。1903年前成员由13家构成，其中5家为广东籍，5家为山东籍，山西、直隶、盛京各1

---

① 营口軍政署：《营口軍政志》，小林出張所，1907年，第237—242頁。

② 大屋子是营口对于经营进口商品的大货行的俗称，并非行业划分。大屋子为主营纺织品和杂货的行栈商，主要靠掌握东北内地购买客商主导商业交易，1910年时营口有兼营纺织品与杂货的大屋子108家，专营杂货大屋子7家。此外还有油坊20家、粮行49家、银炉14家。参见外務省通商局：《滿洲事情》第2辑（第1回，牛荘、安東），外務省通商局，1911年，第193—195頁。大屋子包括从事进口商品批发的杂货行、京货行、宁波行、洋货行、山货行等，一般具有经纪行与客货栈的机能，主要为客商提供住宿、仓储、贸易经纪等服务，主要收入来自交易经纪。此外，油坊、粮行、装船行也具有相似的构造。

③ 倉橋正直：《営口の公議会》，《歴史学研究》1980年第481號，第18—32頁。

④ 八木聞一：《營口軍政誌抄》，南滿洲鉄道株式会社，1937年，第206頁。

家。广东籍5家的行业分别为油坊、银炉、轮船行、贸易商,而山东籍和其他外省籍商人主要经营油坊和大屋子,只有西义顺一家兼营帆船贸易,这表明粤商在贸易上居主导地位。从创设时间看,仁裕、西义顺创设于1840年前后,义泰德、同兴宏创立于1866年之前。也就是说,营口开港初期创设的成员仅有4家,分别为广东1家、山西1家、山东2家。1885年到1887年之间创设的有银炉裕盛长,贸易商东永茂、东盛和,油坊业永同庆、元茂盛、长隆泰。其余的裕发、天合达成立于1892年,兴顺魁成立于1898年,裕盛增、厚发合分别设于1889年和1900年。① 该会员名单表明,庚子事变发生前广东商人与山东商人的势力维持了均衡,1885年到1887年间是公议会成员创业高潮,表明当地在经历1881年危机、1883年整理后出现市场空白,广东轮船行、贸易商趁机进入当地,而与贸易相关的油坊、银炉业投资也为当地所需。

表3.1 营口公议会会员名单

代表姓名	商号	财东原籍	行业	备考
李明显	元茂盛	山东	油坊、粮行	○
所星源	裕　发	广东	油坊	○
郝竹勋	裕盛增	广东	银炉	○
李光谦	仁　裕	广东	轮船行	○
金伯芳	东永茂	广东	油坊、贸易商	○
阮景星	同兴宏	山东	油坊	○
苏秀山	厚发合	直隶	银炉、油坊	
李印堂	兴顺魁	山东	油坊、大屋子	○
许荫阶	义泰德	山西	油坊	○
刘澄齐	天合达	山东	油坊	○
许凤翊	长隆泰	盛京	油坊	○
王兴诗	裕盛长	广东	银炉	

① 参见南満洲鉄道株式会社調查課:《南満洲経済調査資料第六 営口》第三篇"金融(営口の過炉銀)",南満洲鉄道株式会社調查課,1911年,第50—51頁。

续表

代表姓名	商号	财东原籍	行业	备考
叶亮卿	东盛和	广东	轮船行、贸易商	○
张之明	永同庆	直隶	油坊	○
张桐岗	西义顺	山东	油坊、贸易商	○

注:○表示1903年成员。

资料来源:外務省通商局,《通商彙纂》第60號,博文館,1905年,第29—30頁。

而银炉也正是以上这些巨商以扩大交易为目的而兼设的联号或分号组织,其财东多为油坊、粮行,原本是为自身及交易伙伴提供金融结算服务,但随着贸易规模的增大,发展成为一般商人服务的金融中介机构,具有一定的为特定商人团体服务的公益性质。最大规模的行会商人与银炉信用联系极为紧密。这是因为:其一,获得银炉信贷越多的商户其规模扩张越快,营口巨商多兼营银炉,其目的也是利用联号银炉发行所需交易资金;其二,银炉不依赖现银存款和准备金作为信用基础,而是靠私人信用而流通,银炉信用是以出资者和掌柜的资金实力及才能为基础的;其三,作为银炉本身业务的发行和借贷并不产生利润,其主要盈利来自贸易经纪和过炉银汇水交易差价。

当然,能与银炉直接交易者仅限于在当地有店铺的商人,各地进出口商作为客商寓居于当地商号,必须借助其经纪方能从事交易,客商间不得私自直接交易。[①] 也就是说,客商开设过炉银账户或收付过炉银,必须在行会商人的经纪下进行。在具体交易中,客商经行会商人推荐,委托出售商品,支付现银获得过炉银。银炉根据货币市场上现银与过炉银时价折算为过炉银接受存款,现银与过炉银的差价称为加色。加色与过炉银之和构成存款者债权,即该客商可用于支付的过炉银额度。

"各银炉为确实营业、维持信用,常举行合议,互查其存款账户,调查

① 如1894年改订货屋行会规约中便有如下规定:历来有外来客商货物只售予本市商店,不得售予外来买主规定,近来不能一律。今后若有外来客商不经本市商店之手直接交易者,由当值委员会同该客商寄居店主人,提请客商注意,以尽礼数。客商亦应顾念大局,不乱我会规约,倘若提请注意后客商仍然不听从,应通知同业者重开交涉。参见東亜同文会:《東亜同文会ノ清国内地調査一件/営口駐在班ノ部》第二卷,1908年2月29日,国立公文書館アジア歴史資料センター,B03050509300,第155—156頁。

交易商家存款，防止滥发支票之弊。”[①]为了有效监管并保证过炉银的信用，公议会也对市场上银炉的数量有所限定，认为“若无数商人在银炉开设账户，或无数野心家以银炉为业的话，反为引发繁杂和错误的原因，故将银炉数限在十八家，不得随意增减”[②]。但随着市场波动和商户实力对比的变化，实际营业的银炉数量也在不断交替变化之中。表3.2、表3.3反映了市场上银炉数量的变化和商号的更替情况。1883—1901年是银炉业经营最稳定的时期，银炉总数基本保持在十七八户左右。1902—1908年是变动最剧烈的时期，既是设立高峰期，也是破产高峰期，1905年实存26家。如表3.3所显示，其中成立不足1年的就有3家，1902年设立的更高达10家，而设立最早的裕盛长则已经营业19年。这是19世纪90年代初期贸易高度繁荣的结果，同时也因为动乱和战争引起商业自治机制约束力的减退，导致银炉数量空前增加。过度竞争导致利润低下，加上战争造成的不确定性，1907年东盛和破产危机，引发了最大规模的连锁破产，到1909年营业银炉仅剩14家。

表3.2　　营口营业银炉的数量变化

1897年营业银炉			1901年营业银炉			1909年营业银炉		
裕盛长	恒有为	义顺魁	裕盛长	恒有为	义顺魁	义顺厚(长记)	晋泰丰	壬大顺
裕盛增	天合益	裕盛源	裕盛增	天合益	裕盛源	恒义利	永惠兴	兴顺金
恒义福	协兴永	长源隆	恒义福	协兴永	长源隆	厚发合	庆丰号	
丰泰永	宏聚和	元增祥	义生祥	宏聚和	东和泰	志发合	正祥孚	
永惠兴	世昌德	长源盛	永惠兴	世昌德	大盛亨	世昌德	会通锦	
恒义利	元茂德		恒义利	元茂德	长源盛	大盛亨	裕庆隆	

资料来源：1897年数据参考外務省通商局《清国商况视察復命書》，元真社，1902年，第111—112頁；1901年数据参考支那調查会《支那通商》，文献社，1901年，第560—561頁；1909年数据参考外務省通商局《满洲事情》第2辑(第1回，牛荘、安東)，外務省通商局，1911年，第195页。

---

① 山田鎗之助：《满州貿易案内：附・地理大要》，南陽堂，1895年，第131頁。
② 中村桂次郎：《日清貿易策》，日本経済社，1902年，附録，第1頁。

表 3.3　　1905 年银炉出资者籍贯、开业年份及资本金状况

银炉商号	店主籍贯	设立年份	资本金额（万两）	银炉商号	店主籍贯	设立年份	资本金额（万两）
同茂昌	上海	1905	0.8	晋太丰	山西	1902	1
世昌德	奉天	1891	2	义盛德	山东	1902	1
会通锦	山西	1902	2	志发合	直隶	1905	2
裕盛源	广东	1893	1	鸿盛利	山东	1902	3
天合益	山东	1895	1	恒有长	山东	1902	2
厚记银局	直隶	1900	2	恒有为	山东	1892	2.5
天合瀛	山东	1902	1	长记银局	山东	1902	2
裕盛增	广东	1889	1.8	广增仁	山西	1905	2
永发祥	营口	1901	1.2	大盛亨	山西	1898	2
永惠兴	天津	1894	2	兴顺金	山东	1900	2
正祥孚	山东	1902	1	裕盛长	广东	1886	3.5
协兴宏	山东	1902	2	东和泰	广东	1888	2
庆丰号	直隶	1899	2	恒义利	山东	1902	2

资料来源：関東都督府陸軍部，《明治三十七八年戦役 滿洲軍政史》第五卷，小林又七印刷所，1915 年，第 662—663 頁。

如前所述，银炉本行利润微薄，多数银炉靠代理经纪及套利收入弥补，多与联号总店业务相连，如总号不能提供兼业，则银炉自身很难维持。在商户实力对比发生变化时，也意味着有重新洗牌的可能性。由于当时中国商号的投资多采用合伙方式，类似于股东制度，在营业中计股分红，但主要出资者对于债务负有无限责任，因此，除个别大的破产案外，大多数银炉更替是因出资者自身决策的结果，并没有对市场造成很大震动。

四、山西票号、上海汇市与过炉银

在营口，银炉与票号之间具有不可分割的相互依赖关系，主要体现在两者营业与资金结合上。“银炉原本是铸造宝银的机构，但在营口银炉本行却是商业银行，同时又是大豆、豆油、豆饼及其他重要出口商品代理采

购机构。……兼有银行和贸易商两种机能，其店员一般在10到15人。票号也称汇庄，其本行是汇兑，十之八九是殷实的山西银行派出机构，并不单独开户营业，都寓居当地银炉一室办公，店员只有1到3人。在清各通商港，满洲内地通江口、宽城子、铁岭等重要市镇有其分支机构或联络店，是贸易上不可或缺的机构。”①

山西票号从咸丰年间起开辟东北对上海汇市，其完全控制东北对外汇兑大约在同治年间。② 咸丰初山西票号经天津办理上海对牛庄汇兑的条件是“交曹平9 828兑足纹银，在台交牛平现锦宝两不加色”。京师分号汇出银两时以上海规银的平、色、兑收取，在牛庄以当地通行的牛平、无兑、不加色锦宝支付，表明当时天津已能办理对上海汇兑，以九八规银结算相互交易，但牛庄(田庄台)大豆交易尚不能利用上海汇兑结算，还处于需将各种银两改铸为锦宝用于购汇的阶段。蔚泰厚苏州分号认为，若能以此条件开辟对营口汇水交易的话，“合算多矣”③，因而开始筹划以沈阳(牛庄)、苏州(上海)间交易替代经天津对上海的汇兑交易。虽然营口现汇结算变为上海汇水结算的确切时期尚难于确定，但是“沿海各港内汇需求收敛于上海汇市，才使进出口汇兑冲抵具备了可能性，过炉银制度也由此产生。而且一般认为过炉银形成于同治初年，票号以此为基础对东北内地推广过炉银汇水交易，将金融控制触角伸展到各个角落”。④

过炉银决算制度的形成与上海汇水交易市场的形成有密切联系，营口汇水收敛于上海，为出口贸易相互冲抵提供了前提。在营口市场上，作为大量现银和贸易结算机制的提供者，票号相对当地商人处于优越地位，加之票号存贷额大，一旦提取或回收现银，会对市场造成震荡。对于掌控

① 関東都督府陸軍部：《明治三十七八年戦役 滿洲軍政史》第五卷，小林又七印刷所，1915年，第635—636頁。

② “宝银成色重量规定同治年间被严格遵行，其时营口尚无山西票号分号，租税全须运至山海关缴当地衙门，其时受到严格鉴定及秤量，有些许成色重量不足，便会被拒收。因此改铸须十分小心。后票号来当地，租税经其手汇北京交纳，当地所铸银两成色重量开始下降。”南滿洲鉄道株式会社調查課：《南滿洲経済調査資料第六 営口》第三篇“金融(営口の過炉銀)”，南滿洲鉄道株式会社調查課，1911年，第3頁。

③ 濱下武志：《山西票號資料 書簡篇(一)》，《東洋学文献センター叢刊》第60輯，東京大学東洋文化研究所附属東洋学文献センター，1990年，第200—201頁。

④ 山本進：《清末民初奉天における大豆交易：期糧と過炉銀》，名古屋大学《東洋史研究報告》第31卷，2007年，第62—65頁。

营口金融业的银炉行会以及制定商业秩序的公议会来说，不能不从货币供给角度考虑如何维持票号对营口资金投放的问题。从这个角度看，卯期决算制度也可以视为当地行会商人与客商票号之间的妥协。行会商人承诺每年 4 期决算以维持过炉银价格，保证信用发行额度不危及过炉银价格，并为其存款支付加色；山西票号和其他客商承诺平时不提出现银，兑换现银依照银炉时价支付加色。这一协议的成立使票号获得稳定的大量资金运用市场，行会商人获得稳定的资金供给，可全力用于扩张营口贸易规模。

山西票号在营口并不独立开店，而是派员寓居银炉或商号中营业，处于客商地位，银炉则具有行栈性质。因此，在营口公议会记录中，极少有票号参与合议的记录。票号与寓居银炉的关系如表 3.4 所示，1905 年票号寓居银炉有晋泰丰、恒有长、裕盛源、裕盛长、永惠兴 5 家。但从票号与商人间的关系观察，营口开港阶段就是山西票号开拓资金市场的阶段，票号为寻求大量运用资金市场而来，营口商人则需解决因资金短缺而影响贸易扩大的问题，两者需求是互补的。设立决算制度对营口来说具有完善投资环境的意义，其背景是获得重建商业所需资金的迫切需要，维持币值稳定对投资者评价市场风险具有决定性的意义。而且，过炉银对上海汇水交易的开辟意味着按照银炉所定时价支付加色即可获得现银，这意味着票号能通过汇水交易兑现，从而为保证投资安全提供了渠道。

表 3.4　　1905 年营口票号与寓居银炉

票号名	借居银炉名称	票号名	借居银炉名称
协成乾	晋泰丰	中兴和	裕盛长
大盛川	恒有长	大德恒	永惠兴
长盛川	裕盛源	大德玉	永惠兴
蔚泰厚	裕盛源	大德通	永惠兴
志诚信	裕盛源	合盛源	裕盛长
存义公	裕盛源		

资料来源：関東都督府陸軍部，《明治三十七八年戦役 満洲軍政史》第五卷，小林又七印刷所，1915 年，第 637 頁。

山西票号的汇兑网络是以上海汇水市场为中心的,其在全国各地分号的汇兑,并非将汇兑所需现银在两地间直接运输,“凡票号分号之间的借贷,皆以上海为中心构成。甲分号收取现银、收到对乙分号汇款委托发出汇票时,并非在账上直接记为对乙借方,而是先记为对上海借方,同样乙也不记为对甲贷方,而是先记为对上海贷方,甲、乙两分号的借贷在上海结算,并寻求冲抵汇兑”[①],即利用上海贸易中心的地位将其作为冲抵汇兑中心。山西票号这一设置将上海规银与过炉银决算体制联系起来,使上海成为对北方汇兑的中心市场。[②] 汇兑中心的作用反过来又加强了上海作为贸易与金融中心的地位,美国等后起外国资本也将其作为销售进口货物、筹措出口采购资金的金融市场。

“过炉银决算扩大的背景,在于19世纪末的贸易扩大。”山西票号之所以将汇水交易中心置于上海,是由当时各开港地间汇市状况所决定的。[③] “过炉银本是营口通行习惯,但以之可对上海及他地汇款,在汇往地充作货款,或换取现金。”[④]如“上海逆汇是在本地授受过炉银,在上海接受通用银即现银支付,故随到期日接近过炉银价逐渐升高,期限越长者价格越低,……在最接近期限时,一般相对营口过炉银一千两,对在上海支付十五日期限汇票需支付一千零五十五两至一千零六十两”[⑤]。从贸易决算的角度观察19世纪末各开港地之间的流通,可以发现其主要支撑来自地区商人间信用之上的结算方式及汇兑交易。而且,交易发展与地区间汇兑存在着相互依赖关系,也有赖于作为其基础的地区决算制度的安定。尤其是营口贸易结算立于商人间直接汇水交易之上,不容银行等近代金融机构的介入,银行遇有大额汇兑,反利用汇水交易进行。这是由于营口进出口商之间结算上的相互依赖关系所决定的。大豆出口商发出

---

① 東亜同文会:《支那經濟全書》第三辑,丸善株式会社,1907年,第590頁。

② 小瀬一:《十九世紀末中国開港場間流通の構造》,《社会経済史学》第54卷第5號,1989年,第47—49頁。

③ 19世纪末营口与天津交易最少,由天津向牛庄汇付3万两现银,也因难于找到冲抵交易而不被钱庄等接受。参见山川勇木:《清国出張復命書》,横浜正金银行,1899年,第104頁。作者当时为横滨正金银行总裁。

④ 関東州民政署:《滿州産業調查資料》(綿布及綿糸),國光社,1905年,第41頁。

⑤ 支那調查会:《支那通商》,文献社,1901年,第557—558頁。

15日到期上海付款的收款汇票，由汇水经纪出售给进口商，进口商将其带往上海用于支付进口货款。这一点由东盛和破产案发生后，因上海市场对营口交易采取紧缩导致美国棉布一时无法进口的情况也可得到证实。[①] 靠过炉银结算货款的进口商，因过炉银停止决算而一时失去了支付手段。

银炉与票号的关系也体现在地区性的交易中，辽河沿岸交易中心城镇的主要商号一般派员长驻营口，通过寓居大屋子开设过炉银账户并实施交易。日本学者山本进曾探讨过营口与铁岭间大豆交易的过程，不仅说明了山西票号介入交易的流程，同样显示了银炉介入外城交易的流程。铁岭作为辽河沿岸重要交易城镇，庚子事变前的主要流通模式是，对营口运出豆货，并作为营口进口商品的销售地。其交易循环流程如下：第一，出口商将上海汇水带到银炉内设的票号分店获得过炉银，借助大屋子将其付给营口豆货商，由其购买豆货运回本地。第二，营口豆货商以过炉银从票号购买对东北内地汇水，将其带到票号铁岭分号（多兼营粮栈或杂货店）获得小洋，从粮栈采购大豆。第三，铁岭粮栈对豆货商预约销售大豆，以小洋收取部分货款，作为采购资金，同时与内地农民达成预约出售大豆承诺，农民由粮栈收取小洋为部分货款。粮栈也会由票号获得采购融资，大豆收获后粮栈领受现货交付给豆货商，在农民一粮栈一豆货商之间结算余款。第四，铁岭杂货商由营口杂货商处批发杂货，将其销售给内地农民，收取小洋为货款，用于支付营口杂货商。第五，营口杂货商铁岭分号将收到小洋通过票号铁岭分号购买对营口汇水，杂货商营口分号将其换成过炉银支付进口商，或将商品发给铁岭杂货商购买逆汇，由其铁岭分号到铁岭杂货商处收取货款。第六，进口商将货物运至营口，通过大屋子出售给营口杂货商，收取过炉银为货款，在票号营口分号购买上海汇水送回本地，多数情况下进口商也兼出口商。[②]

整个流程以上海、营口间的上海规银汇水交易，营口铁岭间的外城汇

---

① 外務省通商局：《滿洲事情》第2辑（第1回，牛莊、安東），外務省通商局，1911年，第137—138頁。

② 山本進：《清末民初奉天における大豆交易：期糧と過炉銀》，名古屋大学《東洋史研究報告》第31卷，2007年，第65—67頁。

水交易，铁岭内地间小洋循环互相衔接，大豆出口与杂货进口互相冲抵。其连接点是营口的过炉银，起到了上海汇水和外城汇水的粘结剂作用。山西票号通过创设过炉银汇兑，使过炉银具有了跨地区调度现银的机能，对银炉的现银存款和借贷使其具备强力的金融扩张能力，为营口贸易体系覆盖东北创设了金融基础。其所带来的现银流量使得现银决算成为可能，促成了决算制度的形成。定期决算也使银炉突破了必须随时保有足额准备金的限制，使银炉的信用发行成为可能。正如山本进所指出的，如分别将上海汇水置换为银洋，将过炉银置换为锦宝，外城汇水和小洋置换为钱帖，将票号置换为银炉，再抹去票号铁岭分号与豆货商、杂货商之间的连接路径的话，显示出的便是 19 世纪中叶即过炉银创立之初的营口贸易决算路径。“通过西商票号构筑的以营口为据点的金融网络，东北内地大豆方才顺利流入营口。”①其区域不仅包含辽河流域，也通过通江口、宽城子、伯都讷与三江流域相联系。

营口银炉与大屋子资本额都很有限，不得不依赖客商提供持续而多量的存款，山西票号是长期巨量存款的主要提供者。如表 3.3 所显示，银炉的资本一般只有 1 万两到 3.5 万两不等，而其对外借贷或者所发行的过炉银信用往往超过自身出资的数十倍。因营口缺乏现银，“对外支付多依赖汇兑。票号在营口出售外地汇兑，在支付地以当地通货付款，在营口又以收到的过炉银购买反向汇兑，以赚取汇市价格差。因营口缺乏现银，其汇市始终被汇兑业者随意左右，还可以存款获得加色，对票号营业颇为有利”②。随着营口资金需求增大和期限加长，票号在一一轧平交易中，其存款不知不觉长期化了，宛如对银炉提供长期资本。③

五、卯期、利率与过炉银价格的决定

过炉银最初是银炉通过提供免费存款服务来获得商家的现银存款，

---

① 山本進：《清末民初奉天における大豆交易：期糧と過炉銀》，名古屋大学《東洋史研究報告》第 31 巻，2007 年，第 67 頁。

② 南滿洲鉄道株式会社調査課：《南滿洲経済調査資料第六 営口》第三篇“金融(営口の過炉銀)”，南滿洲鉄道株式会社調査課，1911 年，第 14—15 頁。

③ 1898 年后进入当地的华俄道胜银行、横滨正金银行、户部银行也都迅速取得了银炉出资者的地位。但东盛和破产案爆发后，外国银行相继撤出了资金。

再通过账户间存银免费转账服务提供交易结算，其特征是必须通过银炉授受。该方法通过防止货币流通中磨损，节省运输保管费用，在转账范围内确定供给货币，避免了因币制不完善引起的交易风险。过炉银最初是作为记账、转账结算方式而创设的。随着需求增加，银炉逐渐以存银余额为基础对商人提供借贷和信用，以出口收入冲抵进口支付来支持贸易。因此，过炉银的价值部分来自存银，部分基于信用。其价格受到以进出口贸易为主的基本经济状况、以上海规银为主的对外汇兑、以票号和银炉轧平汇水供求为目标的投机因素影响，同时也通过贸易对当地汇市、货币供求及经济循环发生反作用。

营口贸易主要是出口农产品、进口日用品，出口旺季也是进口旺季，两者互相重叠，加上辽河封冻的影响，其商业运行的季节性极强。交易旺季和淡季的资金需求差别极大，旺季货币需求为淡季的数倍甚至10倍之多，当时通行的任何一种货币都没有既对应其资金需求，又尽量不影响物价及交易运行的足够数量和操控手段。过炉银实际上是为对应这种市场特征下的资金需求而产生的，因此，其特征是能够迅速对应市场需要的膨胀和收缩。“银炉的信用有保障时，即没有定期支票的过度膨胀与危险发生时，原则上相对三个月硬通货借贷可以较低利率圆满地进行交易，因其支付上方便得多，很受商家欢迎。但是当金融紧迫、货物销路不畅时，为了提供运转资金，银炉会膨胀发行过炉银，由于其流通额异常增大，会导致过炉银价格下跌。”①

1883年定型的卯期决算制度既防止滥发信用，又能保证享受简化交易结算的利益，是“最适合当时商业状况的设定”②。在决算制度下，商户和银炉可根据双方协议在其他三期不以现银决算，通过支付加色转换为新发行的过炉银延长至下期使用，至腊卯即每年最后决算期再以现银决算，这种机制将信用提供期间延至一年。随着过炉银性质的变化，加色的含义也发生了变化。加色原为银炉接受商人委托改铸时征收的银色之差

① 旦睦良、池永省三：《滿洲通貨及金融》上卷，滿洲日日新聞社，1912年，第9頁。

② 南滿洲鉄道株式会社調查課：《南滿洲経済調查資料第六 営口》第三篇“金融（営口の過炉銀）”，南滿洲鉄道株式会社調查課，1911年，第11頁。

和改铸手续费，到了银炉提供信用发行时期，加色开始包含存款与放贷的利息性质。在市场上，现银存量与过炉银发行额出现差距后，过炉银与现银之间产生了价格差，加色开始具有表示两者价格差的含义。其中既包含利息，也包括名为现色的兑换现银加色。在市场无大波动的状况下，每卯期1锭过炉银利息约为1两5钱到2两，发行1个月后减为1两二三钱，两月后减为约4～6钱。[①]

加色与票据贴现费相似，因此，到卯期原则上应减为零，但在市场外来风险增大后，又包含了到期无法兑现的风险费用，同时出现了过炉现银和卯色交易等形式。正如1892—1901年《海关十年报》中所指出，营口“本港原有银行制度有汇兑庄和炉房二种。……有现银（hard sycee）和过炉银（transfer money）之别，当地所有交易几乎皆经炉房之手，以过炉银进行。……在决算日的3、6、9、12月各一天，过炉银将折为现银。但炉房想将现银掌握手中，故近年过炉银在决算日也只是折为过炉现银（hard transfer money）。且过炉现银又通过附加决算日加色再转为过炉银。若要求支付现银，炉房将再加收折扣”[②]。

过炉银决算也逐渐分为公定价决算和私自决算两种方式，在时期上有当日决算和卯期前1月内决算两种方式。公定决算是按照众商公议的对小洋价格决算，此规定从1908年开始。私自决算是借贷双方按商定办法自主决算债务债权的方式，基本有现宝银决算、卯色决算、以上海汇水决算等方式。甲午战争后曾有以小洋定价，日俄战争后曾有以军票或横滨正金银行钞票定价的情况。其中，卯色决算是决算制度形成后就已产生的决算方式。卯期前更新过炉银借款的利息称为卯色，即下期过炉银的加色，一般于决算前25日公示。商人可根据自身判断以本期决算过炉银买卖过卯银，这是对下期决算过炉银在一定期间内交易状态的称呼，等于卯色与决算期过炉银之和，其交易最终期限是决算日。卯色按过炉银一锭多少而定，一般为二两。但由于规定腊卯必须以现金决算，原则上无

① 南滿洲鉄道株式会社調查課：《南滿洲経済調查資料第六 営口》第三篇“金融（営口の過炉銀）”，南滿洲鉄道株式会社調查課，1911年，第12頁。

② The Maritime Customs, Decennial Reports on the Trade . Published by Order of the Inspector General of Customs, Shanghai, 1904, Newchwang: Decennial Report, 1892—1901, p. 29.

过卯银交易。商人出于金融需要，或判断本期过炉银价不利于己，但预测下期价格涨落将有利于己，或出于投机的目的，或因自身财务状况无法完全决算者，会从事卯色交易，以降低金融成本。这是因为银炉对存款人支付利息低于对其债权征收的利息。具体交易是在对银炉有贷出的债权人与有对银炉有借入的债务人之间进行，买卖对象是本期不决算而转入下期的过炉银加色，双方合议一致后买卖。

卯色交易是商人通过经济预测展开的博弈，“只要无大事件发生，可期形成比较健全的行市，为金融带来好影响。……其之所以必要是为能在期货买卖中实现安全采购及销售，因而用于棉纱、棉布等期货买卖”[①]。其与经济状况的关系是，卯色变动少并处于低价位时，物价走低、交易活泼，反过来，若预想下期经济状况好于本期，卯色趋于低落。若因外因引发萧条导致过炉银暴跌，则会发生卯色异常高涨而无法决算的情况，其影响会使商业更趋萧条，终致卯色无法形成。上述机制表明，商人并非被动地接受决算，而是通过对下期经济走势的预测用卯色交易影响过炉银价格。现存大屋子规约的各版本都有将废除过卯银交易的说法，但实际上由于进口订货为跨期交易，为方便进口贸易不得不提前公示卯色，因而最终无法废除过卯银交易。

总体来看，在庚子事变发生前，过炉银是以现银为基础定价的，在营口其他所有货币都以过炉银表示其定价。庚子事变后，基础定价货币的丧失，使过炉银逐渐具有以信用为基础的不兑现纸币性质。其定价间接依赖与上海规银汇水交易中的兑换率，上海规银无形中成为基础定价货币。“若银炉提供信用时谨慎从事，保持不懈注意，此制度当能圆滑运行，恪尽货币职能。”但遇有政治和经济动荡，必然引发过炉银制度的混乱。这是因为一旦事件发生或即将发生，银炉必然面临存款者集中兑现的要求，“但是银炉所有的债权一部分为营口商人对地方商人的债权，一部分为分散于营口与地方的商品，无法迅速回收。于是只能停止决算，提高对

① 旦睦良、池永省三:《滿洲通貨及金融》上卷，滿洲日日新聞社，1912 年，第 16—17 頁。

现银加色，压低过炉银价格”[①]，以抗危机。因此，甲午战争、庚子事变、俄国占领、日俄战争等引发的过炉银停止决算期间，过炉银宛如不兑现纸币。在此期间，其定价基础货币也由宝银变为小洋、日本军票等内外铸币或纸钞。“过炉银价格的根本是对于过炉银的信用，更具体地是对过银炉决算制度的信用，这很快转化为对营口市场的信用。”而且，在经历了日俄战争和东盛和破产危机之后，宝银已极度缺乏，小洋市场存量也不足以决算过炉银，两者的供求已不足以影响过炉银价格，过炉银呈现无基础货币的状况，而间接起到基础货币机能的是上海九八规银。“实际上过炉银在几乎无基础货币情况下而能恪尽货币职能，能够以之买卖上海汇水是重要原因。在营口，上海汇水作为一种货币被用作决算交易的支付工具的情况并不少见，上海规银几乎成为过炉银的基础货币。”[②]但是过度依赖信用也导致过炉银价格的动荡不安，易受各种坊间传言影响和投机操纵，针对过炉银价格的投机屡屡发生。当时的调查者因此对过炉银的未来前途持悲观态度。如旦睦良、池永省所说，“现在过炉银的准备金不足是无法掩盖的事实，仅靠对过炉银的表面观察就盛赞其为流通圆滑的信用制度，是置于错误基础的论调，实为不了解过炉银实际状况所致。……信用在某种程度上对节约货币流通、实现简洁交易是有益的，但失其度则增大风险，过炉银现状当属后者”。过炉银“作为通货性质的媒介物太不适当，令人担心之处在于，仅拥有两三万两本金就发行六七十万两，除一点信用外没有任何国家监督和法律保障，不过仅有商务会规定而已。随时间和场合可随时改变决定的做法，则愈发加深人们这种感觉”。[③] 日本外务省的调查中也认为，“过炉银容易陷于滥用信用之弊，尤其是在政治经济上一旦发生混乱之际，其信用下跌将导致借贷关系紊乱之弊。……至今在营口银炉仍作为金融中枢，掌握商权，令人不得不对该港未来抱有很大疑

① 南満洲鉄道株式会社調査課：《南満洲経済調査資料第六 営口》第三篇“金融(営口の過炉銀)”，南満洲鉄道株式会社調査課，1911年，第15—16頁。

② 南満洲鉄道株式会社調査課：《南満洲経済調査資料第六 営口》第三篇“金融(営口の過炉銀)”，南満洲鉄道株式会社調査課，1911年，第33頁。

③ 旦睦良、池永省三：《満洲通貨及金融》上卷，満洲日日新聞社，1912年，第30—32頁。

问和危险”[1]。

总之，“加色在经济界顺利情况下表现为利息，而在相反情况下，加色从某种意义上应为基于金融供求的交换难易度与基于经济恐慌程度的兑换硬通货的风险概率。因而，平时理想加色以与市场利率一致为原则，受现宝银供求增减，洋钱与钞票需求状况，及上海汇兑状况的影响，以利率为中心上下浮动。但一旦有事变发生，或因世界经济恐慌而发生异常金融紧缩，硬通货从市场流出时，会引发加色大暴跌[2]，破坏卯期决算。例如在甲午战争、义和团事件、日俄战争、东盛和破产案、武昌起义之际，加色曾达三十两至三十六两，过炉银九十两五钱才相当于现宝银一锭，过炉银对洋钱比价也按相同比例下跌”[3]。但从营口实际发展状况来看，加色暴涨与停止决算实为一种由银炉行会公布的过炉银行市和决算决定，所反映的是现实市场状况。在大动荡发生后，恰恰是加色暴涨与停止决算为营口商业提供了保护。这具有暂时冻结债务债权与利息支付，阻断破产债务的打击，防止债务纠葛深化，维持交易继续的机能，为危机后重建提供了缓冲时间。

小 结

综上所述，过炉银是一项极具特色的货币和货币制度，它是晚清时期营口地区的商人行会提供的地区性货币体系。过炉银的价值起初来自现实存银和信用，庚子事变后，宝银退出市场，过炉银以小洋及其他货币进行标价，并随上海汇市而变化，逐渐具备了以信用为基础的不兑现纸币的性质。其价格受到以进出口贸易为主的基本经济状况、以上海规银为主的对外汇兑、资金供求和投机风险等因素的综合影响，基于卯期、利率、汇率以及外部风险的预期进行调整和运行，并可在遭遇危机时根据情况停止决算，抬高加色时价以防止挤兑，从而延缓债务纠葛的深化和连锁破

---

① 外務省通商局:《満洲ニ於ケル通貨事情》,外務省通商局,1919年,第124頁。
② 此处原文表达错误,正确表述应为“加色大暴涨”,即意味着“过炉银暴跌”。
③ 旦睦良、池永省三:《満洲通貨及金融》上卷,満洲日日新聞社,1912年,第13頁。

产，同时也能在一定程度上防止现银短缺造成的交易停滞。因此，“过炉银制度作为信用交易机制，支配当地金融界已久，其间屡遭恐慌与动乱而市面不致颓败，主要应归因于过炉银信用调节金融之功效”[①]。由于过炉银的信用创造极具伸缩性和弹性，从而很好地适应了营口地区季节性极强的贸易特点，为当时的商品交易和贸易扩展提供了良好的货币市场基础。正如横滨税关所评价，过炉银“不仅一般市民乐于广泛通用……，各地汇兑也都以之进行，其运用达相当微妙之境，决不稍逊于其他文明经济社会发行货币或发行票据及其他种种方式”[②]。

① 横浜正金銀行大連支店：《滿州に於ける通貨及金融》，横浜正金銀行大連支店，1914 年，第 44 頁。

② 横浜税関：《清国芝罘、威海衛、旅順口、青泥窪、牛荘、膠洲及上海視察報告書》，横浜税関，1903 年，第 318 頁。

第四章

清末过炉银危机与制度调整

通行于营口地区的过炉银，是在通货极度缺乏的状况下，由当地商人组织创造的一项极具特色的货币和信用制度。其资金运用特征是最大限度地将客户存款运用于代理支付、信用放贷、套利、套汇、代理买卖等业务之中，不仅很好地解决了季节性交易异常集中的问题，加快了资金循环，也解决了硬通货不足情况下的交易支付、信贷提供、商品销售、资产保值等一系列问题。居于营口商业结构顶端的油坊、粮行、大屋子、装船行、银炉五大行业的日常交易中，代客安排支付手段和方式占有重要地位，因此，各商号根据其主营业务，除二掌柜或三掌柜中的一人负责银钱过账外，在五掌柜的数人中还专设一人兑换银钱，称为“过兑银钱的”[①]。过炉银制度复杂而精致的运行方式，以油坊和大屋子为主体的代理交易机能，长短期结合、进出口结合、实物交易与银钱交易并存的市场机制，使得具有不同商业体系和理念的外来势力望而生畏，不敢贸然涉足东北商业。也就是说，这一体系在相当长时期内为制度覆盖下的商人提供了保护，同时也为营口长期垄断东北贸易和辽河流域的经济开发提供了交易条件和信用基础。然而，到20世纪初期，东北的贸易和经济不断遭受外来势力

---

① 東亜同文会:《東亜同文会ノ清国内地調査一件/営口駐在班ノ部》第二卷，1908年2月29日，国立公文書館アジア歴史資料センター，B03050509300，第312—314頁。该文件为东亚同文会1907年7月4日至9月13日的调查记录。

及其引发危机的频繁干扰。本章即考察在一系列外部冲击和商业危机的背景下,过炉银制度的对应和制度调整。

一、过炉银的信用与危机

过炉银日常交易主要靠信用划拨,各银炉中所存现银一般都很少。就其结算交易而言,"日常口头命令辗转支付的过炉银数量非常巨大……,银炉出入总额平均每天达二十三四万两以上,本港贸易总额每年达四千万两以上,然而日常市面流通的硬通货,包括银两、大小洋、铜钱等各种合计不过二十万两左右,由此足可想象过炉银流通是何等广泛"①。1905年4月,营口有26家银炉,资本额少者1万两,多者不过四五万两。尽管公称资本很少,但其日常辗转运用的金额巨大。"裕盛增在1905年4月日常出入合计平均达二十四五万两,而观恒义利(资本2万两)1905年4月某日流水账,其现银和碎银仅有350余两,而在当天为各客户授受过炉银出入计达20余万两之巨。仔细考察当地银炉的成立及组织,可知其多为当地有力商贾所设,气脉相连。当地有力商贾以油坊为最,因此油坊投资银炉的很多,其他巨商都与银炉有密切联系。"②

过炉银信用的维系主要来自两方面:一是商业的持续性,使所有商人拥有共同利益和准则,并体现在由最大商人组织公议会规定的规约中;二是中国古来民法和刑法中对欠债行为彻底追究的传统,经商者也对其债务负有无限责任。因此,从表面上看营口银炉出资额虽低,但实际上作为银炉出资者的财东,对其营业期间所发生的债权债务都负有无限责任。由于出资额与家财数额联系紧密,因而中国商业传统对实限出资额和商号决算内容极度保密。这与欧美近代企业的规范完全不同。因此,营口商号的信用程度只能依据其公称资本额和外观的营业额估计。与此同时,虽然各大商号的财东来自各地,但地方商业团体可通过各地对其投资者的家财估计、联号、交易伙伴和实际交易中运用资金的多寡证实其信

① 関東都督府陸軍部:《明治三十七八年戦役 满洲軍政史》第五卷,小林又七印刷所,1915年,第645頁。

② 関東都督府陸軍部:《明治三十七八年戦役 满洲軍政史》第五卷,小林又七印刷所,1915年,第658頁。

用。由于外商和外国机构难以理解华商信用特征，也不理解当时中国商业的风险率何在，而只看到中国交易中按照欧美成本核算方式得出的高回报率，因而外国金融机构初来当地时，会选择直接嫁接在当地信用体系上营业的做法。在营口，华俄道胜银行与横滨正金银行都是趁外来危机引发的风险增大之机，模仿西商票号做法成为银炉投资者的。但由于欧美企业主要靠借贷资本运营，其企业核算和资金运用规范要求以当年度决算判断盈亏，这与中国以三年决算判断盈亏的传统格格不入，导致它们最初介入营口商业的失败，进而也引起华商与外商之间的矛盾。

到了19、20世纪之交，列强以武力瓜分中国，引发一次次战争和危机。清朝统治风雨飘摇，无力保护民族工商业，工商业者为维护自身利益和区域经济秩序，被推到与外来势力对抗的第一线。而且，在外来势力深入国内，依托不平等条约争夺经济权益的情况下，传统商业秩序成为华商最后的屏障。但是，在中国主权遭到践踏，交通运输被外来势力掌控，列强商人深入当地的状况下，营口的商业秩序也受到压迫和摧残。每一次危机都导致交易长期停止，商业资本或损失或外流，商业主导权也逐渐易手，原有经济秩序发生变形。与此同时，营口商业秩序的危机也不断升级，危机规模和影响范围逐渐扩大。综观从1894年甲午战争爆发到1913年的20年，共有五次大事件即甲午战争、庚子事变、日俄战争、东盛和破产、辛亥革命引发了营口的商业危机。由于过炉银是营口地区最重要的货币体系，其主要特点是信用交易，日常支付额虽然巨大，但实际存银却很少，因此，每次危机都会直接对过炉银信用造成冲击，即所谓“卯利愈重，则炉银之信用愈薄”[①]。危机首先表现为兑换现银的需求增大，加色飙升，即过炉银对现银价值的大幅度下跌，进而导致卯期无法决算，过炉银因无法决算而进一步下跌。因此，处理危机的对策也集中在如何整理损失，重开过炉银决算的问题上。表4.1是根据各种记录整理的各个时期营口商业危机中过炉银停止决算的时期，过炉银中断决算分别持续9个月到两年多的时间。

---

① 民国《营口县志》，辽宁民族出版社，1999年，第158页。

表 4.1　　1894—1913 年过炉银的中断决算时期

时期	中断决算到恢复决算期间		延续时期
	公历	农历	
甲午战争	1894 年 9 月—1897 年 9 月	光绪二十年九月—光绪二十三年八月	约 3 年
庚子事变	1900 年 6 月—1901 年 10 月	光绪二十六年六月—光绪二十七年八月	约 1 年 4 个月
日俄战争	1904 年 1 月—至 1906 年 4 月	光绪三十年十二月—光绪三十二年三月	约 2 年 3 个月
东盛和危机	1907 年 11 月—1908 年 12 月	光绪三十三年十月—光绪三十四年十一月	约 13 个月
辛亥革命	1911 年 10 月—1912 年 7 月	宣统三年九月—民国元年五月	约 9 个月

这些危机虽主要由外力入侵而引发,但当时中国金融制度本身也面临着变革,故重开决算绝不意味着简单地重复和再现过去的制度,而是涉及定价币种选择、过炉银与各辅币兑换率的决定、与汇市和银市关系等复杂的政策权衡问题。而且,长期停止决算到重开决算是一种延迟处理危机的方式,债权债务关系累积和各种问题的纠结引发营口商人内部债权集团与债务集团的矛盾,每个集团都在公定决算价的制定和银市、汇市中按维护自身利益的方式行事,政策实施后果往往是政策制定中金融市场上各方实力比拼的综合结果。从发行主体方面来看,最初发行主体仅有公议会管理下的银炉行会,影响其决策的主要势力为票商集团。但庚子事变前后,华俄道胜银行和横滨正金银行也加入放款市场,开始对银炉决策发挥影响力。其后俄国市政厅、日本军政署、奉天将军府、日本关东都督府、满铁、横滨正金银行,甚至日本政府等机构,都曾作为金融政策主体或发行主体对营口货币政策和货币市场施加影响,货币政策的实际效果也成为上述主体参与下的综合结果。与各次危机相伴随,外国殖民势力企图通过介入或废除过炉银,清廷也出于种种目的对营口商业制度施加干预,营口商人与银炉业则一面抵抗外来攻击,一面改善制度,使得过炉银在当时的东北经济和贸易中依然发挥着重要职能。以下通过整理每次危机时的主要问题、解决方式以及新设规则,探讨在外部冲击、内部动荡和商业危机背景下过炉银的定价、决算和管理制度的调整和演变过程。

二、战争冲击与过炉现银制度

(一)甲午战争引发的信用危机与过炉现银的出现

甲午战争发生后,“营口商民最初对战胜日本深信不疑,维持照常营业。清军平壤战败消息传来,市面开始混乱。持有过炉银者纷纷挤提现银,又得不到外地市场的现银接济,加色异常高涨,决算无法进行”①。因是突发事件,银炉无法预先调集头寸,只能停止决算以待局势恢复。加上清廷筹措战时资金,引发了资本逃逸。②“市面动荡,商贾惶惧之余争相挤提现金,银炉有一二家支付准备不足者遂告破产,关店大吉,之后银炉信用顿时坠地。”③每锭过炉银加色高达 32 两④,即兑换现银一锭需支付过炉银 85 两 5 钱。风险费用成为加色的主要内容,加色高昂起到强制阻止兑换的作用。“翌年 2 月日军占领营口,其时 3 锭过炉银才换 1 锭现银。9 月日军撤兵,公议会欲着手整理恢复却很难就绪。”⑤债务者避难未归与现银极度不足是无法决算的根本原因,而不决算则无从恢复过炉银信用。

战后市面逐渐恢复,过炉银却仍然难以恢复决算。1896 年,对外直接出口规模飞速增大,交易额与战前不可同日而语。现银支付导致的金融成本升高成为导致豆货价格强劲上涨的原因。“巨商大店可从山西票庄借巨款运转,未感不便。资本单薄之商贾,既无西商贷款之便,亦无其他获得资金融通之途,困顿之甚。屡图恢复过炉,然至今尚未成功。银炉也因此缺乏往日之机敏灵活,虽仍接受各店存款,或经手钱庄业务兑换银元铜钱,然战前多量发行钱帖,战后钱帖不通行,其后虽再发行,却不如从前之多。”⑥战争对商业信用机制造成沉重打击,而交易支付的主要部分

---

① 南滿洲鉄道株式会社調查課:《南滿洲経済調查資料第六 営口》第三篇“金融(営口の過炉銀)”,南滿洲鉄道株式会社調查課,1911 年,第 16 頁。

② “平壤败报传来,引发恐慌,筹措战时资金引起硬通货缺乏,诱发过炉银暴跌,最终停止决算”。参见旦睦良、池永省三:《滿洲通貨及金融》上卷,滿洲日日新聞社,1912 年,第 108 頁。

③ 外務省通商局:《清国商況視察復命書》,元真社,1902 年,第 111 頁。

④ 関東都督府陸軍部:《明治三十七八年戦役 滿洲軍政史》第五卷,小林又七印刷所,1915 年,第 647 頁。

⑤ 南滿洲鉄道株式会社調查課:《南滿洲経済調查資料第六 営口》第三篇“金融(営口の過炉銀)”,南滿洲鉄道株式会社調查課,1911 年,第 16 頁。

⑥ 外務省通商局:《清国商況視察復命書》,元真社,1902 年,第 108 頁。

如信用借贷、汇兑、钱帖发行都以信用机制为基础,信用机制的瘫痪严重阻碍了交易。银炉和商家都缩小了信用提供范围,过炉银和钱帖只能在极狭窄的范围内,即在已有过炉银账户而无信用瑕疵的银炉和商户范围内流通,失去了广泛流通的特征。信用破坏对资金薄弱、信用低下的商家影响最大,故中、小商家一直呼吁恢复决算,但直到 1897 年夏,所有交易都必须以现银结算。"该港……战前曾有过炉交易,现废止,所有交易皆为三周内支付。"[①]银炉虽仍接受存款却不敢轻易放出,其后虽然加色逐渐降低,但决算依然难以很快恢复。"甲午战后银炉到卯期也不决算,持续了一年有余。其间市面交易几乎全用现银,到了明治三十年(1897)阴历九月才再开卯期,给商业造成阻滞极甚"[②]。贸易额连续两年大幅度超上年水平,而且未来势头依然看好,成为促使过炉银恢复决算的主要因素,恢复决算时公议会所定加色为每锭过炉银 8 两。

但在决算停止期间,并非全无过炉银交易,而且 1897 年恢复的决算也并非完全的现金决算,而是有条件的决算。不完全决算的成因是硬通货的极度缺乏,原因来自三方面。其一,战争导致债务人避难未返,商户间债权债务形成一种三角债状态,若假以时日待债务人回归,其大部分可以自行解套,但强行决算必导致银炉和商户的损失固定化,引起相当大范围的破产。其二,"事变中一度散去现银最终未能回返,市面现银大为减少,每遇提取稍大额现银,银炉无法立即对应,会请求宽限数日,并在历来加色之上每锭再要求支付四五钱加色,实际上回到了过炉银决算制度制定前的状态。"[③]这表明西商票号对银炉的现银拆借持保守态度,要求其支付成本,而当时各地间的头寸调集成本也的确升高。其三,战争状态迫使当地商户停止营业并蒙受战损、征用、抢劫、低价拍卖等损失。而战时劳役收入主要为打工农民所获,打工农民的收入虽增大,但只是将很少部分用于购买当地商品,而将大部分汇回家乡。因此,战时劳务收入的增长

① 外務省通商局:《清国商況視察復命書》,元真社,1902 年,第 108 頁。

② 関東都督府陸軍部:《明治三十七八年戦役 満洲軍政史》第五巻,小林又七印刷所,1915 年,第 648 頁。

③ 関東都督府陸軍部:《明治三十七八年戦役 満洲軍政史》第五巻,小林又七印刷所,1915 年,第 647 頁。

反而促使当地通货外流。上述因素导致甲午战争后现银极度缺乏，信用手段停止，而对外贸易却在不断增大。贸易货币和一般通货并行的制度原本具有避免金融紧缩的效果，但信用危机导致所有交易都只能使用一般通货，而现银退藏、交易需求高涨更加剧了通货不足，使金融紧缩直击商业交易。

为充分利用金融资源，银炉采取了两方面的措施：其一，对筹措现银征收费用，这是因为过炉银决算制度是针对筹措现银费用过高问题设立的，和平时期低廉的资金成本是公议会主导下的商人协议所保证的，而在危机期间征收较高筹措现银费用具有防止资金外流的意义。其二，以变通方式让已发行过炉银不经决算而流通，以缓解紧缩压力。这就是过炉现银方式，商户交给银炉的现银数量加上规定加色构成过炉银，过炉银的加色在发行之初高，越近决算期越低，到决算期为零，即到决算期过炉银与现银等价。甲午战争后，因现银极度缺乏，过炉银在决算日不过是折为“过炉现银”(hard transfer money)。“过炉现银是过炉银到了卯期本应成为现银，但却仍作为过炉银存在银炉账簿上的部分，若要兑现银，需要再支付若干加色。此加色不含利息而根据现银供求关系浮动。过炉现银是在甲午战争后出现(即在卯期仍需付四五钱加色的过炉银)，……可作为独立货币买卖和决算债权债务。过炉现银是(银炉债权人，引用者)不愿将过炉银转入下期而产生的。但若债权者希望转存为过炉银，当然可以支付加色转换，其加色率为从包含利息的加色中减去过炉现银与现银之间的加色。”①

这种需支付少额兑换成本的过炉现银，最初只是银炉处理个别客户不愿将卯期不决算过炉银转入下期的办法，其后逐渐成为一种具有单独牌价的货币，可用于决算和支付。也就是说，1897 年阴历九月恢复后的决算，并非完整的现银决算，而是包含了个别账户处理、过炉现银等方法的不完全决算等因素。个别处理即愿意不决算客户继续延续借贷关系，对不接受原样转入下期者，在追加期间利息和兑换成本基础上维持其继

---

① 南满洲鉄道株式会社調查課：《南満洲経済調查資料第六 営口》第三篇“金融(営口の過炉银)”，南满洲鉄道株式会社調查課，1911 年，第 17—18 頁。

续流通。决算货币采用拟制的货币单位过炉现银,这种方法既维持了过炉银制度降低金融成本的特点,也具有使制度复杂化,问题随时间逐渐累积的一面。决算中信用因素的增大,使过炉银在外来冲击引起的危机中动荡幅度也增大。

(二)庚子事变的冲击与过炉现银的制度化

1900年的大豆交易是在贸易额连续4年大幅度上涨的背景下开始的。1899年贸易额比上年增长五成,秋季又迎来大丰收。当年存货丰富、价格平稳、成交顺利,且辽河水量充足能保证运输,商家对当年交易充满信心,“一般预期今年将更为繁荣”①。

义和团发于山东、河北,营口起初完全不受影响。6月炮轰大沽消息传来,局势渐趋紧张。“天津商业全告停止,上海金融也趋紧迫,吸去本港现银不少。加之,本港贸易商多华南客,形势稍不稳即联袂南归,其运转资金亦随之而去。当港现银愈缺,金融发生错乱。六月以后,与上海间汇兑悉为汇往上海,行情亦极变态。平时锦宝银与上海规银汇价为每千两一千零二十五两,在一千零二十至一千零四十两间浮动。六月上旬两者汇价达到相等已属变态,之后益发腾贵,七月上旬现锦宝银一千两兑上海规银八百二十两之罕见汇价而至今日。”②营口日常流通现金本来就少,此变故对贸易形成很大障碍。

6月中旬东北也现动荡,客商南归愈增,北客亦各归乡,下旬交易停止。最受影响的是进口,金融激变导致商业衰退,客商返乡又使货物失其销路。货物堆积、行情暴跌,进口货再出口增多。7月上旬,终至各货行情无法成立。8月4日,俄军占领营口,地面虽恢复平静,但水运不通,交易停止,出口也受到很大阻碍,但不如进口严重。因为通江口和铁岭也受到战火威胁,加上夏季多雨,对农产品储存不利,农民冒死运出以求售。

---

① “封河期间期货交易极平稳,无大变动。豆货交易额中,对华南出口采购占总额六成,对本国出口采购仅占四成。此因本国有上年存货,销售不振所致。去冬内地车运入市豆类30万石、豆饼20万张。加上去冬封河所余5万石,封河期所造豆饼,本港存货约豆类35万石、豆饼70万张。故虽多轮入港,仍无不足之感。且冬春多雨雪,辽河水量足,预计上游解冻时当有河船到港,豆货亦将甚多。将内地各市存豆与本港所存合计,估计达284万余石,比去年增约75万余石。”参见内閣官報局:《官報》5052號,1900年5月8日,大蔵省印刷局,第13頁。

② 内閣官報局編:《官報》5198號,1900年10月27日,大蔵省印刷局,第7—8頁。

唯有豆饼因原料一直告缺、职工逃散而无法制造，不得不暂停出口。

当年华南豆货需求旺盛，豆价居高不下。日商因豆价达不到其预想价位，迟迟不肯出手，庚子事变发生后金融紧张、存货告缺，价格更是攀升。7 月 10 日，日商全部撤离，日船也不再抵港，直至 8 月下旬。在此期间辽河上游仍陆续有豆船抵港，对华南交易得以维持。但 7 月上旬当地已改为现金交易，采购豆货变得极难。① 同时，因不断有外轮入港，营口存货见底，价格暴涨，豆饼每 10 张 7 两，大豆每石 5 两 5 钱。待到上游有大豆运下，外轮入港显著减少。全部改为现银交易后，大豆行市又转为一路下跌，8 月中旬低到每石 3 两 2 钱。其后，有数船同时到港，才逐渐有所回升。随着俄占奉天，辽河沿岸盗匪开始猖獗，“据闻当港上至辽河终点通江口间，现有七十四处河贼屯集之地，皆据河流蜿蜒要地，劫持过往船只，故近两三月几无豆船下行。本港存货告罄，入港本国船只中已有不得已空船出港者”。俄占领军没收民间武器，百姓无以自卫，镖局也无法营业。至封河为止，辽河水运一直停顿。② 其后俄军进剿，清廷也出面招抚，1901 年初逐渐平定。但当年冬马车集货量大不如上年。这是由于农家有豆不敢售，豆商遭兵乱而减少，现有商户采购能力也因现银交易而受限制，沿河各港集货量大大减少等所致。1900 年春与 1901 年春辽河各港存豆数量比较见表 4.2③，两年间豆货交易规模完全不同。

表 4.2　　1900—1901 年初辽河各港存豆量

港　口	1900 年存豆量	1901 年存豆量	港　口	1900 年存豆量	1901 年存豆量
通江口	80 万石	69.5 万石	开原、英守屯	15 万石	8 万石
铁岭	80 万石	30 万石	小北河	3.5 万石	0.2 万石
新民屯	4.5 万石	12.4 万石	腾鳌堡	15 万石	0.25 万石
奉天	26 万石	4.5 万石	辽阳	8.5 万石	—

① 内閣官報局:《官報》5198 號，1900 年 10 月 27 日，大蔵省印刷局，第 7—8 頁。

② 内閣官報局:《官報》5213 號，1900 年 11 月 15 日，大蔵省印刷局，第 8 頁。

③ “因本次事变结果，在农家而言，若以豆类保存被劫危险尚少，唯恐一旦换为现金立遭匪徒抢劫，故不愿脱手卖出；在行栈而言，遭马贼败兵暴行流离失所者不少，即使幸免于难，也因地方不靖、金融逼迫而不能充分收购；加上内地各市集货量也比去年大为减少”，总体上比上年约减少 15 万石。参见内閣官報局编:《官報》5348 號，1901 年 5 月 4 日，大蔵省印刷局，第 13—14 頁。

续表

港口	1900年存豆量	1901年存豆量	港口	1900年存豆量	1901年存豆量
田庄台	3.6万石	1.61万石	营口	35万石	20万石
大民屯	3.5万石	遭兵燹			
法库门、三面船	8万石	3.8万石	合计	284万石	150.26万石

资料来源:内閣官報局,《官報》5348號,1901年5月4日,大蔵省印刷局,第13—14頁。

由上述总体交易态势可知,1900年初交易势头极好,上年期货交易与开河后进出口都是在上年丰收和运交顺利的前提下,在交易规模扩大的预想下展开的。但在当年首批出口交货、进口订货完成之际,却出现大动荡局面。随之而来的单向汇兑、汇率倒挂、客商离去,导致金融异常紧缩,过炉银不得不停止决算,现金交易更强化了紧缩趋势。之后随着运输困难,豆价开始涨落异常,北客返乡使进口货顿失销路,进口交易中断。入秋,水运因匪患而中断,交易全部停止。直到1901年初,陆路运输才开始恢复,但集散数量只有上年的60%左右。由于年初预想极为乐观,至初夏贸易开展顺利,整体采购规模远大于往年,所以其造成的灾难性后果也远比平常年份大得多。如东盛和及日商福富、松村、三井、横滨正金银行等商号,都因过炉银制度在这一危机中遭受了一定的损失。

日商福富洋行本身资本薄弱,靠银炉信贷实现了过分扩张,庚子事变导致的交易停止引起高额赔偿,耗尽其资本。松村洋行在事变后甩卖、兑现较快,其损失主要是价格损失,以及过炉银兑换费用、利息、银炉账用等交易成本。三井物产损失包括进出口,出口主要是违约赔偿,进口主要是甩卖进口货价格损失和交易成本。但因其不愿承担高额兑现加色,将甩卖收入续存于银炉,因而发生资金运用成本。横滨正金银行最大的损失是过炉银停止决算,需支付高额兑现加色所生差额。上述案例表明,加入过炉银体系在和平时期有助于外商迅速参与当地交易和降低交易成本,但在发生动荡时,运用过炉银反而是增大其成本损失和风险的因素。庚子事变使华俄道胜银行和横滨正金银行两行认识到上述风险,并利用俄国占领东北的条件,展开了第一次废除过炉银制度的攻势。

华俄道胜银行和横滨正金银行分别于1898年、1899年来到营口开设分行。两者为迅速展开业务不得不加入过炉银体系，在过炉银放款市场与票号竞争，以扩大其对商号和银炉的放款。庚子事变发生后，两行因过炉银停止决算而受困。看到现金缺乏导致的银炉业困境，它们认为除去竞争对手的机会来了。1901年秋，“正金银行牛庄支店与华俄银行共同逼迫当时负责市政的俄国民政厅，要其强迫银炉卯期实施决算，规定过炉银比价为小洋八十一元五角，以谋经济界恢复。当时现银几乎退出市面，各种硬通货中小洋流通额最多。两行设定以小洋决算过炉银，实际上暗含着以小洋代替过炉银的用意”[①]。“这一比价是过炉银加2两加色后对现银的比价。”[②]但市面流通的小洋仍然不足以决算全部过炉银，最终只是决算了与外国银行间的借贷。之后，银炉至卯期仍不决算，只能对债权者中不愿转入下期者，采用过炉现银的变通方法决算。

如前所述，过炉现银本是至卯期应兑现部分，但银炉无法决算，债权人又拒绝接受未决算的过炉银，银炉只能支付稍高加色准许其转入下期流通，为区别于一般炉银而称过炉现银。“过炉现银的方式在甲午战后已经使用，但这一时期才开始对其正式命名，可作为独立货币买卖并决算债权债务。”[③]由此可知，过炉现银是现银极度缺乏下视为现银的拟制货币单位，其在理论上和运用上都是和现银等价的。在庚子事变前以过炉现银决算已普遍化了，但由于庚子事变后现银更缺，过炉现银与现银之间也产生差价，这是筹措现银所需的风险和成本，表现为利息加色和改铸费用以外的加色，即兑现加色。

如前面提到的，外资两行联手逼迫银炉在不利状况下决算的真实目的在于一举废除过炉银。但是，营口所有银炉都依赖信用发行，在债务人避难未归情况下决算必然导致未收债务全部计入损失，在无法调集头寸情况下会导致大部分银炉破产，票号资本也将大受损失。在两行看来，银

① 関東都督府陸軍部:《明治三十七八年戦役 満洲軍政史》第五卷，小林又七印刷所，1915年，第649頁。

② 南満洲鉄道株式会社調査課:《南満洲経済調査資料第六 営口》第三篇“金融(営口の過炉銀)”，南満洲鉄道株式会社調査課，1911年，第17頁。

③ 南満洲鉄道株式会社調査課:《南満洲経済調査資料第六 営口》第三篇“金融(営口の過炉銀)”，南満洲鉄道株式会社調査課，1911年，第18頁。

炉和票号支撑的过炉银体系是阻止其垄断汇兑和融资市场的最大障碍，过炉银体系与汇水交易、银市交易相结合的复杂成本计算，是阻止外商直接介入豆货市场的最大障碍。

营口公议会顶住了上述压力，一面继续停止决算，一面正式规定将过炉现银作为临时决算工具运用。“去年北清事变中，多数的商人关店避难，六月一日决算在纷扰中过去。不仅无法结清账尾，连借贷也无法回收，最终无决算空过。战事过后，商业几复旧观，依然有许多债务者逃避未归，去年夏季应决算者至今日仍无法了结。若将其责归于银炉进行最后处理，不仅不能清理债权债务，反有令多数债权者遭巨额损害之忧，不如待欠债者归来徐图决算。”“允许银炉账面所存过炉银不经决算继续流通，赋予过炉现银之特殊名称，以区别于一般过炉银，几乎与不兑现纸币相同。牛庄交易现全以过炉现银进行，金银借贷、物价、墨银与小洋买卖、汇市行情皆以过炉现银为标准。”①

表 4.3 是庚子事变混乱期间汇市行情的一例。按锦宝银与上海规银的平色规定，过炉银 1 000 两相当于上海规银 1 044 两，但此时过炉现银 1 000 两只能兑换上海规银 964 两，1 000 两上海规银汇水高达 79.5 两。这种高成本阻止了商人兑现。

表 4.3　　1901 年 8 月 24 日营口汇市行情

过炉现银一千两	上海九八规银九百六十四两
过炉现银一锭(五十三两五钱)	墨银六十九元
过炉现银一锭(五十三两五钱)	小洋七十三元五角
宝银一锭(加色四两六钱)	过炉现银五十八两一钱
现银一两	制钱九吊一百五十文
墨银一元	制钱六吊二百文
过炉现银一两	制钱八吊一百五十文

资料来源：中村桂次郎：《日清貿易策》，日本経済社，1902 年，附録第 14 頁。

庚子事变后停止决算持续一年多，1901 年旧历九月方才恢复决算，

① 中村桂次郎：《日清貿易策》，日本経済社，1902 年，附録，第 13—14 頁。

但恢复的是“过炉现银”决算，并非现银决算。“人们期待市场秩序恢复后过炉银仍会恢复旧时原则，但当时营口处于很难从疮痍中痊愈，众商皆困顿之极的状况下，若强行按原则决算，必将导致破产者迭出的状况，反有招致市场混乱之虞。因此决算期一期一期向后退之中，迎来了日俄战争的更大动荡。”①

三、日俄战争期间的信用危机与定价制度

日俄战争引起的动荡以及军管从1903年底到1906年末持续达3年多，而且有战前恐慌、交通管制、金融管制、军票发行、战争物资进出口、征用和战损，以及日本军政署强制银炉决算等一系列经济及非经济因素的冲击，因此在时间上和规模上都比甲午战争、庚子事变、俄国占领时规模大得多。但是对营口商界来说，因为有了前三次事变的经验和教训，整体上对危机的应对显得比以往更为有序。

1903年末，日俄战争即将爆发的消息传来，营口市场开始动荡。战争开始前，营口经济发生混乱，加色升至25两以上。其后愈发高涨，升到36两以上，银炉也中止决算。炉银在战前已难于决算，虽采用过炉现银的变形制度长期等待，宝银供求仍未能恢复到足以完全决算的地步。再遭日俄战争，决算愈难实行，终致“虽至卯期，过炉银对现银仍存在加色，而众商皆默认这一事实的状况”②。这种情况下，过炉现银的规定已丧失存在意义，归于自然消灭。过炉银制度迎来变更定价和决算货币的转换期。

最初的过炉银规定为，至卯期利息加色消失，只存在过炉银信用所生加色，但若将过炉银转入下期时，将规定新的利息加色，在卯期结转时，合计两者构成新的加色。一般将利息加色称为卯色，但到了这一时期，卯色并不像最初（过炉银至卯期与现银一致）那样单纯被利息关系所左右，而是受新加色即过炉银价格的影响而变动，而且其关系极为复杂。在卯期

---

① 中村桂次郎：《日清貿易策》，日本経済社，1902年，附録，第13—14頁。

② 南滿洲鉄道株式会社調査課：《南滿洲経済調査資料第六 営口》第三篇“金融（営口の過炉銀）”，南滿洲鉄道株式会社調査課，1911年，第19頁。

应确立下期过炉银的卯色，但为了进口贸易方便起见，卯色早在到期前一个月便已决定。在现银供给与贸易规模基本适应时期，利息加色能反映现银供求状况。但经过10年间数次大危机之后，现银的逃逸和流失导致供求缺口过大，营口市面根本见不到现银，更不必说以之决算。换言之，现银已丧失了作为过炉银基础货币的地位，过炉银价格也与现银供求脱离了关系。这是因为：第一，过炉银的发行额和价格早已由发行银炉的信用所决定，大多数情况下过炉银实际上已等同于不兑现纸币。第二，1901年，华俄道胜银行和横滨正金银行为确保自身利益，以每锭过炉银81.5元小洋的比价，强迫营口公议会清算自身所持的过炉银债权，之后随着小洋流通进一步增加，逐步取代宝银成为决算、定价货币，过炉银对现银比价可直接用小洋来计算。[①]

1904年7月，日军占领营口，军政署听从横滨正金银行的建议，欲为日商进入扫清道路，发出布告强制按过炉银一锭合军票73元决算。“当时军政官想趁机全部废除过炉银，一举以军票取而代之。”[②]而且，此次横滨正金银行接受了庚子事变后现金不足无法完全决算的教训，事先从日本国内调集200万元的日元银币到营口，专门用于决算准备金。但营口的公议会识破其企图，不断请愿延期，直到1906年4月1日才以加色5两、小洋80元的价格实施决算。

1906年重开决算后，过炉现银自然消灭，但庚子事变后形成的制度很多都保留了下来。加色仍然分为利息和信用两部分。这一时期可以观察到基本制度发生了如下两点变化：一是过炉银脱离原来的基础货币宝银而以其他货币决算，基本以流通额最多的小洋定价，军票和横滨正金银行钞票也因军政署干预而成为参考定价货币。二是卯期过炉银与现银价

---

① 南滿洲鉄道株式会社調査課：《南滿洲経済調査資料第六 营口》第三篇“金融（营口の過炉銀）”，南滿洲鉄道株式会社調査課，1911年，第18頁。

② 南滿洲鉄道株式会社調査課：《南滿洲経済調査資料第六 营口》第三篇“金融（营口の過炉銀）”，南滿洲鉄道株式会社調査課，1911年，第18—19頁。此外，旦睦良、池永省三在《滿洲通貨及金融》上卷（滿洲日日新聞社，1912年，第6—7頁）中也指出：“如甲午、日俄之战时，炉银从本质上异常高涨（应为低落，引者注），呈现混乱，过炉银一锭的加色涨到三十六两，有绝对不能决算的情由，当时道台曾两度决定实施整理未果。我军政官亦曾致力于整顿，欲将三品交易以钞票计价，彻底排除消灭过炉银，但未能实行而终。盖营口过炉银流通乃因通货不足而自然发达，欲将其废除，若无市场通货可代之者，根本无法实施。”

格一致的原则被抛弃，正式承认两者在卯期也存在差价。[①]

这样，过炉银的定价因素变得更加多元化，其变化方向也更加难以预测。除了制度本身变化外，围绕过炉银制度的基本环境也发生了变化。第一，过炉银体制原本是一种大贸易商之间相互给予信用的制度，主要为对应与华南贸易而生，随着贸易规模和范围的扩张，过炉银适用范围逐渐扩大到所有贸易商品和主要商人，其对应的汇兑范围也由国内扩展到对外汇兑。第二，过炉银制度主要出资者是西商票号及营口最大贸易商广东商帮，后加入者有山东商帮、直隶商帮、大清银行，华俄道胜银行、横滨正金银行等外资银行一度尝试加入，但发现这一制度所含风险后，在俄国占领期间全部退出。第三，随着长期资金需求增大和现银退出流通，无论从交易规模还是从交易延续的角度都已不可能实施完全决算，市场流通货币也不足以完全决算，其主要部分只能以变形方式转入下期运用，卯期决算只决算需提现部分，过炉银的不兑现货币性质加强，而其主要不兑现部分以银炉信用支撑。第四，在原有过炉银制度格局中，最大出资者也是市场纪律执行者，但随着制度适用范围的扩展，主要出资者范围也扩大，如大清银行和外资银行，新加入者并无执行市场纪律意识，反而或流于投机，或致力于摧毁制度，其所造成的损害远比一般商家为甚。第五，由于过炉银定价基本与现银脱钩，而以市场主要流通货币定价，但其价值主要由自身信用与对外价值，即对上海汇水供求状况决定，这一变化导致投机需求增大，但相对于贸易所导致的资金流动，投机影响规模和时间都很有限。第六，投机需求表现为维持过炉银币值和套利两方面的需要，但两者在实务层次上是密不可分的，随着危机造成的营口各商帮地位的上升和下降，对立双方在决算价格上的争执也反映在卯色和汇水投机的相互运动上。

加上外来动荡因素的不可预测，制度蕴含的风险空前增大了，引发了一般市场资金需求与供给方面由私人提供信用的矛盾。不决算无以维持银炉信用，但在外来冲击造成动荡情况下，完全决算会带来银炉巨额损失

---

① 金融研究会：《滿州国幣制と金融》，金融研究会，1932 年，第 36 頁。

和市场剧烈波动，造成逸失商机并损害过炉银信用的结果。银炉只得选择危害较小的方式渡过难关，但是长期无决算和大量发行，掩盖了损失与不良债权积累的问题。在这种情况下，较小失败也足以威胁其存在。东盛和破产案就是在上述背景下发生的。

四、东盛和危机与定价决算制度

1907年11月，东字号5家联号东盛和、东生长、东双泰、东生怡、昌平德同日破产，对营口乃至全国商界造成巨大震动。营口商户大量关门，交易停止，“形同罢市”，史称东盛和危机，直至光绪三十四年(1908年)腊卯恢复决算方才初步解决，时间已是1909年初。此次危机与甲午战争后历次危机不同，其原因来自营口内部，但进一步探讨其成因却能发现，这次危机实际上是庚子事变以来历次危机造成营口种种商业矛盾的总爆发，是对长期以来外力造成的商业制度扭曲和损失积累的大清算。过去危机造成的各种势力对比和环境变化，一直被外来压力所掩盖或抑制，这些因素通过阶段性危机处理逐渐显现，构成营口新商业秩序的基础。东盛和破产在某种程度上展现了大屋子、银炉、油坊等营口巨商的出资、经营、发展的内幕，不仅揭示了营口商业迅速发展的原因，而且集中反映了支撑营口商业势力的变化和过炉银管理机制的变化。前者表现为晋商和粤商势力的没落及山东和直隶两省商帮势力的上升；后者表现为过炉银定价、发行及银炉经营的变化。在种种外来压力和内部对抗之中，过炉银发行、运用、管理、决算机制不断演变。以下分东盛和破产原因、危机救济与公定价决算、商帮势力变化与卯色交易制度的发展三部分进行探讨。

(一)东盛和破产原因

东盛和主要财东为叶应增，字亮卿，1885年到营口设盛和号，为其父叶雨田在上海所经营的东和泰银号的联号。其后随着东盛和业务的迅速扩张，两者关系转变为东盛和为总号，东和泰为联号。据其自述，东盛和发家因营口地价上升而致。叶亮卿基于中东路勘探线路预测到营口地价必涨，以时价购进营口东部土地数百亩。“随后地价渐涨，即就所得地价陆续添购,即码头、栈房等亦均从地价得来。”较之港沪商业“本重利轻”,营口商业具有“本轻利重”的特点,即投资小、回报高,故东盛和仅十余年间便聚财200余万两。[①] 东盛和初期投资分12股,本银计18 000两。19世纪90年代,豆货出口迅猛增长,东盛和增设机械油坊、码头、栈房,购买和租用轮船3艘,直接经营豆货出口或代理装船,改善豆油装载,以轮船散装方式实现对广州豆油、豆货出口的垄断。1899年决算后,东盛和号扩充本银至5万两。1907年11月破产时,其联号共5家,即总号东盛和、银炉东生长、上海银号东和泰、机器油坊东生怡与昌平德。此外,还有叶亮卿私人投资广东大涌口怡仓货栈及码头、德芳纸烟局、怡丰木局、恒丰砖窑,铁岭钱粮行东双泰、域多利号轮船等。东盛和营业规模巨大,仅1907年9月1个月即装轮船运出豆货9艘,其中自装船1艘。[②] 其在营口的营业规模为:“职商所设东生怡、昌平德机器油坊两所,德芳纸烟局一所,统计所用柜伙、机匠、火工人等不下千人,而每日散雇、扛抬、搬运各工尚难屡计,大约依以谋食者至少亦数百人。”[③]当年秋为东盛和运豆的粮户、船主因东盛和破产也有很多被困营口不能返回。商会初时支付欠债二成,仅够遣返船工。最终由商务总会垫付其货值和工价的一成,这些粮户和船主方得返乡。[④]

在日俄战争时期,东盛和因沉船造成货物损失、大连豆货被俄征用、华俄道胜银行买办欠款不还等就已经亏损约计47万两。[⑤] 由叶亮卿自述可知,经历庚子事变损失之后,东盛和流动资金不足,以财产作抵押借

① 《叶亮卿开呈节略第二件》,罗饴《东盛和债案报告》卷一,商务印书馆,1908年,第47页。

② “商号是月计,代广帮福成号报装,九月初三日卢州一只,十二日南昌一只,十八日士丹达一只,二十四日布路加士一只共四艘;又代广帮怡泰、昌泰报装,九月初九日镇江一只,二十一日莱路士的一只共两艘;又代日商增田洋行报装,九月初四日福阳丸一只往四日市;同日代日商小寺洋行报装生田丸一只往横滨;其余一艘即九月二十八日桂阳一只。……盖客帮装船通例向系行家出名报关。”见《叶亮卿呈道厅禀》,罗饴:《东盛和债案报告》卷一,商务印书馆,1908年,第48—49页。

③ 《叶亮卿开呈节略第二件》,罗饴《东盛和债案报告》卷一,商务印书馆,1908年,第47页。

④ “东盛和倒欠船主粮户各款,去年虽经关道准饬,商会发给二成。而该款已分散船伙,现在船主粮户回籍无资,具秉关道再请照发一成。关道札饬商会核议办理。商会于二十三日具札函商我行垫发一成,俾作川资,领款时仍照数扣留云云。查船主粮户苦力居多,既被东号亏累,现又回籍无资,情殊可悯。当经函复照准,请商会核开实数,书立收条,来行照领。”参见罗饴:《东盛和债案报告》卷十四,商务印书馆,1908年,第6—7页。

⑤ 罗饴:《东盛和债案报告》卷一,商务印书馆,1908年,第39—40页。

资金运转，企图挽回损失。但外来危机频发导致其商业策划一再失败，以致数年间债台高筑，借债额达近600万两。如此巨额贷款是一般商家无法提供的。那么这些贷款者为何人？营口商务总会整理的清单见表4.4。东盛和最大债权人为华俄道胜银行和横滨正金银行，其余营口各行号债务也达196.4万两，西商票号的贷款则隐藏在其中。因为票号的贷款一般是通过银炉贷出，具有西商票号融资背景的银炉(即有西商入居的银炉)，或西商直接出资的银炉，都会不同程度地为东盛和提供融资。如晋太丰、世昌德、大盛亨、裕盛长、裕盛源、永惠兴、庆丰号、东永茂等信誉卓著的粤商银炉，给东盛和提供的资金总额约为122.4万两，合计比华俄道胜银行还大。表中10万两以下者主要为日常业务往来，涵盖了营口主要油坊、银炉，即营口规模最大的商业。除表中所列出者外，东盛和破产时欠大清银行营口分行的款项也达到66万两营平银。由其欠债构成可以发现，庚子事变后，营口金融市场上出现西商票号、华俄道胜银行、横滨正金银行、大清银行之间商业贷款的激烈竞争。西商各号融资基本采用信用贷款、银炉存款的形式而不需抵押；横滨正金银行也基本通过信用审查和担保，以信用贷款形式贷出；而华俄道胜银行则陆续收取东盛和动产、不动产抵押达104万两营平宝银之多。大清银行进入当地最晚，主要在汇水市场和信贷市场全力出击，其开业时间虽短，对东盛和贷款也达巨额。

表4.4　东字各号欠本街行号银款清单　单位：营平宝银万两

商号名	欠额	商号名	欠额	商号名	欠额	商号名	欠额
道胜行	98.00	裕盛源	8.40	永同庆	2.00	宝和堂	1.00
正金行	70.00	永惠兴	14.00	怡太和	3.00	同聚源	5.50
正祥孚	2.00	恒利德	10.00	永升德	10.00	官银号	2.00
厚发合	7.50	宏利和	2.00	裕太丰	2.50	永远兴	2.00
晋太丰	25.00	志发合	6.00	大森茂	1.00	福春长	2.00
庆丰号	15.00	裕发祥	3.00	恒义利	2.00		
世昌德	15.00	东永茂	10.00	源成会	2.00		

续表

商号名	欠额	商号名	欠额	商号名	欠额	商号名	欠额
大盛亨	12.00	义泰德	2.50	兴顺金	2.00		
裕盛长	23.00	元茂盛	1.00	会通锦	3.00		

资料来源：罗饴，《东盛和债案报告》卷二，商务印书馆，1908年，第17—18页。

因营业和欠债规模巨大，东盛和作为当时最大的债务人处于牵一发而动全身的地位，除道胜、正金、西商票号、大清银行四大债主外，还有营口各主要银炉和油坊。其债务越滚越大，债主却只能扬汤止沸，不断供给借贷，以防其倒坏牵连。其破产最终因上海东双泰流转资金告罄，顶回汇票而起。此时东盛和信用已岌岌可危，叶亮卿一时没有办法可想，只好将当日接到购买十余万两的汇水退票，宣布破产。由东盛和四个主要债主的赔偿顺序安排观察，华俄道胜银行有财产抵押，大清银行为东盛和清算代理人，因此，在东盛和破产赔偿中，华俄道胜银行和大清银行处于有利地位，前者获得70%的偿还，后者几乎100%。而西商票号和横滨正金银行则只能随众商获得赔偿，按商会规定，华商可领相当于债务总额的二成、外商可领二点五成的救济款。救济款由拍卖东盛和财产后偿还。上述比例实际上就是其获得赔偿的比例。

叶亮卿曾归纳其破产原因："生意盈亏本无一定，有盈于此而亏于彼者，有去年盈而今年亏者，故不能执一以概其余。况其所指者系商号每年代客装船，买货卖货所得佣钱。年终找结，除去花销略余多少而已。至汇水利息、内外各庄办运各货之盈亏，未流计在内，并非全盘结算之盈余也。若意外之损失荒欠者……，其所指之盈余能抵此亏损乎，况加以生意之赔累乎。"营口商业利益在于代理业务的薄利多销，而清末多发的动荡常引起巨额意外损失，靠日常营业利润短期内无法弥补。此外，还有汇水、利息成本、自主买卖货物盈亏。东盛和初期损失起因于庚子事变，之后借贷经营，靠汇票转移维持表面营业，但战乱中金融利息高、汇水涨落无定，东盛和支付高额成本却未能"机缘或凑"，亏累日深，积重难返。其中有关汇水、利息损失的实例，可由表4.5对华俄道胜银行欠款观察。叶亮卿解释说："商场营业大都资本有限，全恃周转灵通，商号今日所负各债，即平日籍以周转者。"[①]高额金融成本是其破产的根本原因。庚子事变后,东盛和成为华俄道胜银行流动资金运用大户之一,表 4.5 中"东盛和罗卜往来账项下随讨随还""东生怡往来账下欠款任意期限"两项实际为历年积欠,合计近 70 万卢布,这些固定长期欠款必须逐年更新契约并支付高额利息。为维持其表面巨大规模,日常流动资金也依赖华俄道胜银行以更高息贷予,其汇水、利息损失日甚一日,营业收入不足以支付维持周转的金融成本,破产只是一个时间问题。

表 4.5　　东盛和各号欠华俄道胜银行款项清单

商号账户项目	时期、口数	欠额	币种	利息
东盛和罗卜往来账项下 随讨随还	1906 年 2 月 1 口	571 638.56	卢布	年利 10.8%
东盛和装船出口账项下 对俄出口	不详 1 口	172 472.24	卢布	年利 8.4%
东盛和宽城子汇票项下	1907 年 10 月 2 口	160 000.00	卢布	无息
东盛和罗卜买汇上海申银汇水差价	1907 年 10 月 2 口	7750.00	卢布	无息
东生怡往来账下欠款 任意期限	1904 年以前开立	108 092.14	卢布	年利 10.8%
东丰泰借贷项下贷本欠	1907 年 8 月	15 000.00	卢布	月息 1%
东盛和现银借贷项下	1907 年初	21 200.00	营平现银	月息 1%
东盛和借贷项下	1907 年 10 月	50 000.00	营平现银	月息 0.96%
东盛和现银往来账	1907 年 4 月	18 044.06	营平现银	月息 1%
怡丰号代永丰东作保借贷项下欠	1904 年以前	8 240.00	营平现银	月息 1%
合计	1 034 952.94 卢布　97484 两 6 分营平现银			

资料来源:罗饴:《东盛和债案报告》卷三,商务印书馆,1908 年,第 1—3 页。

与东盛和关系紧密的粤商裕盛长、裕盛源、仁裕联号自庚子事变以后同样遭受巨额损失,亏损达 100 余万两,也到了岌岌可危的地步,其债权者主要是西商票号。[②] 其他名列公议会的老字号油坊如元茂盛、义泰德,以及银炉大盛亨、晋太丰等也创深痛巨。这些商号在此后一二年中相继

① 《叶亮卿呈道厅禀》,罗饴《东盛和债案报告》卷一,商务印书馆,1908 年,第 50 页。

② "裕盛长与营行往来除押款外,去冬尚欠营行银五万两至今未还。前日该号并其联号裕盛源、仁裕两号大起风潮,异常危险。我行得信较早,将其租与东盛和房屋红契取来改作押据,该屋值银八万两,倘一旦倒闭,即将该屋出售,亦不至吃亏。查该联号所亏甚巨,计裕盛长亏银四十七万、裕盛源亏银三十余万、仁裕亏银二十余万,共亏欠银约一百万有奇。营商息借公款如有成议,该号照分仅应得银八万两,断难弥补巨数。闻所欠债户西帮居多,将来不知如何料理也!"参见罗饴:《东盛和债案报告》卷十四,商务印书馆,1908 年,第 15—16 页。

倒闭，加上东盛和及其他商号破产，导致西商票号在营口运用的资本额约500万两亏损过半。所以，东盛和破产的最大影响实际上是营口华商运用资本总额的损失。

（二）危机救济与公定价决算

从庚子事变到日俄战争期间，因动乱导致交易停滞、资本逃逸、汇水利息高昂等乱局，给部分商人造成严重损失，同时，也因商人避难与原有秩序瘫痪，连续数年豆价上升、需求增大，引发关内商人对营口的投资热情，给位于公议会寡头垄断圈外的商号提供了上升机会。因此，1900年"开河之前，即可见增设大屋子和机械油坊者"[①]。其后尽管发生了义和团事件、俄国占领、日俄战争等一连串动荡，商人的投资热情丝毫未减。从银炉业观察，1900—1905年是营口历史上银炉创业最多的时期。1905年4月，营口开业的银炉多达26家，尚有3家准备开业。其总数几乎为庚子事变前的两倍。因营口商业向来有唯巨商团体公议会马首是瞻，以资本多寡和规模大小为发言权标准，不容官府置喙的传统，公议会为实际的商业立法者和执行者，事关营口商业整体发展的事项皆由公议会决定并监督执行，和平时期秩序森严，所以动荡和秩序破坏为资本实力较小的商人提供了进入一向被垄断的行业的机会，进而趁乱发展，以造成和平恢复后，重整秩序时不得不正视的既成事实。但这种过剩投资造成了新旧业者相互削弱的局面，加上日俄战争中，日军管制水运，征用土地和建筑，管制商业，不仅使豆货运输和交易方式发生改变，也造成营口商家间实力对比的变化。1906年初，天灾人祸引发全面市场恐慌[②]，军政署施高压逼公议会履行约定，旧历三月卯期按小洋81元价格决算。此举导致很多银炉和商号破产，过炉银跌至76元。整个市场走势转为长期萧条。次年春又有数家银炉破产，九月炉银跌至小洋72元以下。营口道台虽禁止输出现银以维持价格，但市场状况险恶，商家惶惶不可终日，旧历十月初一终于爆发了东盛和破产案。

---

① 内閣官報局：《官報》第5052號，1900年5月8日，大蔵省印刷局，第13頁。

② 天灾是指黑死病流行影响贸易，人祸是指军政署强制决算，很多银炉商号因累积损失过多而预计破产。

东盛和破产引发了前所未有的恐慌。为了救市,同时也为与大连竞争,营口道台召集东盛和主要债权者开会,形成统一步调,探讨善后办法的决议,并请求大清银行救济。商务总会主持了对东盛和及联号债务的调查,在查明东盛和资债互抵后仍有400余万两损失后,众商更为惊慌,市场持续动荡。直到十月下旬清廷提出大清银行贷款救济案后,人心方才稍安。大清银行接营口请求后,总监"当时亲赴该地调查情况,制定救济之策上呈度支部,经部批准"[①]后实施。"报请本部大臣借二百万两,收购东盛和抵押货物财产,使商家得以融通。"[②]东盛和倒闭后十余日,有信用好的银炉恢复交易,过炉银与现银差价显著增大。最低加色达每锭18两,与小洋比价跌至约60元。商务总会内关于救济资金额度、导入期、通货种类、分配额度等种种问题议而难决,市场陷于"神经过敏"状态,各种传闻引发波动,过炉银价格为传言所左右,沦为投机标的。此时,单纯依赖信用无法平息动荡,为补救这一弱点,清廷导入了制定公定决算价格引导市场交易的方法。如表4.6所示,东盛和破产案的处理延续了一年多,营口道台和大清银行、商务总会密切配合,介入整个债务处理过程。其间市面虽疲软,但并未有更大混乱。其主要措施是由营口道台和商务总会制定并实施过炉银公定决算价格,在协调各种势力和要求的基础上监督实施,同时辅以稳定币制与打击投机的行政手段。

表4.6 东盛和事件后的过炉银变动因素

时期	小洋行情(过炉银每锭)		宝银加色(过炉银每锭)		变动因素
	最高	最低	最高	最低	
1907年十月	67.00	59.70	13.00	18.00	非一般行情,为有信用银炉公布的加色。下旬救济资金消息传来,人心稍安。

① 大清银行总监在该行第二次股东大会上的致辞,《大清银行第二次股东大会报道》,《中外日报》1908年5月22日。

② 度支部大臣在大清银行第二次股东大会上的演讲,《大清银行第二次股东大会报道》,《中外日报》1908年5月22日。

续表

时期	小洋行情（过炉银每锭）		宝银加色（过炉银每锭）		变动因素
	最高	最低	最高	最低	
十一月	62.00	56.60	17.00	25.00	有救济资金延期传言，关于偿还方式发生争议，出现趁机投机者，行市变动剧烈。
十二月	61.00	57.30	18.50	21.50	
1908 年一月	66.70	60.00	15.00	19.00	救济资金已定，封冻期资金需求少，金融稍缓和，官方趁机取缔投机，价格恢复，变动减少。
二月	65.90	64.70	5.20	20.00	
三月	65.40	63.40	17.70	19.50	为三月决算资金，大清银行与各债权人谈判减价赔偿额，对华俄道胜银行以七成赔偿。辽河解冻后资金需求旺盛。
四月	63.60	60.60	19.50	23.50	赔偿方法未决，六月决算之议消于无形。
五月	61.70	60.90	21.20	23.60	众请将决算延至十二月，商定决算价小洋 72 元。
六月	61.20	59.10	21.50	25.00	市况闲散，金融市场松弛。救济金分配再起风波，人们判断救济金将以户部兑换券支付，人气大降。
七月	63.80	59.55	18.00	24.35	产地大丰收，救济金分配原则外商二点五成，华商二成已定，局面稍安，价格稍起。
八月	63.40	61.65	18.00	19.40	因入超，过炉银发行过多，稍嫌低落，月末回归。
九月	62.80	62.05	18.50	19.20	平稳
十月	68.30	62.35	11.50	18.05	市场景气好，人心集于十二月决算，价格稍腾，月末因北京政变有小波动，未几恢复。
十一月	70.75	67.40	8.60	12.30	十一月一日召开商务总会，定 72 元决算及次年决算价，过炉银陆续回收，大势利好。月末，不愿过炉银涨价者煽动购买硬通货，使过炉银下跌，人心浮动，按公定价决算难行，道台虽尽力防范，终不能止。终以 67 元决算。
十二月	69.60	67.30	9.50	14.10	

资料来源：南満洲鉄道株式会社調査課，《南満洲経済調査資料第六 営口》第三篇“金融（営口の過炉銀）”，南満洲鉄道株式会社調査課，1911 年，第 22 頁。

东盛和破产赔偿方案直至1908年六月方有眉目。五月道台下令,当年腊卯必以小洋72元价格决算,此后形成官商结合决定公定价格制度。营口出现出口上升、金融宽松的状况。十一月初一,商务总会决议通过下一卯期后过炉银对小洋决算价格,道台下令对违反决议者实施严厉处罚。其所定决算价格为:宣统元年(1909年)三月初一决算价为74元,六月初一为76元,九月初一为78元,十二月初一为81元。这是一个以一年为期限,由时价起步逐渐提升过炉银价,至腊卯达到小洋81元价位的计划,并规定1909年腊卯之后须以每期81元价位决算。对此,过炉银主要债权方西商票号出于本身考虑,主张定为82～83元,但债务方主张东盛和事件前过炉银对小洋最高价为81.5元,故商务总会定价以后者为准。营口道台为贯彻决议,令商人组织官商合议组织商务维持会,制定维持会简章①和整顿银法规章②。前者规定每月逢五定期开会,由银炉和其他各商掌柜分两方提案讨论以形成方案,为商会决定提供参考。规定银炉必须遵守公定价,违者处以小洋5 000元罚款。后者规定了宣统元年(1909年)各卯期预订价格目标和银炉义务。

东盛和事件是营口开港以来最大规模的破产案,而且面临大连的竞争与日本的权益争夺,清廷为维护权益,应对营口危机,采取由大清银行提供贷款主持清算,官方参与制定对债权人赔偿方案,实施过炉银公定决算价格等一系列措施。东盛和问题处理告一段落后,为维持过炉银价值,

---

① "营口维持会简章:1、宗旨。本会以维持市面,整顿银法为惟一之宗旨,因经东盛和大债案谱经就绪,商家元气未复,万端待理,提倡此会以维持;2、定名。本会定名为商务维持会;3、会员。以本埠各银行、官银号、票庄、银炉,及大买卖家各司理为合格,分两方面以备研究,一方面系属银炉,一方面系属银行、官银号、票庄、油坊,及大买卖家;4、会期。本会以……每逢初五、十五、二十五为开会之期;5、会地。本会附设商会以省靡费;6、秩序。本会每逢开会之日,由商会总、协理片请,道、厅两宪赴会互相研究,以期官商联洽,如会员有所陈述,发议当有秩序,以符文明社会之规章;7、征求。如同人别有高见,请预撰一意见书先期交至本会,屙开会宣布,抉择施行;8、扩充。本会以整顿银法为主义,如有附属银法之事有益于商业者,亦相为研究以利进行。"参见南滿洲鉄道株式会社調查課:《南滿洲経済調查資料第六 営口》第三篇"金融(営口の過炉銀)",南滿洲鉄道株式会社調查課,1911年,第24頁。

② "整顿银法规章:营埠商业之机关全恃银炉周转……,去年全体商家公同酌定整顿银法,各店盖明圆印在道、厅两宪存案,又在商会存案,公认之事决无异言,倘敢违背从重惩。言定本年三月初一日开卯七十六元,六月初一卯期七十六元,九月初一七十八元,至本年腊月直达至八十一元,毫无疑义。……各炉房都经预备,存款之户或取现洋,或作卯息,听其自便。各银炉万不可阳奉阴违,存自私自利之心……"参见南滿洲鉄道株式会社調查課:《南滿洲経済調查資料第六 営口》第三篇"金融(営口の過炉銀)",南滿洲鉄道株式会社調查課,1911年,第25頁。

官方要求商务总会继续执行公定决算价制度。公定决算价规定了与小洋比价，表明小洋已取代宝银成为定价货币。小洋在甲午战争后开始流通，流通额迅速增加，庚子事变后曾以之决算外国银行债务。小洋使用方便，适逢钱帖渐失信用，其成为主要流通货币，将其导入决算也受到众商支持。营口小洋流通额因时而异，多时五六十万元，少时二三十万元，而宝银流通额仅数万两。在此期间奉天及营口因硬通货缺乏，小洋价格持续偏高，商人不断由外地输入小洋平抑价格，1906 年官银号设立后也开铸小洋，以之占领货币市场。东盛和事件后，规定以小洋比价表示公定价，意味着过炉银定价方式的根本转变，即由历来以对宝银加色间接规定过炉银对小洋比价的方式，转变为先定过炉银对小洋比价，再以此换算宝银加色的方法。

尽管以小洋表示决算价，但在营口实际交易中却很少使用小洋。即使在决算时，也只将过炉银价换算为小洋决算价，在账簿上以小洋金额转记到下一期，待新过炉银发行，再根据新过炉银与小洋比价换算为过炉银记账。但这一方法须加卯色转入，换算手续很繁琐，加上换算期间小洋对过炉银行市有变动风险，很多商家在一般卯期并不这样做，只在腊卯时才不得不采用。因为原则上腊卯过炉银不能直接转入新年度，故须确定卯色后在账面上换算为小洋，至翌年新过炉银发行时再换算回过炉银。由此可知，这一时期过炉银决算出现两个新趋势，即债务的巨额化、长期化以及现银决算的极度减少。

（三）商帮势力变化与卯色交易制度的发展

1908 年 11 月公布次年各卯期过炉银公定决算目标价，当年腊卯以 67 元实施决算。东盛和破产案处理以此告一段落。处理过程中形成了债权和债务双方合议公定决算价机制。这是因为庚子事变后外资银行介入当地金融，导致原有金融投资格局被打破，加上东盛和破产的影响，粤商和西商票号在当地势力趋于衰落。原有的东盛和、东永茂、裕字号三家粤籍巨商只有东永茂健在，西商票号也因债案影响，在当地运营资金损失过半。相比之下，山东商帮以西义顺及联号为首，直隶商帮以厚发合及联号为首，因其业务主要是进出口贸易，在庚子事变后金融危机中受害较少，其实力随贸易增长而增进。东盛和破产后两者登上营口商界顶峰，在此后十余年间为争夺营口商业主导权展开明争暗斗，第一次世界大战后终于在投资与投机互搏中两败俱伤。因上述实力对比变化，这一时期作为银炉主要债权者的西商票号和作为主要债务者的山东商帮，围绕过炉银定价的对立冲突也凸显出来。

公定价决算始于光绪三十四年(1908 年)腊卯，官府令按小洋 72 元决算。因市场上宝银极少而小洋颇多，且在与外城交易中普遍使用，故以之定价决算。按小洋与宝银含银量计算，本应以 83.44 元定价最为理想。但过炉银在东盛和危机后贬值，实际状况根本达不到，官府和商会只能参照决算前后实际小洋行情，按债权人、债务人都不感过分痛苦的比价决定公定价。公定价是参照双方意愿以合议方式决定的，表 4.7 为 1909 年至 1910 年旧历三月的决算记录。围绕公定价决算问题，债权债务双方立场完全不同。债权方期待按接近小洋与宝银实际含银量的方式定价，越接近，则过炉银价格越高。债务者期待按时价决算，可减轻自身债务负担。当时营口的实际状况为西商票号和多数银行属债权方，从事实际贸易的山东商帮多属债务方，因而债权方和债务方的对立主要体现在西商票号和山东商帮围绕决算价格的对立上。[①] 与此同时，卯色与利息无关，主要表示兑换现银成本或风险，若持有者不要求兑现，则银炉会为其添加卯色，转为新过炉银，在下期使用。债务方虽须支付卯色，但若下一期决算价较低，则他可较多地决算债务以挽回本期卯色损失。因此，这一时期卯色被双方用作调节过炉银决算价与市场实际价的缓冲区。尽管债权方可通过汇水投机抬高过炉银决算价格，但债务方可通过减少实际决算比例，将大部分债务转入下期决算而规避之。决算过后新过炉银价格往往直接表现为减掉卯色的价格，这表明市场对过炉银的实际评价更接近去掉卯色的价格，而非公定价。1909 年，随着公定价逐渐升高，营口商人在卯期

① “无论哪期决算，西帮与山东帮围绕小洋比率问题常暗斗不绝。此因山西帮在金融界处放资者境地，出于银炉债权人(对山东帮处于间接债权人地位)角度，常期待按有利自身定价决算，尽量压低小洋价，为此以种种方式抬高炉银价(利用上海汇兑者多)。而山东帮处债务人方，故期待卯色低廉、小洋价高。……本来设立公定价方式有预告性禁止炉银膨胀发行意图(即公定价有使小洋价低廉作用，以此抬高炉银价)，但官方恐双方纷争引发市场破坏，故尽量设立使双方都满足之定价。”参见旦睦良、池永省三：《滿洲通貨及金融》上卷，滿洲日日新聞社，1912 年，第 21 頁。

的实际决算比例越来越小，客观上使过炉银的存款性质更接近不兑现纸币。

表 4.7　　　　1909 年过炉银决算过程

时期	公定决算价	变化过程实际决算价	变动因素、决算情形、发行记录
宣统元年三月决算			上年大丰收，输出量巨大，输入品销售和资金回笼极速，营商获相当利润。炉银回收率高，封河后资金需求少，为豆饼期货交易提供了资金，金融需求减缓。债务者愿按公定价决算，炉银价回升。闰二月七日久已中断的卯色再现，每锭六七钱。炉银前途乐观，每期 2 元利息较市场利率有利，众皆欲转下期，卯色低回降为 1 钱 5 分。决算当日卯色消失。发行额正月下旬四五十万两，二月初二百余万两，闰二月中旬达最高约 360 万两，欲转下期者渐增。之后渐回收，月末减至八九十万两，以现金决算者少。
正月初八	74.0	70.00	
正月末		72.90	
二月		73.90	
二月底		下挫	
闰二月八日		74.15	
三月一日决算		74.20	
六月决算			上期决算几乎全转下期，发行稍过剩，小洋上涨，流通额减少，比价难于维持。官府和债务者都欲按公定价决算，四月中旬转跌，五月下旬因债权者强硬反对浮动，官命亦无效，终以低价决算，公定价首遭挫折。卯色五月初一为六七钱，炉银价上升时，预想下期按公定价决算者多，卯色渐低。及至决算难行，对下期决算亦感危机，月末卯色达 3 钱。发行额上期转入约 500 万两，四月初七膨胀至 700 万两，十日达最高 750 万两，后转下期或决算，当日余 50 万两，大部附卯色转期。
三月	76.0	渐升	
四月		超 75 元	
四月中旬		降至 75	
五月		浮动	
六月一日决算		74.80	
九月决算			当年收获不及最初预想，且受抵制日货影响，金融渐紧迫。众皆对定价决算悲观，炉银人气减弱，跌至 73 元，与公定价有 4 元以上差距。官府力主决算，召开总会严谕商民不得扰乱。之后价渐升，八月高值基本达标。但该期金融状况显示，抬高价格令负债方极感痛苦，若腊卯强按 81 元决算，恐有破产者。对下期之悲观反映在卯色，七月二十三日 1 两 2 钱，卯期升 1 两 4 钱。六月决算地方回收炉银较多，转入本期约 300 余万两，其后发行增加，七月超 600 万两，最高约 650 万两，之后渐减。决算当天余 100 万两，以现金决算者依然很少。
决算后	78.0	73.00	
七月中旬		76.00	
下旬		77.00	
八月		77.00	
最高		77.95	
九月一日决算		77.95	

续表

时期	公定决算价	变化过程实际决算价	变动因素、决算情形、发行记录
腊卯决算			上期强按接近定价决算，债务者受创。九月新炉银立降卯色部分，之后续跌至76元弱，未几返76元强。下半期进出口皆减，商人因豆价上涨受创而悲观，炉银价难升。官方三令五申并禁小洋出境，十一月中旬将大盘推至78元。然决算前挫至76.4元。发行额上期转入约600万两，十月初约770万两，决算当日未回收者尚有300万两。债权、债务双方互不相让。官方屡召会议，定81元价不变。但许客商决算存款七成，银炉拆借八成半及商人全借款，其他按时价。时价决定再起风波，债权方欲以十一月二十七、二十八、二十九日均价为准，债务方有异议，终定于78.5元。从市场实况看，全部决算债务根本无法做到，与公定价差2.5元化为卯色转下期。
决算后	81.00	走低	
九月初		续跌	
中旬		76.00弱	
下旬		76.00强	
十一月中旬		78.00	
腊卯决算		78.50	
宣统二年三月决算			决算后炉银跌至74元水平，奉天新民钱庄破产传言甚嚣尘上，炉银信用大跌，中旬跌破70元。官方取缔投机策奏效后稍复，年底升75元。元月开市75元起，跃至77元，一时间极为乐观。月末油坊元茂盛破产，市场动荡，决算前途也趋悲观。有消息传大清银行欲压低炉银价获利，引发债权者交通银行与山西票号不满，商人跟进，启动抬市对策。致使卯期前数日炉银价急涨，三月一日终达公定价81元。然因此价乃人为操纵，故按公定价决算者仅为总债务的2成，余皆加卯色转下期。因本期人为抬价，使市场对下期决算恐惧加深，卯色异常膨胀，决算日前达6两。受其影响新发行炉银跌至74元以下。
上年腊月	81.00	74.00强	
中旬		70.00弱	
腊月末		75.00	
元月开市		75.00	
上中旬		77.00	
月底		暴跌	
二月末		急涨	
三月一日决算		81.00	

注：表中时间皆为旧历，价格为对过炉银1锭小洋价格，过炉银发行额单位为两。

资料来源：南満洲鉄道株式会社調査課：《南満洲経済調査資料第六 営口》第三篇“金融(営口の過炉銀)”，南満洲鉄道株式会社調査課，1911年，第26—30頁。

“公定决算比价本欲采用包含过炉银兑现宝银‘风险’行情与小洋实际值接近的81元定价”，“东盛和事件后的卯期，西帮曾固守以小洋82元价格决算，但一直未能实现。最终主张81元一方胜利。其后经济状况一直未达以81元决算的状态，只得设立70余元公定价决算”。[①] 关于宣统

① 旦睦良、池永省三：《満洲通貨及金融》上卷，満洲日日新聞社，1912年，第22頁。

元年腊卯决算，据当事者回忆："在我经历的决算中，从无如此次这般混乱的决算。大豆市场变动与一般预测完全相反，众商普遍受损，导致金融紧迫。过炉银似有膨胀发行，实际行情在76元2角上下浮动。究应强以81元决算，或应体察众艰按时价决算？因强制决算将造成金融市场根本性破坏，山东帮主张按时价，西帮却定要以81元决算，双方反目。官员召集商务总会合议，决定断然以81元公定价决算，结果失之过酷。……其结果，实际决算原则为：老客（外城客）对银炉债权七成按81元，三成按时价决算，营商债务按81元，银炉借贷八成五按81元，其余按时价。其间关于时价决定又生疑义，最终以十一月二十七、二十八、二十九日3日的平均行情，定为78元5角。但其中也有表面上已决算，实际上却以私订行情添加卯色转入下期者。"[①]这段回顾提示了甲午战争以来过炉银的实际定价和决算方式，即对不同人群采用不同价格、不同比例决算，最大限度清理债权债务的方式。这也显示出对立双方的立场：西帮在定价和决算中坚持按公定价决算，因为公定价最接近根据平色规定的小洋与锦宝银的比价；相反，从事实际贸易者是在计算谷物市场和银钱市场基础上交易的，银钱市场小洋对宝银比价是不断浮动的，尽管有人为操纵，但其影响有限，因此，从事实际贸易者较多的山东商帮力主按时价决算。两者的对立由此而生，并随着过炉银发行量增大而升级。

1909年的豆货交易风潮也直接反映在过炉银决算中，使实际交易者与金融业者在决算中的对立开始升级。从1909年各期决算过炉银发行额、决算额来看，三月决算期最高发行额为360万两，转入下期八九十万两；六月决算期最高发行额750万两，转入下期约300万两；九月决算期最高发行额650万两，转入下期约600万两；腊卯期最高发行额770万两，虽决定以公定价和时价决算的原则，但因市场小洋流通量根本无法做到，除少数需要现银者外，皆加卯色转入下期。1910年旧历三月决算，名义上实现按公定价决算，但卯色6两，实际上只有70余元，且按此价决算者仅有二成。[②] 当年出现的新情况是，由于宝银奇缺，银炉和商会根据实

① 旦睦良、池永省三：《滿洲通貨及金融》上卷，滿洲日日新聞社，1912年，第22—24頁。

② 参见表4.7中的数据。

际状况将过炉银改为以小洋定价，但市场上流通小洋数额也不足以决算其发行额，所以小洋仅仅是过炉银的价格尺度，过炉银发行却不受小洋实际流通量的限制。过炉银价格由发行者信用、贸易与经济走势引起的货币供求状况等因素决定，并间接受上海汇水价格的影响。而汇水价格极易受到当年丰歉程度、贸易采购、政治状况、两地金融宽紧程度等因素的影响，这些因素反映在参与营口交易众商对经济走势和决算是否顺利的预期上，从而引发过炉银人气的上升和下降。由于脱离了必须以现金决算的硬性规定，债务者可采用更新借款契约的方式进行决算，即先按账面存银换算为小洋，再添加卯色和利息计算为新一期过炉银，转入下期运用，也可以通过卯色交易选择有利的价格、交易期和决算比例。这种定价、发行和决算方式的变化，加上1909年当地交易商普遍受损，感觉决算价不利者很多，导致过炉银累积发行额越来越大。

“卯色的观念是以利息为基础，加上因金融关系所生本期过炉银与下期过炉银预想价格差构成。在本期过炉银与小洋价相比非常不利时，谁也不希望以小洋决算，皆采用附利息转入下期的办法，再根据下一期金融状况尝试于己有利的方式……，营口众商相约除十二月卯期外炉银决算大部分以此进行。”[①]所谓公定价中理想成分很大，是决算前1个月所公布的价格在接近决算期时会因经济变化而影响商家未来预期，也因大宗汇水交易而受干扰。商家在预期的基础上，根据实际比价计算当期盈亏后决定决算比例，实际决算状况和过炉银累积额大小主要取决于决算期对现银需求的大小和债务者愿按当期价格决算的比例。在这一机制中，债务者的决定对决算的影响明显增大，决算尽管仅仅是账面上的，但并不影响过炉银作为支付工具的效用。这样，过炉银无论在理论上还是实务上都更为接近不兑现交易货币。这一机制是通过债权债务双方合议公定价决算和市场上加卯色私自决算两方面的机制实现的。由于数额巨大，双方交涉中毫厘之差都会影响各商号的盈亏。伴随着公定价目标逐渐提高，相对应的卯色调节机制运用范围也逐渐增大。这表明营口市场以增

---

① 旦睦良、池永省三：《滿洲通貨及金融》上卷，滿洲日日新聞社，1912年，第25頁。

加对信用依赖程度的方式,摆脱了东盛和危机后政府干预影响过炉银价格的局面,人为强制和汇水操纵对市场的实际影响也很短暂。

综上所述,东盛和危机后当地粤商、西商票号资本损失严重,在此期间,过炉银变为以小洋定价,其发行与硬通货准备脱钩,发行商信用与货币供求状况成为决定价格与发行额的主要因素,上海汇水只是间接影响过炉银价格。在过炉银价格决定中,债权债务双方主张对立及预期等变动要素的影响显著增大,主要债务者山东商帮与主要债权者西商票号在决算问题上的对立加剧,而 1909 年的交易损失和混乱更加剧了这种对立。在此期间形成的公定价合议机制和市场卯色交易机制,缓和了公定价决算对实际交易的打击,也对商人决算决定产生了直接影响。早期营口主要投资者西商票号与粤商的失势,导致商会中债权债务双方势均力敌,引发市场纪律的松弛。纪律执行者的缺失,导致过炉银累积发行额不受限制地增大,从而形成新的债务累积。失去强制决算机制后的过炉银制度,在对债务者提供保护的同时,却令投资者得不到合理报酬,过炉银信用难以维持,营口作为投资市场的地位也因此受到威胁。其影响在辛亥革命过程中被放大,进而造成了 1912 年秋的过炉银信用崩溃。

五、辛亥革命、银炉公社与支票转账制度

东盛和危机过后,到 1911 年十月为止,营口商业保持了近两年的和平发展,相对大连的贸易地位稍有回升。在 1908 年、1909 年东盛和危机处理与公定价决算实施过程中,营口市场形成了商会主导的公定价合议机制和市场为主导的卯色决算机制。贸易商可根据当期决算价和卯色预测市场走势以及当期决算比例,这种决算方式导致过炉银累积发行额的持续增大,过炉银成为一定期限内保值和转换的过渡性价值储藏措施。这一新机制的最初利用者主要是涉及贸易的营口商人和客商,作为营口交易另一方的北城客,即东北各城镇和产地商人、农户,还较少利用。在辛亥革命的动荡中,北城客不仅面临决算价格和比例的选择,也出现在决算价不利情况下销售收入保值和转换媒介物选择的问题。此时东北除过炉银之外,银行兑换券发行也达到相当数量。这种选择直接影响到动荡

过程中各种媒介物的价格涨落和流通比率,进而影响金融宽紧状况。过炉银新决算机制下形成的有价无形及择期、择价、择比率兑现的特征,适应了动荡频繁状况下人们选择保值、价值转换和保证交易持续的需要,但也更容易遭受外部市场的冲击和影响。

(一)辛亥革命时期的过炉银价格

辛亥革命的爆发撼动了清廷统治,其对金融的影响首先表现为对政府银行及所发纸币信任的动摇。宣统三年(1911 年)八九月间,在上海和全国各省会爆发了对银行的挤兑,以致大清银行、交通银行、各省官银号发行的兑换券、纸币停止流通。之后,又有因小洋退藏和钱庄停贷、交易停滞导致小洋坚挺,但很快又因小洋成色不一、实际交易需求过少而发生卖低小洋的投机。辛亥革命期间,营口虽未如过去历次危机那样直接受到政治、经济、军事的损害,但东盛和危机后形成的过炉银定价和决算机制使其受参与者预期的影响更为强烈,即:第一,过度依赖发行者信用;第二,发行无节制,常保有数百万两存量;第三,决算机制弹性有余,强制力不足;第四,其价格间接由上海汇水决定。上述特点使其极易受到全国政治、经济局势动荡及上海金融状况的影响。政治的动荡迫使民众根据当时的状况在货币市场上对各种货币进行取舍,这种选择加剧了东北的金融风波。因此,在辛亥革命各种消息飞短流长的状况下,营口过炉银价格也处于动荡不休、一夕数惊的状况。

表 4.8 是辛亥革命期间过炉银停止决算期间的变动及与上年同期的比较状况。1910 年秋季到 1911 年春季过炉银走势极为稳定,价格基本在小洋 70~73.7 元变动。在交易繁忙的旧历九十月间,汇水和加色上升,趋近决算走低。旧历二月开河前,汇水和加色再度上升。入秋后汇水交易额逐渐上升,八月至十一月平均成交额 250 万两以上,4 个月合计成交额约 1 150 万两。这表明东盛和危机后形成的过炉银运行机制在和平状况下基本能够保持币值稳定,满足当地金融需要。汇水交易、加色水平也基本上反映了当地贸易和金融供求。在 1911 年旧历八月,汇水、过炉银加色仍然维持基本正常;而至九月,汇水、加色暴涨,过炉银的价格、汇水成交额惨跌,开始呈现危机景象;进入旧历十二月以后,虽然汇水、加色

仍然处于高水平的波动之中，过炉银价格却开始稳定上升，二、三月汇水成交额也一举增大。

表 4.8　辛亥革命时期过炉银价格变动状况

	宣统二年八月至三年三月（1910.9.4—1911.4.29）				宣统三年八月至民国元年旧历三月（1911.9.22—1912.5.16）			
	汇水均价（两）	汇水成交额（万两）	过炉银价（元）	加色均价（两）	汇水均价（两）	汇水成交额（万两）	过炉银价（元）	加色均价（两）
八月	70.33	253.1	76.68	6.87	115.72	274.1	70.79	10.93
九月	125.00	342.7	71.35	11.45	290.00	112.4	56.50	30.38
十月	110.90	277.0	72.00	11.10	315.00	75.5	53.80	30.46
十一月	91.49	273.5	71.89	9.04	297.37	67.3	54.44	27.65
十二月	106.54	114.3	70.13	10.50	357.20	71.3	53.59	32.70
一月	—	—	70.12	9.42	318.09	73.0	57.42	27.95
二月	89.37	227.8	73.69	9.02	351.13	189.9	57.31	32.79
三月	117.93	218.0	72.31	7.04	373.77	187.0	58.82	34.70

资料来源：旦睦良、池永省三，《滿洲通貨及金融》上卷，滿洲日日新聞社，1912 年，第 115—143 頁。

据日本外务省调查，“明治四十四年（1911）十月，因革命之乱，过炉银在事件发生后数日受上海金融界动荡影响，暴跌三成以上，迩来屡屡暴跌，战前对钞票八十四五两、小洋七十二三元的价格，最低降至对银钞一百二十五两、小洋四十七元的空前低值”①。这一时期的动荡主要受上海金融紧缩的影响。由于过炉银和硬通货比价处于脱钩状态，其跌幅比过去历次危机中都大得多，客观上起到套牢使用者资金的作用，有利于银炉操作。其中，对于东北各地商人的影响分出口货和进口货两部分。1911 年秋出口状况良好，北城客销售豆货之后，因当时小洋对过炉银价偏高，将销售收入存为过炉银，欲待过炉银价格回升后伺机汇回。其后因武昌起义引起恐慌，过炉银异常下跌，北城客多被套牢。整个停止决算期间，上海银根紧缩导致营口现银外流，过炉银价格处于前所未有之低价，东北

① 外務省通商局：《滿洲ニ於ケル通貨事情》，外務省通商局，1919 年，第 111 頁。

各集散地杂货商感到过炉银价低是偿贷的好时机，纷纷运现洋到营口偿还借款，部分缓解了营口银根奇紧的状况。[①] 以上事例反映出东北商人对 1909 年新决算机制下过炉银的利用状况。

（二）恢复决算与信用崩溃

1912 年三月卯期前，三井洋行、小寺洋行及其他数家日商经日本领事向营口道台请愿恢复过炉银决算。此提案经商会反复讨论，多数成员主张，为免众商痛苦不应决算。原因是各地银根紧缩状况会影响交易支付，而且当年营口众商采购价高，货物囤积，市场时价过低，故销售不畅。此时决算必然造成亏闭。日商虽同意三月不决算，但很快再次提交请愿书，要求六月卯期必行决算，并建议设立强制决算机制，即按照之前公定价原则，最初按市场状况决定，之后逐步接近以前设立的小洋 81 元目标。营口道台据此谕示商会六月卯期实施决算，文中指出："下届六月卯期，自不能任随少数商家只为其私，不顾大局，致令炉银信用前途因之破坏。贵会有维持全埠金融之责务。宜妥筹善法，准于六月卯期实行恢复，以昭信用。倘再有借端把持，故失信用者，一经查明，本道定必按照罚规办理，决不再事通融。"[②]此处提到的"借端把持"者实际是指西义顺。东盛和与裕顺长等破产后，西义顺及联号成为营口最大商家，其旗下的义字号银炉也成为实力最强的银炉，其各联号也是最大的豆货与杂货交易商。然而西义顺虽业务规模庞大，资本并不雄厚，实际上是最大的过炉银债务者。"旧历三月卯期前，西义顺所属银炉趁金融混乱，人心不稳，为自家商略起见，称已发行过炉银可不计期末卯色无利转入下期。其动机无非是通过决算创造有利于偿还自身债务的利率，以使过炉银价格迅速降低。再以自身所发过炉银购买硬通货。……过炉银呈现上下波动难于捕捉之行市，决算难行，市面混乱几达不可收拾状态。"[③]

"营口商界对决算态度如前所述，难免发生债权者与债务者间意见冲突，尤其动乱之后银根紧缩之际，若实施决算的话，债务者痛苦实超出我

① 旦睦良、池永省三：《满洲通貨及金融》上卷，満洲日日新聞社，1912 年，第 147—148 頁。

② 旦睦良、池永省三：《满洲通貨及金融》上卷，満洲日日新聞社，1912 年，第 141、144—145 頁。

③ 外務省通商局：《満洲ニ於ケル通貨事情》，外務省通商局，1919 年，第 112 頁。

等想象之外，以西义顺一派为首，多数商号对决算持极力反对态度。但营口商界重镇东永茂坚决主张六月卯期强行决算，西帮也强硬要求银炉厉行决算。”①在双方势均力敌之际，营口道台又于1912年6月8日发出告示，要求商会厉行六月卯期决算，文中警告：“炉银为本埠命脉，关系最重，勿图一己之私而忘大局之害。必之维持，及早预备，准于六月之期一律照章旧卯，倘有不顾公益，籍端把持，即属有意败坏全局。一经查明，定当按照定案从严罚办。”②官府势力的加入，打破了商会的平衡局面。官府意志坚决，过炉银价格开始回升，六月卯期终于“形式上以59元决算了局”。

此后，债权方和债务方在决算中的对立持续升级。债权方和官方决定，九月卯期强制以61元决算。但该决算期每锭过炉银贷款卯色达高值4两1钱，低值3两2钱。即使按低值计算，月息也达2%。“此前约一年间无决算，因过炉银发行额达到巨额，人们已习惯长期无息使用。一举令其负担如此之高利息决算借贷，引发卯期前金融异常紧迫。卯期过后，市场反弹。卯色消失，银炉解除交易限制，过炉银被无限制贷出。”过分急速的金融缓和，引发炉银大暴跌。1912年10月11日，过炉银爆出45.3～47元的低价，市场金融状况日趋险恶，不少商家破产。③ 上述状况表明债权方和债务方势均力敌，利用卯期决算斗法的结果，导致市场纪律失效和无限制发行，终于引发过炉银信用几乎崩溃的灾难。

（三）银炉公社的设立与支票转账制度

1912年秋，过炉银信用危机爆发后，银炉一反过去信用极度宽松的姿态，为维护本身利益，对大屋子采取极度借贷限制，尽力回收资金，市场开始陷于金融紧缩的漩涡之中。大屋子开始甩卖并催讨内地赊购款，压迫内地金融，整个东北金融状况渐趋险恶。银炉只顾回收资金，大屋子全失获得融资途径，加上官员取事不关己态度，“整个市场金融困苦状态莫可名状，如炉火已熄般毫无交易，终至腊卯成无法决算之势”。营口市场成败，涉及奉天政绩。奉天总督派出整顿银法委员到营口，施高压逼迫商

---

① 旦睦良、池永省三：《满洲通貨及金融》上卷，满洲日日新聞社，1912年，第152頁。

② 旦睦良、池永省三：《满洲通貨及金融》上卷，满洲日日新聞社，1912年，第153頁。

③ 外務省通商局：《满洲ニ於ケル通貨事情》，外務省通商局，1919年，第112頁。

会和银炉业决算，强制清理旧债。当年腊卯决算，“令该月前发行旧过炉银不转换决算日，而与后发行新过炉银并存，其账尾令以小洋六十一元价格向债权人分期支付，于旧历十二月二十日偿还债务二成，二月十日偿还三成，三月三十日偿还五成”[①]。

如前所述，按照锦宝银与小洋平色规定，银两 1 锭本相当于小洋 83.4 元。过炉银的价格理论上应逐渐接近这一比价。但当时市场的实际状况是，过炉银价格一直在 50 元上下徘徊。银法整理委员认为“若不能相当程度地拉高行情，维持价格，势将导致当地经济的毁灭”，因而决定设立银炉公社，会商各种改革决议，约定各银炉相互限制炉银发行，已贷出者令其尽力回收并力行决算，努力恢复银炉信用。银炉公社的设立是过炉银制度的又一大改革，其关于卯期决算规定可归结为以下三点：第一，1913 年旧历三月决算以小洋 61 元进行，而后每卯期提高 2 元，将过炉银价提高至 78 元为止；第二，腊卯实施现银决算，以除永久转结之弊；第三，过卯（卯期后过炉银，即加上转下期卯色之过炉银）行市不到卯期前 20 日不许公布。[②]

与此同时，改变历来口头通知的转账方式，将过去对外商以三联支票通知转账的方式，推广到所有商户。各银炉正月开市之后对交易者发行三联支票，各种交易待其将金额记载于三联支票提交后再行转账。使用支票成本按使用者至月末转账总金额每千两 1 钱的比例分摊。支票效力 2 日，过期失效。图 4.1 为当时为日本商人所发行和使用的一张过炉银支票。[③] 银炉历来对油坊、大屋子提供的长期借贷（跨两个卯期或 1 年的借贷契约），根据金融状况按月息 1.2%～2%收取利息。对同卯期内透支金额，继续采用无息办法。1913 年旧历正月过后，各银炉间的相互借贷依然不附利息，但对其他短期借贷按 2‰征收，而且短期借贷中的日常透支借款按照日息计算。[④]

上述制度确立了银炉经营盈利的基础，消除了其对出资者的依赖性。

---

① 外務省通商局:《滿洲ニ於ケル通貨事情》,外務省通商局，1919 年，第 112 頁。

② 外務省通商局:《滿洲ニ於ケル通貨事情》,外務省通商局，1919 年，第 112—113 頁。

③ 旦睦良、池永省三:《滿洲通貨及金融》上卷，滿洲日日新聞社，1912 年，第 29 頁。

④ 外務省通商局:《滿洲ニ於ケル通貨事情》,外務省通商局，1919 年，第 113 頁。

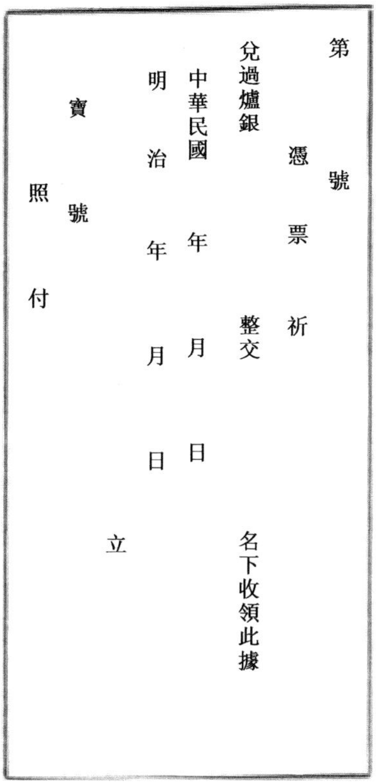

第　號

憑　票　祈

兑過爐銀　整交　名下收領此據

中華民國　年　月　日

明　治　年　月　日

立

寶　號

照　付

图 4.1　过炉银支票

这对维持金融政策的独立性有重大意义。此后，银炉一面致力于回收贷款，一面尽力限制贷出，减少了过炉银流通额。油坊和大屋子也按商会规定严格实施，众商意识到过炉银下跌对贸易影响巨大，将手头套购硬通货逐渐出售，银炉业整理逐渐取得成效。当年油坊和大屋子不仅不能得到银炉融资，反被迫偿还债务。大屋子开始回收内地客户赊购款以偿还债务，但因各地钱价暴跌、回收难行而陷于困境，当年夏季有数家洋房、大屋子破产。其余“基础尚固者，不得不相互扶持方才得以维持”。由于银炉坚守既定方针，1913 年腊卯，抬高过炉银价格的政策奏效，决算顺利实施。此时，随着纸币发行的普及，金属货币已退居辅币地位，因此，以小洋决算的规定成为能否顺利实施决算的限制因素。例如，1913 年旧历腊卯决算，过炉银需要决算账尾为 350 万两，其中除 100 万两转入下期外，余下的250万两中仅有30万两以小洋决算,其余则以小洋票决算。当时有人提议,从1914年旧历三月卯期应采用小洋票决算,经债权人债务人合议后形成规定。此后,过炉银开始采用以主要流通纸币定价的方式。①

辛亥革命前两年间的稳定运行,表明过炉银制度在当时货币制度紊乱下的优越性和参与营口交易商人对这一制度的支持。辛亥革命中的停止交易和动荡,主要起因于上海金融紧缩,营口市场商帮势力对比发生变化,债权债务双方意见不一等引发金融纪律松弛,以及个别大银炉为本集团的利益将卯色用作谋取私利的手段等。这些因素导致过炉银过剩发行,商户间积债难清,投机倾向加剧,最终影响到过炉银的信用,引发1912年秋季信用崩溃的危机。此时,外来的整顿银法委员的高压,成为促成金融纪律恢复的因素。整顿后的过炉银制度一举摆脱数十年来银炉靠金融业无法自立的局面,金融业从实际交易商号的影响下独立出来,银炉经营和过炉银运用更为接近现代银行制度了。此后,银炉公社成为营口金融业的主要合议机构,担负起贸易和金融需求的责任,但在官方银行和外资银行的不对等竞争下,营口银炉和过炉银对东北经济的影响力大为下降。

小 结

综上所述,甲午战争前,营口贸易主要受国内豆货供求支配,战后国际贸易成为主要影响因素。与此同时,过炉银陷于长期无法决算的境地,其原因除商家避难未归外,主要是现银极度缺乏,而且在交易规模迅猛扩大和交易期连续性加强的状况下,完全以现银决算的方式,已经无法适应贸易的发展。长期以现银交易对当地贸易和商业发展形成妨碍,过炉银停止决算三年后,终于以"过炉现银"的拟制货币单位重开决算,信用交易的份额明显增大。这次中断决算也是在历次危机中停止决算时期最长的。

---

① 外務省通商局:《満洲ニ於ケル通貨事情》,外務省通商局,1919年,第113—114頁。

在有记录的营口历史上，庚子事变是一次危害最大的危机，此后的种种变化大多起因于这一时期。庚子事变中，同样发生商家避难，资本外逃，导致债务债权扭结和现银奇缺，过炉银无法决算。匪患的大面积发生又造成交通中断。庚子事变不仅对华商造成损害，也对参与贸易的日商和外资银行造成巨大损害。这是因为19世纪90年代后半期来到当地的日商和外资银行，选择了附着在营口交易和金融制度中从事贸易的方式。庚子事变损失的教训导致它们对过炉银制度的看法骤变，尤其是华俄道胜银行和横滨正金银行，转为采取摧垮过炉银制度的方针，利用俄国占领的机会，强迫公议会在不利条件下实施过炉银决算，暗藏着一举摧垮过炉银制度的祸心。此时，公议会巨商集团资本实力和团结能力都尚强，不仅按照其要求决算了外资银行的债权债务，也顶住了俄国占领军民政机构的压力，根据当时的实际情况，决定在债务者大部分回归后再行决算的方针。外资银行未能达到目的，之后选择了对华商商号放款以扩大利润及影响的营业方针。在这一过程中，“过炉现银”决算方式也逐渐普遍和制度化。

日俄战争是对营口的剧烈冲击之一。日本自占领营口之后，其军政署和横滨正金银行就企图通过强制决算摧毁过炉银制度。战争结束前，日本政府又策划实施了由横滨正金银行发行纸币填补军票空白，谋夺东北货币发行权的政策。营口众商虽顶住了强制决算的压力，长期停止决算，但鉴于信守承诺、投资泡沫需要整顿、不完全决算的问题累积、拟制通货单位实际已失效的现实，在1906年旧历三月，实施了10年来首次现银决算。此次决算虽一举清算了多年来扭结的债权债务，部分矫正了制度扭曲，但也坐实了庚子事变以来的累积损失，造成半数以上银炉破产，继续营业的商号多隐含损失，原有公议会巨商集团的经营体制和对营口商业的控制力都有所减弱。其中尤以粤籍巨商和西商票号创深痛剧。这次决算也成为一年半后东盛和危机爆发的导火线。

东盛和危机导致清廷对营口商业体制的介入。官府介入对于平息市场波动和缓解连锁破产有很大贡献。但指定公定价目标、逐步实现的方式，脱离过炉银实际价值低落的现实，遭到营口从事贸易的商人们的反对，加之作为市场纪律执行者的西商和粤商势力的减弱，在一段时期内，债权者与债务者围绕过炉银决算价格决定的对立，成为妨碍过炉银决算的主要因素。因此，在东盛和危机过后，形成了公定价合议机制和市场卯色交易互相制约的决算方式。但这一新机制缺乏强制执行力，仅仅平稳运行两年后，就在辛亥革命后再次受挫，终于导致 1912 年秋季过炉银信用几乎崩溃的后果。

1913 年初的整顿，看似单纯外来压力的结果，实为营口商人意识到过炉银信用与营口贸易的关系后，借外来压力实施改革的结果。这次改革导入了银炉获得利息收入的机制，使金融业在经营上脱离对贸易业的依附而相对独立。这意味着营口金融业不再是贸易出资者的附庸，而能够从货币发行者、金融政策制定和执行者的角度考虑问题。过去，这一角色主要靠公议会规约和位于营口商业顶端的业者自律实现，此后则依赖于制度保证实施。这种改变使营口银炉业经营更为接近于现代商业银行制度，并继续保持过炉银制度本身发行弹性大、回收迅速、方便交易的特点。这是过炉银制度能够继续在风雨飘摇的旧中国、在日本殖民势力逐渐膨胀的局势下继续生存的基本原因。

从制度演变上看，前三次危机都表现为外因导致的突发状态，整体趋势所显示的基本问题是因现银奇缺而引发的改变定价与决算货币，但这一改变并非一蹴而就，而是在一次次外来压力下，通过公议会主导的中断决算、恢复不完全决算、采用拟制货币单位等方式，在保护营口商业和贸易发展的大前提下逐渐变化的。后两次危机基本上是因营口商业内部危机而引发，粤籍商帮的危机包含了西商资本的损失，使营口商业团体内部原有商帮势力对比被打破，债权方和债务方主张长期相持不下，虽然制度上的灵活性增大，但强制力不足，有待于新的市场纪律执行者的诞生。最终，随着银炉业独立经营机制的形成，银炉公社成为金融市场纪律的制定者和实施者。

第五章

西义顺破产案与过炉银制度的衰落

过炉银曾通行于整个东北辽河流域，并与上海、天津等重要口岸城市具有汇兑关系。清末民初，随着贸易和金融格局的变化，营口的贸易中心地位逐渐被大连取代，营口对周边城市的辐射能力明显降低，周边城市对营口的依附作用也明显减弱。营口地区呈现出逐渐放弃使用过炉银，转而使用其他货币的趋势，各种货币通用的局面在营口逐渐形成并发展，过炉银的垄断地位一去不返，其通行范围也逐渐收缩于营口一地。在没有中央银行发行不兑现纸币的竞争性货币体系下，强势货币往往拥有定价权，即其他货币总是和强势货币挂钩，或总是受到强势货币的影响。过炉银在营口及其所覆盖的贸易区一度是强势货币，任何其他货币在营口都需要转换成过炉银后才能进行交易。但随着贸易地位的变迁和营口银炉内部的势力消长，过炉银的优势地位被其他货币所占据。

总的来说，在1919年西义顺倒闭前，过炉银价格的波动尚在可控范围之内。如1911年，辛亥革命爆发引发市场动荡，要求提取现银的人骤然增多，银炉面临着严重的挤兑压力，对此采取的措施只能是暂时增加卯色。1912年营口银炉公社成立后，积极从中斡旋，要求各银炉从业者紧缩信贷，同时废止口头交易制度等办法，改用“三联单”的票据方式，即在进行交易时，由银炉发行“三联单据”，在三联单上记载数目，一联由开据者自留，其余两联分别交予货款受授双方，以资核验。炉银交付时，既可用小洋，也可用本省的主要货币奉票核价。这次整顿使得营口的过炉银制度得以维持，贸易又呈现出畅通局面，过炉银因清末革命而失去的信用逐渐恢复。其他金融机构也对炉银的整顿表示欢迎，如中国银行方面称"若现在时局平靖，市面安稳，炉银信用亦渐趋巩固之地位，炉房家亦大多持稳健主义，步步蹈实，又得当到限定其价格，既不能有巨大之涨落，即不致有危险之可虞。如……将此次整顿炉银章程永远定为成案，俾免日久懈弛，则炉银信用之永固，即商界前途之幸福……"①。这在某种意义上体现了营口银炉与其他金融机构的共赢关系，在竞争性的货币体系下，虽然各种货币之间存在着广泛的竞争，但相互之间维持相对稳定的汇兑关系才能保证市场稳定。与此同时，虽然东盛和破产后官方就开始介入对银炉的监管，但清末民初政局动荡，对于过炉银的管理一直是在官商合作的框架之下，以商人自治组织为主导。1917 年之后，东北地方军阀势力兴起，开始加强官方银行建设，并着手从商民手中收回货币发行权，试图由政府统一发行货币。1918—1919 年的西义顺破产案及其救济过程，不仅是对过炉银信用的一次重大冲击，也是官方强势介入金融市场管理、收回民间货币发行权的过程。过炉银制度也正是在这种背景下进一步被官方货币所替代，逐渐沦为一种普通的信用货币并逐步衰落。

一、营口银炉派系与西义顺破产案的发生

受东盛和破产的冲击，粤商和西商在营口的势力趋于衰落。原有的东盛和、东永茂、裕字号三家粤籍巨商只有东永茂尚在，西商票号也因债案影响，在当地运营资金损失过半，不得不退出东北市场。与此同时，山东商帮以西义顺及联号为首，直隶商帮以厚发合及联号为首，在东盛和破产后迅速登上营口商界顶峰，为争夺营口商业主导权展开明争暗斗。民国初年，营口的银炉商号大体可分为山东、直隶、广东和营口本地四个集团。其具体派系和组成见表 5.1。

---

① 《中国银行陈述营口炉银沿革暨官厅整顿炉银情形函》1915 年 6 月 3 日，《中华民国史档案资料汇编》第三辑《金融》，江苏古籍出版社，1991 年，第 654 页。

表 5.1　**营口银炉派系一览**

派别	店名	年经手额	派别	店名	年经手额
山东帮	西义顺	8 000 万两	直隶帮	厚发合	4 000 万两
	义顺厚	9 000 万两		英发合	3 000 万两
	恒义利	8 000 万两		志发合	4 000 万两
	合计	25 000 万两		合计	11 000 万两
广东帮	永惠号	2 000 万两	中立派	本昌德	1 000 万两
	永茂号	3 000 万两		永衡银号	1 000 万两
	合计	5 000 万两		合计	2 000 万两

资料来源：朝鲜銀行理事木村雄次致外務省政務局长埴原正直函件，1919 年 2 月 8 日，《奉天兑换停止問題一件(営口西義順破産ヲ含ム)》，日本国立公文書館アジア歴史资料センター，B11090661300。

注："中立派"的称呼见于日文文献，中文文献并不将其归为一派，其中本昌德是营口本地银号，而永衡银号则来自吉林，这些商号基本代表了本地商帮的利益，故也可称之为"本地帮"。中立派商号在西义顺破产案的问题上态度也并非中立。

山东帮以西义顺银炉为首(包括义顺魁、恒义福、恒义利、义顺长、义顺金等)，直隶帮以厚发合银炉为首(包括厚发合、志发合、润发合、英发合等)，广东帮以永字号为主，营口帮以世昌德银炉为首，几股势力互相竞争，相持不下。因这一时期营口市内的商家多为山东人所经营，客户网络较为完善，山东商帮经营的主要银号西义顺不单经营银炉，还经营油坊和代理进出口业等，在东北各地有众多的联号，在营口一直有着较强的势力。除山东帮以外，直隶帮的厚发合银炉资本也相当雄厚，其资金来源是长春的中国银行、交通银行等。营口本地银炉则由众多省内其他行业财东支持，在营口银炉业中也占有一定地位。在 1917 年营口总商会的人员构成中，会长由西义顺的李恒春担任，而副会长则是来自厚发合的李元良，商会设立的四个特别会董席位则有四派各居其一。[①] 西义顺明显处于相对优势地位，这引发了其他商帮的不满与嫉妒，希望能够联手与西义

① 关于营口总商会的章程和全部人员构成名单，可参见《支那商務総会ニ関シ取調方ノ件》，日本国立公文書館アジア歴史资料センター，B10074345200。

顺相抗衡。

银炉间表面上关系亲密,实际上具有很强的排他性和竞争性。一方面,各银炉用人唯亲,从财东至小厮皆必用同乡,交易对象、经手商品也各因同乡关系而划分。另一方面,各银炉彼此相互竞争,常为扩大实力而绞尽脑汁。东北地区的商人和工人等以山东人居多,因此以西义顺为代表的山东帮银炉势力较大,经营规模超过其他银炉的总和。由于各银炉在风险控制方面始终存在漏洞,因而短期资金链紧张是较为常见的现象,有时变本加厉,"暗中更出重利,借同行之票银(自月息二分至四分不等)以救一时之急,不问损失之大,饮鸩止渴,莫此为甚。终之一面受利息之亏,一面受压煞资本不能周转之害,因以不支,遂致搁浅"①。1918 年腊月,西义顺银号出于投机需求,购买了大量上海规银而增发过炉银。此时正处于第一次世界大战后期贸易紧缩期,上海金融局势不稳引发过炉银下跌,同时西义顺在油坊和面粉等其他事业上也进行了大量投资,导致资金周转出现困难。直隶帮银号注意到了相关情况,鼓动众债权人一齐向西义顺挤兑,致使西义顺陷入现金流危机。直隶帮银号还进一步散布西义顺一派危殆的传言,使过炉银趋于暴跌,人们争相挤提债权。而直隶派银炉以预先准备的资金廉价购入过炉银债权,做好了对自身挤兑的防范。在西义顺向其他银炉求助的时候,直隶和本地两帮又故意不肯相助,"该号开出支票各炉坊皆不收受"②。西义顺的债权者纷纷要求清算其债权,而债务者则购买下跌的过炉银用以偿还,很快西义顺当年的亏损额就达约 400 万两,如不在短期内完成整顿,则会宣告破产,从而对当地市场造成巨大损害。"过炉银行情自去年春天以来一直下跌,进入新历 12 月的决算期后发生暴跌,商务总会从奉天官银号和兴业银行各请求 80 万两的援助,方才熬过新年。至本月 6 日对上海的汇兑行情保持平稳,上海规银 1 000 两汇价为过炉银 2 025 两。但到了本月 25 日跌成 2 110 两,26 日 2 115 两,今日为 2 500 两。金融市场眼下正处于大恐慌状态。部分有识之士认为,西义顺破产即是过炉银的终结,其影响将波及全满洲,至少会

① 顾义:《营口炉银及银炉之状况并维持之意见》,《银行周报》1920 年第 4 卷第 1 期,第 34 页。

② 中国银行总管理处:《东三省经济调查录》,(台北)文海出版社,1987 年,影印本,第 60 页。

导致当地市场半年无法确立行市，进出口贸易减半。”①

以西义顺为代表的山东商帮银炉的资产规模大于其他商帮银炉的总和，但是如果遭遇挤兑，仍然是独木难支——这说明过炉银市场是一个动态的均衡，尽管资金在各银号之间分配，总体上保持着充足的流动性，至少可以在现金紧缺的情况下，正常维持营口作为东北地区重要商埠的各种交易。然而，一旦均衡被打破，就会导致全盘的系统性风险，产生信用危机和逆向选择的现象。完善的信用制度有利于参与人之间按照理性预期进行决策，通过信用关系有效抑制欺诈等非理性行为，有效节约交易费用和降低社会成本，对于现代市场制度的建立和运行有着十分重要的意义。而这种信用行为是以权利的获取和让渡为基础的，即某一方的交易主体暂时让渡某些利益，而获得在未来声索某些利益的权利。近代营口地区的银炉发行过炉银作为货币是一种典型的信用行为，从信用制度本身来看也已经不是最初级的阶段，因为在这一行为中需要多个参与人同时具备共同知识和理性预期。也就是说，某一银炉签发的过炉银支票既需要被使用者群体所认可，也需要被收受该票的其他商铺和银炉所广泛承认。任何一个参与人对于其单方面的否定态度都可能对原有制度造成冲击，打破原有均衡。例如，直隶派银炉对于西义顺联号开具的过炉银支票拒绝收兑，实际上是以信号机制向市场散布了西义顺的信用风险。

在信用制度并不完善的社会结构中，信用形式比较单一，没有规范的信用体系和复杂的信用工具，一般是以银行信用为主，其他信用机构和信用工具都较为匮乏。营口银炉作为能够发行过炉银的机构，在某种意义上已经具备了银行的职能，因此也属于银行信用的范畴。发行信用货币的银行在面对信用风险时必须以充足的理由证明其信用状况良好，但在市面资金紧张和外围市场变动的情况下，显然无法维持充足的流动性，出于对信用违约风险的担忧，挤兑现象便产生了。如果银行自身无力兑付，一般会请求中央银行或其他商业银行的援助，然则中国近代既无中央银行，其他银炉又故意不肯相助，西义顺进入破产清算已经成为唯一的选

---

① 駐牛莊領事酒匂致外務大臣内田第二一號密碼電文，1919 年 1 月 31 日，《奉天兌換停止問題一件（営口西義順破産ヲ含ム）》，日本国立公文書館アジア歴史资料センター，B11090661300。

择。

信息不对称往往是逆向选择行为的根源。然而,货币供给与需求市场本身的信息不对称有时尚在可控范围内,但是西义顺风波明显是由于外部条件的推动导致进一步信息不对称,从而引发的市场失衡现象。西义顺资金短缺问题本来是暂时性现象,但在直隶派和广东帮商人的推波助澜和上海金融局势变动的影响下被无限放大,最终难以招架债权人的挤兑风潮而陷入破产危机,在西义顺向其他银炉求助之时,各银炉更是采取了袖手旁观的策略,甚至采取直接抵制西义顺所开过炉银的做法。

在近代中国不具备中央银行的金融体系中,货币发行主体趋于多元化,更没有存款保险制度对货币价值做出哪怕仅仅是名义上的保证,各种货币发行者所面临的信用风险也并不一致。金属货币发行者最需要重视的是货币的成色及制作工艺,而信用货币发行者应当尽力改善和提高自身经营水平,以保证所签发信用货币的质量。排挤其他货币的做法,固然有一定的经济利益诉求,但实际上是"双输"的策略。这是由于在货币发行者处于竞争态势时,货币使用者对于货币的"质量"就会有所评判,并形成相应的理性预期。过炉银是信用货币,其"质量"并不是货币的成色,而是货币的信用,即发行过炉银的银炉经营状况。通常情况下,货币使用者倾向于使用经营状况良好的银炉发行的过炉银,西义顺联号一直以来在营口地区有较强实力,资本金也最为充足,应当成为商民的首选,结果却面临破产。这实际上是典型的逆向选择行为,即由于信息不对称的原因,货币需求方无法判明货币的优劣,从而在市场竞争中淘汰了相对优势方,保留了相对弱势方。高质量货币供给者一旦退出市场,货币需求的理性预期就会下降,进而导致次优的货币供给者被挤出,加速市场失灵与秩序混乱。西义顺破产风波后过炉银制度的发展过程也印证了这一推断,其他两帮银炉并未得到好处,反而严重受其影响牵连,使过炉银制度明显开始动摇,也触发了各方势力对于该事件做出回应。与清末东盛和破产事件不同,西义顺危机引发了从奉天省政府到外国势力的强烈反应,同时各方一致希望救助西义顺帮助其渡过难关。特别是日本方面,较早地注意到西义顺的动态,并且通过各种途径试图在其中发挥作用,实际上体现了多方博弈的过程。

二、西义顺破产案的救济与官方对市场管理的强化

西义顺风波爆发后，营口当地商民和在营口的日本商人都希望能够救济西义顺使其渡过难关，原因主要来自两方面。一方面，一些商铺是西义顺的债权人，他们希望收回债权，从而组织成立了债权团会，倡议西义顺照常营业，销售货物以收抵债款，会同道尹派员分赴各地联号清查账目。另一方面，西义顺停业对于营口市场有弊无利，引起市面震动，各行各业都受到影响，有的行业因为西义顺倒闭而陷入停顿，金融状况也十分紧张，救济和维持西义顺银号的呼声逐渐高涨。[①] 但是商户并没有救助西义顺的能力，各商户的经营状况实际上受到市面金融状况的影响，西义顺倒闭对于其他商户来说更是雪上加霜，因此，救助西义顺的工作只能依靠注资，当时能够完成这项任务的只有奉天省政府或日资银行。

辽沈道尹荣厚积极介入，寻求西义顺破产案的圆满解决。只要投入一定的资金作为支撑，就可以维持西义顺的经营。西义顺的中日双方债权情况如表 5.2 所列。荣厚深得日方信任，因而事先与日本方面进行了接触，就西义顺的经营持续问题以及日方债权人的利益确保问题进行了确认。但就债权人的分布情况来说，兴业银行和东三省官银号合计拥有西义顺近百万两的债权，占据其中大部分份额，因此，中国官方对于西义顺的情况自然最为关注。张作霖在事件发生之初就下达了指示，要优先回收以东三省官银号为代表的奉天省政府银行的债权，但政府无力出资，张作霖希望奉天商务总会来进行救济。但奉天商务总会也无法全额出资，实际也要依靠政府控制下的银行进行融资，这样一来，张作霖就可以与之讨价还价，令一般债权人放弃一部分债权，以确保奉天省政府银行的利益，同时在处理坏账后将西义顺收归官方。此举引起商民约 300 人以“督促奉天政务厅长实施上述命令”的名义到营口举行反对示威。处在中日双方一般债权人和中方政府之间的荣厚决定一方面向日本方面求援，

① 中国银行总管理处:《东三省经济调查录》,(台北)文海出版社,1987 年,影印本,第 60—61 页。

另一方面遴选出以营口总商会会员为主要委员的“自行整理监视员”20人负责制定自行解决该问题的方案。但后者显然也无法自筹资金,继而也把希望寄托在日方。

表 5.2　　西义顺的中日双方债权情况

机构	过炉银	奉票	上海规银
东三省官银号	656 868.92 两	6 089.68 元	
交通银行	94 407.30 两	399.98 元	50 000 两
中国银行	11 598.59 两	14 558.89 元	
商务总会	178 183.43 两		
兴业银行	93 072 两	138 087.10 元	
日本三井物产	300 000 两		
日本正隆银行		300 000 元	
横滨正金银行		100 000 元	
日本其他机构	100 000 两		
合计	1 434 132.03 两	559 135.65 元	50 000 两

资料来源:朝鮮銀行理事木村雄次致外務省政務局长埴原正直函件,1919 年 2 月 8 日及 1919 年 2 月 15 日,《奉天兌換停止問題一件(営口西義順破産ヲ含ム)》,日本国立公文書館アジア歴史资料センター,B11090661300。

中方债权人主要是当地的商户,和在当地经营的日本商户多少有些往来,因此,他们采取的方法是向日本大企业三井公司求助,三井公司借此机会,将中方一般商民债权人的请求向领事和日本外务省进行了汇报,认为进行融资是日本建立“满洲”金融基础的重要一环,必须由朝鲜银行提供融资。然而,由于要考虑到与张作霖方面的关系,日本外务省总部做出的答复是,如果没有中国当局的直接申请,不会提供融资。

事实上,日本对于西义顺破产事件始终保持高度警惕与关注,西义顺风波初起之时,日方对于西义顺危机大感惶恐,立刻开始调查相关资金情况,而之所以从西义顺开始显露疲态时就已经考虑出手干预,其直接原因也是由于日方利益受到了损害。“当地实业界重镇,与本公司有多年交易关系,从事银炉业,在大连和哈尔滨有许多联号的西义顺,最近因其发行的过炉银遭挤兑之厄，于上月末因运转资金梗塞，财产状态渐趋危险，不得不进入清理。……该号掌握当地过炉银的霸权，同时在满洲一带有很多事业，即所谓满洲商界巨头者也。无论对当地还是各地都有广大关系，万一遭破产，其影响所及甚大。会造成往年东盛和破产以上的恐慌，因此当地无论官方民间都趋向于整理维持该号。另一方面，奉天省长认为这是关系地方经济界安危的重大事件，极力组建救济方针，派奉天官银号和其他经济界有力者探讨具体方法。”①“有关营口西义顺整理问题，就铁岭、开原与该号及其联号的本国(日本)商人债权关系进行调查的结果，本国商人约拥有20万日元的债权，各自有确切的商界担保，预计仅就本地来说虽可能有万一状况，但不会有直接损害。中国官商方面也显示出极乐观的态度，而且，最近正好是中国正月，尚未对市场有任何影响。但营口三井公司为确保对当地西义顺的债权，由其当地办事处于5日申请，办理了由中国官方暂时冻结当地西义顺及其联号的所有财产的手续，本月7日又申请解除了上述处分。”②

然而，日方虽然在第一时间把握了情况，也希望能够在维护债权人利益的同时争取占据营口金融市场，但在实际解决方案上，却无法采取单方面的行动，需要与中国政府进行协商并达成协议。面对日本对东北金融市场的觊觎，中国政府一直加以提防，多次拒绝日方的援助请求，从而使得日本对于营口银炉的干预并不顺利。而从三井物产经由当地领事馆向日本外务省的报告过程来看，日本政府、外务省和银行财团(朝鲜银行、三井物产)之间的利益诉求不同，无法达成统一的援助方案，在救济西义顺的问题上进退维谷。面对日方犹豫不定的态度，考虑到1918年殖边银行滥发纸币风波时，日方曾在暗地里散布流言，称营口今后的贸易不用奉票，而是使用日币的前车之鉴，张作霖一贯认为“外人乘间谋我，屡欲握我

---

① 三井物產牛莊出張所致三井物產株式会社業務課長赤羽克己電函，1919年2月6日，《奉天兌換停止問題一件(営口西義順破産ヲ含ム)》，日本国立公文書館アジア歴史资料センター，B11090661300。

② 駐鐵嶺領事小倉致外務大臣内田 第五號密碼電文，1919年2月7日，《奉天兌換停止問題一件(営口西義順破産ヲ含ム)》，日本国立公文書館アジア歴史资料センター，B11090661300。

金融大权，制我死命……”[①]因而不愿借入外资，而是希望通过地方政府出面，在官商合作的框架内进行解决。

最终，经过荣厚与张作霖的会谈，驻营口的辽沈道尹公署在荣厚的主持下对西义顺进行整顿，设立“金融维持会”，动员各银炉业者出资成立“公益银号”，负责清理义字号的资产负债，以安定市面。并限令银炉业者到期收卯，不准滥放银码，以巩固银炉信用。而作为不让日方提供融资的交换条件，给予日方债权偿还优先权。其具体解决方案如下：

西义顺债案解决大纲[②]

甲　组织银炉

1. 由营口有力商家集资至少在四十万两以上作为股本，合组一银炉，定名曰公益银号。

2. 公益银号经理存放银码、货物押款、货币汇兑各事，其业务与旧设之银炉无异，但于以上规定各项外不得兼营其他生产及投机事业。

3. 公益银号一切营业应遵照定章办理，其业务细则另行详定。

4. 公益银号附设一清理义号债务处，办理义号债务事宜，其章程另章规定。

5. 公益银号设监理一人，监察一切营业事务，设经理一人，管理一切营业事务，统由股商公举。另用号伙若干人，由经理选用。

乙　清理义号债务办法

1. 义号债额连油饼、飞子及营业货款并计在内约八百五十万两，财产、货物约共六百五十万两，两者相抵约有着债款七成七分，无着债款二成三分，由义顺号出立信用欠票七成，普通欠票三成，交给债权人。

2. 两种欠票均以炉银为本位照债权人之债额填写，其债额较巨者得分数填写至两种欠票，式样用三联单式，由义制备号盖用号章，并送公益银号加盖号章，一联交付债权人，一联存义号，一联存公益银号。

---

① 《奉天督军张作霖为殖边银行在奉中交两行在吉黑滥发纸币破坏奉省圜法请迅予筹划电》1918年6月6日，《中华民国史档案资料汇编》第三辑《金融》，江苏古籍出版社，1991年，第688页。

② 中国银行总管理处：《东三省经济调查录》，(台北)文海出版社，1987年，影印本，第61—64页。

3. 七成信用欠票市面上应一律通用，三成普通欠票但交存于债权人之手，不准通用，另以命令公布之。

4. 七成信用欠票定位月息八厘，付息期限分三、六、九、腊四卯，统由公益银号代为照付，其三成普通欠票免息。

5. 义号全部财产契据统交公益银号保管，以为欠票信用之担保。

6. 义号全部财产应分别去留，去者由公益银号随时处分，处分办法另定之。留者仍由义号照常营业，由公益监视，监视办法另定之。

7. 处分财产所得售价暨营业所得余利统存于公益银号，积至十分之一，即由公益银号代为收回欠票十分之一，先收回七成信用欠票，次收回三成普通欠票。

8. 义号财产内有现款一百三十万两，应交存于公益银号，备为义号营业活动资本，随时接济。

9. 两种欠票全数收回后，则将清理债务处撤销，并撤销营业之监视，其所余财产契据如数发还。

以上甲乙各项规定各办法，其实行时统受地方长官之监督。

从上述大纲来看，解决西义顺风波的主要策略是分两步走，第一步是由民间出资组织建立公益银号，第二步是在建立公益银号的基础上，以西义顺全部财产契据作为担保，由公益银号对其不良资产进行救济。公益银号是由当地大商家集资入股设立的，因此，西义顺的不良资产实际上平摊到营口的其他商户之中。债权人可以先收到七成现款，另有三成期款等到变卖固定资产后再行还付。推行这一办法后，商业逐渐恢复正常。但是“欠票”在市面的流通相当于又在货币市场中增加了一种货币，这导致现银更少，货币也更加混乱。市面上的交易总是空码出入，过炉银价格再度低落，最低时每锭仅合奉票35元左右，之后才逐渐回复到近50元。[①]以日英为中心的各国领事团向张作霖提出抗议，认为过炉银的如此行情走势损害了本应受条约保护的外国商人的利益。张作霖直接罢免了荣

① 中国银行总管理处：《东三省经济调查录》，（台北）文海出版社，1987年，影印本，第61页。

厚，新任辽沈道尹史纪常动用警力对从事过炉银投机买卖的交易分子进行抓捕、处罚，以强硬姿态对金融市场进行管制。1919 年 9 月，官商两方都认为需要从根本上解决问题，于是召集会议将炉银公会解散，重新组织“金融维持会”，规定章程以保证炉银的信用，但这并没有解决“欠票”大量流通所造成的问题。进入 11 月之后，“金融维持会”和营口总商会向政府指出，金融形势出现混乱的元凶是西义顺欠票在市场上的流通，因而请求由东三省官银号等政府银行接管西义顺，通过政府的银行券强制回收西义顺的所有欠票。事已至此，政府于 12 月上旬命令东三省官银号、兴业银行、中国银行奉天分行、交通银行奉天分行接管西义顺，使用汇兑券回收西义顺欠票，就此西义顺的整理清算工作暂告一段落。[①] 1920 年 4 月，政府又颁布整理炉银新条令，希望能够进一步巩固炉银信用，维持市场稳定。[②] 但是，新条例在维持过炉银信用方面的成效并不显著，其主要原因在于以官方主导的管理机制与民间货币信用之间的根本矛盾。

三、过炉银制度的衰落

1919—1920 年大体上是过炉银制度发展到后期的一个分水岭。在西义顺倒闭之后，1920 年 11 月，厚发合也面临倒闭的窘境。厚发合是仅次于西义顺的大银号，在西义顺破产后位居翘楚，其破产主要原因并不是由于派系之间的互相倾轧，而纯属市场问题。官方对其所采用的救济方式基本上遵循了西义顺的处理方案，并进一步强化管理。这一时期出台的过炉银管理条例大多不是主动的引导，而是被动的救济，因而显得不够有章法，存在着某些前后矛盾的现象。例如，对于过炉银在卯期的决算价格，各条规定中都有着一个固定价格，但几个条例规定的价格并不相同，而且其具体执行情况更加不乐观，或是当年勉强按照条例决算，转年再行更改，或是直接私下交易，根本无法达成所规定的行市。

伴随着西义顺和厚发合的接连倒闭，奉票的滥发使得货币贬值严重，

① 安冨步、深尾葉子：《“満洲”の成立——森林の消尽と近代空間の形成》，名古屋大学出版会，2009 年，第 336—338 頁。

② 《营口整理炉银新条例》，《中国银行通信录》第 57 期，1920 年，第 15—18 页。

这令过炉银市场呈现出新的局面。正如时人所记述，“现在炉银，与民国九年以前的炉银，变成个反比例。在以前时局要有变动的时候，炉银便显毛慌，现在炉银遇有时局的关系，反来价越提高，这个原故，就是各家银炉全守谨慎主义，有码子不肯多放。所以炉银与奉票比较，就显出炉银高贵，奉票毛慌，但是在省政府的意思，对于奉票是绝对维持的，颇不愿与炉银比较看出毛慌来，所以屡次设法使奉票价值提高，使炉银价值下落，无奈这一种事情是大家心理的关系，用力量难以压迫的，现在这炉银的价值，反倒逐渐增高”①。因此，1920 年以后，过炉银的价值曾经出现短暂的上升，但市场行为也更加谨慎。这种谨慎行为的实质是对过炉银信用的怀疑，政府对于奉票的明确支持在民间化为了观望情绪，过炉银也成为奉票的附庸。

1924 年，由于奉票贬值，省政府又出面维持市场秩序，同时也一并干预过炉银的定价，规定每锭兑换奉票 85 元，使得过炉银不得不受到奉票滥发的牵连。当年发生第二次直奉战争，奉票贬值加剧，原本小洋票 1.5 元兑换大洋票 1 元的比价很快贬值到近 2 元兑换大洋票 1 元。1925 年郭松龄倒戈事件后，过炉银与奉票双双低落，政府屡次出面维持均不见效果。1926 年腊卯定价每锭过炉银兑换奉票 108 元，到了 1927 年六月和九月则变为 132 元，1928 年迅速升至奉票 300 元以上。1928 年春，营口总商会召集会议讨论整顿办法，拟呈官府设法维持，于是有了每年一期平抑汇水的做法。当年六月成立“炉银事务所”，专门办理归卯事宜。到腊卯时，评定炉银使之每锭价格在大洋 22 元左右，并须按照奉票临时作价，不得同时与现洋挂钩。虽有部分投机商人从事买空卖空的行为，但炉银事务所尽力维持，使得银价归于平稳。后将腊卯提高 2.5 元，其他三卯价格不变，上海汇水控制在 1 900 两左右，最高不超过 2 000 两。由于政府加强监管，银价在一定时期内保持了平稳，投机行为也不见于市面。舆论一度认为“营口炉银，将来前途不无希望矣”②。

① 黄亚东口述、汪毅久整理:《营口炉银的沿革》,《东三省官银号经济月刊》1929 年第 1 卷第 6 期，第 7 页。由于是口述整理稿，本段文字中的用语多出现口语化表述，引用中保留原文。

② 《营口炉银最近情形的调查》,《东三省官银号经济月刊》1929 年第 1 卷第 6 期，第 8—9 页。

但由于1928年下半年东三省官银号在东北地区北部发行百元纸币，奉票贬值加剧，到秋冬二卯竟然由320元增加到950元。官商各界认为如果不彻底改革，奉票将进一步贬值，直到不可收拾的境地，于是开会宣布放弃奉票，改为大洋本位，当年腊卯过炉银价格定为大洋18.5元。但大洋的价值也并未能保持稳定，1929年三月卯期价格定为大洋20元，六月为22.5元，腊月则为25元。经上报省政府，才将过炉银与奉票的关系彻底脱钩。由于担心营口仍使用与大洋票不同的过炉银制度而可能存在投机行为，财政厅草拟炉银条规，于1929年六月成立"炉银监理处"，对旧有的银炉加以审核，新设银炉则严格限制，规定开设银炉除须拥有50万两以上资本金外，还必须有作为准备金的50万两以上过炉银，并且还必须由两家资产10万两以上的非同业商店作保，归卯价格仍然照旧。① 在这个规定的框架下，银价全由监理处发布，交易时必须严格按照此价格，1930年九月定为大洋25元。每个卯期半月之前，设立"炉银归卯处"，商户归还货款时可以经由归卯处转交给商号。从"炉银事务所"到"炉银监理处"，再到"炉银归卯处"，实际上是通过引入监管机关的方式对过炉银进一步加强监管。

1931年9月发生"九一八"事变，事后虽经维持，但市面仍十分紧张，于是由商会各委员会成立炉银研究委员会，专门负责整顿炉银，规定汇水价为2 400两，但时局紧张，无法维持，汇水不断上升。尽管炉银研究委员会限制了一些交易行为，短期内稳定了局面，但市面情况仍十分不妙，最终完全停止。日本方面在各地实行金融统制工作，对于营口过炉银，提出了五点清理原则：第一，营口应立即设置普通银行，以活跃营口金融市场；第二，伪满洲中央银行应对这个普通银行予以积极支持；第三，在银行开业的同时，应即停止银炉的营业，并禁止过炉银的流通；第四，过炉银的债权债务，一律按财政部公定价格，换算成国币价格，进行合理清算；第五，银炉在财政部监督下，尽速提出清理方案，着手清理。②

① 《辽宁财政厅管理营口炉银暂行章程》，《东三省官银号经济月刊》1929年第1卷第3期，第33—36页。

② 栃倉正一：《満洲中央銀行十年史》，満洲中央銀行，1942年，第103—104頁。

过炉银被废除引起舆论大哗，“最近因日本统制东北金融，营业异常萧条，乃竟不得已而将炉银制度废除”①。同时，日方筹划以资本金200万元设立一个新的商业银行，其组织办法大概如下：“(1)资本金全缴。伪中央银行极力援助之。(2)预定十二月一日开业。(3)使银行归还炉银存款十分之二，即以此项归还之款充缴股款。(4)现正呈请中之二百万元营口商业复兴借款，催请速贷予一百万元，其余一百万元俟银行开业时贷予之，并使此项借款人三十二家定期存放其款项于新银行，即以此项款为放款资金(定期存款之期限与利率与伪中央银行之贷款同)。(5)自银行开业至明年二月十三日之全期间中，新银行对全市各商号之放款总额，预订为五百万元。”其放款方针为：担保放款二百万元(担保品为商品，有价证券，或不动产)；信用放款三百万元(须有殷实商号二家之保证)。“中央银行”以前项担保为保障，对新银行放款。

新银行也负责过炉银的清理问题，其对于整理过炉银债权的方案如下：“(1)根据呈奉财政部批准之整理方针，于新银行开业后，在营口总商会整理之。(2)在营口总商会内设炉银整理处。(3)银炉业务整理事项，由炉银整理处接续办理之。(4)炉银之标准价格，于新银行开业之日，由伪财政部发表之。”②至此，营口过炉银制度已经完全被废除，伪满洲中央银行承担了统制金融的任务，营口在金融方面的作用已经和一般城市相同，不再具有特殊性。

小　结

综上所述，民国时期政府对于经营过炉银的银炉监管呈逐渐加强的趋势，政策趋于收紧。从混业经营的角度看，1917年的《营口炉银归卯条规》和《营口炉银归卯处组织章程》并未对银炉做出较多限制；1920年的《营口整理炉银新条例》则限制银炉不能经营其他行业，但是已经经营的予以豁免；到了1929年的《辽宁财政厅管理营口炉银暂行章程》，不但银

① 《营口炉银制竟被废除》，《黑白半月刊》1933年第1卷第3期，第35页。
② 《营口炉银制竟被废除》，《黑白半月刊》1933年第1卷第3期，第35—36页。

炉不能经营其他行业，就连联号也被取缔，同时还人为规定了最小和最大银炉数，这就大大限制了市场空间。

西义顺倒闭后的过炉银市场变迁说明信用危机导致竞争性货币市场的势力转变，同时表明货币市场的逆向选择行为可能导致市场均衡的变化。由于各银炉发行的货币具有同质性，而营口的货币市场上又不仅仅只有过炉银一种货币在流通，这就导致西义顺的市场空缺并未被其他银炉瓜分，而是从整体上削弱了过炉银作为货币的根基。在过炉银的市场内部，由于西义顺倒闭，使得货币需求方对过炉银产生更深的不信任感，所带来的贬值现象更加打击了过炉银市场。以厚发合为代表的直隶帮银炉，在西义顺风波中不但没有获取利益，反而使自身陷入绝境。

过炉银在经历西义顺和厚发合倒闭后依然存续下来，并不是说过炉银重新在营口占据了优势地位，而是一个多方博弈的结果。东北地方政府希望借此机会将营口纳入东三省整体金融制度框架内；地方商户希望能够最大限度地挽救损失，争取利益；日本方面则希望借此机会插手营口金融事务以扩大利权。因此，在西义顺问题上，三方一致表现出争先恐后的救济措施，最后的解决方案实际上也是各方利益的妥协，而未能直接废除过炉银制度。直到“九一八”事变后，日本对东北金融采取统制措施，在营口地区最直接的表现就是废止过炉银，完全消除民间货币在市场上的竞争。

第六章

以大连为中心的钱市、汇市与贸易

日俄战争后，日本获得旅大租界和中东路南段长春到大连的所有权益。1907年，大连开埠，作为日本对华贸易的自由港，逐渐超越营口，成为东北地区的主要贸易港和金融周转中心。虽然大连的海关和行政权由日本殖民者所管理，但参与贸易和金融交易的多为中国人，在当时的东北区域经济发展乃至东北和上海的经济循环中发挥着重要作用。然而，由于大连变为日本的租借地，学术界围绕大连的区域经济发展特别是货币市场的研究一直比较薄弱。全面抗战爆发前，作为日本殖民管理和经济参与者，满铁调查科、横滨正金银行、大连商业会议公所等机构记录和统计了有关大连的贸易、货币、税收和市政等方面的信息，这也是我们今天能够重新梳理和探讨相关问题的资料基础。在国内，时人的相关研究主要有裕孙关于大连商人通过汇兑市场进行套利的简要记述①，张金灿、朱仁等关于大连贸易和金融情况的记述和介绍②。抗战结束后，日本学者关于东北区域经济的大量研究中虽然或多或少涉及大连的各个侧面，但专题性的深入研究并不丰富。代表性的论著主要有：水内俊雄从地理学

① 裕孙：《汇兑市场与大连商人之关系》，《银行周报》1923年第7卷第43期。

② 张金灿：《大连之金融状况》，《银行周报》1919年第3卷第9期；朱仁：《大连的贸易状况》，《中央日报特刊》1928年第4卷第15期；健行：《大连商港的地位和贸易状况》，《商业月报》1930年第10卷第12期；江怀澄：《大连输出入贸易概况》，《中行月刊》1932年第5卷第4期；《以大连为中心的东北贸易》，《工商半月刊》1934第6卷第23期；《一年来中国本部对大连贸易之回顾》，《中行月刊》1934年第8卷第4期。

视角探讨了大连作为殖民城市的发展变化及其特点[①];柳沢遊比较系统地考察了从1905年日本人进入大连到第二次世界大战后退出大连这一时期内大连日本商工业者及其组织的发展演变过程;[②]塚瀬進探讨了"九一八"事变前大连特产商品交易所的功能和特点;[③]松重充浩和宋芳芳则对日本殖民时期大连华商公会议和华人社会生活进行了考察。[④] 国内除涉及日本殖民时期大连贸易和城市市政方面的少量文献外,[⑤]有关以大连为中心的区域经济运行方面的研究仍然处于空白。本章的目的是利用满铁调查科、横滨正金银行、大连商业会议公所等机构的记录和档案资料,结合国内外的相关研究,通过梳理大连的钱钞交易市场、大连与上海的汇兑市场、大连与东北内地货币市场的汇兑关系,考察"九一八"事变前以大连为中心的区域汇兑市场的运行机制,弥补关于东北区域经济史和金融市场研究的不足。

一、以大连为中心的贸易和金融市场的形成

直到日俄战争前后,营口一直是东北地区的主要贸易港和金融结算中心。货币市场与上海汇市为营口商人提供了保值手段,汇市和货币市场发展必然伴生套利交易。日俄战争时期,俄国为从中国采购商品,曾采取以纸币收购银块的政策。"道胜银行不断出售以俄币计价的上海汇兑,价格上给予相当折扣。但当时……,只有少数人交易,由此获暴利,一日成交三十万卢布亦属平常。此信传开,一般商人态度骤变,生出以此牟利一族。山西票号则采用经当地向莫斯科汇款,再经上海、营口回归的复杂

---

① 水内俊雄:《植民地都市大連の都市形成1899—1945年》,《人文地理》1985第37卷第5号。

② 柳沢遊:《日本人の植民地経験:大連日本人商工業者の歴史》,青木書店,1995年;柳沢遊:《在"满州"日本人商工業者の衰退過程——1921年大連商業会議所会員分析》,《三田学会雑誌》1999年第1期。

③ 塚瀬進:《満州事変前、大豆取引における大連取引所の機能と特徴》,《東洋学報》1999年第81卷第3号。

④ 松重充浩:《植民地大連における華人社会の展開:一九二〇年代初頭大連華商団体の活動を中心に》,曽田三郎:《近代中国と日本:提携と敵対の半世紀》,東京御茶の水書房,2001年;宋芳芳:《日本租借地時代における大連華人の社会的生活基盤の形成—大連の華商公議会を中心に—》,《環東アジア研究センター年報》第5号,2010年2月刊。

⑤ 贾德辉:《近代大连城市发展中对外贸易因素的评价》,《大连近代史研究》2012年9月。

方式。时值投机风起，市场向此交易狂奔，也有因此受巨额损失者。中方官员以此为患，采取种种措施禁止，然其势奔腾，措施几乎皆无效，以致若询华商'行市'，其必答俄币行情。此现象持续至俄国政治经济势力重大下挫的战后两年余，已沦为纯粹投机，令人不可思议。"[①]

而日本人则将汇市和货币市场交易一概斥为"投机"。横滨正金银行认为，上海汇兑业务被营口银炉和商人利用为套利手段，其交易额多为银炉及其他商人从事，与其说是贸易，不如说是为套利而以军票购买的上海汇兑。其行市虽每日高低不同，但据说目前(1905 年二、三月)百元军票对上海银比价为 69 两左右。[②] 日军政官认为，"目前困境实因商人诡计而生。本港主要贸易商多半与过炉银有关，他们互相串通，利用无形信用滥发过炉银购买上海汇兑，大量进口商品，眼下困境实是自招"，但是，"考虑到若用过激手段，难保不引起经济社会的巨大恐慌，有慎重处置必要"，[③]并以横滨正金银行提供的材料进行说明："今试举横滨正金银行支店发现之彼等奸猾手段一二以说明，以过炉银购买上海汇兑，在当地账上计为将过炉银若干交付，在上海是接受现银，能将其融通使用；在当地以过炉银，即无形信用煽动购买上海汇兑，提高行市，寻机抛出先前所购汇兑以获取暴利。最初以过炉银购买的现银，抬高加色后出售，回收过炉银获取暴利。军票也可以同样手法用于获利，奸计百出，危害实大。"[④]

日俄战争后，虽然日本殖民机构内部在东北货币政策方面存在着较大争论，但对于推进大连建设的意见却是一致的。作为日本最重要的殖民情报机关，满铁精于中国地区的调查与情报活动，通过调查后分析认为大连的区位优势要远远优于营口。日俄战争前东北地区的主要港口营口是一个冻港，一年中有 3 个月无法通航。大连作为一个不冻港，可以对其

---

① 1909 年 12 月日本驻长春领事报告，《各国事情関係雜纂/支那ノ部/長春》第一卷，国立公文書館アジア歴史資料センター，B03050390700。

② 関東都督府陸軍部：《明治三十七、八年戦役滿洲軍政史》第五巻，小林又七印刷所，1915 年，第 657 頁。

③ 関東都督府陸軍部：《明治三十七、八年戦役滿洲軍政史》第五巻，小林又七印刷所，1915 年，第 665 頁。

④ 関東都督府陸軍部：《明治三十七、八年戦役滿洲軍政史》第五巻，小林又七印刷所，1915 年，第 666—667 頁。

进行各项设施的规划建设。与此同时，还可以依靠海路交通的便利，开通至中国沿岸各地特别是上海的航线，陆路也可以和长春以北地区建立交通网络。如果能进一步通过西伯利亚铁路进行对接，就可以将大连建设成世界级的商业港口。大连的繁荣程度将是营口所无法比拟的。日本政府应该将以大连为首的南满铁路沿线以及安东作为势力范围重点进行扶持，这才有利于尽快使东北地区“脱离”中国。①

1907年5月，日本财界名流和大金融资本家的代表高桥是清提出，将日本神户和大阪开放为自由港，开放商品和贵金属交易，采取鼓励措施将银本位货币贸易结算中心置于大连，将金本位货币结算中心置于神户，进而夺取上海作为东亚货物集散中心的地位。从对外贸易来看，作为货物集散地，以神户和大连为中心从事商品进出口贸易以及金银交易是十分方便的。然而，如果不能维持住神户的金本位结算中心地位，同时将银本位货币交易的结算市场设在大连，并将在上海进行的结算业务转移至大连，货物集散地的地位终将被上海夺走。② 横滨正金银行不满足于仅仅获得东北对日汇兑业务，也想获得东北对上海汇兑的主导权，主张“不能光靠经手对日本汇款业务，也需要视上海、牛庄的汇市供求操作，……吸收存款必须靠天津、上海、北京的中国人，存款才是银行唯一的力量”③。当时，日本对东北居于入超地位，日本政府并未新铸银元，横滨正金银行在东北筹集兑换准备金颇为不易。同时，日本对华南处于出超地位。于是横滨正金银行为避免在东北兑换的繁琐，规定一律以上海规银兑现，持有钞票者请求兑换时，皆转为规银支付。即使在大连交易所发生定价货币争论时期，横滨正金银行仍然从政策立场，实行规元汇兑兑换。④

1907年大连正式开港，日本在旅大实施进出口商品免税政策，东北对日贸易中心迅速转移到旅大，大连港与满铁沿线的豆货集散、运输、仓

① 篠崎嘉郎:《滿洲金融及財界の現状》上卷，大阪屋號書店，1927年，第178—179頁。

② 《高橋正金頭取対滿鉄側の滿州通貨論争》，滿洲経済研究会《滿洲国通貨問題の研究並に資料》，滿洲経済研究会，1935年，第92—94頁。

③ 《高橋正金頭取対滿鉄側の滿州通貨論争》，滿洲経済研究会《滿洲国通貨問題の研究並に資料》，滿洲経済研究会，1935年，第112頁。

④ 栃倉正一:《滿洲中央銀行十年史》，滿洲中央銀行，1942年，第51頁。

储、加工、交易等机能逐渐发达。铁路和出口港的变化引起商品流向的变化。铁路两侧产地受运输成本影响改为向最近的铁路站运出，满铁沿线各站成为新集散中心，运往大连的货物迅速增加。豆饼出口需求的增加促进铁路沿线豆饼运销量的增大，新兴集散地与大连的油坊业逐渐发达。1908 年大豆开始大量出口欧洲，其交易主要在冬季进行，促使铁路运输量和大连的地位进一步提高。1910 年以后，东北大豆交易中心已转移至大连。其转移的基本原因是由于国际需求的变化使大连成为最大的国际豆货出口市场，同时也由于日本殖民体系建立之初出于争夺贸易资源的需要对市场限制较为宽松。如表 6.1 所示，1910 年与大连相比较，营口大豆和豆油在贸易量上已处于下风，仅在豆饼出口上还具有微弱优势。但 1911 年大连豆饼出口量超过营口，此后其差距逐年拉大。

表 6.1　　南满各港口出口量比较　　单位：海关两

年份	港口	大豆	豆饼	豆油
1910	大连	5 065 688	3 945 227	259 817
	营口	1 574 678	4 752 219	170 105
	安东大东沟	2 052	255 309	2 244
	合计	6 643 418	8 952 755	436 166
1911	大连	3 788 955	6 852 188	487 860
	营口	1 498 580	5 583 436	162 588
	安东大东沟	85 180	613 991	6 585
	合计	5 372 715	13 049 615	657 032
1912	大连	2 428 607	5 632 003	496 459
	营口	1 011 277	3 954 590	112 764
	安东大东沟	101 601	709 290	8 376
	合计	3 541 485	10 295 883	617 599

续表

年份	港口	大豆	豆饼	豆油
1913	大连	2 119 862	8 459 484	580 712
	营口	854 108	4 228 905	112 971
	安东大东沟	123 925	558 456	2 883
	合计	3 097 895	13 246 846	696 566
1914	大连	4 054 369	8 012 983	640 435
	营口	819 063	3 186 825	41 844
	安东大东沟	228 551	438 223	2 468
	合计	5 101 984	11 638 031	684 747
1915	大连	4 215 593	10 036 860	855 816
	营口	1 423 831	4 086 022	60 276
	安东大东沟	346 343	763 316	7 833
	合计	5 985 767	14 886 198	923 925

资料来源:関東都督府民政部,《滿蒙経済事情》第 8 號,関東都督府民政部,1917 年 4 月,第 24—25 頁。

民国时期,大连不仅贸易额超过营口,逐渐成为东北地区的主要贸易港,而且跻身全国前五大贸易港,其贸易额占全国贸易总量的 10%～15%。在东北的 11 个贸易港中,南满有大连、营口、安东、大东沟 4 个港口,北满有满洲里、绥芬河、哈尔滨、三姓、瑷珲、珲春、龙井村 7 个港口,南满 4 个港口的贸易总额约占东北贸易总量的 75%～80%,而大连的贸易额则占南满四港的 70%左右,约占东北贸易总额的一半。[①] 如表 6.2 所显示,1922—1924 年大连的贸易额分别为 22 992 万海关两、24 139 万海关两、24 922 万海关两,占东北贸易的比重分别为 48.17%、47.04%和 51.44%,是东北地区第一大贸易港。

---

① 横浜正金銀行調查课:《大連を中心として見たる滿州の金融、為替、貿易》,横浜正金銀行大連支店,1927 年,第 61 頁。

表 6.2　**1922—1924 年东北各港贸易额**　单位:海关两

		1922 年	1923 年	1924 年
南满	大连	229 921 392	241 394 807	249 218 855
	营口	58 665 042	71 757 723	55 528 206
	安东(包括大东沟)	72 336 680	87 683 108	66 532 024
北满	龙井村	3 359 937	5 025 425	4 648 870
	珲春	1 519 348	1 581 895	1 603 651
	绥芬河	28 500 201	30 972 295	44 083 375
	哈尔滨	53 730 340	45 868 954	57 608 880
	满洲里	11 126 437	11 758 193	648 610
	三姓	11 456 310	11 774 409	
	瑷珲	6 727 105	5 324 025	4 617 175
合计		477 342 792	513 140 834	484 489 646
大连占比		48.17%	47.04%	51.44%

数据来源:横浜正金銀行調查课,《大連を中心として見たる滿州の金融、為替、貿易》第 66 号,横浜正金銀行大連支店,1927 年,第 62 頁。

随着日本殖民势力的入侵,日系货币也开始在东北地区扩展流通。日俄战争结束时,日本政府为扩大其殖民银行势力,规定以横滨正金银行钞票回收战时发行的军票,并相继给予其银本位钞票和金本位金票的发行权。1911 年,朝鲜银行在安东设立分行,1913 年又在奉天设立分行,并逐渐扩张到大连、长春等地,朝鲜银行的金票开始在东北流通。1917 年,日本政府欲以朝鲜银行为中心推行金票统一政策,将横滨正金银行金票的发行权移交给朝鲜银行,并于当年 11 月发布敕令,规定朝鲜银行发行的金票在关东州和满铁附属地内所有交易中不受任何流通使用上的限制,金票的主体地位得以确立。虽然横滨正金银行钞票失去了在大连的强制流通地位,但在商品交易中仍然发挥着重要作用。

金票在大连大量流通以后,在各种交易中使用金票的现象迅速增长,一些原本使用银本位货币的交易,由于担心金银比价的波动带来汇率风险,也开始使用金票。1927 年末,大连主要使用的货币按照流通金额排序是金票、小洋、钞票和铜元。[①] 在大连的日本人日常交易中,全部使用金票,官厅税赋、铁路运价、涉及日本的进出口贸易等也都用金票计算。钞票是银本位货币,由于东北其他地区使用奉票、官帖、哈大洋较多,而钞票可以与这些货币通兑,因而钞票在大连主要用于兑换。在大连的中国人之间的交易,经常使用小洋和铜元,日本人偶尔也使用中国货币,但基本只在付给低阶层劳动者工资或直接向农家收买农产品的时候使用,其他中国货币在大连基本不使用。在当时的形势下,银元不允许自由铸造。即使将银块交给横滨正金银行,也无法得到相应的银元,钞票也不能和银元自由兑换,从这一点来看,钞票和奉票没有任何区别。不过,如果一定要将钞票兑换成银元,只有通过外汇进行兑换,即按照钞票发行银行横滨正金银行规定的外汇牌价进行交易。

大连货币市场金票与钞票并行的制度,使大连成为连接日本与上海和东北内地的桥梁,东北特产物(主要指大豆、豆粕、豆油、高粱等农产品)的出口需经大连结算,同时大连也是东北与日本、东北与上海的资金中转中心。一方面,大连的货币交易市场在整个东北地区最为发达。在大连交易所中,可以进行现货交易的是钞票和羌帖,钞票以金票和小洋交易,羌帖通过钞票交易。期货交易品种也是钞票和羌帖两种。钞票通过金票、羌帖通过钞票进行买卖交易,标价方式和现货相同。大连由此成为东北地区货币兑换和资金集散中心。另一方面,大连和上海两地货币和汇兑市场紧密相连。上海是当时国内贸易和汇兑中心,大连外汇市场和钱钞市场银价的决定都以上海日元汇价和标金价格为基础[②],而上海银价的变动则与伦敦及世界银市场的变动相一致。横滨正金银行的钞票以银元为准备,并且只能通过申汇进行兑换。大连金票的发行主要以日元为准备,并且也只能通过外汇进行兑现。这样,在大连和上海之间既有内汇市场,又存在一个买卖金元的外汇市场,资金流动可通过这两个市场同时进行,为大连、上海以及日本之间的资金结算和投机套利创造了条件。大

① 蓝维先:《满洲金融及财界现状》,《东三省官银号经济月刊》1930年第4期,第1—13页。

② 佐田弘治郎(南満州鉄道株式会社総務部調査課):《大連に於ける特産物の取引及採算》,南満州鉄道株式会社,1931年,第28頁。

连货币交易和资金结算的影响力遍及东亚，与上海市场一起，在国际货币市场中占据重要地位。

二、大连钱钞交易市场的功能及交易量

（一）大连钱钞交易的功能

钱钞市场的一个重要作用是为货物贸易筹集资金。由于当时中国的货币以银本位货币为主，特产物出口也主要以钞票交易。当农产品上市时，各地商人涌入大连，因购买农产品需要，钞票的买卖也随之增加。此时，横滨正金银行的钞票流通量约有500万元之多，夏末秋初青黄不接之际，其流通量也在200万元左右。[①] 因此，可以说“大连市场银价行情的变化完全是由满洲特产物商品的上市流通引发的”[②]。东北内地各处钱钞交易也具有季节性特征，在奉天，每年4月到5月正值棉丝布等进口商品结算期，进口商人需以金票向日本商人支付。因此，卖出现大洋票或奉票、买入金票现货和期货的数量不断增加，金票价格出现近期高、远期低的利差现象。而在特产物集中交易的秋冬时节，出口商为收购特产物，需卖出金票，买入现大洋票或奉票，此时金票价格又出现近期低、远期高的现象。[③] 大连钱钞市场的另一个重要功能是为投机商在大连与上海之间的投机套利提供交易平台。投机商通过钱钞市场进行钞票和金票的买卖，同时在内汇市场上进行钞票和申票的买卖，利用大连与上海两地间的银价差，获取差额收益。这种投机交易在20世纪20年代前后极为盛行，尤其是在1918—1920年银价高涨时，投机活动极为活跃。至20世纪20年代末，两地银价差额日趋缩小，投机活动才逐渐平息。

钱钞交易的季节性特点使金票和钞票的价格和流通量也呈季节性波动。图6.1为横滨正金银行钞票发行额的总体变化趋势，虽然1921—1932年每年均有波动，但整体上呈不断上升趋势。1921—1925年钞票发

---

① 张金灿：《大连之金融状况》，《银行周报》1919年第3卷第9期。

② 横浜正金銀行調查课：《大連を中心として見たる満州の金融、為替、貿易》，横浜正金銀行大連支店，1927年，第15頁。

③ 《大連を中心として観たる銀市場と銀相場の研究》，南満洲鉄道株式会社，1930年，第59頁。

行额较低，在 200 万元上下浮动，此后流通额不断上升，最高时达 1 400 多万元，但 1932 年 7 月后又逐渐下降，跌至 500 多万元。每年 11 月至次年 5 月左右为农产品上市交易时期，钞票和金票的流通量较大，钞票约 500 万元，金票约 1 亿元，而 7 月至 10 月为农产品交易淡季，钞票和金票流通量较少，钞票约 400 万元，金票约 8 000 万元。两者的流通量随特产物交易的多寡而起伏。但金票的流通量远大于钞票，约为钞票流通额的十几倍。

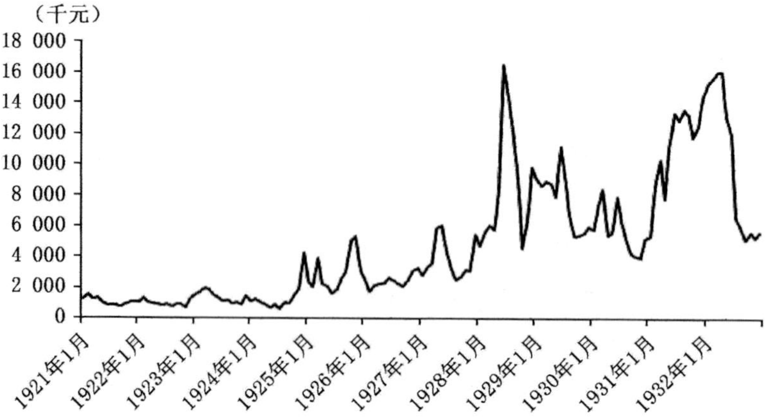

资料来源：満鉄調査課，《満洲経済統計》，南満洲鉄道株式会社，1927 年、1928 年、1932 年。

图 6.1　1921—1932 年横滨正金银行钞票在东北发行额

虽然大连交易所是钱钞交易的主要场所，但由于交易门槛及交易成本都较高，因而资金筹措难度大。加之特产物期货交易通常为 3 个月，而钱钞期货交易的期限大多是半个月，两者在交割期限上的错位，导致交易商需在钱钞市场进行反复多次交易。为了筹集 3 个月期货合约所需的资金，交易商需多次买入半个月的钞票期货，每半个月变更一次，或在交割日支付金票买进钞票，存入银行。前者每半个月更换一次，每次需要支付每 10 000 元钞票 15 元的手续费(如果特产物的买方具有交易商资格，在钱钞市场上直接买入时，钱信公司的手续费为每 10 000 元钞票支付 2 元)。后者则是提前借入金票，在合约到期交割时以金票买入钞票支付，这不仅需承担钞票价格上涨所带来的损失，而且还要承担金票的借款利息。如 1929 年末，金票的短期借款利率为每天 2 钱 2 厘到 2 钱 7 厘，而钞票活期存款利率为 2～3 厘，假定钞票价格为 50 元，且到交割日时不变，则每天的利息损失在 1 钱 6 厘到 2 钱 3 厘。因此，通过交易所和金票借款筹集钞票的成本很高，加剧了出口商获取钞票的难度。

出口商获取钞票资金的另一种途径是直接向横滨正金银行进行融通，其方法主要有三种：第一，与横滨正金银行缔结外汇卖出合约；第二，以特产物为担保借入钞票；第三，在上海筹集规元资金，然后通过卖出申票筹集钞票。[①] 通过外汇买卖筹集钞票，是指横滨正金银行对在该行买入钞票外汇的客户，在合约到期前，可向客户提供钞票借款。特产物出口商以钞票借款支付货款，然后将汇票及其他所需文件备齐后，向横滨正金银行卖出汇票，再用得到的钞票归还欠款。这种方式对日本出口商来说较为便利，横滨正金银行可按客户要求签订两个月或六个月的外汇合约，合约到期前，也可根据客户需要，随时执行合约。相较于钱钞市场对合约期限的限制，横滨正金银行这种放款方式更为灵活，期限上不受约束。总之，虽然出口商通过钱钞市场筹集钞票存在一些困难，但可以通过外汇买卖，从横滨正金银行获得钞票。

（二）钱钞交易量的变化

大连交易所钱钞交易量的变化趋势如表 6.3 及图 6.2 所示，钞票对金票的现货和期货交易自 1917 年起持续上涨，1920 年现货和期货交易量分别达到最高点 10 944.2 万元和 223 897 万元钞票，1921 年两者都大幅下降，尤其是期货交易下降更为剧烈。此后两者的交易量都有所恢复，现货交易在 1924—1926 年又出现一次较大波动，期货交易则保持了相对平稳。从钱钞交易的种类来看，钞票的期货交易量远大于现货交易，这是由于期货具有套期保值、规避风险的功能，可满足投机交易和商品贸易的需要，而现货主要为商品贸易服务。钞票对小洋的交易量也自 1917 年开始持续上升，1920 年达到最高点，此后逐渐下降。俄帖的交易量最少，现

① 《大連を中心として観たる銀市場と銀相場の研究》，南満洲鉄道株式会社，1930 年，第 38—39 頁。

货仅 1924 年有交易额,期货在 1921 年后无交易额,这主要是因为随着俄国在大连势力的衰退,尤其是俄国十月革命爆发后,俄帖在东北大幅贬值,几成废纸,流通日渐减少。

表 6.3　　大连交易所钱钞期货及现货交易量

品种 年份	现货			期货	
	钞票对金票	钞票对小洋	俄帖对钞票	钞票对金票	俄帖对钞票
1917	24 339 100	3 639 700	—	570 385 000	208 970 000
1918	48 242 800	4 955 700	—	958 920 000	512 425 000
1919	73 432 600	5 031 200	—	1 830 098 000	322 145 000
1920	109 442 000	7 494 100	—	2 238 970 000	14 565 000
1921	77 764 500	6 793 700	—	796 860 000	—
1922	70 417 300	6 468 800	—	1 677 430 000	—
1923	89 077 300	6 358 500	—	1 464 790 000	—
1924	109 182 700	5 163 200	64 500	1 227 155 000	—
1925	37 904 900	4 893 300	—	1 160 445 000	—
1926	76 308 700	5 950 500	—	1 275 415 004	—

注:表中钞票对金票和小洋的交易表示钞票的数量,俄帖对钞票的交易表示俄帖的数量。

资料来源:篠崎嘉郎,《滿洲金融及財界の現狀》下卷,大阪屋號書店,1928 年,第 159 頁。

钱钞交易的需求主要有两大来源,分别是商品贸易和投机交易。商品贸易是钱钞交易的基本需求,出口商大多来自金本位制国家,购买特产物时需支付银本位货币,输往国外售出时获得金本位货币,故需以金买银,进口商则相反,需以银买金。因此,这些因货物交易而产生的钱钞交易需求与贸易量呈正相关。第一次世界大战期间,欧洲各国忙于战争,进口需求增加,使大连的出口不断增加。大连出口贸易自 1914 年的 37 178 129 海关两上升到 1918 年的 80 976 072 海关两,1919 年和 1920

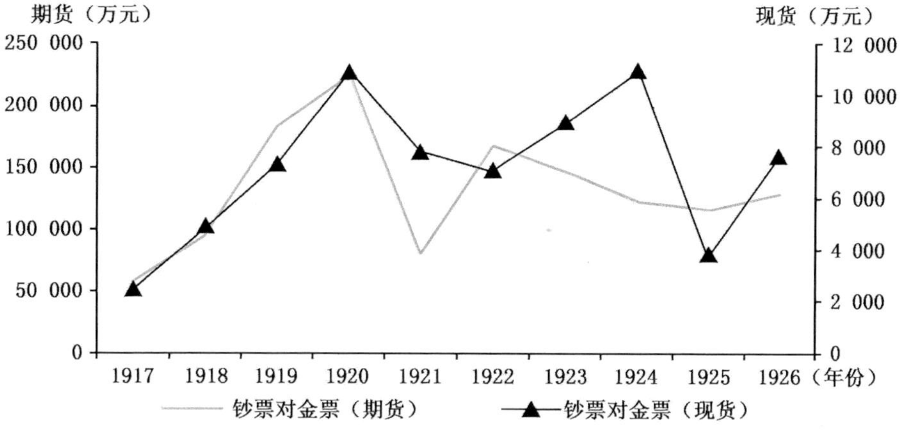

图 6.2 1917—1926 年钞票对金票的现货和期货交易量

年分别进一步上升至 108 569 533 海关两和 111 322 789 海关两。[①] 1920 年后，除 1922 年出口有所减少外，其余年份基本保持上升趋势，且进口及净出口都在持续增加。

1921 年前后钱钞交易量出现大幅波动的主要原因是由于金银比价震荡所引起的投机交易。自 1917 年开始，上海标金价格持续走低，1919 年 12 月下降至最低点 144 规元两，相对于 1917 年之前，已下降一半以上。1921 年后，又逐渐恢复到 300 两以上。大连与上海间金银比价差也在这一时期达到最大，此后逐渐缩小。金银比价及其差额的大幅震荡为投机交易创造了条件，使钱钞交易量也随之涨落（尤其是期货交易）。1920 年后，随着金银比价日趋平稳，投机交易的空间急剧下降，从而受投机交易影响的钱钞交易量也随之下降。

造成 1921 年钱钞交易大幅下跌及之后期货交易量下降的第二个原因是 1921 年 4 月至 1923 年 11 月大连交易所实行的金本位改革。特产物出口改为以金票结算，使钞票的需求急剧减少，同时特产物交易也有所减少，部分商人转移到营口等地交易。特产物市场中，155 名交易人中有

① 杨端六、侯厚培：《六十五年来中国国际贸易统计》，国立中央研究院社会科学研究所专刊（第四号），1931 年，统计表，第 93 页。

85 人是支持银本位制的奉商，这些商人以资金实力不足为由停止交易，致使每天 300 万元的交易就此消失。从 1921 年 5 月 5 日起，大连交易所仅就近期的品种开盘交易，由于 10 月 14 日后交割的期货交易必须执行金本位制，因而 6 月 14 日后市起就没有出现期货交易。[①] 金本位的实施使特产物交易几近停滞，钱钞交易也随之下降。

1923 年日本关东大地震的冲击和日本政府对日汇款的限制政策是造成 1924—1926 年钱钞现货交易波动的重要原因。1923 年 9 月的关东大地震对日本国内经济及中日贸易造成较大冲击，同时造成朝鲜银行汇兑资金的紧张。当时中国各地主要通行银本位货币，金票在大连的流通较为有限，外国银行(如横滨正金银行、正隆银行)为了将这些金票调回日本使用，大多通过朝鲜银行汇回日本。朝鲜银行接受这些汇款实际上等于在大连收回金票，同时在日本交出日本银行券，而日本银行券本为其发行金票的准备金。因此，朝鲜银行为缓解汇兑资金不足，并防止准备金减少，将对日汇款的手续费由之前的每百元 50 钱提高到 75 钱，甚至不接受任何形式的汇款。朝鲜银行不仅自身限制汇款，而且对不能进行限制的转账存款，以及横滨正金银行、台湾银行、三井银行等民营银行开展的电话汇款，也请求政府予以限制。但政府担心这些汇款限制可能影响东北的对外贸易及当地经济，进而引起各商业团体的反对，因而虽没有直接发布限制令，“但对 1 万元以上的汇款规定，需要向上级主管官厅进行报告，听候裁决。自 1924 年 6 月开始规定，每天仅允许进行一笔上限为 1 万元的汇款操作”[②]。这一限制政策最终导致 1924—1925 年大连钱钞市场上现货交易量大幅下降。

总之，钱钞交易在 1921 年前后的大幅波动主要受金银比价、金本位改革预期的影响，出口贸易增长和金银比价差额扩大是 1920 年前钱钞交易大幅上升的主要诱因，金银比价恢复平稳、金本位改革政策则是此后钱钞交易量特别是期货交易趋于下降的重要因素。进出口贸易的持续增长则是钱钞交易量特别是现货交易的基本保证，1923 年日本关东大地震对

① 篠崎嘉郎：《満洲金融及財界の現状》上卷，大阪屋号書店，1927 年，第 196 頁。

② 篠崎嘉郎：《満洲金融及財界の現状》下卷，大阪屋号書店，1927 年，第 44 頁。

贸易的冲击，之后朝鲜银行及日本政府对日汇款的限制政策，则造成大连钱钞市场现货交易量的再次波动。

三、大连与上海的汇兑市场

在大连开埠之前，东北与中国各地的汇兑主要通过营口的过炉银得以实现。大连兴起后，营口日趋衰落，过炉银的汇兑功能逐渐被金票和钞票所取代，而钞票为银本位货币，更受国内商人欢迎。大连是钞票交易最主要的市场，故通过大连购买钞票向中国各地汇兑，成为东北汇兑最常用的手段。[①] 东北各地商人若想从上海购买商品，通常是在内地钱钞市场购买金票，然后前往大连以金票购买钞票，再以钞票购买申汇，到上海后，前往钱庄或银行将申票兑现，然后以现金支付货款，或不兑现，直接以申票支付。反之，南方商人至东北购买特产物，需在上海购买申票，到大连再将申票卖出，取得钞票，以此支付货款。此外，大连和上海之间还存在一个以金元汇兑的外汇市场。由于大连和日本一样，都是金元流通区，上海向大连和上海向日本的汇兑并无区别。若大连某商人欲通过外国银行汇款到上海，可以首先在钱钞市场购买金票，然后以金票存入外国银行，换取汇票，再前往上海的外国银行兑现，取出规元。因此，大连和上海之间既存在一个内汇市场，又存在一个外汇市场，而这两种汇兑渠道都需经钱钞市场进行货币兑换。三者相互结合，为投机商在两地间进行套利操作创造了条件。

（一）两地汇兑市场发展的原因

贸易的发展是产生资金汇兑最主要的推动力，大连与上海间汇兑市场的繁盛，主要源于大连开埠后对外贸易和埠际贸易的发展。与大连在贸易和资金汇兑方面联系最为紧密的是日本和上海，大连对日本贸易通常为出超，对上海贸易通常为入超，上海对日本贸易也几乎为入超。这种三角贸易，使大连、上海、日本三地间形成一种三角汇兑结算关系。“之所以在上海、大连、日本三角关系上发生汇兑，主要是因为贸易结算。具体

① 中国人民银行总行参事室：《中华民国货币史资料》第1辑，上海人民出版社，1986年，第1012页。

来看,日本对中国有超过 1 亿元以上的出超,其中对上海的出超达 7 000 万元,因此上海必须向日本进行汇款以清算债务。”①表 6.4 和表 6.5 分别为 1920—1926 年大连对日本、上海以及上海对日本进出口的贸易额。大连自开埠后,对日本贸易占了较大份额,且出口大于进口,1920—1926 年每年平均出超额约为 32 645.57 千海关两。大连对上海的贸易则基本上为入超,1920—1926 年每年平均入超额约 5 147.17 千海关两。上海对日本的贸易也基本为入超,这一时期平均入超额约 56 119.14 千海关两。此外,无论进口额还是出口额,三地之间的相互贸易都有所增长。

表 6.4 **大连对日本、上海进出口贸易额** 单位:千海关两

年份	出口		进口		净出口	
	日本	上海	日本	上海	日本	上海
1920	67 784	7 606	51 664	16 758	16 183	−9 152
1921	67 929	11 453	42 732	25 980	25 197	−14 527
1922	66 454	27 390	40 215	20 414	26 239	6 976
1923	80 390	20 221	40 762	21 560	39 628	−1 229
1924	87 430	22 710	38 522	24 488	48 908	−1 778
1925	85 488	17 968	48 546	29 141	36 942	−11 173
1926	97 196		61 774		35 422	

资料来源:支那経済研究会,《大連ヲ中心トスル上海日本爲替三角關係》,内山書店,1930 年,第 1—2 頁。

表 6.5 **上海对日本进出口贸易额** 单位:千海关两

年份	出口	进口	净出口
1920	24 675	74 618	−49 943
1921	35 149	70 523	−39 374
1922	30 515	78 021	−47 506
1923	39 699	79 566	−47 506

① 篠崎嘉郎:《満洲金融及財界の現状》下卷,大阪屋號書店,1928 年,第 48 頁。

续表

年份	出口	进口	净出口
1924	52 528	98 525	－45 997
1925	34 022	113 784	－79 762
1926	43 115	125 861	－82 746

资料来源：支那経済研究会，《大連ヲ中心トスル上海日本爲替三角關係》，内山書店，1930 年，第 3—4 頁。

大连、上海、日本之间的三角贸易关系，不仅产生了资金汇兑结算的需要，而且由于贸易的不平衡和货币供求造成了两地之间的银价差异，从而为以大连商人为代表的投机商利用钱钞市场和汇兑市场进行买卖套利提供了条件。大连对日本贸易出超，上海对日本贸易入超，使大连银价较高，上海银价较低。而大连对上海贸易入超，使得钞票相对规元价值较低，在大连钞票价格和上海日元汇价给定的条件下，申汇价格越低，大连银价相对上海银价越高。两地汇兑行市之差异始于日俄战争之后，横滨正金银行发行钞票和金票通行于东北之际。第一次世界大战爆发后，世界银价高涨，大连与上海间的银价差异日渐扩大，大连商人开始设立专营此业的机构，在两地买卖货币，以套取银价差额之利。

(二)汇兑市场的参与主体

大连钱钞市场的交易，从其交易的目的或用途来看，可分为因购买货物需要而进行的钱钞交易，以及为赚取银价差额而进行的投机交易。前者仅仰仗大连钱钞市场，后者将钱钞市场与汇兑市场(包括内汇和外汇市场)相结合，实现在大连与上海汇兑市场、大连与东北其他各地钱钞市场间买卖套利。出口商、油坊、银行、钱庄等进行钱钞交易的主要目的是为获得购买货物所需的货币，或是为规避汇价变动风险，也可能是为赚取地区间汇价差额。投机交易则不分行业、身份等级，其目的完全是为套取汇价差额。

上海汇兑市场的参与者主要有银行(外国银行和本国银行)、钱庄、进出口商人、投机业者、国外投机势力、汇兑中介人(如买办)，其中投机业者包括金业交易所交易商、大连商人、散户势力。大连商人主要在大连和上海之间进行汇兑买卖套利,散户势力是指难以归入某个团体的个体投机者。① 在上海的大连商号中,义顺利、双襄福、怡来盛等数家较为古老,义顺利本是绸缎号,经常贩运绸缎往来于大连、烟台、上海之间,获悉大连与上海两地间银价之差异,遂拨出资金数万元(钞票),另设类似于钱庄的储蓄公司于大连,专门从事汇市货币买卖的操作。第一次世界大战爆发后,银价暴涨,储蓄公司因经营得法,获利甚丰。1923年左右,储蓄公司资本已增加至50万元,在大连商人中信用昭著。又因绸缎经营不利,1922年,义顺利以资本金10万元,改组为钱庄。此后,仍用义顺利名号于两地汇市买卖套利。由于大连储蓄公司业绩良好,其他商号也相继效仿,福和盛、双襄福、怡来盛、同顺盛等各钱庄纷纷前往上海设立分号。这些分号还为那些未设分号的大连商号以及与之有商业往来的东北内陆商号代为买卖。②

大连申汇市场的买方主要是官银号、当地进口商以及东北内地商人;卖方主要是上海帮、南方帮以及油坊势力。上海帮指的是在大连钱钞交易所进行交易的上海商人。他们通常在上海市场上买入汇往大连的汇票,同时在大连卖出申汇,或者在大连买进申汇,在上海卖出规元,买进日本金元。他们的主要目标是买卖申汇套利,通常是当大连钞票价格和上海日元汇价之间利差较大时出手,待利差缩小再分别转卖赎回。上海帮的主要业务是通过货币交易套取两地利差,较少涉及特产物交易。福和盛、裕昌祥、义成信等都是上海势力的代表。

南方帮指的是专门经营大连与南方之间货物贸易的商人,他们接受南方客户的订单,在大连交易所买入大豆、豆粕等特产物运往南方。购买特产物需要通过上海购买汇票,汇往大连,然后在大连卖出申票,买进钞票,再以钞票付款。每年10月起到次年5、6月,特产物上市,出口增加,申汇卖出增加,规元价格下跌,钞票升值。此外,大连和南方之间的货物进出口贸易原本被某些特定的商人所垄断。然而,1929年大连市场上向南方出口特产物的出口商以及油坊业者联系日趋紧密,最终成立大连豆

① 三井銀行上海支店:《支那為替投機業者論》,内山書店,1927年,第7—22頁。
② 裕孙:《汇兑市场与大连商人之关系》,《银行周报》1923年第7卷第43期。

饼、豆油制造输出共同检查会，开始对销往上海的边饼进行检查。同时，他们和上海的同业团体上海杂粮也进行沟通，改善产品品质，促进交易发展。自此两地之间的贸易往来愈发顺畅，上海市场逐渐成为东北特产物消费的主要地区，特产物贸易的兴盛进一步推动申汇市场繁荣。升源号、鼎新昌、裕生德等是南方帮的典型代表。在上海，穗丰、大德新、同昌、恒隆运记、业安隆、顺余油厂等榨油工厂购进从大连、安东、营口沿海路运往上海的东北大豆，以及沿汉口、津浦铁路运输南下的大豆，进行榨油。运到上海的大豆大部分用于食用，以及作为榨油的原料。

油坊势力是指大连的油坊业者，他们和南方帮一样，向南方出售豆油、豆粕之后，在申汇市场上卖出申票，买入钞票。此外，银行势力和上海帮相同，通过储蓄公司以及其他金融机构在申汇市场进行卖出套利。也就是说，南方帮和油坊势力买卖申票，主要是因贸易需要而起，而上海帮和银行业者买卖申票，则仅是套取两地货币价格之差所生之利。这些势力基本属于申汇的卖方。

官银号势力是指隶属于东三省官银号的福聚昌、公济栈以及以吉林永衡官银号为主导的永衡通达等金融机构。这些省立银行多次接受省当局的指令，从上海购入军粮以及其他物资，因为采购时需要规元，所以成为申汇的买方。东三省官银号为阻止奉票贬值，也曾作为申汇的卖方，卖出申票，买入奉票。1918 年 6 月，奉天政府为了维持奉票价格，设置公共汇兑所，卖出规元，买进奉票，与此同时，由于需要规元，遂于大连卖出钞票，买入规元，进而导致申汇行市暴跌(钞票相对规元贬值)，是年 11 月甚至跌至 61 两 5 钱的低位。该公共汇兑所于次年 1 月被撤销，但在此期间申汇行市持续下跌。

当地进口商是指在大连从事从上海购进杂货的商人，他们向上海的出口商购买货物，以规元支付。因此，他们必须卖出钞票，买入规元。东北内地势力指的是以奉天、长春、哈尔滨等地为据点，与上海进行货物交易的贸易批发商。储蓄公司、益发合等是东北内地势力的代表。以上三股势力成为申汇的主要买方。[①]

总之,大连申汇市场的买卖双方既有专门从事货币买卖的投机商,也有因贸易需要而进行申票交易的进出口商人,以及为商家提供汇兑服务的钱庄和银行。大连作为各种货币集中兑换的枢纽,将申汇市场和钱钞市场紧密相连,为东北内地与上海的货物贸易和资金汇兑搭建桥梁。

(三)大连与上海间的汇兑套利机制

套利交易主要有两种渠道:第一,购买上海向日本和大连的金元汇兑(汇水买卖),并结合钱钞和申汇市场套利;第二,在上海金业交易所进行标金买卖,通过大连钱钞市场和申汇市场进行套利。第一种方法是利用大连钱钞市场、申汇市场以及两地外汇市场进行操作,首先在申汇市场进行钞票和规元的兑换,然后在钱钞市场进行钞票和金票的买卖,最后通过外汇市场进行汇兑。如果是反向操作,以上程序颠倒即可。第二种方法是利用大连钱钞市场和上海标金市场进行金银买卖操作,再通过申汇市场买卖钞票和规元。通常是以金价为标准,若大连金价较低,上海金价较高,则在大连低价买入金票,在上海高价卖出标金,迨至两地金价差额缩小之后,再进行反向操作。总之,两种套利渠道都离不开大连钱钞市场和申汇市场。

汇水买卖的交易机制通常是:交易商若想在上海向大连卖出金元,即在大连支付金元,在上海取得规元,首先要在大连钱钞市场上寻找申票的买家。申票虽然不是大连钱钞市场挂牌交易的商品,但在交易商之间可进行现货交易。所以,交易商通过卖出规元筹措钞票,然后在钱钞市场上卖出钞票获得金元,并将金元支付给外国银行大连分支机构。外国银行大连分支机构向上海电告已收到金元后,外汇银行将规元支付给上海的大连交易商,申票的买方向大连交易商请求兑现,兑现完成后,交易过程就此结束,整个交易过程需要两天时间。尽管大连交易商在卖出申票的当天就能得到钞票,但只要第二天在上海支付规元即可,所以大连交易商不会蒙受利息损失。

---

① 支那経済研究会:《大連ヲ中心トスル上海日本爲替三角關係》,内山書店,1930年,第49—55頁。

相反，大连交易商若要在上海支付规元，大连取得金元，必须是在大连银价下降、上海银价上升的情况下，在上海市场向大连买入金元（买入金元，卖出规元）时，在大连钱钞市场买入申票（买入规元，卖出钞票），并卖出金票（买入钞票，卖出金票）。由于大连钱钞市场的申票交易只限于现货交易，因而大连交易商必须以自有钞票或借入钞票支付给申票的卖方，买入申票。向申票的卖方支付钞票后，申票的卖方于次日在上海支付规元，进而再将规元支付给外国银行，同时大连的外国银行向交易商支付金元。上海的外国银行只有在收到规元后才电告大连分行支付金元，即在开始交易的第三天，大连交易商从大连分行取得金票，并用金票购买钞票，再将钞票借款归还，完成全部交易过程。因此，整个交易过程大约需要三天，其间会出现两天的利息损失。

上海的金银比价除外汇价格外，还有标金行市，标金买卖也是大连商人投机套利的一种渠道。但由于在上海金业交易市场进行交易须具有交易人资格，而交易人轻易不让上海之外的商人加入，因而大连商人只能委托在上海具有交易资格的人进行买卖。第一次世界大战之前，国内金价的计算以伦敦电汇价格为依据；第一次世界大战之后，由于日本在华势力逐渐强大，金价改为以日元汇价为依归。[①] 早在公所时代（1905 年成立金业公所）之标金交易，就已对标金与日本金元之比价作出规定，当时金业同业公会订立买卖规则第八条指出："如欲将他项金货，或非同行之标金，备抵交解上海通行标金者，以视该金色高次若干，面议另订。如日本现金元抵解上海通行标金，每标金十两，以日洋四百八十元折合，另贴费（即恰费）元四钱五分，照上海通行标金，同样收受。"[②]也就是说，其他类型的金货可替代标金成交，但须确定兑换比价，标金 1 条为漕平 10 两，合日元 480 元。这个比价是大连商人在上海与大连之间进行投机套利的参照标准，可将标金的价格折算成以规元表示的日元价格，进而与大连金票价格进行比较。

与汇水买卖的套利机制类似，标金交易套利的区别仅在于将上海买

---

① 杨荫溥：《中国交易所论》，商务印书馆，1930 年，第 165 页。
② 杨荫溥：《中国交易所论》，商务印书馆，1930 年，第 162 页。

卖日元换成买卖标金。标金交易不能通过汇兑的方式进行结算，因标金并非外汇，无法在上海买入标金，汇往大连再卖出，也无法在大连买入金票，在上海交出标金。简言之，标金与金票不能像日元与金票那样直接等同。因此，标金交易的操作通常是在大连买入或卖出金票，同时在上海卖出或买入标金，以此套取差价。例如，当两地间出现 6 两的价差时，在大连买入金票，在上海卖出标金，之后两地价差逐渐减少，最终缩小到 2 两。此时，在两地进行反向操作，得到 4 两的收益。大连商人在标金市场上的交易，几乎都是以此办法进行套利。具体操作程序如下：1927 年 7 月 4 日标金价格为 370.4 两，大连钞票价格为 97.45 元金票，大连申汇行市为 73.95 两，金票价格折合为规元，即每百元金票合规元 75.88 两，再将金票折合为标金价，为 364.22 两规元，因此，如果在大连卖出钞票（买入金票），在上海卖出标金，标金 1 条可赚得 6.18 两（370.40－364.22）。在 7 月 13 日操盘手反向操作，此时大连金票价格折合成标金价为 364.80 两，上海标金价跌到 367.70 两，在上海买入标金，在大连买入钞票（卖出金票），则出现 2.90 两损失（367.70－364.80）。标金交易净获利为 3.28 两（6.18－2.90）。[①]

买进卖出时机的选择，由操盘手根据市场行情而定。“在进行价差套利操作之前，首先要对两个市场的价格走势进行调查，扣除电报所需时间后，几乎同时在两个市场上进行买卖操作。特别是在大连市场行情趋势平稳，而上海市场还处于上升态势之时，当然可以先在大连买入，然后在上海卖出。虽然这种情况并非不会出现，但概率极小。”[②]当两地金价差异较大时，即大连金票价较低，上海标金价较高，预期未来大连金价将上升，上海将下降，故在大连买入金票，上海卖出标金，迨至大连金价上涨，上海下跌后，再进行反向操作，即可获利。若两地价差继续扩大，即大连金价下降，上海上升，这时进行反向操作，可能出现亏损，但这种概率较低。

---

① 大連商業会議所：《大連上海銀市相場の開き並に大連支那銭荘の鞘取売買の研究》，大連商業会議所，1927 年，第 8、22—23 頁。

② 大連商業会議所：《大連上海銀市相場の開き並に大連支那銭荘の鞘取売買の研究》，大連商業会議所，1927 年，第 18—19 頁。

四、大连与东北内地货币市场的汇兑结算关系

大连与东北内地货币市场的关系表现为：一方面，大连作为东北的贸易和资金周转中心，钱钞市场上各类货币行市（主要是银价）可作为东北内地市场的参照标准；另一方面，由于大连与日本及上海汇兑往来密切，东北内地通常经大连向日本和上海汇兑钱钞。

（一）以金票为中介的货币行市

金票在东北内地流通广泛，内地主要城市几乎都有金票与其他货币的交易行市，金票也常作为向大连汇兑的货币使用。“除了长春之外，在满洲内地兑换钞票并非易事，要先在奉天、营口、开原、哈尔滨等地兑换成金票，然后再在大连用金票兑换钞票。每当东三省政治形势、治安环境出现动荡不安之时，内地势力就会出现在大连银市场，推高大连银价。”①这样，大连钞票对金票的价格便成为东北内地货币市场金票对其他银本位货币价格的主要参照标准。

如奉天交易所现大洋票和奉票对金票的交易是最主要的交易品种。“奉天交易所只有金票对奉票以及金票对现大洋票的期货交易业务，没有现货交易。交易方式是以现大洋票和奉票买卖金票，以金票 1 000 元为交易单位，标价以金票 100 元合现大洋票或奉天票几元表示。”②而现大洋票和奉票 1929 年 6 月官方规定比价为现大洋票 1 元兑奉票 60 元③，故两者可互相替代，且现大洋票币值稳定，便成为主要交易货币。由于现大洋票和现大洋基本可等值兑换，大连现大洋对钞票的价格便成为奉天现大洋票兑金票的参照标准。“如果以大连钱钞市场上中国商人之间现大洋对钞票的买卖行情作为盈亏判断标准时，大连钱钞市场就成为奉天交易所金票对现大洋票交易的参照市场。”但此后奉天当局又禁止现大洋运

---

① 満鉄調査課：《大連を中心として観たる銀市場と銀相場の研究》，南満洲鉄道株式会社，1930 年，第 23 頁。

② 満鉄調査課：《大連を中心として観たる銀市場と銀相場の研究》，南満洲鉄道株式会社，1930 年，第 55 頁。

③ 満鉄調査課：《大連を中心として観たる銀市場と銀相場の研究》，南満洲鉄道株式会社，1930 年，第 56 頁。

出，导致奉天市场上金票价格高于大连市场价格，“即使通过炒作让奉天和大连之间产生利差，奉天向大连输出现大洋都是不可能的”。因此，两地虽然存在差价，但由于无法运现，使两地间套利难以实现。在奉天卖出金票，买入现大洋票，在大连卖出现大洋，买入钞票，再卖出钞票（卖出钞票买入金票），这种操作方式已难以获利。[①] 但奉天与大连钱钞市场仍保持紧密关系。

哈尔滨傅家甸钱钞交易所交易的主要货币是哈大洋，金票、奉票、官帖皆可用于买卖哈大洋。哈大洋价格的决定也深受大连钱钞市场的影响，“以金票标价的哈大洋价格行情，理论上是由银块价格行情决定。实际上，对傅家甸钱钞市场行市最具影响力的是大连银价行市”[②]。因此，大连钱钞市场与东北内地钱钞市场的这种关系，也为投机商进行套利创造了条件。

（二）大连货币市场与过炉银、镇平银的关系

营口主要通行货币为过炉银，日本商人在营口购买大豆、豆粕、豆油等商品，皆以过炉银计价，需要通过金票筹措过炉银。与此同时，从日本进口的商品（如棉丝布、杂货等）须以金票进行交易，营口商人购买这些商品，必须以过炉银换取金票。营口向上海汇兑并非直接以过炉银购买规元，而是用过炉银购买金票或钞票，然后通过日资银行向上海汇款。营口与大连两地皆可通过向上海的汇兑得出金票和规元的汇价，从而为大连和营口之间进行钱钞交易套利创造了条件。例如，营口向上海的汇兑行市为 2 920 两（每 1 000 两规元合过炉银 2 920 两），大连的银价为 58.30 元，申汇行市为 72.75 两，则大连金票 100 元合过炉银 364.40 两。如果营口的金票对过炉银的价格为 360 两，则营口的金票价格低于大连。因此，投机商可在营口卖出上海汇水（卖出规元，买入过炉银），同时买入金票（买入金票，卖出过炉银）；在大连买入钞票（买入钞票，卖出金票），同时

① 满鉄調查課：《大連を中心として観たる銀市場と銀相場の研究》，南滿洲鉄道株式会社，1930 年，第 60 頁。

② 满鉄調查課：《大連を中心として観たる銀市場と銀相場の研究》，南滿洲鉄道株式会社，1930 年，第 64 頁。

买入申汇(买入规元,卖出钞票)。通过在两地买进卖出,金票 100 元可得过炉银 4.40 两或规元 1.498 两的收益。[①] 因此,金票的这种汇兑功能也增加了金票的交易量。虽然受汇水的影响,金票与过炉银的交易额无法确定,但一天的交易额为二、三万元,多的时候可达 20 万元以上。[②]

与营口类似,安东和大连、上海之间的贸易和资金往来也极为密切。安东和大连皆有申汇行市以及金票交易,这是投机商在两地进行套利的媒介。安东通行货币是镇平银,与大连、上海、奉天等地的货币可互相交易。一方面,镇平银的交易来自进出口商品的需要,日本商人从安东出口大豆、豆粕等商品,需以金票购买镇平银。此外,油坊、蚕丝工厂、木材厂等也对镇平银交易有较大影响。另一方面,投机商在安东和大连间买卖货币套利,也是镇平银交易的重要组成部分。

对安东银价起重要作用的是安东与上海间的汇兑交易。从贸易上看,安东进口商品大部分来自上海,且输入远大于输出。因此,安东对规元的需求量很大,每天需要 8 万～9 万两,有时会高达 40 万～50 万两。安东与上海间的汇兑交易价格每天在早上 6 点 30 分、上午 9 点 30 分、11 点、下午 1 点 30 分、3 点共进行五次调整。汇兑价格以规元 1 000 两合镇平银数额表示。从上海向安东运入现银一般经由大连走海陆两路,运费、保险费、利息、捆包费用、鉴定费用以及安东境内运费等诸多费用的比率为 1.4%～1.5%。若以 1.5%为例进行计算,规元 1 000 两等于镇平银 986.7 两,则由安东向上海运出现银以及由上海运入现银的价格分别是 1 001.5 两和 972.118 两。也就是说,安东与上海间的汇兑交易价格理论上位于 1 001.5～972.118 两。但实际交易中的汇兑价格与理论价格并不相符。[③]

大连是东北的货币交易中心,大连的银价也是影响安东镇平银行市的重要因素。安东的投机商以大连和安东两地金银比价和申汇行市为套

---

① 满鉄調査課:《大連を中心として観たる銀市場と銀相場の研究》,南満洲鉄道株式会社,1930 年,第 75—76 頁。

② 満鉄調査課:《大連を中心として観たる銀市場と銀相場の研究》,南満洲鉄道株式会社,1930 年,第 74 頁。

③ 満鉄調査課:《大連を中心として観たる銀市場と銀相場の研究》,南満洲鉄道株式会社,1930 年,第 81—82 頁。

利参照标准。套利的常用方法是:如果安东银价相对较低,他们则在大连卖出钞票(卖出钞票,买入金票),在安东买入镇平银(买入镇平银,卖出金票),待两市场利差缩小之后,在大连买回钞票,安东卖出镇平银。反之,如果大连银价相对较低,他们则在安东卖出申汇,买入镇平银,接着在银市或安东交易所通过镇平银买入金票,在大连买入钞票(买入钞票,卖出金票),同时买入申汇(买入规元,卖出钞票)。由于在安东购买的金票需汇往大连购买钞票,因而每天早上日方银行一开门营业,本国商人就争相办理向大连和大阪的汇款业务,其中有一部分即是用于安东、大连、上海间进行汇兑套利的资金。①

(三)以大连为中心的资金汇兑和结算

东北内地商人与上海贸易时,通常需经大连中转,通过大连申汇市场购买申票,用以支付上海货款。出口商向上海出口货物时,获得申票,可将申票在大连出售,换取钞票,即可兑现。如前所述,官银号势力若想在大连申汇市场上购买申票,并不能直接以奉票支付,而是在奉天以及开原交易所卖出奉票(或现大洋票),买入金票,以金票汇往大连,在大连钱钞市场卖出金票,买入钞票,然后以钞票购买规元。钞票是东北向外汇兑时主要使用的货币,东北内地除购买金票汇往大连外,还可购买钞票汇往大连,再以钞票购买津沪等地货币汇出,如"存有大宗哈大洋,欲调款至津沪,即以之购进正钞,汇至大连,再向正金(横滨正金银行)购买规元。故其在大连之势力,仍不弱于金票"②。

东北特产物出口至日本、欧洲及中国南方时,也需经大连周转。豆货是东北最主要的出口商品,豆货贸易的过程是农民将大豆卖给地方粮栈,地方粮栈再卖给通商口岸粮栈,然后再转卖给出口商,伴随这一商品流通过程,便产生相应的资金流动。出口商在大连购买豆货,需将金票兑换成钞票,而内地粮栈向农民收购豆货时,多使用官帖或奉票。其中所涉及的各类货币兑换,需在钱钞市场进行。大连华商对东北内地交易,采用最多

---

① 満鉄調査課:《大連を中心として観たる銀市場と銀相場の研究》,南満洲鉄道株式会社,1930年,第83—84頁。

② 《东三省之货币概况》,《钱业月报》1925年第5卷第10期。

的方法是逆汇，分为普通汇兑和电汇，豆货输出场合多用电汇，出票人是上海或广东的商号派驻大连的差员或委托代办的粮栈。这种逆汇即是指大连的南方商人开出汇票，并将汇票向钱庄兑现，钱庄不需要等待上海钱庄发来已收现银的电报，即可兑现。营口商号还需以豆条子作为过炉银在上海兑换的契约书，而大连则以口头承诺交易。钱庄在大连交钞票，在上海收规元，汇兑行市由横滨正金银行公布。①

五、贸易发展与汇兑市场的效率

大连与上海两地银价差是反映两地汇兑市场运行效率的重要指标。两地银价差受多种因素影响：第一，贸易是产生汇兑的基础，也是钱钞交易的主要来源，贸易顺差可推动银价上升，反之，则降低银价。第二，银价差额扩大会产生投机套利活动，而套利交易又会进一步缩小两地银价差额。第三，大连申汇市场是调节两地银价的纽带，两地银价的比较需经申汇价格（即钞票与规元的比价）折算。在大连钞票价格和上海日元汇价给定的条件下，申汇价格上升有助于降低大连银价，进而缩小两地银价差。

严格来说，银价是指金块和银块的比价，即金银两种贵金属的相对价格，但在实际中金银比价有不同的表现形式。大连金票为朝鲜银行所发之金币兑换券，其准备金为日本银行兑换券、生金银、日本国债券，以及其他商业证券，其价值与日本银行券相同。票面印有持票人可向朝鲜银行兑换金币和日本银行兑换券等字样，实际上不兑现，即使在朝鲜，也仅在汉城总行可兑现，其他分支行皆不可兑现，故金票实为一种金汇兑券。钞票为横滨正金银行所发的一种银币兑换券，准备金为日本旧制银元，实际上是一种不兑换纸币。虽然金票和钞票名义上可兑换，实际上都不兑换，但其价值基本与准备金（金银币）的价值相一致，因此，金票和钞票的比价也可作为大连的金银比价。上海的金银比价通常可分为两类：其一是上海的外汇价格，即规元和日元、英镑、美元等外国货币的比价；其二是标金价格。外汇价格选取的是日元汇价，如前文所述，第一次世界大战后，日

---

① 雷慧兒：《东北的豆货贸易》，台灣師範大學歷史研究所，1981 年，第 194—196 頁。

元汇价和标金价格联系更加紧密,"日汇与标金,其关系实较英美汇为密切,盖交易所日汇与标金间之套做,较英美汇与标金间之套做为多,标金行市受日汇之支配,遂尤为显著也"[①]。标金价格可折合为日元与规元的比价,进而与大连银价进行比较。因此,以下采用这两种价格表示上海银价,考察两地银价差的变化。

图 6.3 为自 1917 年 5 月至 1931 年 12 月期间大连和上海的银价(以日元汇价表示)及其差价的变化趋势。1919—1920 年间银价大幅上涨,银价差额在此期间也处于高位,此后两地银价不断下降,银价差亦日趋缩小。其银价上涨主要是由于第一次世界大战刚结束,以英国为首的欧洲金本位国家债务负担沉重,纸币贬值,进而造成金相对银贬值,并推动国内物价上涨。[②] 此外,自 1916 年至 1920 年,日本对中国贸易鼎盛,且多为出超(中国对日本入超)。因此,上海向日本的汇兑需求量大,致使规元对日本金元贬值,上海银价相对大连更低。然而,1921 年后,日本对中国贸易出现衰退,世界银供给逐渐充足,银价下降,上海与大连的银价差额也逐步缩小。[③] 全时段银价差的平均值约为 3.52 金元,标准差为 5.97 元,而取绝对值后银价差的平均值为 4.05 元,标准差为 5.62 元,两者差异不大,表明银价差大部分为正值,即大连高于上海。标准差较大,可能是由于 1917—1921 年间银价波动较大。将样本分为 1917 年 5 月至 1921 年 12 月和 1922 年 1 月后两个时期,前者银价差的平均值为 7.04 元,标准差为 9.42,后者的平均值为 1.87,标准差为 1.54。可见 1922 年后两地银价差显著缩小,而且日趋稳定。如果以上海标金价格表示上海银价,两地银价及其差额变化趋势如图 6.4 所示,两地银价的变化趋势与前述情形基本一致,其平均值约为 2.92 金元,标准差为 7.87 元。相对而言,平均值有所下降,标准差则略有扩大。总之,无论用哪种方式进行衡量,两地银价差都呈现日趋缩小的趋势,表明大连和上海两地货币市场的联系日趋

① 杨荫溥:《中国交易所论》,商务印书馆,1930 年,第 177 页。

② 杜恂诚:《二十世纪前期白银汇率的两次异常震荡及对中国经济的影响》,《历史研究》2018 年 6 月第 3 期。

③ 大連商業会議所:《大連上海銀市相場の開き並に大連支那銭荘の鞘取売買の研究》,大連商業会議所,1927 年,第 11 頁。

紧密，市场整合程度有所提高。

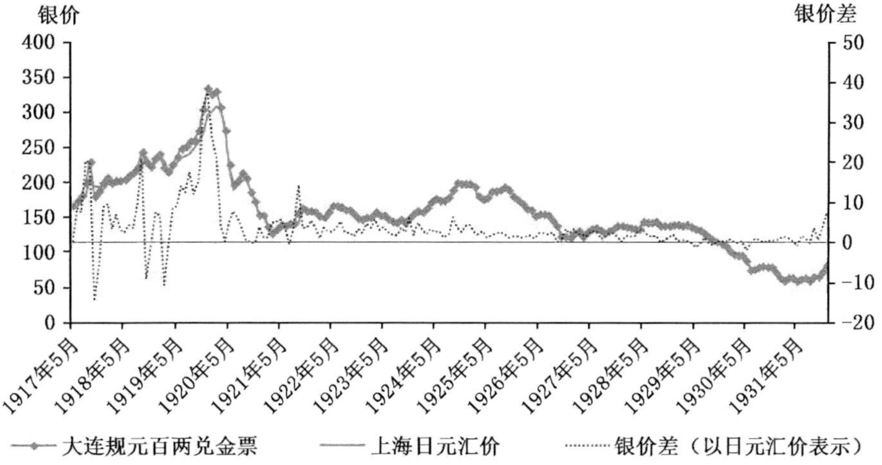

资料来源：钞票与金票比价来自满鉄経済調査会《満洲通貨統計 B 貨幣相場編》，南満州鉄道株式会社，1932 年，第 39—43 頁；大连申汇行市来自関東庁大連取引所《銭鈔統計》，関東庁大連取引所，1934 年，第 52—53 頁；上海日元汇价来自孔敏《南开经济指数资料汇编》，中国社会科学出版社，1988 年，第 450—458 页。

图 6.3　大连与上海两地银价及其差额变化趋势（以日元汇价表示上海银价）

从贸易收支来观察，这一时期大连仍处于出超，上海为入超，且有逐渐扩大趋势。图 6.5 为上海和大连净出口值的变化趋势，可以看出，上海的净出口值基本为负值，仅 1915、1916 两年为正，表明上海在这一时期对外贸易几乎为入超，且从 1920 年开始入超额逐渐扩大，直到 1928 年入超额仍处于较高水平。大连净出口值则几乎为正值，1907 至 1917 年间有 4 年为负值，7 年为正值，1918 年后皆为正值，且不断扩大。这说明大连对外贸易基本处于出超，且从 1918 年开始出超额不断扩大，直至 1928 年仍有较大出超额。这进一步说明，两地银价差的缩小并非基于贸易条件的自身改善，而是金融市场的发展和运行效率的提升。

如前所述，申汇市场是连接大连和上海之间金融市场运行的主要桥梁。钞票与规元的交易在大连进行，大连以及东北内地的经济形势是决定申汇行市的重要因素，上海在决定申汇走势上反而居于从属地位。申

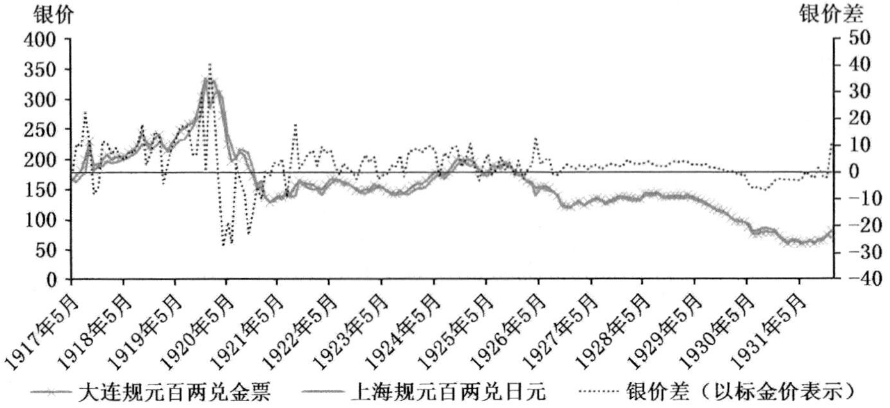

资料来源：上海标金价格来自孔敏《南开经济指数资料汇编》，中国社会科学出版社，1988 年，第 481—483 页；其他数据同图 6.3。

图 6.4　大连与上海两地银价及其差额变化趋势(以标金价格计算得到上海银价)

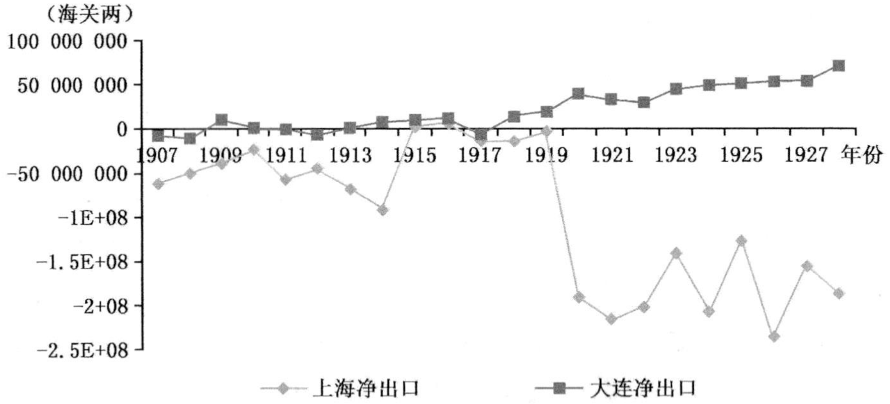

资料来源：杨端六、侯厚培，《六十五年来中国国际贸易统计》，台湾中央研究院社会科学研究所专刊(第四号)，1931 年，统计表，第 73、93 页。

图 6.5　1907—1928 年上海和大连对外贸易净出口值

票在大连的影响力远大于钞票在上海的影响力，在上海直接买卖钞票并不常见，钞票与规元的买卖主要在大连进行。规元对钞票的买卖金额远不及钞票对金票的买卖，申汇行市的变化经常随大连钱钞市场的趋势而波动。典型的事例是，1930年6月初，大连银市银价暴跌，此时虽然正值特产物向南方出口的旺季，但钞票对规元的价格依然在短期内表现低迷。① 我们通过比较申汇行市和两地银价差的变化趋势（如图6.6所示）可以看出，从1917年至1931年申汇行市比较稳定，标准差仅为1.25规元两。申汇和以日元汇价及标金价格计算得到的银价差相关系数分别为－0.20、－0.41，申汇价格和银价差呈弱负相关关系，表明申汇价格上升可在一种程度上缩小两地银价差。

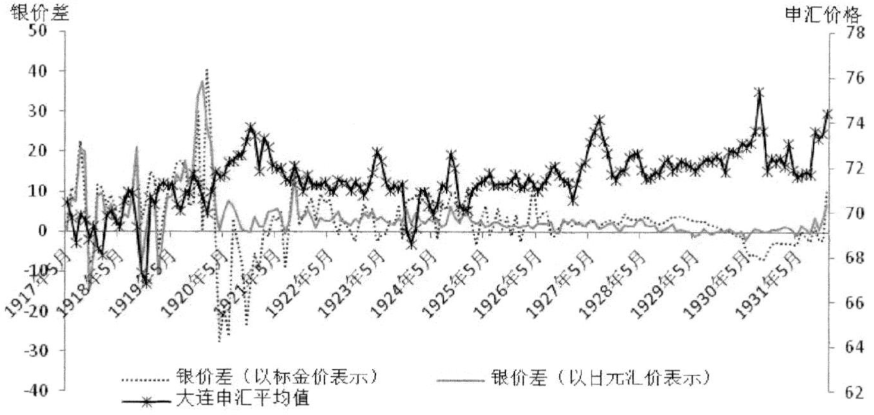

资料来源：同图6.3、图6.4。

图6.6　大连和上海两地银价差及申汇价格

总之，汇兑套利机制可推动两地银价差收敛，形成一种向心力，贸易收支差额扩大则可能使银价差变大，产生离心力。当金融市场的向心力大于贸易收支差额的离心力时，两地银价可快速调整，进而缩小银价差额。大连和上海之间汇兑市场的规模和效率不仅能够很好地满足不断扩大的"三角贸易"资金结算需求，而且通过汇兑套利机制和申汇价格的快速调整使得两地银价差逐渐趋于稳定。

① 满鉄調査課編：《大連を中心として観たる銀市場と銀相場の研究》，南満洲鉄道株式会社，1930年，第47頁。

小 结

大连自开埠后,逐渐成为东北对外贸易和资金的周转中心,由于金银两种货币同时流通,大连成为一个内汇和外汇集中交易的枢纽。大连钱钞市场为进出口商人兑换货币和筹集资金提供便利,同时与汇兑市场紧密相连,使大连与上海、日本及东北内地间的资金汇兑和投机套利更加通畅。上海是近代以来国内贸易和汇兑中心,与大连在货物和资金流动方面往来频繁,且由于大连银价常高于上海,遂产生了以大连商人为代表的汇兑投机商。这些投机商周旋于上海与大连之间,通过内汇和外汇两个市场,进行买空卖空操作,获取差额之利。东北内地货币市场以大连为依归。一方面,大连银价是东北内地货币价格的参照物;另一方面,大连是连接东北内地与上海汇兑市场的周转中心,为东北内地商人向上海汇兑资金搭建了桥梁。

银价和汇价的作用机制表现为:大连申汇市场和钱钞市场相互作用,大连和上海两地银价的调整以申汇行市为纽带。大连和上海两地银价的变化趋势逐渐趋于一致,银价差额逐渐缩小。虽然 20 世纪 20 年代后大连贸易顺差和上海贸易逆差有所扩大,但并未促使银价差额扩大。汇兑套利机制对银价差额缩小的向心力大于贸易收支差额对银价差的离心力,汇兑市场可对银价做出快速调整,钱钞市场和汇兑市场的运行效率都有所提升,市场整合程度不断得到提高。

"九一八"事变后,东北货币日趋统一,钱钞交易和货币兑换逐渐减少,投机交易基本消失,大连在东北汇兑中转的作用略有减弱,但在贸易和资金集散方面仍占有重要地位。大连逐渐成为日本向华北进行贸易和金融扩张的重要阵地。如华北走私"以大连为根据地,因大连自 1905 年起,有一口定为自由区,所有入该区货物皆可免税。……走私货物入该口,即可设法由汽船、民船运入我境,而以山东为走私的集散地"。1933 年从大连运往华北各地的私货每月在 200 万元左右,其中 64%运销到山东沿岸，16％运至河北省，20％运往江苏省。[①] 除货物外，走私者还从华北运出白银出售，所得款项再购买货物走私至华北出售。如此反复，破坏中国银本位货币制度，形成以大连为根据地，向华北进行经济和金融侵略的攻势。

总之，日俄战争以后，大连逐渐替代营口成为东北地区的主要贸易口岸和金融中心。虽然大连是日本的租借地，但其与东北内地和上海的经济联系却更为紧密，在东北区域经济发展乃至全国经济联系方面发挥了举足轻重的作用。"九一八"事变后，大连也成为日本对华北进行经济金融侵略的战略根据地。

① 张希为:《走私问题及其对策》,《国论》1936 年第 1 卷第 12 期,第 20—21 页。

第七章

东北交易所的产生、发展与市场转型

交易所是大宗商品、货币或证券的交易场所，是近代市场经济发展的一个重要方面。东北是近代交易所发展最早、最为完善且最为典型的地区，但到目前为止，关于东北交易所的整体发展转型、制度安排和市场运行仍然缺乏系统深入的研究成果。国内的研究大多是在宏观的金融史、东北地区经济史著述中有所涉及，或者在关于中国交易所的一般性讨论中略微提及。[①] 日本当时的档案文件和调查报告中虽然有比较详实的材料记载，但日本学者关于东北交易所的研究不仅非常有限，而且相对比较微观。主要成果仅有向井鹿松对大连交易所设立背景、设立过程以及货币交易与商品交易运行的考察[②]；井上悌次对大连交易所货币市场的研究，以及对大连货币市场的成立、交易方法和历年交易规模的考察[③]；井

---

① 前者的代表成果如中国人民银行总行金融研究所金融历史研究室《近代中国的金融市场》（中国金融出版社，1989 年），苏崇民《满铁史》（中华书局，1990 年），顾明义《日本侵占旅大四十年史》（辽宁人民出版社，1991 年），张洪祥《近代日本在中国的殖民统治》（天津人民出版社，1996 年），郭铁桩等《日本殖民统治大连四十年史》（社会科学文献出版社，2008 年）等。后者的代表成果如杨荫溥《中国交易所论》（商务印书馆，1930 年），吴德培《交易所论》（商务印书馆，1946 年），伊兰《交易所要览》（上海文明书局，1921 年），朱彤芳《旧中国交易所介绍》（中国商业出版社，1989 年）等。最近的一项关于交易所的研究是孙建华《近代日本在华交易所（1906—1945 年）》（社会科学文献出版社，2018 年），其中涉及东北交易所的内容也相对较多。

② 向井鹿松：《関東州特に大連取引所制度の生成——関東州取引所制度論》，《三田学会雑誌》1928 年第 22 卷第 11 号。

③ 井上悌次：《大連銭鈔取引所の研究》，神戸商業大学商業研究所《海外旅行調査報告．昭和 6 年 夏期》，神戸：神戸商業大学商業研究所，1931 年。

上龟三从大豆贸易的视角对交易所在各层级交易中的作用进行的探讨[①];塚瀬進对伪满洲国建立前大连交易所大豆的交易方法及对其他交易所影响的分析;[②]深見泰孝对满洲证券交易所成立的目的及其所起的作用进行的考察。[③] 本章在前人研究的基础上,综合使用民国经济调查、满铁调查报告、日本政府报告及东北地区地方史料等中日史料,从整体上对东北商品交易所的发展过程、交易所与市场交易机制的转变、商品交易与信用的关系进行考察。下一章进一步探讨东北交易所的交易制度安排与交易机制的演变,包括交易所的组织管理、交易税的征收、交易种类、交易方法、交易价格的决定机制等内容。

一、市场转变与交易所的产生

东北交易所产生前,农产品的交易以粮栈(粮行)和各类经纪商为主体,通过粮栈和粮市实现农产品的中间交易与出口。为了规避农产品价格的季节性波动,早在19世纪30年代就形成了类似交易所的期粮交易市场,但至20世纪初,由于战争及清廷干预等因素的影响,传统期货市场受到严重打击。期粮市场的衰落,使中日商人试图建立一种新的交易机制,关东厅政府也观察到中日商人的这一要求,交易所制度正是在这一背景下开始酝酿和产生的。

(一)东北豆品交易市场的转变

日俄战争后,大量日本商人进驻东北,尤其是大连、旅顺等关东州地区。1907年大连正式开港,铁路运输与贸易港的结合使运往大连的豆货数量剧增,日商的主要活动舞台转移到大连,一些规模较大的华商也开始向大连和铁路沿线开设分号。随着营口爆发危机及豆货交易集中于铁路沿线,营口华商在长春、公主岭、四平街、铁岭、开原、大连开设分号者或派

① 井上龜三:《満洲に於ける特産物取引の状態:特に大豆の配給に就て(商品市場組織,商品市場組織)》,《経営学論集》1933年第7号。

② 塚瀬進:《満州事変前、大豆取引における大連取引所の機能と特徴》,《東洋学報》1999年第81巻第3号。

③ 深見泰孝:《満洲証券取引所の設立と日系証券業者の満洲進出について》,《証券経済研究》,2013年12月,第84号。

员常驻者明显增多。过炉银危机也使部分客商选择大连为交易地,“当地商人中也有不喜欢冒险用过炉银交易者。少数内地商人为避开营口,向作为安全的现金交易地的大连派员常驻。吉林、长春、昌图、开原、铁岭、奉天、辽阳、海城、营口、盖平、熊岳城等历来以营口为交易地者也竞相集于大连。大连经纪行及交易商的业务骤然增多,兼营旅馆和经纪的行栈也逐渐增加。这些行栈主要有顺发栈、政记公司、福顺栈、顺双栈、恒盛德、德昌号等……如今大连行情已可左右东北内地一般市场,大连汇兑市场成为东北内地金银通货标准的日子也为期不远了”[①]。这些行栈既有从事大豆、豆饼及其他杂货者,也有经手盖平柞蚕丝、日本输入品者。寓居于这些行栈最多的,是来自吉林的货主,其他为奉天铁路沿线各城镇的客商,还有来自华南从事销售或采购的商贾。

1908 年 5 月,东北大豆出口到欧洲,适逢当年欧洲市场其他油料作物歉收,出口量大增。由于对欧洲出口大豆是在冬季成交启运,全部经大连出口,从而吸引了更多的大豆运往大连。当时,经铁路运输的大豆八成运大连、二成至营口,豆饼则几乎全为日商采购,经大连出口。[②] 大连在豆货交易中的重要性迅速增加,数量巨大,集中于春季。日俄战争后,日本豆饼需求量连年增加,仅 1908 年 4—6 月,日本从东北的豆饼进口额就达 10 324 532 日元,1909 年同期达 11 341 008 日元。“豆饼进口增加,皆因本国需求日益增加。尤其去年(1908 年)满洲大豆丰收,价格比较低廉,越发促进进口增加。大豆进口增加的原因与豆饼相同。”[③]日商从铁路沿线城镇采购豆饼的比例迅速增加,促进了对大连和铁路附属地的油坊业投资。1906 年开始,大连设立油坊 2 家,次年又开设 2 家。[④] 1908—1911 年进入投资高峰,每年开业 9～11 家。其中除 5 家是日方投资的大

---

① 関東都督府陸軍経理部:《満州一般誌草稿》巻三《産業》,関東都督府陸軍経理部,1911 年,第 1290—1291 頁。

② 日本驻铁岭领事馆:《各国事情関係雜纂/支那ノ部/鉄嶺》,1909 年 7 月 15 日,国立公文書館アジア歴史資料センター,B03050403000。

③ 商工局商事课:《明治四十二年自四月至六月三ヶ月間ニ於ケル外国貿易ノ状況》,《外国貿易ニ関スル官民ノ調査報告雜纂》第一巻,農商務省調査/分割 1,1909 年,国立公文書館アジア歴史資料センター,B10073866400。

④ 1907 年开设的还有一家,就是拥有最大生产规模的三泰油坊,由三井、东永茂、西义顺三者投资。在该调查开始前,三泰油坊遭火灾而停业,因而在表 7.1 的调查中并未显示。

规模机械油坊外，43 家为华商投资。另据关东都督府 1912 年度下半期报告，1912 年 3 月，大连有日本人投资油坊 6 家，投资额为 331 万日元以及小洋 6.4 万元；华商油坊 40 家，投资总额为小洋 105.7 万元。双方在 1912 年度生产总额分别为华商 1661.6 万元、日商 472 万元，华商油坊业的生产额约相当于日商的 3.3 倍。[①] 大连油坊业发展状况如表 7.1 所显示，油坊增加进一步增大了大连豆货市场的容量，扩大了其在交易中的影响力。

表 7.1　大连油坊业发展状况

业者名	设立时间	资本金（日元）	员工数（人）	豆饼产量（张）	豆油产量（斤）	豆饼产额（日元）	豆油产额（日元）
日清豆饼	1908 年 6 月	750 000	105	1 094 000	4 496 000	1 546 916	536 732
小寺油坊	1910 年 10 月	200 000	134	782 679	3 273 716	1 105 935	390 816
斋藤油坊	1911 年 11 月	100 000	68	439 000	1 877 400	621 155	224 124
泰昌利油坊	1911 年 12 月	30 000	70	268 500	1 124 000	379 449	134 183
吉田油坊	1909 年 3 月	10 000	30	57 800	241 000	87 521	28 771
福顺成油坊	1911 年 10 月	80 000	100	429 500	1 775 000	606 889	211 899
福昌油坊	1908 年 6 月	60 000	70	307 030	1 274 120	433 833	152 104
东永茂油坊	1910 年 5 月	30 000	70	286 750	1 194 000	405 184	142 504
大生蔚油坊	1911 年 12 月	30 000	30	258 200	1 078 800	370 487	128 787
政记油坊	1908 年 10 月	45 000	70	283 300	1 784 200	400 087	129 433
天兴福油坊	1906 年 11 月	46 000	65	231 900	976 680	327 677	115 512
同聚祥油坊	1909 年 12 月	42 000	50	221 900	925 200	313 545	110 450
万庆长油坊	1911 年 10 月	21 000	34	144 800	602 700	204 602	71 950
裕增丰油坊	1908 年 8 月	23 000	30	225 200	918 880	318 821	109 696
聚成祥油坊	1911 年 1 月	31 000	60	214 140	875 560	296 928	104 524
升源油坊	1913 年 1 月	90 000	30	234 400	982 600	331 207	117 303
三太利油坊	1910 年 5 月	29 000	40	201 350	827 900	284 513	98 435
新顺兴油坊	1912 年 10 月	25 000	30	167 440	706 960	236 590	48 397
成裕昌油坊	1911 年 1 月	23 000	42	155 600	700 960	226 298	78 003

① 《3. 明治四十五年大正元年下半期自大正元年十月至同二年三月本府諸般政務ニ関スル状況 4/第二 農工商業鉱業其ノ他生産業ニ関スル状況》,《関東都督府政況報告並雑報》第八巻，1913 年 11 月 24 日，国立公文書館アジア歴史資料センター，B03041558300 。

续表

业者名	设立时间	资本金（日元）	员工数（人）	豆饼产量（张）	豆油产量（斤）	豆饼产额（日元）	豆油产额（日元）
恒春义油坊	1908 年 8 月	31 000	30	234 400	975 760	331 274	116 448
振成油坊	1911 年 3 月	16 000	40	158 400	663 100	229 669	79 161
同聚原油坊	1908 年 10 月	31 000	30	133 300	547 200	188 353	65 325
成顺和油坊	1908 年 10 月	25 000	35	547 300	135 500	65 325	198 353
福顺启油坊	1911 年 11 月	20 000	35	542 680	130 920	72 631	184 990
福元油坊	1909 年 9 月	22 000	26	608 400	146 100	81 560	230 064
和生祥油坊	1910 年 10 月	32 000	30	683 200	162 800	84 172	240 238
恒昌公油坊	1909 年 9 月	22 000	20	705 080	170 020	60 704	173 375
信昌东油坊	1912 年 12 月	20 000	26	508 800	122 700	59 296	169 227
德聚澧油坊	1910 年 1 月	30 000	30	496 700	119 800	56 560	160 828
兴和成油坊	1909 年 1 月	32 000	35	473 280	113 820	87 463	248 914
尚泰油坊	1909 年 9 月	22 500	30	732 640	176 160	77 067	246 708
双和栈油坊	1906 年 12 月	17 000	24	645 560	155 890	54 631	156 532
恒升油坊	1911 年 4 月	16 000	30	457 620	110 780	61 003	172 386
裕成东油坊	1909 年 11 月	18 000	30	511 000	122 000	48 872	139 138
福春玉油坊	1910 年 10 月	22 500	30	409 380	98 470	49 863	144 380
忠盛和油坊	1909 年 2 月	24 000	30	417 720	102 180	50 498	142 718
安惠栈油坊	1908 年 7 月	20 000	30	425 000	101 000	56 437	159 740
丰成油坊	1909 年 12 月	28 000	25	472 750	113 050	52 014	147 376
丰成油坊分厂	1912 年 10 月	10 000	15	435 700	104 900	28 580	86 820
玉昌合油坊	1910 年 1 月	15 000	25	239 400	54 100	46 009	130 137
双聚福油坊	1910 年 12 月	23 000	25	385 400	92 100	62 567	178 603
怡顺东油坊	1908 年 1 月	18 000	20	524 100	126 400	39 395	114 102
达昌油坊	1911 年 1 月	17 000	20	330 000	80 750	40 709	115 519
裕成栈油坊	1912 年 9 月	15 000	20	341 000	81 750	37 008	107 388
公成玉油坊	1907 年 11 月	17 000	20	310 000	76 000	37 653	108 236
德丰和油坊	1913 年 1 月	20 000	20	76 000	238 300	85 967	37 448
永成油坊	1913 年 12 月	10 000	30	76 600	20 000	7 056	2 826
广永油坊	1913 年 12 月	30 000	60	56 700	20 000	7 056	2 826

资料来源:《東亚同文会ノ清国内地調査一件/第九期調査報告書 第一卷》,国立公文書館アジア歴史資料センター,B03050521500。

在大连成为东北市场中心之前，运往大连的大豆是在市场不透明的状态下，依据粮商价格来预测采购和运销的。但是大连与产地间价格差受到很多不确定因素的影响，如因度量衡不同而产生的差价，因标价货币不同而造成的汇兑成本，以及运输期间价格变动的风险等。尤其是1909—1910年的大豆抢购与投机风潮表明建立大连豆货交易机制已成为迫切问题。

（二）交易所机制的孕育

在清廷禁止期粮交易后不久，大连就已出现日本采购商招揽华商交易的市场，在此基础上形成了后来的大连重要物产交易所体系。1908年5月2日，大连日商特产物出口商协会召开例会，提出在大连码头内设立一个便于特产物交易商进行交易的场所，得到其他同业商人以及华商的支持，同时向满铁码头事务所提交了租借场地的申请，很快得到所长相生由太郎的同意，批准将仓库一角60平方米的场地租借给出口商协会使用，从当年10月新粮上市开始交易，此即为满洲特产物交易所之嚆矢。开始交易后，每天参与交易的人数超过百人，由于场地过于狭窄，难以容纳，出口商协会再次向相生由太郎提出申请，希望租借更大的场地。经相生由太郎和公司董事讨论后，以仓库名义建了一处建筑，供出口商协会使用。此后直到1913年9月1日关东都督府将其改为官设市场为止的近5年间，一直在此交易。① "当时市场交易既无特定市场规则，也无可依据的法律，只是在商业习惯的不成文约定下以银元定价交易，但却极顺利地发展着。从1910年3月开始，交易更趋活跃，交易额每日都创新高。"②

大连交易市场最初仅仅是一个私设市场，是从事对日出口的日商为方便自身采购而创设的，而供给方主要是华商。因此，在日商形成决议后，需要专门征求华商意见，其规则完全依照东北粮市交易习惯，以银元

① 南満洲鉄道株式会社庶務部調査課：《満洲に於ける日本取引所》，南満洲鉄道株式会社，1928年，第3頁。

② 南満洲鉄道株式会社庶務部調査課：《満洲に於ける日本取引所》，南満洲鉄道株式会社，1928年，第3頁。

为定价货币。“当时大连交易机构只有设在码头的商人市场。这是日本人的组织，即满洲重要特产物出口商协会为自身方便而租用码头一处库房而开设的交易市场。其或许尚不足以称为交易市场，因为既无任何规约，商人也可随意进出买卖。一般早9点到正午之间，有二三百中日商人聚集于此交易，极为喧闹。该场所由码头事务所管理，所员每晨报告当日大豆、豆饼等的储存数量，众商依此议决当日行情。交易方式有现货期货两种，与他处无异。现货交易后一周内交货付款，期货一般当月内交货。买卖之际有经粮行和不经粮行两种，若经粮行之手，委托采购支付一分手续费，委托出售支付二分手续费。”①此处“尚不足称为市场”的根据，无非是没有规约和商人随意出入交易。但其定价和交易方式已相当成熟，即根据海港职员的供货状况报告、各商掌握的行情议定牌价。其规则也简单明了，根据东北通行商业习惯实施，交易品种包括期货和现货。由于已运至码头，不需再计算运费，且交易数量巨大，因而行栈手续费也较其他市场低。

1911年初市场上从事大豆贸易的商人名单如表7.2所示。日商中除三井、日清、小寺的资本雄厚以外，多数资本比较薄弱，1909年时还有井口、狩野、米川3家，在后来的投机风波中相继受损倒闭。华商中，东永茂和晋太丰为营口大行栈兼营银炉，德昌号为兼营油坊和房地产的行栈，升源号后兼营油坊，永发祥兼营进出口，谦太号不详。

表7.2　　1911年初大连从事豆货出口的日商和华商

日商		华商
三井	满商	东永茂
日清	原田	德昌号
臼井	三加	升源号
永顺	角田	晋太丰

① 小松正则报告:《満洲ト大豆》,《豆及豆粕関係雑件》第一巻，1911年3月1日，国立公文書館アジア歴史资料センター，B11091343300。

续表

日商		华商
小寺	松茂	永发祥
安宅	和田保	谦太号
汤浅		

资料来源：小松正则，《満州ト大豆》，《豆及豆粕関係雜件》第一卷，1911年3月1日，国立公文書館アジア歴史资料センター，B11091343300。

（三）大连交易所的产生过程

从1910年3月起，大连码头市场的交易量逐渐上升。同时，在其他一些华商码头的集会所和小岗子等处，开始出现不同的交易行市。这些竞争性市场的开设危及日商控制下的市场，日商为保证其对市场的控制权，开始向关东都督府请愿，要求殖民当局对其开设的市场进行公认和保护。保护的方法就是禁止在同一地区开设类似市场，即以“扰乱大连特产市场”为理由制定专项市场法律，禁止华商另设市场，以保护日商的市场垄断地位。

关东都督府也认识到建立一个规范的交易机构的必要性，再加上日商请愿，1910年6、7月间，关东都督府决定实施“满洲重要物产交易状态调查”。出口商协会利用这个机会，由副会长相生由太郎和其他两名评议员一起到旅顺拜访关东都督府民政长官白仁武，向其说明情况，并再次提出保护其在码头所设市场的请愿。日本官方对其请愿并无明确回答，但一年后却提出了设立官营重要物产交易市场的计划，“其经营方法完全是根据出口商协会的意见决定”，等于变相答应了日商的请求。因为官办市场既可以下令禁止区域内其他类似市场而达到垄断目的，也可以动用治外法权防止中国地方政府的干预。1911年6月初，关东都督府和日出口商协会经过磋商，制定了设立大连重要物产交易所的计划。接着于6月22日，以关东都督府令十三号发布《大连重要物产交易市场规则》。但上述规则内容仅仅规定了市场职员和商议员制度，并无交易方式、支付方式等具体规定。也就是说，这一规则仅仅规定了官办，并未给出实际交易办法，其实际的交易方式依然是以沿用东北谷物交易习惯为前提，而且并未说明交易是现货还是期货。但此后发生了辛亥革命，日本殖民机构对中国政局变化持观望态度，其官设交易所的计划也停顿下来。

1911 年新粮将上市的 8、9 月份，市场上出现“根据预测买空卖空者”，此后类似交易更为增多。日商本就对华商的期货交易机制心怀恐惧，经数月观望才于 1912 年 1 月由关东都督府出面下令禁止，并将从事期货交易的华商逐出市场。但是期货交易并未因此而中断，“不久后出现了码头市场散场后在奥町附近从事期货买卖的商人集团。(日商)出口商协会这才意识到以自身力量根本无法禁绝此类交易，从而建议关东都督府不如将其设为普通市场，公开许可期货交易。关东都督府接受了这一意见，决定将其设为一般交易所”。1913 年初，辛亥革命后的政局动荡基本稳定下来，关东都督府再次开始实施其官设交易所的计划。1913 年 2 月 14 日，关东都督府以敕令第六号发布《关于在关东州内设立重要物产交易市场的规定》，规定在旅大殖民地内重要物产交易市场的交易方法和保证等有关事项，由关东都督府决定(后于 1915 年以敕令第五十四号修改)。[①] 关东都督府于 1913 年 3 月 15 日以第七号令发布《大连重要物产交易所规则》；又于 6 月 11 日发布府令第十五号《大连重要物产交易所规则实施细则》，规定了买卖交付及其他有关交易的事项。由于该交易所为官营，不能对交易负保证责任，因而需另设负保证责任的民营公司，于是在 6 月 19 日设立为大连重要物产交易所担负保证与清算责任的大连交易所信托公司。至此，交易所需各要素设立完备，1913 年 9 月 1 日即开始正式营业。

也就是说，从 1912 年 1 月到 1913 年 9 月的一年半时间里，关东都督府对市场外的期货交易完全处于无管理状态，但华商的期货交易影响危及官营市场的现货交易，日出口商协会与关东都督府恐其坐大，不得不允许将其列为市场交易方式之一。之所以关东都督府早已决定设立包含期货的交易所，却迟迟未能开设，日方并未解释其原因。但关东都督府在涉

① 御署名原本，1913 年 2 月 14 日勅令第六号，《関東州内ニ設立スル重要物産取引市場ニ関スル件》，国立公文書館アジア歴史資料センター，A03020954600。

及交易所问题时却将其称为“多年悬案”，其最大原因可能是因清廷曾明令禁止期货交易，如果在清政权存在时开设，有公开与当地法律抵触之嫌。辛亥革命到袁世凯当政为止，日方需要观察形势及新政权的反应，因而采取了放任华商期货市场的做法。当时，如果在日商开设的市场上进行期货交易，若中国政府再次禁止或宣布抵制，不仅商人难以对应，也会直接影响正常交易。因此，采取日方官办，再加上舶来名词“交易所”的新包装，既可以通过治外法权防止中国政府干涉，也可用舶来概念显示与以往期粮市场的不同。与此同时，关于设立保证公司的问题，在清廷废除期粮市场时，就已有中国高官提出过具体建议，但日本官方因担心损失而不愿承担保证责任，决定另设私营公司承担保证责任。对这种形式，当时华商难以理解，所以交易所开市后一段时间内遭到华商抵制。关东都督府1913年上半期政况报告指出：“作为多年悬案的大连重要物产交易所于本年9月1日开业，但华人不了解或误解交易所及其附属机构信托公司的性质者多，所以不断有在交易所外交易事件的发生，对此进行了种种说服以期启蒙，且部分接受并考虑其主张，以沟通双方意思，未几告圆满解决。期货交易人116人中，已缴纳身份保证金者达96人，因此交易日渐昌盛。”①当年后半期报告也指出：因华人不理解其机构，依然在交易所外交易，对交易所运行造成极大影响。“其后为统一交易，一面严禁场外交易，一面努力令其体会其含义，结果大大促进了对这一机构的利用。截至目前，交易人有期货104人，现货125人，对促进重要物产交易效果极为显著。”②华商最初对官设市场除了不理解，还有不满意，故坚持在场外交易，对交易所运行造成极大影响。日方一面动用强权“严禁场外交易”，一面“部分接受并考虑其主张”，到1913年后半期，将原有期货交易人绝大部分吸收到交易所中，其体系才得以顺利运行。

---

① 《1 大正二年度上半期 諸般政務執行成績 関東都督府 4/第二、農工商業鉱業其ノ他生産業ニ関スル状況》，《関東都督府政況報告並雑報》第九卷，1914年5月30日，国立公文書館アジア歴史資料センター，B03041559500。

② 《3 大正二年度下半期 諸般政務施行成績 関東都督府 4/第二 農工商業鉱業其ノ他生産業ニ関スル状況》，《関東都督府政況報告並雑報》第九卷，1914年12月28日，国立公文書館アジア歴史資料センター，B03041561500。

(四)清廷期粮禁令与大连市场发展的关系

从清廷禁止期粮交易到大连出现市场仅相差半年，清廷禁止期粮交易的禁令不仅给大连交易市场的发展创造了机会，也使得华商不得不利用租界的治外法权来避开其限制。1908年，在日商提供场所的条件下，部分华商和日商利用大连码头满铁租界仓库开设了交易市场，其中既有现货市场，也有期货交易。最初这一市场只是私下交易的小规模市场，并无影响整个东北豆货市场价格的实力。但其后由于营口与铁岭恢复期粮交易努力的失败，东北各地除租界外期粮交易完全被禁，租界内成为唯一许可期粮交易的场所，其代表性逐渐增大。例如，比大连码头仓库市场稍晚，1909年8月，长春铁路附属地头道沟华商会也开设了名为“粮行”的交易市场，与大连不同的是，此市场一开始就定有交易规约及入场限制。但头道沟市场不断遭到清政府地方官的妨碍和停止交易的威胁。1911年，头道沟华商会为免清廷干扰决定利用殖民地保护，经满铁经理部向日驻长春领事馆正式提出开设包括期货市场的许可申请，时任长春领事并兼关东都督府事务官的松原一雄感到难以处理，在批准开始交易的同时，向关东都督府民政长官、满铁上报此事，请求指示，又将相关报告汇总后向外务大臣报告。这显示了日方一方面想利用华商掌握交易主导权，另一方面又怕引起外交交涉与大豆市场风波的复杂心情。“该长春附属地内华人设立商务会为保证会员大豆交易之便，欲设粮市或交易所之类市场，其所定交易规则如另件所示，经满铁经理股请求我方承认。欲设交易所需预先充分考虑其利弊，经本官向参与设立商人咨询，若上述交易所果然基础稳固，经济上应属有利。但该附属地商会眼前状态十分困难，本官以为不免有些时期尚早，然予以许可。上述意见已转达经理股。上次出差大连之际也将其规约示之满铁上层，听取其关于此事意见。满铁上层似乎也不甚赞同此事。本官出差之际，即上月22日以来该附属地已开始每日进行大豆期货买卖，……其交易有纯粹以买卖行情了事之虞。故有关其取缔方法请给予包括具体做法在内的相应指示，尽快回信。”①白仁

① 关东都督府事务官松原一雄致关东都督府民政长官白仁武《长警高秘発第六六八号 長春ニ於ケル大豆取引所ニ関スル件》，1911年10月14日。

武回信说:“查粮行暂行规约即采用旧来批买卖及期粮做法,加上部分改进的交易想法,乃比旧商业习惯进步的制度。我以为此并非应受许可之事项,唯恐其名不副实,终以类似赌博之行为了局,因不交现货、行情巨变,引发大豆交易的大恐慌。鉴于先例此应非杞人之忧。故对暂定规约第三项之期限应缩短,第四项交纳保证金应确切实施,对于第十项履行交付等方面,尤其应严密监督、诱掖指导。”[①]此时正是关东都督府策划大连官设市场、对大连市场的买空卖空交易持观望态度的时期。因此,关东都督府民政长官白仁武指示松原可不必采取任何措施,只需加强对规约中第 3 项交易期限、第 4 项缴纳保证金、第 10 项交付现货的监视和诱导,防止市场交易演变为纯粹买空卖空交易即可。

与此同时,与期货交易相伴随的钱钞交易市场,也由大连华商公议会设立。但是殖民地机构和大连日商同样不能理解期货与钱币市场的意义,最初曾百般设法取缔和禁止,导致 1911 年从事期货交易的华商集团一度被赶出大连交易所。华商们不得不在场外进行期货交易。殖民当局和日商很快发现,将期货逐出市场不但达不到禁止效果,反而会缩小大连交易所的影响力,不如将其收入所内以方便监视。期货交易在半年后回归交易所。其后,大连日商和殖民当局又合谋将其包容到改由官方控制的大连重要物产交易所内。同期,大连钱钞交易市场也因日本最大金融财阀——安田银行控股的正隆银行的加入而成为正式交易市场,其后也被收入大连交易所。大连交易所内期货市场与钱钞市场的开设,成为东北传统商业体系与日本殖民商业体系之间竞争胜负的分水岭。东北各地期粮市场全面被禁与大连期货市场一枝独秀,使大连交易所拥有了引导东北市场豆价走势的实力。1913 年以后,东北豆货交易与货币交易最大的中心从营口转移到大连。

由以上分析可知,大连交易所的交易制度绝非舶来品,而是源自东北的交易制度,在其基础上根据实际情况稍加改进而成。治外法权和殖民当局提供的正式制度,避免了中国官方对市场运行机制的干预,但根植于

---

① 关东都督府民政长官白仁武致关东都督府事务官松原一雄《官庶第二〇三一号》信函,1911 年 10 月 24 日。

殖民歧视与资源掠夺的殖民统治方式，也造成了其他形式的腐败和无视市场需要的后果，如后来发生的无视市场交易习惯，强制推行日系通货金票的交易风波。[①]

二、各类交易所的发展状况

大连交易所的形成经历了从不规范到规范，从市场到政府，从以习俗为依归到以法令规章为准则的逐渐完善过程。这体现了市场自生自发的强大力量，政府在这一过程中唯有引导和顺应市场的力量，方能建立有序的市场交易，若以强制性的力量阻碍市场自发生成的过程，结果只能事与愿违。日本当局在这一过程中起了重要作用，为日后中日贸易的发展奠定了基础。以此为开端，此后其他各重要物产集散地也相继开始设立交易所，包括关东厅当局设立的官营交易所、日方商人设立的民营交易所、中方商人设立的民营交易所及中日商人合办的民营交易所等。

(一)日本官营交易所的发展

大连特产物交易所开始经营后，交易日益繁盛，对东北其他各地市场起到一定示范作用。长春和开原作为特产物的集散市场，从1915年开始准备设立交易所。1916年2月关东都督府发布第1号府令《关东都督府交易所规则》，替代1913年公布的《大连重要物产交易所规则》，大连、长春、开原三地市场皆以此为根据；同月发布第2号府令《开原交易所规程》及第3号府令《大连重要物产交易所规程》；3月又发布第8号府令《长春交易所规程》。这些府令的发布为开原和长春交易所的设立做了充分准备，开原和长春两地交易所分别于1916年2月15日和4月4日开始营业。这两处交易所除特产物外，还进行钱钞交易，开原交易所于3月15日开始钱钞交易，长春于开设当日即开始钱钞交易。大连特产物交易所直到1917年才将钱钞纳入交易所，1917年5月18日颁布第9号府令《大连重要物产交易所钱钞交易规程》，规定于6月1日开始实施。自此，原本由大连钱业公所经营的钱钞交易正式归入交易所，大连钱业公所也随

---

① 关于日本殖民机构在大连交易所强制推行金本货币及其引起的交易风波，参见燕红忠、许晨：《日本不同殖民集团对我国东北货币本位政策之争(1906—1933)》，《历史研究》2018年第5期。

之解散。1919年2月6日，关东都督府颁布第6号府令《大连交易所规程》，废除之前的《大连重要物产交易所规程》和《大连重要物产交易所钱钞交易规程》，交易所名称也正式改为大连交易所。[①]

在公主岭、四平街及其他满铁沿线城市的特产物交易也在逐渐增加，迫切需要设立规范的交易场所，而当时这两处仅有中方商会组织的类似交易所的市场，并没有完善的法律规则，合约履行难以得到保障，日商深感不便。关东厅在各地进行调查后，于1919年8月发布第38号厅令《四平街及公主岭交易所规程》，10月发布第51号厅令《铁岭交易所规程》，12月发布第65号厅令《奉天、辽阳及营口交易所规程》。公主岭交易所于10月、四平街和铁岭交易所于11月、辽阳交易所于1920年8月、奉天和营口交易所于1920年10月各自开始营业。

贸易量的增加促使各地交易所快速兴起，同时也隐藏着危机。1920年后发生战后萧条，日本国内经济趋于低迷，加之中方交易所也开始设立，满铁实施混合保管制度，这些因素使部分交易所的交易量逐渐减少，除大连和开原外，其他日本设立的交易所都处于沉寂状态，尤其是铁岭、辽阳、营口三处，1923年以后几乎完全没有交易。因此，1924年10月底，日方不得不宣布关闭这三个交易所。[②]

（二）日资民营交易所的发展

随着东北商业和对外贸易的发展，各类商品交易日渐活跃，民营交易机构逐步设立。1917年2月，大连股票同业协会获得股票现货市场的开业许可，并开始交易。1919年5月，满洲证券信托会社也取得交易许可的特权。但这些交易机构主要进行现货交易，并未获得期货交易的许可权，也并非正式的交易所，在交易制度方面仍不完善。截止到1919年8月，根据关东厅调查(不包括满铁)，当时从事交易的公司总数为248家，资本总额达7 911万元。如此大规模的交易将对经济产生较大影响，进而促使人们意识到成立股票交易所的重要性。1919年6月23日，大连

---

① 南满洲鉄道株式会社庶務部調査課:《満洲に於ける日本取引所》，南滿洲鉄道株式会社，1928年，第6—7頁。

② 篠崎嘉郎:《満洲金融及財界の現状》下卷，大阪屋號書店，1928年，第151頁。

20名政商代表提出成立股票交易所的申请；8月，小泉策太郎等数十人也联名提交申请。在两派人士的努力推动下，关东厅于1919年12月13日发布敕令第494号《关东州交易所令》，24日发布厅令第67号《关东州交易所规则》，25日批准成立大连证券商品交易所，资本金为1 000万元，1920年2月10日正式发放经营许可证，小泉策太郎出任首任理事长，3月10日起正式开始营业。由于1920年末至1921年发生的经济危机及交易所内部的混乱，开业之初上市品种仅股票、棉纱、麻袋，1921年11月1日起开始棉布交易，1927年12月1日起面粉上市交易。[①]

除大连外，奉天也在同期成立民营股份制交易所。1919年9月23日，奉天信托株式会社成立，资本金200万元，进行股票现货交易。1920年10月15日，奉天信托株式会社与奉天商业株式会社合并，奉天商业株式会社资本金由300万元减至120万元，合并后的公司资本金总额增加到320万元。此后发生经济危机，公司暂停营业，但在1921年3月15日改组为正式的交易所，名称改为奉天商品证券交易所。交易品种除原来的证券外，还增加了米谷等5种商品。6月20日，证券部重新开始交易。1923年1月10日，交易所更名为满洲交易所，在经济形势动荡中仍维持交易。1924年7月16日，米谷市场正式开始运行。安东民营交易所始于1918年10月建立的安东信托公所，其性质属于商业协会组织，进行钱钞交易。1919年11月，安东证券商品信托公所成立，资本金200万元，继承了安东信托公所的市场交易。1920年12月，安东股票商品交易所在收购安东证券商品信托公所的基础上成立，资本金250万元，此即为后来的安东交易所。1921年1月10日，安东股票商品交易所取得安东领事的营业许可，2月25日正式开始交易。1923年10月，安东股票商品交易所正式由关东厅管辖，1925年6月更名为安东交易所。至1928年6月1日，安东交易所除股票、钱钞外，小米也成为上市交易品种。[②]

除上述三家民营交易所外，1921年成立的哈尔滨交易所也是民营交

① 南満洲鉄道株式会社庶務部調查課：《満洲に於ける日本取引所》，南満洲鉄道株式会社，1928年，第8頁。

② 南満洲鉄道株式会社庶務部調查課：《満洲に於ける日本取引所》，南満洲鉄道株式会社，1928年，第8—9頁。

易所的代表。当时有人认为，该交易所成立的主要目的是为了获得股票发行的溢价收益。从1920年起，就设立交易所开始进行调查，并制定相应的计划，首先收购哈尔滨信托株式会社，该会社在哈尔滨已取得营业许可，从事类似交易所的交易。在此基础上，成立中日合资的交易所。1921年3月向外务省提出申请，5月得到批准。此后由于诸多障碍，且遭到中方的强烈反对，交易所的成立计划一度出现停滞。后来得到中方理解，并在东京获得以小泉为中心的势力对筹备工作的协助，11月上旬缴纳了1/4的资本金，总资本金为1 000万元。12月11日，在哈尔滨日本侨民会公会堂举行了交易所成立大会，1922年7月22日，交易所正式开业。开业之初，只有股票上市交易，而规定的交易品种有特产物、钱钞、股票、商品，交易量平均每天超过5 000股。8月，附属信托公司成立后，一天的交易量达到1万～2万股。自12月2日起，麻袋开始上市交易。随着经济萧条的出现，交易所的交易每况愈下，1923年4月起，该交易所面临经营困境，11月1日后，经常被迫停止交易。11月10日，召开临时股东大会，决定将资本金减至500万元。1924年9月22日，召开临时股东大会，提出解散交易所的临时决议，10月18日召开定期股东大会，正式决定解散该交易所。自此，哈尔滨交易所经历了两年多的短暂运营，最终关闭。[①] 此外，还有其他地区也成立了类似交易所的证券交易机构，短短几年内东北地区的交易所数量便达到了15家以上。[②]

这些民营交易所的设立，使得东北交易所的数量进一步增加，但设立过多，导致部分交易所逐渐偏离其原有的功能。有些地方小交易所未能发挥应有的作用，在交易所内从事类似赌博的交易，扰乱地方经济秩序。为解决交易所设立过多的问题，1922年，日本当局修改交易所法规，一方面鼓励交易所改为会员制，另一方面将众多小规模交易所进行合并或解散。政府提高设立交易所的门槛，不轻易发放许可证，以限制交易所数量。

---

① 南満洲鉄道株式会社庶務部調査課:《満洲に於ける日本取引所》，南満洲鉄道株式会社，1928年，第9—10頁。

② 南満洲鉄道株式会社庶務部調査課:《在満日本取引所に関する諸問題》，南満洲鉄道株式会社，1929年，第107頁。

(三)中方交易所的发展

早在20年代之前,东北当局与当地华商便开始谋划设立交易所。1912年,吉林商会在吉林省城财神庙成立吉林货币交易所,附属于商会,是一个会员组织,进行货币交易,仅限于吉林银钱业公所的会员参加。[①] 1915年8月1日,长春货币交易所开业,位于西三道街,由长春商务会创办,资本金为小洋40万元,经营货币现货和期货交易,参加交易者必须为商会会员,需缴纳身份保证金,买卖双方向交易所缴纳成交金额的1%作为手续费。1922年有46家商号参加交易。1925年9月,奉天当局为阻止奉票下跌,禁止期货交易,仅允许用吉林官帖买卖哈大洋,奉票、金票、钞票进行现货交易。[②] 1919年,锦州的大钱铺、大粮栈、大当铺投资设立锦州交易保证所,位于城内北街,日交易粮谷1万担左右,交易银元1万元左右。[③] 这些交易所规模较小,营业范围也是以货币交易为主,主要由当地商会设立,以会员组织形式进行交易,相对于日方交易所而言,影响力较小。

进入20年代后,日方民营交易所的设立,进一步激发东北当局试图设立本国交易所的决心。东北当局催促当地商会设立交易所,东北华商在官方的支持下,相继设立各类商品和货币交易所。但这些交易所大多规模较小,存留时间较短。中方设立交易所的主要目的是为了与日方交易所抗衡,有关交易所法规及交易所规则条例也以日本交易所的相关法规为参照。中方交易所中影响力最大的是滨江粮食交易所。该交易所成立于1922年4月1日,全称为滨江粮食交易所股份有限公司(日方称为滨江证券粮食交易所股份有限公司[④]),与之同时成立的还有滨江货币交易所股份有限公司,两者成为哈尔滨最主要的商品和货币交易机构。滨江粮食交易所前身是1915年8月1日成立的滨江农产交易信托有限公司,为现货和期货交易提供担保,资本金为50万卢布,分5 000股,1922

① 付文龄:《吉林省金融编年纪事(1738—1985年)》,延边大学出版社,1994年,第17页。

② 金广凤:《长春市志·金融志》,吉林文史出版社,1993年,第70页。

③ 锦州市政府地方志办公室:《锦州市志·经济建设卷》,中国统计出版社,1996年,第379页。

④ 南满州鉄道株式会社哈尔浜事务所调查课:《浜江証券粮食交易所:哈调小册子》,南满洲鉄道株式会社,1926年,第5頁。

年4月在其基础上改组成立滨江粮食交易所。[①] 由于日商所成立的哈尔滨交易所于1924年10月关闭，故哈尔滨的交易市场主要由华商掌控。滨江粮食交易所的资本金规定为大洋100万元，分4万股，每股25元，股票分1股、10股、50股及100股四种，[②]实收资本64万元，交易品种有大豆、小麦、豆油、豆饼、杂粮。而滨江货币交易所的资本金为国币8万元（哈大洋10万元），交易品种主要为哈大洋、金票、吉林官帖、江帖、奉票。[③] 相对于日方交易所而言，华商交易所资本规模确实较小。除滨江交易所外，东北地区的中国交易所，还有1920年成立的奉天交易保证所，在奉系军阀支持下于奉天开设，为货币和粮食交易提供信托担保。[④] 奉天粮谷交易所成立于1926年11月10日，也由奉系军阀支持，主要进行大豆、高粱交易。[⑤]

除主要大城市外，一些小城镇也有大量交易所的设立。如1923年，北镇县成立钱粮交易所，又称交易保证所，主要担保期粮交易。1929年，海伦县成立粮食交易所，资本金为5 000万吊文。[⑥] 另有一些没有详细资料记载的交易所，如通辽粮食交易所（大豆、高粱）、吉林粮食市场（经营各种特产、钱钞）、吉林省银钱货币有价证券交易市场、傅家甸货币交易所。[⑦] 还有一些交易所我们目前仅知道其存在过，如锦县粮食交易所、辽源交易保证所、新民交易保证所、义县交易保证所、黑山交易保证所、辽阳交易保证所、铁岭粮豆交易所、山城镇粮食交易所、绥中县交易保证

---

① 陈启慧：《哈尔滨历史上最早的粮食交易所》，《黑龙江档案》2007年6月。《浜江証券粮食交易所：哈调小册子》中记载滨江农产交易信托公司的成立时间为1916年，笔者认为1915年8月1日的时间更为准确。

② 南滿洲鉄道株式会社哈尔浜事务所调查课：《浜江証券粮食交易所：哈调小册子》，南滿洲鉄道哈尔浜事务所调查课，1926年，第16、18頁。但在杨荫溥所著《中国交易所论》（商务印书馆，1930年）第47页记载，资本金为80万元。

③ 哈尔滨满铁事务所编，汤尔和译述：《北满概观》，商务印书馆，1937年，第383—386页。

④ 满史会：《满洲开发四十年史》下册，新华出版社，1988年，第278页；南滿洲鉄道株式会社地方部勧業課：《満洲大豆》，滿蒙文化協会，1920年，附録，第151頁。

⑤ 《公牍：杂项：函复奉海铁路公司爲设立粮石交易所请派员监视文》，《奉天财政月刊》1926年第5期。

⑥ 李澍田：《中国东北农业史》，吉林文史出版社，1993年，第491页。

⑦ 满史会：《满洲开发四十年史》下册，新华出版社，1988年，第278页。

所、营口交易所、双城县交易所等。[①]这些交易所大多规模小,存在时间短,影响力较小。有些交易所甚至仅仅处于筹设阶段,并没有正式营业过。

自1924年开始,东北当局认为交易所商人投机倒把,造成金融紊乱,于是开始禁止期货交易,很多交易所因此被关闭。1924年的《奉天财政厅训令第135号》将锦县、辽源、新民、义县、北镇、黑山的交易所一律撤销。奉天交易保证所也以预防投机为名而被关闭。[②]但这些交易所的关闭,致使市场交易难以进行,商人们纷纷请求恢复,此后部分交易所恢复交易,但大多数只进行现货交易。

(四)中日合办交易所

关于中日商人合办的交易所资料较少,范家屯交易所是较具有代表性的一家,其兴衰过程与当地特产物交易紧密相关。在铁路开通前,范家屯附近一带的特产物大多经通江口、英守屯、马蜂沟等地由陆路和水路运出,当地没有集中的交易市场。铁路开通后,特产物大部分经范家屯运出。八家子、五家子、黑林子、双阳等地的交易商开始关闭当地的店铺,转向范家屯经营。范家屯逐渐成为特产物的集散地,交易量日益增加。1914年,大豆及其他农产品的铁路运输量为3.9万吨;1915年,上升到6.1万吨;1917年,达9万吨;1919年继续上升至16.1万吨。同时,交易商人数也不断增加,市场交易的兴盛促使商人们开始意识到设置交易所的必要性。1915年3月,一种被称为"兑交交易"的期货交易开始出现。1917年,日商特产物交易协会和中方商会共同创建了一个期货交易市

---

① 锦县粮食交易所、辽源交易保证所、新民交易保证所、义县交易保证所、黑山交易保证所见于《奉天财政厅训令:第一三五号》,《奉天公报》,1924年第4484期,第4—5页;辽阳交易保证所见于薛虹、李澍田:《中国东北通史》,吉林文史出版社,1991年,第577页;铁岭粮谷交易所见于辽宁省地方志编纂委员会办公室:《辽宁省志·粮食志》,辽宁大学出版社,2000年,第146页;山城镇粮食保证所见于《财政厅命令》(三十二则),《奉天财政月刊》1928年第23期,第9—11页;绥中交易保证所见于《奉天财政厅训令》第98号,《奉天公报》1923年第3909期;营口交易所见于《奉天财政厅训令》第107号,《奉天公报》1923年第3925期;双城县交易所见于《训令第1688号》,《行政院公报》1930年第147期。

② 《各埠金融市况:吉林:严厉取缔交易所》,《银行月刊》1925年第5卷第11期,第175—176页;《奉天财政厅训令》第135号,《奉天公报》1924年第4484期,第4—5页;《常年会务报告:会务报告:(十一)设立银钱现货交易所》,《奉天省城总商会月刊》1925年第5期,第33页。

场，当年8月开始交易，此即范家屯交易保证所的前身。此后，交易十分活跃，但由于担保制度不完善，开始出现交易人不按时缴纳保证金的情况，使合约难以履行。为了解决合约难以履行的问题，1919年9月，中日双方商会决定将该交易所改组为由两国商会会员组成的会员组织，不再另设清算担保机构，中方商会负责处理有关交易事务。然而，由于商会缺乏管理交易所的经验，导致出现各种违约事件，并产生巨额债务。为改善这种制度的缺陷，1922年，有人认为应将范家屯交易所改为由关东厅管理的官营交易所。1923年9月25日，范家屯的日商向关东长官提交了将范家屯交易所改为官营交易所的申请。但由于当时东北交易所已设立过多，关东厅长官并未同意此项申请，最终范家屯交易所只能维持原状。[①] 此后，范家屯交易所继续进行交易。1924年之前，该交易所的交易量仍能与长春、开原、公主岭、四平街等交易所旗鼓相当。但1924年后，交易量逐渐减少，1927年末至1928年期间，交易量进一步急剧下降。范家屯交易所各年交易量如表7.3所示。

表7.3　1917—1927年范家屯交易所交易量

年度	大豆和高粱交易量(车)	和沿线交易所比较
1917	2 700	
1918	交易终止	
1919	38 341	仅次于开原，超过了四平街、公主岭、长春
1920	43 654	仅次于开原，和长春旗鼓相当，超过了其他交易所
1921	45 598	和开原旗鼓相当，超过了其他交易所
1922	42 470	仅次于开原和长春居第三位
1923	37 493	高于四平街，但低于其他交易所
1924	9 969	
1925	5 960	

① 南满洲鉄道株式会社庶務部調査課:《在満日本取引所に関する諸問題》，南満洲鉄道株式会社，1929年，第114—115頁。

续表

年度	大豆和高粱交易量(车)	和沿线交易所比较
1926	6 386	
1927	6 004	

资料来源：南滿洲鉄道株式会社庶務部調查課,《在満日本取引所に関する諸問題》,南滿洲鉄道株式会社,1929年,第116頁。

1928年之后,范家屯交易所的交易量极度不振,只有大豆在1月和2月共计成交了4车,3月成交26车,4月20车,5月6车,之后便再无交易。交易量急剧下降,除交易所自身因素之外,更重要的因素是交易本位币奉票价格的下跌。奉票作为特产物交易货币,其价格下跌,必然导致期货交易风险加大,特产物交易商利益受损,资金较雄厚的交易商都远离交易所。为应对奉票价格下跌,该交易所决定从2月9日起将本位币改为钞票。但在10日前市,只成交了3月期大豆3车,于是交易本位币又改回奉票。交易本位币更改的失败,又使各方商人再次呼吁将交易所改为官营,大家都认为未能实现官营是造成交易所衰退的主要原因。交易量的急剧下降使范家屯交易所面临关闭的危机,各方商人出谋划策以推动交易所摆脱危机,官营改制的失败使交易所当局只能另寻他路。当时有人提出将其改为长春或公主岭交易所的分支机构,虽然在作为哪个交易所的分支机构上产生了分歧,两派观点各有理由,但最终关东厅在1928年3月份将范家屯交易所关闭。其理由主要是交易所交易量极少,且担保能力不足,难以杜绝违约现象发生,即使关闭后,也不会对当地经济产生较大影响。交易所当局闻此消息,大为震惊,试图力挽狂澜,以维持范家屯交易所的地位。4月20日,交易所有关人士在长春与满铁地方事务局代表协商,希望能保留该交易所。5月3日,范家屯日本侨民协会会长岩尾君治、华商商会会长王义臣、日商特产物交易商会长西村万吉三人联名向关东长官提交了交易所保留请愿书,但关东厅对此没有进行回复。7月,关东厅最终下达关闭交易所的命令。[①] 自此,范家屯交易所的历史就此结束。

① 南滿洲鉄道株式会社庶務部調查課:《在満日本取引所に関する諸問題》,南滿洲鉄道株式会社,1929年,第117—119頁。

范家屯交易所的兴衰表明，决定一个交易所存废的主要因素是市场交易量，而在商品交易中，除保证交易合约履行的各项制度安排外，交易本位币也是影响交易量的重要因素。其币值的涨跌直接关系到商品交易者的利益。奉票的暴跌，以及交易本位币的难以更改，最终加剧了范家屯交易所的衰亡。

总之，东北的交易所最早由日本当局主持建立，且以官营为主，根据日本国内的交易所法规，颁布了一系列规范交易所运行的法规与章程，为日方民营交易所及中方交易所的建立奠定基础。20 年代后，日方民营交易所和中方交易所日渐兴起，且掀起了设立交易所的热潮，东北交易所进入一个短暂的繁荣时期。1924 年后，由于交易所设立过多，以及经济萧条使交易量减少，很多交易所关闭，日方关闭的官营交易所有铁岭、辽阳、营口三家，民营交易所有哈尔滨交易所。中方当局也直接关闭了大量交易所。东北地区的主要交易所状况如表 7.4 所示。

表 7.4　东北地区的主要交易所概况

	名称	性质	设立年份	改组或关闭年份
日方	大连交易所	官营	1913 年	1936 年改组为民营，1939 年关闭
	开原交易所	官营	1916 年	1934 年
	长春交易所	官营	1916 年	1936 年改组为民营，1939 年关闭
	公主岭交易所	官营	1919 年	1934 年
	四平街交易所	官营	1919 年	1934 年
	奉天交易所	官营	1920 年	1936 年
	辽阳交易所	官营	1920 年	1924 年
	营口交易所	官营	1920 年	1924 年
	铁岭交易所	官营	1919 年	1924 年
	满洲交易所	民营	1919 年	1945 年
	大连证券商品交易所	民营	1920 年	1945 年
	安东交易所	民营	1921 年	1945 年
	哈尔滨交易所	民营	1921 年	1924 年

续表

	名称	性质	设立年份	改组或关闭年份
中方	吉林货币交易所	民营	1912 年	不详
	长春货币交易所	民营	1915 年	不详
	锦州交易保证所	民营	1919 年	不详
	奉天交易保证所	民营	1920 年	1924 年
	滨江粮食交易所	民营	1922 年	1933 年改组为哈尔滨交易所①
	滨江货币交易所	民营	1922 年	不详
	奉天粮谷交易所	民营	1926 年	不详
中日合办	范家屯交易所	民营	1917 年	1928 年

三、关于交易所的设立数量与标准

随着日方官营交易所的设立,民营交易所及中方交易所也逐渐兴起,至 20 年代初期一度掀起设立交易所的热潮。但交易所设立过热也产生了一些问题,一方面是交易所的设立需参照何种标准,另一方面是交易所设立过多可能导致部分交易所因经营不善而关闭。1923—1924 年,经济形势不容乐观,很多人开始意识到交易所数量过多的问题。有观点认为,保留大连一家交易所足矣;而多数意见认为应保留长春、四平街、开原、大连四家交易所,其余的应该关闭。根据日本交易所法第一条和第二条的规定,在交易兴旺地区,得到政府许可后,一个地区可成立一家交易所。在交通和通信不发达的情况下,交易所的分散布局有利于各地市场行情信息的传递。但设立过多,不仅无助于市场交易,交易所自身也很难维持经营。如何判断一个地区是否该设立交易所,关东厅并没有非常明确的规定,仅在交易所规则第一条规定:"关东州以及南满洲铁道附属地内如有必要可成立交易所,交易所归关东长官管理。"此处仅以"如有必要"作为设立交易所的要求,表明交易所的设立并无客观标准,而主要取决于关

① 南滿洲鉄道株式会社産業部:《滿洲会社考課表集成(商業金融編)》,南滿洲鉄道株式会社,1937 年,第 94 頁。

东厅的主观判断。从已设立的交易所来看，大多都是以当地官商联合请愿作为主要参照标准。此外，部分投机分子的鼓动也对交易所的成立起到重要作用。仅依据这些主观因素难以对交易所的设立做出准确判断，还需要考虑一些客观因素。一方面，应该考察当地货物的交易情况，分析该地区供需是否繁盛；另一方面，须考虑从事该项货物交易的商人数量。[①] 这两个表征市场交易情况的变量才是决定交易所设立的关键因素。

关东厅对交易所设立标准的不明确，是导致交易所在短期内过于泛滥的重要因素。同时，日方所设交易所基本都是股份制公司的形式，而非会员组织，巨大的利益驱动也是交易所争相设立的推动力。市场交易的需要是交易所产生的动力，也是引致部分交易所关闭的幕后推手，市场在交易所设立方面起到决定性作用。而中方交易所的设立和关闭，很大程度上受政府掌控，虽然市场行情也起到一定作用，但奉天当局的严厉干预，是交易所兴衰的关键。关东厅在这方面更多的是顺势而为，根据市场交易的需要决定交易所的存亡。而交易量受多种因素影响，如是否处于商品集散地，经济是否景气，是否受到政府干预等。前述范家屯交易所的兴衰受商品交易量、交易制度、交易本位币等因素的影响，经历了从兴起到关闭的演变过程，一定程度上反映了东北交易所兴衰过程中的一般性特征。

四、交易规模及其对贸易的作用

交易所作为东北特产物交易的一种新式机构，其产生对传统的交易方式和习惯产生了一定冲击。大连交易所开设初期，由于华商猜疑和畏惧，对新方式抱有猜忌，因而交易额甚少。后来华商逐渐发现新法方便安全，交易额日益增加，遂改变之前的交易习惯，将交易所作为最主要的交易机构。该交易所从 1914 年 9 月到翌年 8 月一年的交易额达到 1.77 亿

---

① 南滿洲鉄道株式会社庶務部調査課:《在満日本取引所に関する諸問題》,南滿洲鉄道株式会社,1929 年,第 107—108 頁。

元,1915 年 9 月到 1916 年 4 月的 8 个月间交易额达 1.46 亿元。[①] 以豆货三品的现货交易量为例,1913 年 10 月至 1914 年 9 月,大豆交易量为 7 403 车,豆饼为 8 175 474 块,豆油为 24 377 550 斤;1918 年 10 月至 1919 年 9 月,大豆交易量增长为 18 835 车,豆饼增长为 13 858 252 块,豆油增加到 49 589 220 斤,几乎都增长了一倍。[②] 东北大豆除大部分出口外,其中 30%～50%供油坊加工,油坊的产品豆油和豆饼大部分出售给出口商,而华商油坊向出口商出售产品,习惯上都要经过交易所。特别是大连交易所在豆货市场交易中占据非常重要的地位。1918 年,大连交易所现货成交大豆、豆饼、豆油 1 624 万担,占到当时全国大豆及其制品出口总量的 55%。[③] 正如民国时期的学者所评价的,"观夫我国从前关于满蒙特产大豆油饼之买卖实权,全操于日人所设之大连取引所、开原取引所、四平街取引所、公主岭取引所及长春取引所五处"[④]。

由于交易所的重要功能是可以进行期货交易,故交易量中大部分为期货交易,现货交易在交易所中并不占主导地位。除大连和开原交易所外,其他几家交易所的现货交易都极少,甚至很多品种没有现货交易。表 7.5 是大连交易所的现货交易情况,从 1913 年至 1928 年,大连交易所的大豆、高粱、杂粮的现货交易量呈显著的下降趋势,豆油和豆粕虽然略有波动,但总体上也呈下降趋势。这表明现货交易在大连交易所中交易较少,且地位日趋下降。

① 农商務省農務局:《大豆其他ノ豆類ニ関スル調査》(農務彙纂),日本農会,1919 年,第 286 頁。

② 南滿洲鉄道株式会社地方部勧業課:《滿洲大豆》,滿蒙文化協会,1920 年,第 95 頁。

③ 南滿洲鉄道株式会社地方部勧業課:《滿洲大豆》,滿蒙文化協会,1920 年,第 95 頁;吴承明、江泰新:《中国企业史》(近代卷),企业管理出版社,2004 年,第 681 页。

④ 吴德培:《交易所论》,商务印书馆,1946 年,第 68 页。

表 7.5　1913—1928 年大连交易所重要物产现货交易量

	大豆		高粱		豆油		豆粕		杂粮	
	数量	价值	数量	价值	数量	价值	数量	价值	数量	价值
1913 年	615 931 俵	4 540 770 银元	20 212 车	72 163 银元	6 802 940 斤	808 105 银元	2 878 276 块	4 016 436 银元	117 408 俵 35 250 斤	775 347 银元
1914 年	7 100 车 1 153 俵	12 970 214 银元	515 车 8 803 俵	550 111 银元	3 597 670 斤	2 607 125 银元	5 837 619 块	8 554 769 银元	1 078 车 60 051 俵 7 000 斤	2 079 839 银元
1915 年	11 349 车 2 690 俵	17 121 748 银元	1 311 车 9 641 俵	1 356 350 银元	26 644 880 斤	2 957 429 银元	8 721 359 块	11 061 625 银元	1 534 车 51 307 俵	2 445 392 银元
1916 年	13 431 车 284 俵	20 569 600 银元	1 144 车 5 040 俵	1 267 391 银元	32 535 020 斤	4 373 984 银元	8 593 966 块	9 736 561 银元	1 084 车 31 657 俵 10 000 斤	1 887 214 银元
1917 年	11 258 车	20 129 992 银元	466 车 4 139 俵	4 535 010 银元	3 434 508 斤	3 988 282 银元	11 396 176 块	12 181 036 银元	2 046 车 110 282 俵	3 024 141 银元
1918 年	16 941 车 29 俵	28 210 167 银元	2 291 车 73 俵	2 577 924 银元	24 750 591 斤	3 643 338 银元	8 981 730 块	11 081 048 银元	1 203 车 1 775 俵	1 863 263 银元
1919 年	16 931 车	31 994 283 银元	73 车	69 706 银元	65 052 640 斤	8 344 830 银元	14 152 002 块	21 984 170 银元	545 车 1 153 俵	803 826 银元
1920 年	12 866 车	16 930 110 银元	56 车	76 313 银元	61 890 400 斤	11 127 865 银元	13 871 050 块	21 187 110 银元	51 车	94 833 银元

续表

	大豆		高粱		豆油		豆粕		杂粮	
	数量	价值	数量	价值	数量	价值	数量	价值	数量	价值
1921 年	9 638 车	15 550 160 银元	217 车	156 072 银元 162 478 金元	99 236 548 斤	7 875 002 银元 1 775 856 金元	24 721 400 块	39 266 400 银元 4 028 937 金元	65 车	49 286 银元 74 153 金元
1922 年	703 车	1 755 460 金元	14 车	16 359 金元	44 692 065 斤	6 463 292 金元	5 315 000 块	11 010 991 金元	2 车	3 519 金元
1923 年	42 车	2 852 银元 106 115 金元	—	—	20 533 290 斤	539 250 银元 5 190 717 金元	1 781 500 块	56 780 银元 3 480 306 金元	—	—
1924 年	2 375 车	6 027 833 银元	—	—	26 853 585 斤	4 133 049 银元	4 388 000 块	7 240 885 银元	—	—
1925 年	443 车	1 196 531 银元	2 车	3 136 银元	50 556 744 斤	8 465 492 银元	9 518 100 块	17 060 807 银元	—	—
1926 年	160 车	446 876 银元	—	—	82 800 976 斤	13 916 115 银元	6 962 900 块	14 052 650 银元	—	—
1927 年	53 车	152 454 银元	—	—	35 752 810 斤	6 288 617 银元	4 461 100 块	8 798 938 银元	—	—
1928 年	4 车	12 103 银元	—	—	20 311 941 斤	3 528 898 银元	6 856 900 块	13 809 349 银元	—	—

资料来源:南满洲鉄道株式会社庶务部调查课,《满州に于ける日本取引所》,南满洲鉄道株式会社,1928 年,附録,第 44—45 頁。

开原交易所是除大连外现货交易最多的交易所。从表 7.6 可知，自 1917 年至 1927 年，开原交易所大豆和高粱的现货交易量呈先上升后下降的趋势，在 1920 至 1922 年达到最大值，此后逐渐下降，1927 年，大豆和高粱的交易量分别下降至 578 587 担和 101 531 担。玉米的交易量虽然出现上下波动的趋势，但 20 年代末也略有减少，1927 年降至 20 610 担。

表 7.6　开原交易所重要物产现货交易

年份	大豆		高粱		玉米		其他	
	交易量（石）	金额（元）	交易量（石）	金额（元）	交易量（石）	金额（元）	交易量（石）	金额（元）
1917	392 330	4 581 941	62 677	484 581	4 349	34 558	10 351	131 798
1918	567 634	8 450 078	138 653	1 517 591	34 495	346 406	6 127	94 261
1919	639 682	10 384 379	49 754	452 343	2 779	24 800	9 944	100 565
1920	702 392	16 072 675	81 028	1 029 838	20 101	275 832	5 247	120 134
1921	762 829	12 240 344	236 482	2 634 749	68 347	757 860	7 212	137 342
1922	523 486	10 016 402	205 654	2 014 336	78 889	751 003	2 854	136 055
1923	535 139	11 282 221	125 204	1 452 282	31 530	320 845	5 149	121 725
1924	579 143	13 483 180	67 972	899 027	13 544	145 492	9 618	231 893
1925	575 589	20 299 860	137 519	2 945 105	72 544	1 596 053	44 503	1 599 755
1926	628 246	38 672 251	123 789	4 550 430	58 315	1 650 449	20 135	1 165 085
1927	578 587	83 618 690	101 531	8 857 192	20 610	1 548 610	19 293	2 405 125

资料来源：南滿洲鉄道株式会社庶务部调查课，《滿州に于ける日本取引所》，南滿洲鉄道株式会社，1928 年，附録，第 49—50 頁。

表 7.7 为大连与其他各主要交易所的期货交易量，从中可以看出大连交易所交易量最多，交易品种也最齐全，其次为开原交易所。1923 年之前，大连交易所大豆和高粱的交易量高于开原，但自 1923 年开始，形势发生逆转，开原交易所大豆和高粱的交易量超过大连，尤其是 1926 年大连的大豆交易量仅为开原的 59%。大连交易所大豆交易量最多的是 1919 年和 1920 年，1921 年大幅减少，此后一直维持较低水平。此外，四平街和长春交易所的交易量呈逐渐减少之势，而开原和公主岭交易所的

交易量却逐年增加。虽然各交易所的交易量有增有减，但各交易品种的总交易量却呈上涨趋势。如图 7.1 所示，大豆、豆粕、豆油各交易品种的交易量总体上略有波动，在 1919—1920 年达到最高点，此后略有下滑，但后期又有所回升；高粱的交易量总体上呈上升趋势。

表 7.7　各地交易所特产物期货交易量

年份	品种	大连	开原	四平街	公主岭	长春	总计
1914	大豆(车)	98 704	—	—	—	—	98 704
	高粱(车)	1 095	—	—	—	—	1 095
	豆粕(千块)	7 254	—	—	—	—	7 254
1915	大豆(车)	70 272	—	—	—	—	70 272
	高粱(车)	9 311	—	—	—	—	9 311
	豆粕(千块)	271	—	—	—	—	271
	豆油(罐)	890 000	—	—	—	—	890 000
1916	大豆(车)	70 898	40 542	—	—	6 045	117 485
	高粱(车)	33 523	—	—	—	—	33 523
	豆粕(千块)	39 191	—	—	—	—	39 191
	豆油(罐)	2 918 746	—	—	—	—	2 918 746
1917	大豆(车)	73 132	50 774	—	—	9 492	133 398
	高粱(车)	48 213	5 550	—	—	—	53 763
	豆粕(千块)	59 138	—	—	—	—	59 138
	豆油(罐)	3 265 200	—	—	—	—	3 265 200
1918	大豆(车)	84 971	45 753	—	—	12 316	143 040
	高粱(车)	55 568	4 468	—	—	—	60 036
	豆粕(千块)	171 642	—	—	—	—	171 642
	豆油(罐)	3 993 500	—	—	—	—	3 993 500

续表

年份	品种	大连	开原	四平街	公主岭	长春	总计
1919	大豆(车)	107 085	73 339	3 394	8 506	28 591	220 915
	高粱(车)	29 152	6 644	527	2 951	—	39 274
	豆粕(千块)	257 404	—	—	—	—	257 404
	豆油(罐)	4 769 900	—	—	—	—	4 769 900
1920	大豆(车)	117 540	82 790	9 909	26 287	44 408	280 934
	高粱(车)	36 358	9 642	3 300	8 115	—	57 415
	豆粕(千块)	117 671	—	—	—	—	117 671
	豆油(罐)	2 964 042	—	—	—	—	2 964 042
1921	大豆(车)	54 309	54 132	16 865	20 016	24 749	140 071
	高粱(车)	9 251	10 267	5 340	10 001	1107	31 966
	豆粕(千块)	45 492	—	—	—	—	45 492
	豆油(罐)	2 720 100	—	—	—	—	2 720 100
1922	大豆(车)	78 359	64 574	8 155	23 103	37 690	211 881
	高粱(车)	39 824	17 140	6 483	17 969	14 420	95 836
	豆粕(千块)	95 461	—	—	—	—	95 461
	豆油(罐)	4 443 000	—	—	—	—	4 443 000
1923	大豆(车)	77 622	94 972	16 384	29 307	45 609	263 894
	高粱(车)	24 943	27 852	10 742	22 401	16 867	102 805
	豆粕(千块)	70 811	—	—	—	—	70 811
	豆油(罐)	3 963 500	—	—	—	—	3 963 500
1924	大豆(车)	57 164	89 859	14 682	21 697	22 702	206 104
	高粱(车)	15 325	18 415	9 196	18 350	—	61 286
	豆粕(千块)	38 344	—	—	—	—	38 344
	豆油(罐)	3 206 500	—	—	—	—	3 206 500
	小麦(车)	—	—	—	—	474	474

续表

年份	品种	大连	开原	四平街	公主岭	长春	总计
1925	大豆(车)	59 723	76 200	13 862	34 631	8 626	193 062
	高粱(车)	21 568	32 755	14 863	41 974	5 037	116 197
	豆粕(千块)	40 673	—	—	—	—	40 673
	豆油(罐)	3 083 000	—	—	—	—	3 083 000
	小麦(车)	—	—	—	—	4	4
1926	大豆(车)	71 534	120 038	10 666	57 595	9 760	269 793
	高粱(车)	34 148	37 214	7 784	44 400	18 677	142 223
	豆粕(千块)	39 885	—	—	—	—	39 885
	豆油(罐)	3 868 500	—	—	—	—	3 868 500
	小麦(车)	—	—	—	—	—	—

注:①豆粕 1 块=46 斤,豆油 1 罐=56 斤。②安东交易所 1921 年交易量为大豆 1 车、豆粕 132 000 块,之后交易皆无。

资料来源:篠崎嘉郎,《満洲金融及財界の現状》下卷,大阪屋號書店,1928 年,第 151—155 頁。

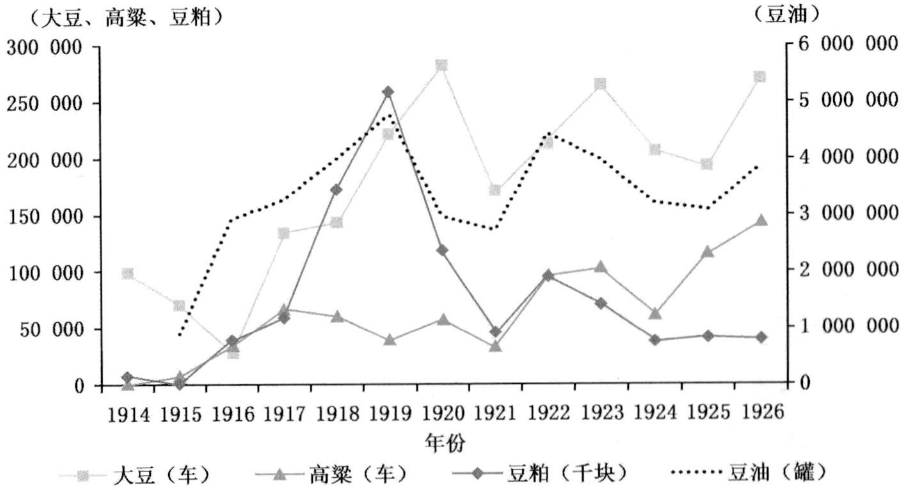

图 7.1 五个主要交易所各品种历年期货交易总量

可以看出，大连不仅在特产物交易量上位居各交易所之首，同时也是东北特产物出口量最多的港口，东北大部分特产物经大连输出，而这些特产物多数是在大连交易所交易。因此，特产物在交易所的交易量与出口量密切相关。虽然交易所进行的交易并不完全都用于出口，特产物的出口也不完全是通过交易所进行交易，但在很大程度上两者存在交集。特产物的出口量可作为其在交易所交易规模的参照系，通过考察大连交易所特产物交易量与出口量的关系，有助于理解交易所的交易规模及在出口贸易中的作用。表7.8展示了大连大豆和豆粕的出口量与交易所期货交易量情况。

表7.8　大连特产物出口量与交易所期货交易量比较　单位：美吨

年份	大豆			豆粕		
	出口量	期货交易量	交易量比出口量	出口量	期货交易量	交易量比出口量
1912	177 677	503 100	2.83	505 541	308 793	0.61
1913	144 872	1 860 930	12.85	538 422	188 260	0.35
1914	376 720	2 638 440	7.00	561 437	73 742	0.13
1915	290 999	2 173 980	7.47	657 646	1 171 265	1.78
1916	167 255	2 478 480	14.82	691 243	1 882 541	2.72
1917	191 780	2 057 280	10.73	892 867	4 009 630	4.49
1918	322 844	2 962 500	9.18	1 046 348	6 874 087	6.57
1919	605 513	3 961 110	6.54	1 090 558	5 210 747	4.78
1920	567 129	1 637 040	2.89	1 131 208	1 987 888	1.76
1921	584 446	2 152 530	3.68	1 150 920	3 058 818	2.66
1922	619 324	2 616 933	4.23	1 192 973	2 419 138	2.03
1923	747 779	2 279 442	3.05	1 287 177	1 272 849	0.99
1924	800 292	1 761 540	2.20	1 334 514	1 154 591	0.87
1925		2 276 472			1 215 188	
1926		1 966 569			1 205 788	
1927	1 765 000	1 781 406	1.01	2 082 000	723 539	0.35

续表

年份	大豆			豆粕		
	出口量	期货交易量	交易量比出口量	出口量	期货交易量	交易量比出口量
1928	2 212 000	2 165 597	0.98	1 609 000	633 466	0.39
1929	2 705 000	3 981 744	1.47	1 415 000	853 966	0.60

资料来源:出口量来自横浜正金銀行調查课《大連を中心として見たる満州の金融、為替、貿易》,(横浜正金銀行)調查報告第 66 号,1927 年,第 76 頁;南滿洲鉄道株式会社地方部勧業課《滿洲大豆》,滿蒙文化協会,1920 年,第 92—93 頁;商工省貿易局《滿洲貿易事情·前篇》,1934 年,第 118 頁。期货交易量来自加悦秀二《大連に於ける特產物の取引及採算》,南滿州鉄道株式会社,1931 年,第 24—25、83 頁。

由表 7.8 可知,从 1912 年到 1929 年,大豆和豆粕的出口量总体上呈上升趋势。而大豆期货交易量上下波动,1919 年达到最高峰,此后逐渐下降,1927 年后有所回升;豆粕期货交易量则在 1917—1919 年达到顶峰,进入 20 年代后持续下降,尤其是 1927—1929 年的 3 年间急剧减少。此外,从期货交易量与出口量之比可看出,大豆和豆粕大多数时候交易量远高于出口量,1916 年大豆期货交易量与出口量之比最高达 14.82,即大豆交易量约为出口量的 15 倍。20 年代后期,随着大豆出口量的增加,两者比值逐渐下降,1927—1929 年基本维持在 1 左右。豆粕的期货交易量与出口量之比在 1918 年达到最高的 6.57,1923 年后,期货交易量小于出口量,1927 年仅为出口量的 35%。期货交易量远高于出口量,表明交易所内的很多交易并不是出口商所购买,或者说有诸多期货交易并未实际交割,而是通过转卖赎回规避风险。

大豆的产量每年都在增加,且大豆和豆粕的出口量也逐年上升,但交易所的交易量相对于出口量却不断减少。这主要是因为许多实力薄弱的特产商破产倒闭,致使中间商交易大幅减少。这一点可从大连的特产商数量变化中管窥,在繁荣时期特产商的数量接近百家,而在经济萧条时,特产商开始出现破产倒闭,数量逐渐减少,1926—1927 年,特产商数量仅相当于繁荣时期的一半。特产物经营逐渐被以三井、三菱、日清、铃木等为首的几家特产商巨头所垄断,致使那些实力薄弱的特产商难以维持。

从这四家大特产商出口特产物的数量可知(见表 7.9),自 1921 年至 1926 年,这四家公司的特产物出口量占特产物出口总量的比重持续上升,从 1921 年的 28.1%上升到 1926 年的 55.6%。这表明在大连交易的特产物大多被这些巨头收购出口,经过中间商中转的特产物日渐减少。而在此之前,特产物从内地收购到出口,中间需要经过诸多中间商的多次交易,因此,交易所的交易量自然增加。但随着中间商的没落,特产物的中间交易环节减少,进而使交易所交易量减少。①

表 7.9　三井、三菱、日清、铃木四家特产商出口数量

年份	出口总量(吨)	四家商店出口量(吨)	占比(%)
1921	1 646 603	463 407	28.1
1922	1 722 611	434 133	25.5
1923	1 959 068	714 736	36.4
1924	2 041 927	747 659	36.6
1925	2 043 678	782 509	38.2
1926	1 994 842	1 109 439	55.6

注:表中反映的是每年 1—12 月的出口运出总量情况,仅包括四家商店以自己名义进行的交易量,不包括委托其他出口商代办的业务。

资料来源:篠崎嘉郎,《滿洲金融及財界の現状》下卷,大阪屋號書店,1928 年,第 157 頁。

总之,交易所的建立为东北特产物的出口及进口商品的交易提供了便利,促进了这些商品交易量的提升,扩大了市场交易规模及范围。东北特产物的交易主要集中在大连和开原等少数几个日方官营交易所,尤其是大连交易所的交易量居各交易所之首,在空间分布上呈现不平衡性。从交易量的变化趋势来看,各类商品的交易基本都在 1920 年前后达到最大值,这与当时战后经济繁荣的总体趋势基本一致。而至 20 年代末,受多种因素影响,交易量逐渐减少。从交易品种来看,各交易所都以期货交易为主,期货交易量远大于现货交易。从交易商品的种类来看,交易所交

① 篠崎嘉郎:《滿洲金融及財界の現状》下卷,大阪屋號書店,1928 年,第 157—158 頁。

易的商品大多是大豆、豆粕、豆油、高粱为主的东北特产物，其中又以豆货三品交易量最大。大连港及大连交易所不仅是东北特产物的主要交易和出口市场，而且形成公定价格，其影响波及东北、日本及中国南北各重要商业城市，成为市场行情的重要参照标准，并在大豆、豆饼、豆油市场中逐渐占据支配地位。

五、"九一八"事变后交易所的衰落

"九一八"事变后，伪满洲国成立，交易所也发生了变革。大部分交易所被关闭或被改组。1933 年 10 月，滨江粮食交易所改组为由日满合办的哈尔滨交易所股份有限公司，其他中方交易所基本都被关闭。1934 年，开原、四平街、公主岭交易所关闭，1936 年奉天交易所关闭。1936 年 7 月，剩下的日方官营交易所(大连和长春交易所)改为民营股份制，长春交易所改为新京交易所。[①] 从交易品种看，钱钞交易因货币统一而终止。1932 年 7 月，伪满洲中央银行成立，日本当局开始逐步统一东北货币，1937 年末，最终完成货币统一。再加上日方实行汇兑管理，东北繁荣的货币交易逐渐消失。商品交易中，棉纱、棉布、麻袋、小麦、面粉的交易因实行统制政策(如公定价格制和分配统制)而停止。此后，交易所的上市品种仅限于特产物(豆货三品及高粱等)和有价证券。

随着日本统制政策范围逐渐扩大，特产物的交易也逐渐消失。1939 年 11 月，日方实施特产管制，大连、新京(原长春)、哈尔滨三家交易所完全丧失作用而被迫关闭。为便于筹集资金，日本在伪满洲国实行单一交易所主义，对有价证券交易也采取管制政策。1940 年 8 月，颁布有价证券行业取缔法，改组满洲证券交易所，并将其作为东北唯一的证券交易市场。1940 年 7 月，吸收安东交易所，改设满洲证券交易所安东分所，12 月，开设哈尔滨分所。东北的证券交易基本被这三处交易所垄断，股票交易主要为日本公司的股票，东北当地股票很少，股票现货交易基本都是为了在交易所套现，交易所丧失了筹集资金的基本功能。由于这些日本股

---

① 《日伪政情：满铁附属地内各交易所移归伪满：设置税务署，官员人数已决定(长春特讯)》，《边讯》1936 年第 1 卷第 5 期，第 13 页。

票在日本本土都有交易，在东北进行交易获利甚微，故逐渐转移到日本交易，东北的证券交易也逐渐衰落。至1941年4月，满洲证券交易所内进行证券交易的只有31人，29名日本人，2名中国人；哈尔滨分所有32人，其中2名日本人，30名中国人；安东分所有16人，其中12名日本人，4名中国人。最终至1945年，日本战败，剩下的交易所全部关闭。[①]

小　结

东北各地交易所的设立，不仅是对前期期货交易市场的继承和发展，而且促使东北商品和货币交易进入了一个新时代。从交易所的分布来看，东北各交易所基本都是围绕特产物或杂粮集散中心进行设置的，哈尔滨、长春、开原、公主岭、四平街、铁岭、辽阳、营口、安东、大连都是特产物集散地，而且也是交通枢纽，特产物的流通和输出大多通过这些地区。一方面，特产物的交易需要催生了交易所；另一方面，交易所设立后，为特产物提供了一个集中交易的场所，进一步扩大了特产物的交易规模。日方交易所主要集中在南满地区，即吉林和奉天两省，以关东州及南满铁路附属地为中心。中方交易所在空间分布上没有特别鲜明的特点，但由于日方交易所在北满势力较弱，故中方交易所中势力较强的是位于哈尔滨的滨江（证券）粮食交易所。

在资本规模和交易品种方面，日方交易所无论官营还是民营，资本规模都较大，交易品种也较多，涉及商品、证券、钱钞等。中方交易所则规模较小，交易的货物种类也有限。虽然滨江粮食交易所的交易品种也包括特产物、杂粮、有价证券等，但这主要是由于哈尔滨没有日方交易所，且其前身滨江农产信托公司设立较早，由官商主导，在市场中占据重要地位，大宗商品交易几乎都在此进行。从日方交易所来看，官营交易所以特产物和钱钞为主，民营交易所以进口杂货和有价证券为主。在交易量方面，由于日方交易所占主导地位，交易规模上也较大，尤其是官营交易所中的

① 满史会：《满洲开发四十年史》下册，新华出版社，1988年，第278—279页。

大连和开原交易所。虽然中方交易所曾在短期内设立较多,但存留时间较短,且大多是在政府的支持下成立,受地方军阀和官商操纵,并不能很好地发挥交易所的功能。从交易品种来看,现货交易较少,期货交易在各交易所中都占据主导地位。东北各地交易所的交易主要集中在少数几家官营交易所,在交易量上表现出不平衡性。

第八章

东北交易所的制度安排与交易机制

在近代交易所产生之前，东北就已形成期粮交易市场，但这种期货交易市场相对交易所而言，在制度设置上仍存在诸多不足。第一，传统的期粮市场由公议会组织管理，交易通常在关帝庙、茶馆等处进行，未能形成专业化的交易场所；第二，没有可靠的担保制度，主要依赖信用保证合约执行，虽然铁岭期粮市场也有一种称为压钱的信用保证金，但这仅在无介绍信的条件下使用，且不能根据价格变化收取追加保证金；第三，对交易商的违约行为，缺乏具体的惩罚措施；第四，由于这类市场通常由商业行会组织，交易商通常为行会成员，因而限制了交易范围和规模的扩大。交易所的产生弥补了这些不足，建立了更加完善的制度规范，使交易规模大为扩展，市场价格趋于统一。本章主要对近代东北交易所组织管理、主要制度安排和运行机制进行考察。

一、交易所的组织与交易人管理

从资金来源或经营者的身份来看，交易所可分为官营和民营，民营交易所的组织形式大致可分为会员制和股份制两种。会员制是指交易人以会员身份参加交易，交易合约的履行由交易双方负责，合约的执行主要依赖双方的信用，交易所不负责有关合约履行的问题。会员制交易所是一种非营利性组织，交易所的运营费用由会员承担，交易商不需要缴纳保证金和手续费等费用。股份制交易所是以股份制公司的形式进行组织管理,是一种营利性组织,交易商必须获得交易人资格才能在交易所内进行交易,且需要缴纳保证金和手续费,交易所为合约的履行提供担保。会员制和股份制最主要的区别在于,会员制主要以交易人的信用为依托,保证合约的执行,而股份制交易所交易人需要缴纳保证金,违约成本较高,担保制度较完善。会员制仅以对人的信用作担保,合约执行力较差,容易出现违约问题,如范家屯交易所的关闭就与其信用担保制度有很大关系。

(一)交易所的内部组织结构与人员设置

东北主要的交易所多为官营,由关东厅管辖。官营交易所亦可称为关东厅交易所,交易所工作人员皆为政府官员,交易所日常经营费用由关东厅承担,其设立和运营所依据的法规主要是《关东厅交易所规则》。交易所内设所长、副所长、主事、书记、检查员等职位。根据关东厅交易所规则第 2 条和第 3 条规定,各交易所必须设所长 9 名,主事 9 人以下,书记和检查员若干名。所长由关东厅长官直接任命,领导交易所,指挥工作人员开展工作。副所长可根据需要设置,其职责是协助所长管理交易所,除大连交易所设置了副所长职位外,其他几个交易所并未进行设置。主事、书记和检查员皆由上级负责人任命,主事分管交易所相关工作,书记从事交易所的具体工作,检查员从事交易商品的检查工作。大连、开原两交易所设有主事。此外,按照交易所规则第 4 条规定,交易所应设置商议员会,商议员会由所长以及商议员组成。商议员会为交易所的监督审查机构,主要负责交易人参与交易资格的认定和吊销、审查交易方法及合约履行、征收相关费用,及在出现交易纠纷时进行仲裁和调解。商议员人数在 10 人以内,任期 3 年,从具备工商业方面知识或从业经验者中选拔,由关东厅长官任命。除审查机关外,交易所还可根据需要设置参事或顾问,就交易所的重要事务参与审议,可出席商议员会,发表意见,并向所长建言献策。[①]

交易所所长权力很大,其所享有的部分权力相当于日本国内工商大

① 南滿洲鉄道株式会社社長室調查課:《大連建值問題》,南滿洲鉄道株式会社,1922 年,第 41—43 頁。

臣的权力。根据关东厅交易所规则等相关规定，所长的主要权力有如下几方面：第一，有权授予或吊销交易人交易资格及代理人资格；第二，有权检查交易人相关账簿资料及交易品种，或责令交易人提交相关资料；第三，为维护交易秩序，当价格出现大幅波动或急剧下跌，交易人进行不正当交易或扰乱市场秩序，及保证金征收出现问题时，所长有权终止所有或部分市场交易，限制交易数量，及禁止交易人交易或限制其进场；第四，交易所内买卖双方之间出现纠纷时，所长有权在双方提出申请时或根据相关规定进行仲裁，当事人不得对所长的仲裁提出异议；第五，有权对信托公司业务进行监管，及对交易人协会章程进行批准。除享有权力外，所长还负有公布市场价格，为交易人开具相关证明的义务。此外，所长还必须对交易人资格发生变更（如交易资格丧失或交易人死亡、交易人被吊销交易资格），以及交易所开盘收盘时间发生变更等情况，向市场公布。[①]

东北最主要的三个日方民营交易所都采取股份制形式。大连证券商品交易所根据关东州交易所令成立，安东交易所原本根据日本法规，在日本领事馆登记成立。1923 年 10 月，由于日本在安东租借地的管理机构“居留民行政委员会”被撤销，行政权由满铁地方事务所接管，纳入关东厅管辖范围，因此，根据关东厅长官命令，自 1925 年 2 月起，该交易所的法规也以关东州交易所令及关东州交易所规则为依据。满洲交易所在奉天的场地位于满铁附属地外，不适用关东州交易所令，故满洲交易所的相关情况由交易所章程规定。

在关东州及满铁附属地设立民营交易所，必须向关东厅提出申请，经批准后，方可成立。其法律依据主要是《关东州交易所规则》和《关东州交易所令》。与日本国内相同，在东北申请设立交易所须遵循同种性质交易所一地一个的原则。根据关东州交易所规则第 1 条规定，成立股份制形式交易所，发起人须将申请书、交易所章程、营业细则及相关文件经所辖区民政署长或警务署长提交给关东厅长官。相关文件包括发起人各自认购的股票数量、预估资本金及预期收支数量、交易商品在当地的集散情况

① 南滿洲鉄道株式会社社長室調查課：《大連建値問題》，南滿洲鉄道株式会社，1922 年，第 43—46 頁。

及预期在交易所交易的状况、交易所所在地。规则第 2 条规定,在得到关东厅许可后,根据商法第 124 条规定对发起人认购的股票数量进行调查,并完成股票认购,然后筹办交易所成立大会,一切就绪后,总董事将得到许可的申请书及相关材料经民政署长或警务署长向关东长官提交,包括章程及营业细则、股东名单、相关审查报告(如有检查人员),可提供文件副本,以及成立大会决议记录。这些申请程序必须在取得申请许可之日起 6 个月内完成,若在取得成立许可之日起 1 年内没能开业,则许可将失效。关于交易所资本金和营业保证金的数额,规则第 5 条规定,“交易所资本金必须在 100 万元以上”,且必须缴纳资本金 1/10 的营业保证金,否则不能开业。交易所的营业许可期限为 10 年[①],到期后可申请延期,须在营业许可到期前的 3~6 个月内,经所辖区民政署长或警务署长向关东长官提交申请。[②] 虽然资本金规定为 100 万元,但根据商法的相关规定,实缴资本必须为资本金的 1/4,即 25 万元,否则不能开业。这比日本国内交易所的资本金要求更多。在关东州及满铁附属地以外地区,如果未特别说明,则都是根据日本法的相关规定,经所辖领事批准,取得经营许可。[③]

虽然股份制交易所属于民营,其决策机构是股东大会,但交易所管理者(如理事长、理事、监督机构的审计人等)行为受到法律及交易所章程的诸多限制。在人员数量方面,一般规定为理事长 1 人,副理事长 2 人以上,审计人若干名,具体情况由各交易所章程详细规定。大连及安东交易所章程规定,交易所设理事长 1 人,理事 8 人以内,审计人 5 人以内。而实际情况是,理事长 1 名,理事 3 名,审计人 2 名。安东交易所还通过理事互选方式,选出 1 名管理常务工作的常务理事。满洲交易所章程规定,理事 8 名以内,审计人 5 名以内,理事长通过股东大会表决,从理事中选出。实际情况是理事长 1 名,理事 5 名,审计人 1 名。关于工作人员的任

---

① 《関東州取引所令ヲ定ム》(第 4、5 条),公文類聚・第四十三編・大正八年・第二十五巻・産業・農事・商事,国立公文書館アジア歴史資料センター,A01200172600。

② 南滿洲鉄道株式会社庶務部調查課:《滿洲に於ける日本取引所》,南滿洲鉄道株式会社,1928 年,附録,第 18—19 頁。

③ 南滿洲鉄道株式会社庶務部調查課:《滿洲に於ける日本取引所》,南滿洲鉄道株式会社,1928 年,第 20 頁。

期，关东州法规规定为两年以内，大连和安东交易所也都在交易所章程中作了同样的规定。但满洲交易所在章程第29条中规定，“理事的任期为三年，审计人为两年”，这不仅与日本法规不同，与关东州法规的规定也不相同。此外，所有人员任命都必须得到关东厅长官认可，否则无效。但满洲交易所的人员任命是通过奉天总领事馆完成的。[①]

中方交易所中的滨江粮食交易所也是股份制公司形式，在人员设置上，设理事15人、监事3人，理事和监事年龄须在25岁以上，理事须持股50股以上，监事持30股以上。理事会通过理事互选产生理事长1人、副理事长1人、常务理事4人。理事的任期规定为3年，监事的任期为1年，通过选举可以连任。若任期到期，但在下届股东大会召开前，可一直留任。管理人员选举须经出席股东大会的股东超过半数表决，方可通过，若得票数相同，由年长者出任，年龄相同时，通过抽签决定。管理人员当选后，须将当选者姓名报给农商部，由农商部批准。若管理人员出现空缺，应该召集临时股东大会进行补选。但如果缺员比例在1/3以下，并且不会影响工作，可以延迟到下届股东大会召开时再进行改选。当选为理事者须将其所持股票交给监事负责保管，待任期结束后再归还。理事长负责交易所的管理工作，根据章程及营业细则规定代表交易所执行理事会决议，处理所有业务。理事长因故不能履行职责时，由副理事长代替，副理事长也无法履行职责时，从常务理事中推举一人代为行使职责。常务理事的主要职责是辅佐理事长执行理事会决议，协助理事长处理交易所的业务工作。理事的职责是在理事会上就重要事项进行议决。监事是交易所的监督人员，其职责是随时监督交易所的业务活动，对理事编制的账簿及议案进行审查，并向股东报告。若需要对本交易所业务和财产状况进行调查时，监事有权提议召开临时股东大会，也可参加理事会会议。理事会是对交易所的日常工作进行商议表决的机构，设在交易所内，由理事长、常务理事及理事组成。理事会的议长由理事长担任，理事会的重要决议事项须进行记录，并由出席会议的理事签名盖章。交易所根据理事

---

① 南満洲鉄道株式会社庶務部調查課：《満洲に於ける日本取引所》，南満洲鉄道株式会社，1928年，第21頁。

会的决议可以聘任顾问或参事，从具有专业知识或相关经验之人中挑选。此外，交易所还设置一定数量的所员，处理日常事务，所员的任免由理事长根据理事会的决议负责执行。对交易所管理人员的行为也有相关规定进行约束。理事长、常务理事以及监事不得在交易所内或其他交易所从事交易活动，或出现其他与交易相关的行为。若出现违规行为，将在临时股东大会上进行表决处分，所员出现违规行为时交由理事会处理。[①]

(二)官方对交易所的监管

由于关东厅对交易所采取严格监管政策，故民营交易所的经营活动也受到关东厅诸多法规的限制。关东州交易所令和关东州交易所规则中有多项条款对交易所可能产生的违法违规行为规定了相关处罚措施。关东州交易所令第46条规定，如果交易所及交易所管理人员、会员或交易人违反相关法律规定，损害公共利益，则关东厅长官有权对交易所及相关人员进行处罚。处罚措施有解散交易所、停止交易所运行、责令交易所部分停业或禁止交易、解除管理人员职务或停职、停止会员或交易人的交易活动或将其除名。交易所令第47条规定，关东厅长官可派遣官员对交易所或交易所会员、交易人的业务、账簿、财产及其他资料进行检查，或可对相关责任人进行处分；且交易所的管理人员、会员或交易人必须积极配合，提供相关材料，接受检查。此外，关东厅长官还可对交易所章程进行修改，有权取消相关决议及交易所做出的处分决定。交易所自愿解散也必须得到关东厅长官认可。[②]

除关东厅长官主动对其进行检查外，交易所也须主动向关东厅长官提交相关材料，接受监督。关东州交易所规则第27条规定，每月交易价格表、每月交易情况表、每期财产目录、资产负债表、利润表及营业报告、各期末股东名单及各股东持股情况、各期末交易人情况表等材料都必须及时向关东厅长官提交。交易所还需要向关东厅长官汇报交易所内发生

① 南滿州鉄道株式会社哈尔浜事务所调查课：《浜江証券粮食交易所：哈调小册子》，南滿洲鉄道株式会社，1926年，第20—22頁。

② 《関東州取引所令ヲ定ム》，公文類聚・第四十三編・大正八年・第二十五巻・産業・農事・商事，国立公文書館アジア歴史資料センター，A01200172600。

的有关违约或违反相关法规的情况:第一,交易人不满足基本条件,交易人受到相关处分,发生交易违约及赔偿时;第二,市场临时开盘或收盘,证券交易开始或废止,市场停止开盘或交易人被暂停交易时;第三,制定交易人手续费时;第四,董事在任期内死亡或由于其他原因卸任时(被解除职务的除外);第五,交易所、董事或交易人被起诉或判决,及董事、交割商品规范制定者或交易人因犯罪嫌疑被起诉时;第六,交易所按照商法规定进行登记时。此外,关东厅当局为了防止交易所及其职员出现各类违法违规行为,还制定了严苛的惩罚制度。交易所规则第29、30条规定,若出现以下情形,将判处1年以下有期徒刑、拘役或200元以下罚款:第一,交易所的董事或职员与其他同类交易所的交易人之间发生资金往来、利益分配等行为;第二,对交易所的董事或其他工作人员利用职务之便收受或索取贿赂者。对收受贿赂者,将没收其全部贿赂,如果部分或全部无法没收的,需追缴赃款。[①]

(三)对交易人的许可与监管

1. 交易人资格

参与交易必须取得交易人资格。各交易所对于交易人资格所具备的基本条件、申请程序、交易人种类及人数等有严格的制度规定。根据交易所法规及相关要求,如果具有以下几种情形,则不得申请交易人资格或参与交易所交易:第一,申请人在交易所所在地已经拥有交易商品的交易或生产场所;第二,妇女或未成年人;第三,依据交易所规则受到处罚未满3年者;第四,有关资产和信用信息不完备者;第五,家产分散及破产者。即使已经获得交易人资格,如果不按时缴纳交易人资格费、进场费、身份保证金及交易保证金等相关费用,特别是未缴纳身份保证金,则不得参与交易。如果出现下列情况,交易所所长或管理者可以取消其交易人资格:一是通过不正当手段取得交易人资格,或发现其不再具备交易人基本条件者;二是在指定期限内仍然未缴纳上述几项费用的;三是在没有正当理由

① 南满洲鉄道株式会社庶務部調査課:《満洲に於ける日本取引所》,南満洲鉄道株式会社,1928年,附録,第22—25页。

的情况下，持续1年以上未进行交易的[①]；四是出现交易人死亡或不再从事交易，及其他原因使交易人资格丧失者。

交易人资格的申请程序因交易人或交易所性质的不同略有差异。自然人交易人是以个人名义申请，法人交易人则是以商号名义申请。在日方官营交易所，申请自然人交易人资格的基本程序是：申请人在申请书上填写交易人种类，并附上履历表和资产表，经交易人协会交给交易所所长，由所长进行审核。如果是中国人，由于商号的管理者与所有者经常不是同一个人，若由管理者申请，还需提交所有者(财东)的保证书。关东州内民营交易所的交易人申请是将申请书和资产表提交给交易所，由交易所出具意见书后，一并交给关东厅长官审核。满洲交易所的申请人需两名介绍人，将申请书、履历表及资产表交给交易所。交易所审查后，向商议员会和交易人协会咨询，然后出具意见书，并将所有资料交给奉天领事馆。官营交易所交易人的申请由所长审核即可，民营交易所则需由所长审核后，再交官方审核。

法人交易人的申请在官营交易所和民营交易所也略有不同，官营交易所需向所长提交申请书、公司章程、财产目录，由所长审核批准。根据关东州交易所规则的一般规定，仅要求申请人经交易所向关东厅长官提交申请书、履历表、资产表等材料。而大连证券商品交易所和安东交易所章程规定，需要提交的材料还包括公司章程、决算报告及其他资料。满洲交易所的申请则经交易所向奉天领事馆提交申请书、公司章程、资产负债表，如果是共同出资人，还须提交出资人姓名、出资证明材料及各出资方的履历表。[②]

滨江粮食交易所对交易人资格的取得与日方交易所类似，规定申请人须经2人以上介绍并提交申请书，然后填报交易种类和资本总额等信息，并附上商业履历书及其他书面材料。交易所对相关情况进行审查，并征求交易人协会意见，经农商部批准后发放交易许可证。如果申请人是

---

① 南滿洲鉄道株式会社社長室調查課：《大連建値問題》，南滿洲鉄道株式会社，1922年，第43—45頁。

② 《滿洲に於ける日本取引所》，南滿洲鉄道株式会社，1928年，第57—58頁。

法人，除申请书外，还须附上出资者姓名、资本总额、公司章程、财产目录、代表人简历、理事、监事的姓名等相关材料。最后，申请人还须签署遵守交易所章程、营业细则、市场公告及其他规章制度的承诺书，交易所方可发放交易人资格证。① 如果交易人资格证丢失，需通过交易所向相关管理机构提交书面说明，重新申请。当交易人姓名变更时，也需要按照程序申请更换。

交易人取得交易人资格后，需要缴纳相关费用，主要包括交易人资格费、进场费、身份保证金及交易保证金。保证金的缴纳标准根据交易所信托公司相关规定而定，未缴纳身份保证金者不得参与交易。由于交易人不仅是为自己进行交易，更多的是为其他委托人交易，这也涉及合约履行问题，为此交易所要求委托人必须缴纳委托保证金。虽然交易人协会制定了该项保证金的征收比率，但交易人可根据委托人的信用等级对保证金金额进行适当调整。民营交易所委托保证金一般按照规定比率征收，关东厅交易所对中日双方交易人关于委托保证金的征收略有区别，日方交易人对委托人收取的委托保证金和交易基本保证金相等，中方交易人则自己垫付。公主岭等交易所按照习惯做法，根据交易人等级进行分类垫付，一流交易人全部垫付，中等交易人收取80%左右，小交易人收取和基本保证金相同的金额。交易人若要主动退出交易所，不再从事交易，须向所长提交书面说明。有关交易人交易资格的吊销，符合以下三种情况时，所长有权取消交易人资格。第一，在交易所指定期限内未缴纳交易人资格费或进场费；第二，未在指定期限内缴纳身份保证金；第三，在没有正当理由的情况下，持续1年以上未进行交易。②

民营交易所对交易人资格的要求中，与官营交易所不同的是，对涉及交易人资产和信用方面的要求更加详细，关东州交易所规则中还要求家产分散者及破产者不得成为交易人。交易人获得交易资格后，须缴纳100元许可费及身份保证书，关东厅即可向交易人发放交易许可证。若

---

① 南满州鉄道株式会社哈尔浜事务所调查课：《浜江証券粮食交易所：哈调小册子》，南满洲鉄道株式会社，1926年，第25頁。

② 南满洲鉄道株式会社社長室調查課：《大連建值問題》，南满洲鉄道株式会社，1922年，第43—45頁。

发现通过不正当手段取得交易人资格,或不符合交易人基本条件者,关东厅长官将吊销其许可。与官营交易所类似,该规则也要求民营交易所交易人不得在分支店及其他交易场所从事交易。若交易人许可证丢失,需通过交易所向关东厅提交书面说明,重新申请许可证。交易人姓名变更时,须申请更换许可证。此外,如果出现交易人死亡或不再从事交易及其他原因使交易人资格丧失等情况,交易所应及时向关东厅长官报告具体情况,并提交许可证。[①] 同时,为了完成这类交易人在交易所的交易或对其进行监督,可在交易结束后两周内,仍将其视为交易人,以防违规情况的出现。[②]

关于交易人的种类和人数规定,各交易所也有所不同。关东厅官营交易所将交易人分为重要物产商品交易人和钱钞交易人,同时还根据地区情况设置了仅从事现货交易的交易人,且不限制人数。而大连商品交易所和安东交易所根据关东州交易所令第 17 条规定,在交易所章程中对人数加以限制,满洲交易所也对交易人的人数进行限制。大连证券商品交易所共分为五类交易人,分别是股票、麻袋、棉丝布、面粉、砂糖交易人,每一类人数都限制在 30 人内。安东交易所分为钱钞股票部和商品部,前者交易人限定为 80 人内,后者限定为 150 人内。商品部又分为一般交易人、丝绵交易人、丝棉现货交易人、谷物交易人、谷物现货交易人;钱钞股票部也分为一般交易人和钱钞现货交易人。满洲交易所将交易人分为商品现货、商品期货、证券现货、证券期货四类,人数都限定在 300 名内。[③] 滨江粮食交易所对现货交易人人数也不限制,期货交易人人数规定为每个交易种类 50 人,但如有必要时,可根据交易人协会的意见适当增减。[④] 此外,交易人还可在交易所设置为其交易的代理人,但不得将其他交易人或其代理人作为自己的代理人。大连交易所章程第 47 条规定,交易人的

① 《满洲に於ける日本取引所》,南满洲鉄道株式会社,1928 年,附録,第 19—21 頁。

② 《関東州取引所令ヲ定ム》,公文類聚・第四十三編・大正八年・第二十五巻・産業・農事・商事,国立公文書館アジア歴史資料センター,A01200172600。

③ 《满洲に於ける日本取引所》,南满洲鉄道株式会社,1928 年,第 59 頁。

④ 南满洲鉄道株式会社哈尔浜事务所调查课:《浜江証券粮食交易所:哈调小册子》,南满洲鉄道株式会社,1926 年,第 25 頁。

代理人不超过 7 人。[①] 滨江粮食交易所规定现货交易的代理人仅限 3 人，期货交易为 2 人。[②]

为便于监督交易人的交易行为，交易所大多要求交易人必须设置与交易相关的账簿，并随时供管理者查看。对于相关的违规行为各交易所都规定有详细的处罚措施。例如，关东州交易所规则规定，若出现以下情形，将判处 1 年以下有期徒刑、拘役或 200 元以下罚款：第一，交易人在其他交易场所或开设类似交易所的其他市场进行交易，以及按交易所的价格但不通过交易所进行交割者；[③]第二，专门诱导商人在交易所内进行交易，以赚取交易代理费的交易人；第三，在交易所伪造或公布虚假价格信息者；第四，交易人对其所受委托的期货交易的买入卖出或交割，不在交易所内进行，在与委托人进行结算时，让委托人按照交易所内相同或类似的计算方法进行结算者（实则是防止交易人与委托人进行交易，以获取差价）。[④]

2. 交易人协会

为保证交易秩序，促进交易人之间的交流和沟通，规范场内交易行为，交易所在营业细则中都要求按部门建立交易人协会，所有交易人都必须参加。交易人协会成立时需要制定并向交易所管理者提交协会章程，协会章程的修改和变更也需要得到交易所的同意。协会的日常管理工作由两名委员负责，重大事项须经协会全体会议表决，委员通过选举方式产生。协会的主要工作包括：第一，执行协会章程，对违反章程者进行处分；第二，维护交易所纪律，对市场进行治理整顿；第三，对交易人的代理人进行管理；第四，管理委托手续费和委托保证金及交易人使用的账簿；第五，为交易所相关事务提供咨询。这些事务中，有些事项需经交易所审批，如大连证券商品交易所在营业细则中第 49 条规定，章程和受托契约准则的

---

① 南满洲鉄道株式会社社長室調査課：《大連建値問題》，南満洲鉄道株式会社，1922 年，第 39 頁。

② 南满州鉄道株式会社哈尔浜事务所调查课：《浜江証券粮食交易所：哈调小册子》，南满洲鉄道株式会社，1926 年，第 26 頁。

③ 这一规定一方面是为了避免交易人在两个市场之间进行投机套利交易，操纵市场价格，扰乱市场秩序；另一方面也是为了强化交易所对特定商品交易的垄断地位。

④ 《満洲に於ける日本取引所》，南満洲鉄道株式会社，1928 年，附録，第 22—24 頁；南満洲鉄道株式会社社長室調査課：《大連建値問題》，南満洲鉄道株式会社，1922 年，第 45—46 頁。

制定及更改、委托手续费和委托保证金的决定及更改、对违反章程者的处分决定，及交易人账簿、委托订单、交易报告书和委托保证金受领书等文件格式，都必须经交易所审批。由于大连商品交易所和安东交易所并未成立商议员会，交易所的重大事项只能向交易人协会进行咨询。[1] 各交易所交易人协会情况如表 8.1 所示。

表 8.1　各交易所交易人协会的设置情况

大连交易所	大连交易所重要物产商品交易人协会
	大连钱钞交易人协会
奉天交易所	奉天交易所钱钞交易人协会
开原交易所	开原交易所交易人协会
四平街交易所	四平街交易所交易人协会
公主岭交易所	公主岭交易所交易人协会
长春交易所	长春交易所交易人协会
大连证券商品交易所	大连商品交易所股票交易人协会
	大连商品交易所股票现货交易协会
	大连商品交易所商品交易人协会
	大连商品交易所商品现货交易协会
安东交易所	安东交易所钱钞股票部交易人协会
满洲交易所	满洲交易所证券经纪人协会
	满洲交易所米谷经纪人协会

资料来源：南满洲鉄道株式会社庶務部調査課，《満洲に於ける日本取引所》，南満洲鉄道株式会社，1928 年，第 76 頁。

总之，关东厅对官营和民营交易所的内部组织以及工作人员的数量和职责都有非常明确的规定，对各类工作人员的权利和义务以及可能产生的违规行为及其处罚措施，都制定了详细的规章制度。关于交易人行为的约束，一方面，对交易人资格的取得做了详细规定，明确说明不能成

① 南満洲鉄道株式会社庶務部調査課：《満洲に於ける日本取引所》，南満洲鉄道株式会社，1928 年，第 75 頁。

为交易人的条件;另一方面,不仅明确界定了交易人的违约行为,还制定了相关惩罚措施,同时还通过交易人协会对交易人的行为进行监督,以此规避各种投机操作等扰乱市场秩序的行为。

二、交易所的信托担保制度

担保制度是交易所保证合约执行的重要制度设计,也是交易所区别于普通市场交易的重要方面。担保制度的构建直接关系到交易合约履行的有效性,根据交易所是否需要对违约行为承担责任,可将交易分为有担保和无担保交易,当面买卖制由买卖双方自行负责合约履行,交易所或信托公司不负责担保。而采用竞价买卖制的交易通常都需要担保。由于现货交易基本采用当面买卖制,期货交易大多采用竞价买卖制,担保制度主要针对采用竞价买卖的期货交易。日本国内交易所原本是实行强制担保制度,但由于这种制度会鼓励投机行为,后又改为自愿担保制度。东北的日方交易所则规定必须实行强制担保制度,要求成立附属信托公司,从事担保工作。关东厅交易所与日本国内交易所在担保制度的具体执行上略有不同:第一,日本国内交易所是由交易所承担担保和清算责任,而关东厅交易所由附属信托公司承担担保和清算责任;第二,日本国内交易所对所有的交易负有赔偿义务,而关东厅交易所仅针对采用竞价买卖的期货交易(四平街和公主岭没有这项限制)负有赔偿义务,因而对于当面买卖的期货交易,信托公司仅负责清算和交割;第三,日本国内交易所对违约产生的损失承担无限责任,而关东厅交易所信托公司在某些特殊情况下可以不承担赔偿责任,如出现突发事件、价格出现异常波动或有异常波动迹象、交易状况不稳定、未交纳保证金等情况。①

(一)信托担保公司

由于关东厅交易所的工作人员皆为官吏,只负责交易所的日常管理,不能从事清算担保业务,且官营交易所承担担保责任与会计法相抵触,在法律上行不通,因而担保业务只能交给民营的信托担保公司负责。根据

---

① 南満洲鉄道株式会社庶務部調査課:《満洲に於ける日本取引所》,南満洲鉄道株式会社,1928年,第25頁。

关东厅交易所规则第 17 条规定，担保公司由关东厅长官许可成立，担保公司须将交易手续费收入的 20%以上缴关东厅，作为特许费。其他有关担保公司的具体规则由各交易所章程具体规定，如大连交易所章程第 18 条、开原交易所章程第 12 条、长春交易所章程第 11 条、四平街及公主岭交易所章程第 21 条、奉天交易所章程第 21 条都明确规定，交易所必须与附属信托公司签订担保契约，尤其是在期货交易方面。期货交易需要延期履行合约，违约风险较大，担保机制尤为重要。此外，各信托公司也在公司章程中规定为交易所内的交易提供担保①。由此可知，担保制度基本成为保证交易所运营的必要条件。

信托公司实际上是一种保险公司，为交易双方可能产生的风险提供担保，通常是以股份制公司的形式进行组织管理。为了保证信托公司具有较强的担保能力，要求其必须具备较雄厚的资金实力，并提供一定数量的营业保证金，作为违约赔偿金。对于营业保证金的具体数额并没有统一的规定，如表 8.2 所示，大连交易所信托公司的资本金最多，营业保证金也最多，分别达到 1 500 万元和 60 万元，而资本金较少的四平街、公主岭及长春交易所信托公司，其营业保证金也较少，为 7.5 万元。

表 8.2　　各信托公司资本金与营业保证金　　单位：金票千元

公司名称	资本金	缴纳金额	营业保证金
大连交易所信托公司	15 000	6 000	600
大连交易所钱钞信托公司	5 000	1 250	150
奉天交易所信托公司	500	500	150
开原交易所信托公司	2 000	875	150
四平街交易所信托公司	500	125	75
公主岭交易所信托公司	500	375	75
长春交易所信托公司	1 000	250	75

资料来源：南滿洲鉄道株式会社庶務部調査課，《滿洲に於ける日本取引所》，南滿洲鉄道株式会社，1928 年，第 26 頁。

① 南滿洲鉄道株式会社庶務部調査課：《滿洲に於ける日本取引所》，南滿洲鉄道株式会社，1928 年，第 24 頁。

信托公司的担保业务在《交易担保公司管理规则》第 2 条有明确规定，主要包括交易的清算、保证金的征收，以及对违约产生的损失所进行的赔偿。除这两项基本业务外，还增加了为交易人提供资金支持的附加业务，即为解决交易人在交易过程中可能面临的资金困难，提供资金融通的借贷业务。各公司在营业细则中都制定了资金贷放章程，贷款人仅限于本交易所的交易人，并对资金贷款的相关事项作了具体规定。为确保资金安全，信托公司要求贷款人提供抵押物作为担保，抵押物的选择主要有南满洲铁路公司发行的仓储证券，交易的货币如金票、钞票以及奉票（或官帖），以及国债、地方债和关东厅长官指定的有价证券。贷款金额须在抵押物市价的 80％以内，对于因市价大幅下降而导致抵押物不足的，向贷款人追加临时抵押物。贷款期限为 1 个月以内，贷款形式是本票或借贷契约书。贷款利率由交易所所长根据同期银行利率斟酌决定，但一般低于银行利率。①

信托公司虽然是一个民营的担保机构，但其诸多行为须接受交易所以及关东厅的监督，如在公司章程制定或变更、人员安排、利益分配、费用收取等方面都必须向交易所所长或关东厅长官报告。《交易担保公司管理规则》第 3、4 条规定公司章程的制定和变更须经关东厅长官批准，第 5 条规定“交易担保公司董事的任命以及解聘都须经过关东长官的批准”，第 6 条规定“交易担保公司的董事或工作人员不得以任何形式从事和交易所交易有关的工作，经关东厅长官批准的不在此限制范围之内”。这几条规则表明，信托公司管理人员受关东厅的监管，为避免“监守自盗”这类事件的发生，其工作人员不得参与交易所的工作。第 7 条规定“交易担保公司除法定公积金之外还要提取 10％的盈余公积金”，公积金提取困难或需要公积金支出时，须向关东厅长官说明原因，并征得关东厅长官批准。对公积金提取的监督，是为了确保信托公司具备充足的担保能力。第 8 条指出在进行利益分配时，须征得关东厅长官批准。第 9 条规定信托公司向期货交易人征收手续费，对现金和有价证券的利用与保管方法，

---

①　南满洲鉄道株式会社庶務部調查課：《満洲に於ける日本取引所》，南満洲鉄道株式会社，1928 年，第 26—27 頁。

须经关东厅长官批准。第 10 条规定担保公司在征收追加保证金或特殊保证金时，也要受到交易所所长的监督，所长有权要求担保公司征收或退还这两种保证金。第 11、13 条规定交易所所长须每年两次对公司业务、账簿、财产及交易商品进行检查，担保公司须向关东厅长官提交各结算期财产目录、资产负债表、损益表以及营业报告书。关东厅长官或交易所所长可随时派遣人员对这些项目进行检查。第 15 条规定如果担保公司遇到违约和赔偿、董事在任期内死亡、公司或董事在相关业务中被起诉等情况时，必须及时向关东厅长官报告。此外，管理规则还规定，如果担保公司及其相关工作人员违反法令、公司章程、业务章程等，关东厅长官或所长有权对其进行处分。若发生损害公益的行为，可禁止其从事部分甚至全部业务，解除其职务。①

除官营交易所外，民营交易所也必须实行担保制度，关东州交易所令第 37 条规定，“股份公司制交易所对由于交易违约产生的损害负有赔偿责任，但对现货交易或延期交易违约产生的损害赔偿问题，可以根据交易所章程另行规定”②。这表明民营交易所也必须为交易人提供担保，除安东交易所外，大连证券商品交易所和满洲交易所都成立附属信托担保公司，负责担保和清算业务。关于担保范围，安东及满洲交易所在章程中明确规定仅限于期货交易，将现货及延期交易排除在外。大连证券商品交易所章程第 36 条也规定，“对在本所进行的交易由于违约发生的损失，根据营业细则规定负有赔偿责任，但对现货交易以及延期交易不承担相应的赔偿责任”。三个交易所都未将现货及延期交易纳入赔偿责任范围，这是由于自交易所开业以来，现货交易未出现违约行为，无须考虑现货交易的违约赔偿问题。交易所不负责担保问题，这种责任便由交易人协会承担。

对现货及延期交易的清算事务也并非交易所负责，大连证券商品交易所针对股票部设置了第二大连信托株式会社，作为现货和延期交易的

---

① 南满洲鉄道株式会社庶務部調査課：《満洲に於ける日本取引所》，南满洲鉄道株式会社，1928 年，附録，第 7—10 頁。

② 《関東州取引所令ヲ定ム》，公文類聚・第四十三編・大正八年・第二十五巻・産業・農事・商事，国立公文書館アジア歴史資料センター，A01200172600。

清算机构，其资本金50万元，实缴资本12.5万元。商品部则由附属机构大连商品信托株式会社负责清算，其资本金100万元，实缴资本25万元。满洲交易所也成立了附属机构满洲交易所信托株式会社（资本金74万元，实缴资本18.796万元），负责清算工作。该信托株式会社的主要业务是有价证券和商品买卖的信托担保，及现货和延期交易的清算事务，还兼营其他业务，如公司债的募集和承销、向所属交易人提供资金支持、作为动产和不动产买卖的中介及与之相关的业务。由此可见，满洲交易所信托公司兼营本属于一般信托业的业务，实际上是一家一般意义上的信托公司。安东交易所没有附属信托清算机构，交易所自身负责现货和延期交易的清算事务。对交易人的融资则主要由安东商业金融株式会社（资本金100万元，实缴资本25万元）负责。①

（二）保证金

保证金是信托担保制度的重要内容，是交易人向交易所或信托公司缴纳的保证合约履行的一种抵押费用，主要包括身份保证金和交易保证金。

1. 身份保证金

参与交易所交易的交易人必须缴纳身份保证金和交易保证金。身份保证金是交易人取得资格许可后，为了进行交易一次性缴纳的押金。东北官营交易所的身份保证金是经关东厅长官批准，缴纳具体金额由各交易所信托公司决定，交易人向信托公司缴纳。股份制交易所的身份保证金由交易所收取，根据《关东州交易所令》第15条规定，身份保证金的金额为交易所资本金的0.5%，若资本金的0.5%未满5 000元时，则必须缴纳5 000元。如果资本金在2 000万元以上，则超出2 000万元以上的部分按关东厅长官规定的比率缴纳。由于民营交易所的资本金要求为100万元以上，因而资本金的0.5%通常也就达到了5 000元以上。

如果交易所交易多种商品，关东厅长官有权对参与每个部类商品的

---

① 南満洲鉄道株式会社庶務部調查課：《満洲に於ける日本取引所》，南満洲鉄道株式会社，1928年，第39—41頁。

交易人规定具体身份保证金的缴纳数额。[①] 例如，主要交易所期货交易人缴纳身份保证金的情况如表8.3所示，可以看出，大连证券商品交易所和安东交易所的身份保证金相对较高，前者各部交易人总共缴纳金票10 000元，后者商品部为6 000元，股票钱钞部为6 500元，两部门兼营交易者为12 500元。从交易部类看，各交易所商品部和钱钞部的身份保证金基本是相同的。

表8.3 各交易所期货交易人实际缴纳身份保证金 单位：元

交易所	特产物(商品部)交易人	钱钞(证券部)交易人	兼营交易人
大连交易所	钞票4 000	钞票4 000	
奉天交易所		金票2 500	
开原、公主岭及四平街	金票2 000	金票2 000	金票3 000
长春交易所	金票1 500	一级：金票2 500 二级：金票2 000 三级：金票1 500	一级：金票2 500 二级：金票2 000 三级：金票1 500
大连证券商品交易所			各部总共金票10 000
安东交易所	金票6 000	金票6 500	金票12 500
满洲交易所	金票2 500	金票2 500	

资料来源：南滿洲鉄道株式会社庶務部調査課，《満洲に於ける日本取引所》，南滿洲鉄道株式会社，1928年，第69—71頁。

从缴纳方式来看，身份保证金并不要求都用现金进行支付，可以用各交易所或信托公司承认的存款证明或有价证券进行缴纳，但仅限于交易人本人名下的存款证明或有价证券，其具体价值由交易所或信托公司评定。具体缴纳时，交易人需要与交易所或信托公司签订委托书，转让有价证券的处置权，在必要时交易所或信托公司可将其变现。如果这些保证金替代品价格下跌，导致保证金金额不足，交易人须在规定期限内支付现金或提交新的替代证券。若以现金缴纳保证金，需向交易人支付利息；以

① 《関東州取引所令ヲ定ム》，公文類聚・第四十三編・大正八年・第二十五巻・産業・農事・商事，国立公文書館アジア歴史資料センター，A01200172600。

证券缴纳的，交易所或信托公司也会将证券产生的利息返还给交易人。[①]

2. 交易保证金

交易保证金是根据具体交易征收的保证金，通常是针对期货交易而定，可分为基本保证金、追加保证金、增额保证金、预交保证金、特别保证金及比例增额保证金等不同类别。基本保证金通常按照交易价格的百分比进行征收，买卖双方都需要缴纳，以保证契约执行。追加保证金是根据价格变化，追加收取的保证金，通常是对交易当日记账价格和之后的记账价格进行对比，若差额达到基本保证金的一半，则由亏损一方补交这部分差额。增额保证金也是在市场价格大幅波动时，收取的一种弥补价格差额的保证金。与追加保证金不同的是，增额保证金既可对受损的一方征收，也可对双方征收。因为在价格大幅波动的情况下，买卖双方都可能受损，对双方征收可免去多次征收的不便。预交保证金实际上是提前缴纳的基本保证金，对于已经大量建仓的交易人，若继续进行交易可能会产生风险，为了提前避免这种风险，要求交易人在交易之前，预先缴纳全部或部分基本保证金。预交保证金可作为之后进行新的交易基本保证金的一部分。特别保证金是在价格出现剧烈波动或有可能出现这种波动倾向时，对已进行较大数额交易的交易人征收的一种保证金，其性质类似于增额保证金，也是为了避免价格大幅波动可能对交易人造成的损失。比例增额保证金是将已达成的交易品种进行加总，买进卖出相抵后，若净持仓量超过交易所规定的数量，对超过部分按照随时制定的比率征收的一种保证金。可以看出，除基本保证金和预交保证金外，其他各类保证金主要是为了防范价格波动可能产生的违约风险，追加保证金、增额保证金、特别保证金的主要区别是所依据的价格波动幅度不同。比例增额保证金是为了控制交易量过大，防止违约时造成较大损失。但若交易所认为没有必要，则可不征收。从征收对象看，除追加保证金外，其他基本都由交易双方共同缴纳。

---

① 南滿洲鉄道株式会社庶務部調查課:《滿洲に於ける日本取引所》，南滿洲鉄道株式会社，1928年，第69、71頁。

各交易所征收交易保证金的具体类别和标准如表 8.4 所示。可以看出，大连、奉天、公主岭、长春以及满洲交易所都规定基本保证金为每交易 1 单位商品收取其价格的 30%以内，滨江粮食交易所为价格的 20%以内。而开原和四平街仅规定了基本保证金的上限，开原为不超过小洋票 1 000 元，四平街为不超过小洋票 1 000 元或金票 100 元，大连证券商品交易所和安东交易所没有明确的收取标准。当交易损失额超出基本保证金的 5%时，在滨江粮食交易所就需要缴纳追加保证金，而在其他交易所只有损失额达到基本保证金的一半时，才会要求缴纳。增额保证金的收取标准，在大连证券商品交易为基本保证金的 3 倍，安东交易所没有明确的标准，由交易所临时制定，滨江粮食交易所不收取这项保证金，其他交易所的收取数额为价格的 50%以内。特别保证金在大连交易所钱钞部、奉天、开原、长春、四平街及滨江粮食交易都要进行收取。大连交易所钱钞部的收取数额不超过交易价格的 50%，奉天、开原、长春、四平街交易所钱钞部的数额为基本保证金的一半，重要物产部的数额与基本保证金等同，滨江粮食交易所的数额为不超过基本保证金的 3 倍。奉天和长春交易所钱钞期货交易中的特别保证金，是针对交易人超过交易数额上限，继续进行交易时所征收的，其性质更接近于大连证券商品交易所的比例增额保证金。奉天交易所的限制数额是持仓量 30 万元，超过该限额时，每个交易单位征收奉票 50 元作为特别保证金，长春交易所对持仓量的限制数额根据交易人等级的不同进行区别对待，一级交易人限制持仓量是 60 万元，二级交易人是 40 万元，三级交易人是 30 万元。超过此数额，就必须缴纳特别保证金。[①] 比例增额保证金仅在大连证券商品交易所征收，预交保证金也仅实行于大连、公主岭及滨江粮食交易所，这几家交易所的收取标准都是相同的。

---

① 南満洲鉄道株式会社庶務部調査課：《満洲に於ける日本取引所》，南満洲鉄道株式会社，1928 年，第 116—117、121—122 頁。

表 8.4　各类交易保证金的收取原则与标准

交易所	基本保证金	追加保证金	增额保证金	特别保证金	比例增额保证金	预交保证金
大连交易所（商品）	价格的 30%以内	当价差达基本保证金的一半，由损失方纳，数额为基本保证金的一半	当价格出现剧烈变动时收取，征收数额为价格的 50%以内			对已大量持仓者继续进行交易时，提前收取的基本保证金
大连交易所（钱钞）				当价格出现剧烈波动或有显著波动倾向时，防止大额交易出现损失而征收，数额为价格的 50%以内		
奉天交易所						
开原交易所	不超过小洋票 1 000 元			钱钞为基本保证金的一半；重要物产和基本保证金金额等同		
四平街交易所	不超过小洋票 1 000 元，金票 100 元					
公主岭交易所	价格的 30%以内					和大连相同
长春交易所				粮豆和基本保证金相同，钱钞为基本保证金的一半		
大连证券商品交易所	交易所随时制定		基本保证金的 3 倍以内		所有交易买进卖出相抵后净持仓量超过规定数量时，随时制定比率征收	
安东交易所			交易所随时制定			
满洲交易所	价格的 30%以内		价格的 50%以内			
滨江粮食交易所	价格的 20%以内	价格差额达到基本保证金的 5%时，由亏损方缴纳		不超过基本保证金的 3 倍		和大连相同

资料来源：南满洲鉄道株式会社庶務部調査課，《満洲に於ける日本取引所》，南満洲鉄道株式会社，1928 年，第 116—117 頁；南滿州鉄道株式会社哈尔浜事务所调查课，《浜江証券粮食交易所：哈调小册子》，南满洲鉄道株式会社，1926 年，第 34 頁。

基本保证金是交易所信用保证的基础，在各个交易所都必须收取，而其他名目的交易保证金则是各个交易所为规避特定的风险，因地制宜地灵活制定的。就收取原则和标准而言，虽然各类保证金大多规定按照价格的百分比进行收取，但在实际操作中，几乎都是按照交易品种和数量，从量收取。这可能是由于交易保证金只是一种押金，是交易人信用的一种承诺，交易结束后需要归还，并不需要确切的数额，而从量收取可免去计算的繁杂，简化交易手续。例如，大连交易所大豆、高粱、玉米交易的基本保证金为每笔(1 车)钞票 80 元，豆粕为每笔(1 000 块)钞票 60 元，钞票为每笔金票 200 元。奉天交易所金票交易在 2 500 元内，基本保证金为每笔奉票 2 000 元；不超过金票 3 000 元的，则为奉票 2 500 元；不超过 3 500 元的，为奉票 3 000 元。开原交易所大豆和高粱交易的基本保证金为每车奉票 800 元，金票和钞票交易为每笔奉票 480 元；增额保证金大豆为奉票 6 400 元，高粱为奉票 1 400 元。四平街和公主岭的大豆和高粱交易的基本保证金皆为奉票 400 元。长春交易所大豆、小麦的基本保证金为每笔钞票 70 元，高粱为每笔钞票 50 元，金票和钞票交易为每笔奉票 200 元。安东交易所小米交易的基本保证金为每笔金票 200 元，委托保证金为金票 300 元；镇平银每笔交易的基本保证金为金票 60 元，委托保证金为金票 90 元，但如果期货到期后不交割，则基本保证金需加 20 元，委托保证金需加 30 元。①

与身份保证金类似，交易保证金也可以使用交易所或信托公司认可的存款证明、各类有价证券或其他货币缴纳。即使在奉天等规定使用奉票作为保证金的交易所，20 年代中后期由于奉票价格波动剧烈，因而交易人不愿持有奉票，大多将奉票兑换成金票或钞票，用以缴纳保证金。如果使用现金缴纳交易保证金，与身份保证金不同的是，这部分现金交易所并不支付利息。一般而言，交易结束后，交易保证金就可以归还给交易人。按照交易所规则，如果出现以下几种情况，就可以归还交易保证金：第一，交割完毕；第二，转卖或赎回清算结束；第三，征收追加保证金当时

① 南滿洲鉄道株式会社庶務部調査課：《滿洲に於ける日本取引所》，南滿洲鉄道株式会社，1928 年，第 118—120 頁。

的损失额消失；第四，增额保证金、预交保证金或特别保证金、比例增额保证金缴纳的理由不成立时，但长春钱钞交易所的特别保证金（比例增额保证金）在本人提出申请之前不予归还。[①]

总之，担保制度主要是为了降低违约风险发生的概率。信托担保公司作为担保机构，实际上是为违约行为背书，使被违约的交易人可将风险转移至信托担保公司。在信息不对称的情况下，交易人之间难以通过信用维持合约的履行，信托公司通过收取保证金的方式，提高了交易人的违约成本，尽可能减少违约行为的发生。东北各交易所都制定了担保制度，要求实行强制担保制度，明确规定了信托担保公司的职责和业务范围，并设置了身份保证金和各类交易保证金，根据价格变化随时调整交易人的违约成本，维持交易所内交易有序进行。

三、交易种类与交易方式

根据交割期限的不同，当时交易所的交易方式主要分为即期交易、延期交易和定期交易（期货交易），其中即期和延期交易又可称为现货交易。即期交易是指买卖双方在签订交易合约时，随即或在几日内进行货物交割。交易商品通常为大宗交易，需要有一定的缓冲时间才能交割，这个缓冲时间各国规定不同，当时我国规定证券为 7 日，物品为 5 日。[②] 而关东州交易所令规定从契约成立之日起 2 日之内进行交割。延期交易又称约期交易，是指买卖双方在契约订立后，约定未来某一日交割，延迟的期限各国交易所的规定也不同，关东州交易所令规定从契约成立之日起 3 日以上 150 日以内，而股票、国债、公司债以及其他种类的有价证券需在契约成立之日起 1 个月内交割。[③] 滨江粮食交易所规定延期交易的期限为 180 日内。[④] 与定期交易不同，延期交易的交割日并不确定，由买卖双方

---

① 南滿洲鉄道株式会社庶務部調查課：《滿洲に於ける日本取引所》，南滿洲鉄道株式会社，1928 年，第 122 頁。

② 杨荫溥：《中国交易所论》，商务印书馆，1930 年，第 72 页。

③ 《関東州取引所令ヲ定ム》，公文類聚・第四十三編・大正八年・第二十五巻・産業・農事・商事，国立公文書館アジア歴史資料センター，A01200172600。

④ 南滿洲鉄道株式会社哈尔浜事务所调查课：《浜江証券粮食交易所：哈调小册子》，南滿洲鉄道株式会社，1926 年，第 33 頁。

商议而定。定期交易又称期货交易，是指买卖双方签订契约，约定若干期限后交割，期货交易每月有固定的交割日，到期之前，期货持有者可卖出或赎回。因此，期货交易者可通过这种对冲操作，赚取差价，不进行实物交割。关东州交易所令规定，商品期货交易的期限为3个月之内，由交易所规定交易期限，棉布、棉纱及麻袋的期货交易可在得到关东厅长官批准的情况下延长至6个月。[①] 有价证券的定期交易期限为2个月。

根据议价方法的不同，可将交易分为当面买卖和竞价买卖。当面买卖(或称相对买卖)是指交易人双方面对面进行讨价还价，拟定交易价格和数量，即可成交，不需要按照交易所喊价人根据供求情况确定的标准价格进行成交。竞价买卖是将众多买方交易人和卖方交易人集中在一起，买方相互竞争而提价，卖方相互竞争而压价，直到达到某一价格，卖方要价已压到最低，买方出价已达到最高，且双方达成的交易量最大，拍板员随即拍板将此价格定为该盘的成交价。当面买卖主要依靠交易人双方信用保证合约履行，期货交易则通过交易所的担保制度实现。当面买卖通常用于现货交易，竞价买卖多用在期货交易中。

东北各交易所在交易物品上略有差异，由于日方在交易所设置上坚持同种类型的交易所一地限设一个的原则，因此，如果在一地区有两个以上的交易所，这些交易所必在交易商品的种类上有所不同。官营交易所设立较早，其交易的品种以东北的特产物和钱钞为主，民营交易所设立较晚，如果某地已有官营交易所，则民营交易所的交易品种不能与官营交易所冲突，故民营交易所的交易品种通常是日本进口杂货、有价证券、粮食等。但若某地尚未有官营交易所，则此民营交易所在交易品种上不受限制，如安东交易所。以下从不同的交易物品出发，论述各交易所的交易种类和交易方式。

(一)大宗商品

大宗商品是东北各交易所最主要的交易品种，根据商品的种类大致可分为特产物、粮食、进口杂货等。特产物主要在各官营交易所交易，粮

---

① 《関東州取引所令ヲ定ム》，公文類聚・第四十三編・大正八年・第二十五巻・産業・農事・商事，国立公文書館アジア歴史資料センター，A01200172600。

食和进口杂货主要在民营交易所交易。从交易方式上看，除少数商品外，大部分商品都有现货和期货交易。

1. 现货交易

特产物是东北各交易所中交易数量最多的商品，也是主要的出口商品。除奉天交易所外，其他5个官营交易所都有特产物交易，公主岭交易所自开业以来进行过一两次现货交易，但由于出现违约行为，此后便无现货交易。民营交易所中仅安东交易所进行特产物交易。特产物交易最繁盛的是大连和开原交易所。无论是官营还是民营交易所，各品种的现货交易都采用当面买卖方法。

大连交易所的特产物现货交易的种类包括大豆、豆油、豆粕、高粱及其他杂粮谷物，大连交易所章程中对现货交易做了一般性的规定，现货交易采用当面买卖方法，通过查看现货或样品进行交易。交易人要进行现货交易，应在当日向所长提交书面申请，申请书上应记载交易日期、商品种类、数量、价格及买卖双方的姓名或商号。交割期限为10日内，若买卖双方达成协议并得到所长批准，可将交割期限延长至自契约成立之日起30天内。但如果由于买方的因素而导致交割延期，在延长期间的商品保管费由买方承担。如果不是因为买卖双方任何一方导致不能在约定期限内交割时，双方应向所长进行书面说明。卖方向买方交付标的物证券之前，即使不是由于卖方原因导致交付标的物证券丢失或毁损的，其责任也应由卖方承担。卖方可以解除交易，但若买方要求交付标的物，则卖方不得解除合约。此外，还规定了现货交易违约的处罚措施，如果卖方违约，且交易价格低于后一个交易日同种规格标的物的公定价格，则须向买方支付未交割数额的5%，再加两个价格差额乘以未交割数量的金额。若买方违约，且交易价格高于下一个交易日同种规格标的物现货交易的公定价格，则须向卖方支付未交割数额的5%，再加两个价格的差额乘以未交割数量的金额。[①]

大豆现货的交易单位为1车(1车350袋，每袋净重140斤)，交割场

① 南滿洲鉄道株式会社社長室調査課:《大連建値問題》，南滿洲鉄道株式会社，1922年，第33頁。

所在大连码头仓库，计价单位是以每百斤（包括麻袋重量在内）钞票若干元标价。大豆的现货交易中，卖方有向买方返还支付金额 0.5%的交易习惯。大豆的主要交易品种是满铁混合保管大豆，在进行混合保管大豆交割时，以记载有麻袋的种类、金额、品质、每袋重量等仓储证券为依据，其他大豆可直接进行当场验货后交割。由于混合保管大豆是将不同商家的大豆混在一起进行运输和保管，因此，仅根据大豆的品质进行分类，并不区分具体是哪个商家的大豆。混保大豆通常将大豆分为特等、一等、二等、三等、四等品五种，包装用麻袋分为新、旧两种，根据规定的方法检查合格后，在每袋上盖上图章。交易时也是根据大豆的品级进行，不需要查看样品。这种大豆使大规模交易更加便利，也便于大豆的运输和保管。①

豆粕主要有圆豆粕、板豆粕、撒豆粕等几种，交易中以圆豆粕为主，其占比最大。圆豆粕的交易大体和大豆相同，豆粕现货交易以 1 000 块（46 000 斤）作为交易单位，以每块（46 斤）需钞票若干元标价，交割场所是大连码头仓库。② 豆油以油罐储存，交易单位也是以罐计，现货交易和期货交易都是以 500 罐（每罐装 56.7 斤，净重 28 350 斤）为交易单位，以净重每百斤需钞票若干元标价，交易场所都在油坊储油罐进行交货。③

开原除交易所外，还有马车粮豆现货市场（马车物）及市中现货市场（火车物），交易所内除交易人参与交易外，马车粮豆现货市场上的马车店店员在得到所长许可时，也可在交易所内交易。交易标的物有大豆、高粱、杂小豆、苏子（荏胡麻）、麻子、苞米、吉豆、稻子、梗子、小麦、粳米豆、芝麻、大米、小米、粳米、荞麦等，标价单位除稻子是 100 斤外，其他都是以 1 斗为单位。按照 1 斗的斤两，马车物大豆普通品约 33 斤 8 分，高粱普通品约 34 斤。火车物交易中 1 斗的重量根据品种的不同，可分为大豆 31 斤、高粱 31 斤、小豆 35 斤、玉米 30 斤、苏子 22 斤、麻子 23 斤、小麦 32 斤、小米 35 斤、芝麻 25 斤、粳米豆 34 斤。这些交易品种通过看现货或样品，以当面交易方式进行。马车粮豆是从乡下用马车运送至交易所辖区内，

① 加悦秀二：《大連に於ける特産物の取引及採算》，南滿州鉄道株式会社，1931 年，第 21—22 頁。

② 加悦秀二：《大連に於ける特産物の取引及採算》，南滿州鉄道株式会社，1931 年，第 81 頁。

③ 加悦秀二：《大連に於ける特産物の取引及採算》，南滿州鉄道株式会社，1931 年，第 111 頁。

然后直接进行交易。契约达成后，只需买方向交易所报告即可。交易本位币根据交易品种而略有差异，大豆和高粱按照习惯以官帖(吊文)标价，交割时换算成奉票。交割通常是在当日进行。市中现货市场的火车物交易本位币在1926年之前使用奉票，但由于奉票大幅贬值，故逐渐改成金银货币作为交易本位币，混合保管大豆和小豆使用金票，普通品、高粱、苞米使用银元。①

虽然四平街交易所曾制定《现货交易细则》，对大豆、豆粕、豆油、高粱、小米及其他杂谷等进行现货交易做出规定，但由于交易量极少，故允许将当地中日特产商联合会作为交易所的延伸，在会员之间进行交易。1928年3月后，交易所的现货交易人全部放弃交易人资格，成为联合会会员，继续从事现货交易。特产商联合会在四平街火车站有专用线路和保管仓库，为四平街特产物交易提供便利。四平街有关现货交易的相关规定可参照《四平街中日特产商联合会规约》，该联合会本是一个为保证特产物交易顺利进行的会员组织，主要业务是对商品进行鉴定，解决交易纠纷等，其性质类似于信托担保机构。但后来联合会逐渐演变成一个交易机构，进行交易活动。其规定第42条指出，为防止现货交易出现纠纷，保证交易安全，要求买卖双方缴纳保证金，在交割结束后归还。保证金按每一车缴纳，根据交易品种的不同，大豆、豆粕、高粱、玉米、荞麦、大麻子、小麻子、大麦、梗子、稻谷等，需缴纳奉大洋200元，豆油、小米、芝麻、苏子、梗子、大米、小麦、吉豆、小豆等，需缴纳奉大洋400元。对未满半车的小规模交易，无须缴纳保证金。交易达成后，双方应立即通过电话或以联合会规定的书面形式向该会进行报告。对于交易本位币，依据交易双方之间的协议，金本位或银本位货币皆可使用。由于小米品种多样，容易产生纠纷，联合会要求采取查看样品的方式进行交易。买卖双方进行价格交涉前，将5升左右的样品装进该会规定的样品袋中，封装并加盖印章，交由联合会保存。关于交割时间，规约第48条规定，除豆油外，现货交易的交割期限都规定为交易达成日起5天之内。某些特殊原因导致延期提

① 南滿洲鉄道株式会社庶務部調査課:《滿洲に於ける日本取引所》，南滿洲鉄道株式会社，1928年，第86—87頁。

交的，可将交割期限最多延长 4 天，但如果卖方已提供麻袋，则必须在 4 天内完成交割。交易双方须向联合会缴纳一定的手续费，作为联合会的报酬，手续费按 1 车支付奉票 3 角的比率缴纳。①

长春交易所的现货交易物品有大豆、高粱、小麦、玉米、小米、小豆，交易单位都是 1 车，大豆、高粱、小麦以 1 石(355 斤)标价，玉米以 1 石(350 斤)标价，小米和小豆以 1 石(400 斤)标价，交易本位币为钞票。交易的习惯做法是，双方首先查看样品，然后到院内查验实物，确认实物和样品相同后，签订交易契约，买方于次日傍晚之前全额预付货款。这种交易习惯对买方较为不利，如果卖方不守信用，在交割前替换货物，而买方已全部预付货款，必将蒙受损失。②

滨江粮食交易所交易的物品有大豆、小麦、面粉、豆粕、豆油、杂粮，主要是特产物和粮食，交易单位为 1 车。现货交易的期限为 5 日之内，自成交之日起计算，到期日如遇节假日时顺延至下一天，交割标的物需在到期后 5 日内完成交割。这一点与日方交易所基本相同。关于买卖方法并没有明确规定现货交易采用当面买卖，竞价买卖也可采用。营业细则中还规定现货交易不得进行转卖赎回，未经交易所同意不得随意解约。此外，与日方交易所不同的是，现货交易除了按交易所营业细则规定进行外，还可参照当地习惯方法进行。③ 这表明中方交易所在某种程度上仍受传统交易习惯的影响。

进口杂货主要在民营交易所交易，这类商品中在大连证券商品交易所交易的有麻袋、棉纱棉布、面粉、砂糖。其中砂糖并未上市交易，商品交易数量并不多。这些商品仅有延期交易，买卖方法也是当面买卖。买卖双方当面签订契约，交易达成后，须在交易所账簿上登记双方的姓名或商号、交易数量、价格及交割日期等信息。在开盘结束后 1 小时内如买卖双方对契约有异议，可提出申请，允许变更一次。收盘后达成的交易，可在

---

① 南滿洲鉄道株式会社庶務部調査課：《滿洲に於ける日本取引所》，南滿洲鉄道株式会社，1928 年，第 89—91 頁。

② 南滿洲鉄道株式会社庶務部調査課：《滿洲に於ける日本取引所》，南滿洲鉄道株式会社，1928 年，第 94—95 頁。

③ 南滿洲鉄道株式会社哈尔浜事务所调查课：《浜江証券粮食交易所：哈调小册子》，南滿洲鉄道株式会社，1926 年，第 31 頁。

次日前市开盘前进行报告。交易所内将各类品种的交易分在甲、乙两部门，甲部为主要商品，乙部为次要品种。棉纱、面粉在甲、乙两部都进行延期交易，甲部的交易品种即麻袋和棉布的交割期限规定为150日内，而乙部棉纱须在60日内、面粉须在40日内交割。根据关东州交易所令第23条规定，现货交易须在自契约达成之日起2日内、延期交易须在自契约达成之日起3日以上150日以内进行交割。若交割之日恰逢休息日，则应在次日进行交割。[①] 由上可知，大连证券商品交易所规定的交割期限在交易所令的约束下，做了更加具体的规定。此外，关于交易单位和标价单位的规定是：麻袋的交易单位为5捆（1捆为400个），以1个作为标价单位，价格调整区间为1厘；棉纱的交易单位为5捆（1捆为40团），以1捆标价，价格调整区间为10钱；棉布的交易单位也为5捆，标价单位为1反（方），价格调整区间为5厘；面粉的交易单位为100袋（1袋为49磅），以1袋进行标价，价格调整区间为1钱。[②] 由于该交易所交易的大多为进口商品，因而交易本位币以金票为主，仅对中国生产的产品以钞票为交易本位币。

此外，安东和满洲交易所也进行特产物和粮食现货交易，但交易量极少。安东交易所的交易商品有大豆、豆粕、小米等，至1928年，实际交易的仅为小米。由于朝鲜地区对小米需求激增，从1928年6月1日开始小米成为上市交易品种，进行现货和期货交易。现货是通过商标品牌或查看样品，以当面买卖方式交易；期货是根据标准物品进行交易。由于小米品种繁多，如何进行等级划分成为极其重要的问题，因此，成立了附属于商业会议所的检查机构，专门负责对小米及其他谷物进行检查。满洲交易所的交易品种主要有精白米、棉纱、棉布、小麦粉、麻袋、毛皮。至1928年，实际进行交易的是大米，其他品种并未开始交易。满洲交易所也有负责交割清算的机构，即由满洲信托株式会社负责，通过支付日息及价格差

---

① 《関東州取引所令ヲ定ム》，公文類聚・第四十三編・大正八年・第二十五巻・産業・農事・商事，国立公文書館アジア歴史資料センター，A01200172600。

② 南満洲鉄道株式会社庶務部調査課：《満洲に於ける日本取引所》，南満洲鉄道株式会社，1928年，第105頁。

额可以使结算递延至下一期。[①]

2. 期货交易

期货交易的商品与现货交易基本相同，价格决定大多采用竞价买卖，除大连交易所豆油采用当面买卖方法(豆粕在1915—1922年也采用)外，其他品种的交易都是以竞价买卖方法进行。其他交易所除四平街和公主岭没有明确规定买卖方法外，奉天交易所明确规定采用竞价买卖方法，开原和长春交易所规定采用竞价买卖或查看样品买卖及当面买卖。关东厅交易所采用的竞价买卖是一种连续竞价买卖，即从开盘到收盘，持续使用竞价方法。开盘时，工作人员摇铃提醒大家交易开始，同时各交易人(及其代理人)开始在场内交替报价，寻找交易对象。一旦交易成立，买卖双方立即在交易所的专用黑板上按顺序填写买卖双方的商号、数量、价格等信息，然后交易所的工作人员将这些信息记录在账簿上，与买卖双方记录的信息核对无误后，加盖核对完毕印章。至此，交易正式成立。最初成立的约定价格和最后成立的约定价格分别成为开盘和收盘价格。[②]

大连交易所采用竞价买卖的期货交易，根据标准物品进行交易，采用当面买卖方法的，则根据样品或买卖双方决定的商品作为标准物品进行交易，若买卖双方商议决定标准物品，可根据品质规格表使用其他种类的商品进行替代。标准物品及品质规格表每年由所长规定，大豆以混合保管的一等品作为标准物品。交易品种、交易单位及标价单位都与现货相同，期货交易的契约期限规定为4个月内，交割日因买卖方法而不同，竞价买卖的交易为每月15日，当面买卖的交易为每月14日和月末。若交割日恰逢休息日，则提前到前一天交割。此外，所长认为有必要时可将契约期限延长至6个月内。期货交易须在交易所账簿上记录期限、交易商品种类、数量、价格及买卖双方姓名或商号后，如对交易有异议，可在交易竞价结束后1小时内提出变更申请，得到所长允许后，可更改一次。这一

---

① 南滿洲鉄道株式会社庶務部調查課:《滿洲に於ける日本取引所》，南滿洲鉄道株式会社，1928年，第113—115頁。

② 南滿洲鉄道株式会社庶務部調查課:《滿洲に於ける日本取引所》，南滿洲鉄道株式会社，1928年，第95—97頁。

点与大连证券商品交易所的现货交易规定相同。所长认为不可靠的交易可以不在账簿上记录。此外，以竞价买卖进行的期货交易，如果是以双本位制进行同期限同种类商品交易时，交易人须将期限、种类、数量及价格在竞价结束后1小时内向所长报告。以竞价买卖进行的期货交易，在交易成立时即被视为与大连交易所信托株式会社缔结了担保合约，且通过大连交易所信托株式会社进行交割和清算。以当面买卖进行的期货交易，其交割和清算经所长批准后，根据交易人协会的相关规定进行。①

大豆期货交易的交易单位也是1车，交易物品是满铁混保大豆各等商品，以扣除麻袋后净重每百斤需钞票若干元进行标价，每月月末交割，交割场所是满铁码头仓库。交易物品的种类包括满铁混保大豆特等、一等、二等、三等、四等品。卖方在交付商品时可使用旧麻袋装特等品替代一等品，或二等品替代一等品，使用旧麻袋装四等品替代三等品，但特等、一等、二等品交易不能与三等、四等品互相替换，仅限于这两组商品内部进行替换。这几种替代都需要支付相应的差额，以弥补不同等级品种之间的差异，每百斤大豆支付钞票5钱。而用旧麻袋替代新麻袋，其差额每个麻袋需支付金票10钱。②

豆粕期货交易的品种是满铁混保豆粕，交割最长期限是5个月，交割日是每月14日及月末。③ 大连交易所关于豆粕的交易方法一直颇受争议，1913年9月1日，大连交易所开市初期，大豆、高粱、豆粕等特产物的买卖方法都使用竞价买卖。由于当时豆粕交易量极少，并没有出现问题。1914年开始，豆粕的需求逐渐增加，产量也激增，交易量不断扩大。由于油坊从业者资金实力薄弱，都是小规模生产经营，缴纳交易保证金较为困难。大豆的采购和豆粕产品的销售都须缴纳保证金，双重保证金的压力，使油坊业者苦不堪言。因此，油坊业者开始反对使用竞价买卖机制，申请将交易方法改为当面买卖制。当面买卖不需要通过信托公司担保，也就

---

① 南滿洲鉄道株式会社社長室調査課：《大連建値問題》，南滿洲鉄道株式会社，1922年，第34—35頁。

② 加悦秀二：《大連に於ける特産物の取引及採算》，南滿洲鉄道株式会社，1931年，第22—24頁。

③ 加悦秀二：《大連に於ける特産物の取引及採算》，南滿洲鉄道株式会社，1931年，第81—82頁。

无须缴纳保证金，但这造成信托公司手续费收入减少，遭到信托公司的反对。关于交易方法的争论就此展开。交易所为维护市场统一，也不同意更改交易方法。于是交易人试图进行场外交易，日方的出口商对此表示支持，结成抵制场内交易同盟，油坊业者作为卖方也与之呼应。进而促使场外交易日渐增加，场内交易逐渐减少。交易商的这种行为不仅影响了信托公司的收益，还有损官营交易所的信誉。交易所采取了强硬措施，对交易人的账簿进行检查，并提出警告，想方设法杜绝场外交易。但交易人坚决和交易所抗争到底，场外交易愈发炽烈。无奈之下，交易所当局最终还是决定妥协，1915 年 2 月，同意实行买卖双方当面交易的方法，信托公司与交易人协会也最终达成协议。至此，当面买卖方法正式在大连交易所期货交易中采用。①

虽然交易人如愿以偿，采用当面买卖，无须缴纳保证金，也节省了部分手续费，但新的问题也随之产生。由于交易没有信托公司的担保，豆粕交易合约解除的情况时有发生，因此，交易所和信托公司又试图将交易方法重新改为竞价买卖。从 1919 年起，交易所多次向交易人协会征求意见，在交易所的再三催促下，交易人协会成立了“交易改善委员会”，就该问题进行商议。然而，每次会议都会因油坊及其他交易人的反对而不了了之。1920 年 1 月，由于天运长、合兴等商号的原因再次出现违约。交易所方面认为，如果再发生类似违约问题，将强制实行竞价买卖方法。交易人方面也下定决心要尽快解决此类违约问题。4 月 15 日，豆粕交易出现巨额亏损，买方购买数量为 335 万块，总金额达 1 300 万元，以古河为后盾的臼井对其造成损失达 400 万元。朝鲜银行为其提供了买卖差额 300 万元的资金支持，横滨正金银行也提供了交割所需的部分资金融通，信托公司支付了 26 万元，交易人协会支付了 50 万元。5 月 5 日，问题最终得以解决。在近一个月的休市期间内，交易人协会还成立了“临时豆粕共同销售部”，负责处理合约履行问题。协会成员为每单位期货交易，向买卖双方分别支付 2 元 50 钱的特别手续费，以补偿部分损失。该事件进

① 南满洲鉄道株式会社庶務部調查課：《在満日本取引所に関する諸問題》，南滿洲鉄道株式会社，1929 年，第 135—136 頁。

一步引发了关于豆粕交易方法的讨论，采用竞价买卖的呼声再起。大连商业会议所等组织首先提出，支持竞价买卖的交易人也逐渐增多。交易所向交易人协会多次提出征求意见，交易人协会也召开会议商议，但各方意见不一，有人认为应实行会员间共同担保的当面交易方法，也有支持竞价买卖方法的，各种主张互不相让，难以达成一致。①

此后，违约纠纷仍时有发生。自1921年末开始，越来越多的交易人意识到必须更改这种当面买卖制度，且主张更改的呼声逐渐占据上风。由于大连混保豆粕和东北内地豆粕在品质、规格、重量方面略有差异，内地豆粕通常不能在大连进行期货交易，大多通过安东运出到朝鲜，因此，大连豆粕供给较为有限。如果实行竞价买卖方法，交易商为了投机套利，可能会买入囤积，以抬高价格再卖出。这也对交易所推行竞价买卖方法造成阻碍，但交易所仍极力推行竞价买卖制度。1922年6月，交易人协会从会员中选举产生"特别谈判委员"，临时负责与信托公司及交易所方面进行协商。三方代表经多次协商，于7月21日达成一致，协会和信托公司方面代表联名起草了备忘录。但问题仍未完全解决，随后又发生了一次违约纠纷事件。1922年10月特产物上市之际，交易十分活跃，6日豆粕交易价格突然上涨，同时期货交易量也上升。4日后市收市价格为2元12钱，而6日前市的开盘价格为2元20钱，随后买入价格又上涨30钱，市场交易量增加了4万～5万块。5日码头的存货数量只有540 750块，而成交合约数量却达765 000块，合约成交数量远大于豆粕存货量，势必造成交割困难。为防止出现违约，交易所采取了相应措施加以制止。首先，针对豆粕期货交易10月14日到期交割的商品，限制其进行新的交易；其次，为了防止出现合约交割难以履行的问题，信托公司支付了救济金5万元，由于此次事件是丹羽商店一手策划，故信托公司又向丹羽支付了27万元，才得以平息此事。此次事件的发生，使要求改变买卖方法的呼声更加高涨。11月2日后市交易结束后，交易人协会、信托公司和交易所代表再次进行会谈，针对油坊业者提出的两点质疑，最终达成协议，

---

① 南滿洲鉄道株式会社庶務部調査課：《在満日本取引所に関する諸問題》，南滿洲鉄道株式会社，1929年，第136—137頁。

交易方法又改为竞价买卖。第一，针对大豆和豆粕需要缴纳双重保证金的问题，交易人协会和银行进行交涉，最终将特别手续费由原来的2元50钱减少2/5，降为1元50钱。第二，对于是否允许在豆粕交割时，在混合保管品中最多混入一成重量不足的不合格品，日商作出一定让步，仍然以一块46斤重的豆粕为合格品，可混入不合格品，但在交割时须补足差额。如果是45斤7两的不合格品，3两的差额须在交割时予以补足。至此，豆粕期货买卖方法问题的争论得以解决，交易人协会于11月6日开会决定，在11月14日开市时，以1923年3月14日到期商品的交易开始实行竞价买卖方法。[①]

豆油期货交易的交割日为每月14日及月末，交割最长期限与豆粕相同，也为5个月。交易品种为普通平均品质的压榨油，品质上没有明确的标准，由买卖双方在报价时决定。豆油的定期交易与大豆和豆粕的不同之处是不使用竞价买卖方法，而使用当面买卖，交易所和信托公司不对交易承担货物收发责任。这是由于满铁混保豆油检查制度并未在实际交易中普及，缺乏对产品品质准确的检查方法，因而难以像大豆和豆粕那样要求交易所和信托公司对竞价买卖承担相应责任。但由于交易所为交易人提供了中介服务，产品交割和清算也和竞价买卖一样，因而需要征收相关的手续费。此外，豆油的交货地点与大豆、豆粕不同，并非在满铁码头仓库交货，这主要是由于：第一，豆油是当面交易，所以买方必须在交易时对产品品质进行检查，而若在码头交货，豆油皆已包装好，不便于检查；第二，豆油的包装有多种方式，根据目的地不同，可采取油笼装、储油罐装、散装等不同方式，且每种包装容量不同。如果统一包装好在码头交货，不便于分拆重新包装，因此，直接在油罐所在地进行包装更为便利。[②]

各交易所期货交易的交易品种、交易单位、标价单位、交割时间都略有不同，交易单位即使相同，比如1车，但实际重量可能略有差异。具体情况如表8.5所示。

---

① 南满洲鉄道株式会社庶務部調查課：《在満日本取引所に関する諸問題》，南満洲鉄道株式会社，1929年，第137—140頁。

② 加悦秀二：《大連に於ける特産物の取引及採算》，南満州鉄道株式会社，1931年，第111—113頁。

表 8.5　　主要交易所的期货交易方式

交易所	交易品种	交易单位	标价单位	交割时间
大连	大豆	1 车(49 000 斤)	每 100 斤	每月末
	高粱	1 车(49 000 斤)	每 100 斤	每月末
	豆粕	1 000 块(46 000 斤)	1 块	每月 14 日及月末
	豆油	500 罐(28 350 斤)	每 100 斤	每月 14 日及月末
	玉米	1 车(49 000 斤)	每 100 斤	每月 14 日
	小麦	1 车(49 000 斤)	每 100 斤	每月末
开原	大豆	1 车(49 135 斤)	1 斗(31 斤)	每月 15 日
	高粱	1 车(49 135 斤)	1 斗(31 斤)	每月 15 日
	豆粕	1 100 块(50 600 斤)	1 块	每月 15 日
四平街	大豆	1 车(49 020 斤)	1 斗(38 斤)	每月 15 日
	高粱	1 车(49 020 斤)	1 斗(38 斤)	每月 15 日
	小米	1 车(49 450 斤)	1 斗(43 斤)	每月 15 日及月末
	豆粕	1 000 块(51 150 斤)	1 块(46.5 斤)	每月 15 日
公主岭	大豆	1 车(49 020 斤)	1 斗(38 斤)	每月 15 日
	米高粱	1 车(49 280 斤)	1 斗(38.5 斤)	每月 15 日
	查高粱	1 车(49 275 斤)	1 斗(37.5 斤)	每月 15 日
长春	大豆	1 车(49 350 斤)	1 石(355 斤)	每月 15 日
	高粱	1 车(49 350 斤)	1 石(355 斤)	每月 10 日
	小麦	1 车(49 350 斤)	1 石(355 斤)	每月 1 日和 10 日
滨江粮食	大豆	1 车	1 布度	每月最后一个营业日
	面粉	1 车	1 布度	每月最后一个营业日
	小麦	1 车	1 布度	每月最后一个营业日
	豆粕	1 车	1 布度	每月最后一个营业日
	豆油	1 车	1 布度	每月最后一个营业日
	杂粮	1 车	1 布度	每月最后一个营业日

资料来源:南滿洲鉄道株式会社庶務部調査課,《滿洲に於ける日本取引所》,南滿洲鉄道株式会社,1928 年,第 98—100 頁。南滿州鉄道株式会社哈尔浜事务所调查课,《浜江証券粮食交易所:哈调小册子》,南滿洲鉄道株式会社,1926 年,第 32—33 頁。

(二)有价证券

有价证券主要包括股票、国债、地方债、公司债等，主要在日方三个民营交易所交易，其中大连证券商品交易所的交易量及影响力都较大。交易方式和价格决定方式都与商品相同。

1. 现货交易

股票是大连证券商品交易所交易最多的品种，股票的交易单位是10股，标价单位是1股。股票是现货交易中唯一采用竞价买卖制的交易品种，最初股票现货也采用当面买卖制，但从1928年9月6日后市起采用竞价买卖。交易程序与商品基本相同，交易达成后，需要向交易所工作人员报告交易品种、买卖的记号、交易数量、价格及交割日期等信息。现货买卖的价格在50钱以下不予承认。与官营交易所类似，由于股票现货采用竞价买卖，可得到股票信托清算机构的担保。现货交易的品种可分为甲、乙两部，甲部以主要股票为交易品种，乙部以次要股票为交易品种。甲部交易的股票包括大连股票商品交易所股票、商信(商业信托)股票、新豆(大连交易所信托新)股票、钱钞(钱钞信托)股票、制冰新(大连制冰新)股票。乙部交易的股票包括正隆二新(正隆银行)、满洲丙新(满洲银行)、商业银行、股票信托、周水土地、星浦土地、郊外土地、满洲水产新、日华特产、不动储蓄、东亚土木、大连火灾、大株新、东株新、钟纺新、开原取信、同新股票、金福铁路。此外，国债和地方债也有少量交易，国债和地方债面值为1 000元，以其面值标价，公司债以面值100元或最小面值标价。[①]

在安东交易所进行交易的有价证券包括股票和公司债券。至1928年，实际进行的仅为股票，股票交易在现货和期货两个市场进行，现货交易也采用当面买卖制。满洲交易所的有价证券主要有股票和债券，至1928年，实际进行交易的也是股票，其他品种并未开始交易。股票现货交易以当面买卖进行，但开盘和收盘采用竞价买卖方法。满洲交易所也有负责交割清算的机构，即由满洲信托株式会社负责，通过支付日息及价

① 南满洲鉄道株式会社庶務部調查課:《满洲に於ける日本取引所》,南满洲鉄道株式会社,1928年,第102頁。

格差额可以使结算递延至下一期。[①]

2. 期货交易

股票是大连证券商品交易所仅存的期货交易，其交易方法也是竞价买卖。通常交易所前后市都分为两节，第一节相当于开盘，第二节是收盘，但大连证券商品交易所股票交易分三节，第一节是开盘，第二节是中间盘，第三节是收盘。因此，股票有开盘、中间盘、收盘三个价格。开盘和中间盘的竞价分别称为第一节第一竞价和第二竞价。交割日期根据关东州交易所令第 24 条规定，股票、国债、地方债、公司债及其他有价证券的期货交易期限为 2 个月内。[②] 此外，安东交易所股票期货交易以每月 10 日和 25 日为交割日，1 个月两期，以竞价买卖方法进行。股票和公司债券的期货交易须得到关东厅长官批准后方可进行。公司股票必须满足两个条件：第一，每种股票资本金总额必须在 50 万元以上，实缴资本 12.5 万元以上；第二，公司成立已有一个会计年度。这是防止股票发行者以套取短期利益而滥发股票，导致股票的真实价值无法保证。[③]

（三）钱钞

钱钞交易是东北各交易所的一类特殊交易品种，由于其货币种类繁多，不同货币之间的兑换不可避免，故钱钞也成为交易所的交易品种。钱钞主要在各官营交易所交易，中方的一些规模较小的民营交易所也有钱钞交易。钱钞交易的主要品种有金票、钞票、小洋、奉票、吉林官帖等各类货币。奉天交易所是官营交易所中唯一只进行钱钞交易的交易所，主要进行金票和奉票的交易。大连交易所主要进行钞票和金票、钞票和小洋的交易。开原交易所的钱钞交易主要是金票对奉票、金票对现大洋票；长春交易所进行的钱钞期货交易包括钞票对官帖、钞票对金票、金票对哈大洋、钞票对哈大洋。民营交易所中，安东交易所也进行钱钞交易，主要有

---

① 南滿洲鉄道株式会社庶務部調査課：《滿洲に於ける日本取引所》，南滿洲鉄道株式会社，1928 年，第 113—115 頁。

② 《関東州取引所令ヲ定ム》，公文類聚・第四十三編・大正八年・第二十五巻・産業・農事・商事，国立公文書館アジア歴史資料センター，A01200172600。

③ 南滿洲鉄道株式会社庶務部調査課：《滿洲に於ける日本取引所》，南滿洲鉄道株式会社，1928 年，第 113—114 頁。

镇平银、钞票、金票。至 1928 年,实际进行的仅镇平银,镇平银的交易仅为期货交易,以 13 日和 28 日为交割日,买卖方法也是采用竞价买卖。中方交易所中的滨江货币交易所是哈尔滨的主要货币交易所,主要交易品种有哈大洋票对金票、奉票、吉林官帖、黑龙江官帖及永衡大洋票等。

四、税收与各类费用缴纳

交易所内与交易相关的税费是各项收支的基础,也是影响交易效率和交易频率的重要因素。税是交易所或交易人向政府缴纳的费用,费则包括各种交易手续费、许可费、进场费等费用。交易所税通常有两种:一种是以交易所营业收益(主要为手续费收入)为课税对象,是政府向交易所征收的营业税;另一种是以交易所内的各种交易为课税客体,对交易人征收的交易税。

(一)营业税和交易税

1. 营业税

官营交易所作为官方机构,无须纳税,故交易所营业税实际上仅对民营的股份制交易所征收。关东州内的交易所,税收的征收主要依据《关东州交易所税规则》执行。该规则于 1920 年 3 月 19 日颁布,并规定当日起执行。同年 4 月 11 日,关东厅颁布第 25 号厅令,规定该规则在关东州内于 3 月 19 日起实行,但在满铁附属地内的实行日期未明确规定。交易所营业税以交易所内进行交易的手续费收入为课税对象,根据关东州交易所税规则第 1 条规定,税率为手续费收入的 15%。营业税按月征收,应在下个月 10 日之前向民政署申报本月手续费收入,但在交易所倒闭时应该立刻申报,民政署核查交易所应纳税金额后,于当月完成纳税,若交易所倒闭,则应该立刻缴纳。如果未进行申报或申报内容不实,将由关东厅决定其课税金额。由于关东州内的民营交易所仅有大连证券商品交易所,实际上此规则仅用于该交易所。对满铁附属地内各交易所营业税的征收并未见具体规则。[①]

---

① 满洲鉄道株式会社庶務部調查課:《満洲に於ける日本取引所》,南满洲鉄道株式会社,1928 年,附録,第 25 頁。

交易所附属信托公司皆为民营股份制公司形式，故也要缴纳相应的税。交易所信托业税即是对关东州内官营交易所附属信托公司（即大连交易所信托公司及大连交易所钱钞信托公司）征收的一种特别许可费的别称。该税设立之初，所有满铁沿线的官营交易所一律以特许费名义缴纳。1920 年 4 月根据关东厅第 21 号厅令，设立交易所信托业税，按年缴纳。钱钞信托业的税率为手续费收入的 20％，其他部门为 35％。1920 年 6 月根据关东厅第 44 号厅令，将其改为按月征收，1921 年 2 月关东厅颁布第 2 号厅令，规定所有部门的税率皆为手续费收入的 20％。[①] 信托业税实际上是从特许费转变而来的一种营业税，由于信托公司的设立最初是为弥补官营交易所在清算担保方面的不足，履行部分本该由交易所履行的职责，实际上是在交易所的授权下成立，需要得到关东厅的许可。因此，设立之初需要缴纳特许费，按年缴纳，但其性质类似于营业税，故后来关东厅改为按月征收。

2. 交易税

交易人需要缴纳的税为交易税，交易税对每笔交易进行征收。交易税主要对期货交易征收，对现货及部分品种的期货交易不收取，如国债由于交易极少，为了鼓励国债交易，免去其交易税。根据关东州交易所令第 43 条规定，“交易所内进行的期货交易，根据其买卖契约交易额征收交易税，但转卖赎回不受此项规定限制”[②]。交易税按照交易金额进行征收，是一种从价税。从价税可根据价格调整纳税数额，在一定程度上可限制价格过快上涨。关东州内的交易税税率按交易品种划分，地方债和公司债券为 0.015％，有价证券为 0.03％，商品为 0.02％，钱钞在关东州内和关东州外分别为 0.001％、0.005％。交易税的申报也是在下个月 10 日前，交易人须将记载当月每种商品期货交易金额的申报书向交易所提交，由交易所进行审查，并对其内容是否妥当提出意见，然后在规定期限内一并向关东厅政府提交。税收缴纳应在下个月月底之前完成，缴纳过程也

---

① 滿洲鉄道株式会社庶務部調査課：《滿洲に於ける日本取引所》，南滿洲鉄道株式会社，1928 年，第 52 頁。

② 《関東州取引所令ヲ定ム》，公文類聚・第四十三編・大正八年・第二十五巻・産業・農事・商事，国立公文書館アジア歴史資料センター，A01200172600。

须经交易所中转,纳税告知书经交易所送至交易人,交易所将交易人所纳税进行汇总,并在规定期限内上缴政府。若交易人不再从事交易或由于其他原因丧失从业资格,应立即申报缴纳。[①]

由于《关东州交易所税规则》仅适用于关东州内,对于满铁附属地内的各交易所,满铁公司公费制度中也有类似交易税的征税项目。原本满铁附属地交易所税的征收规则是根据各交易所分别制定,长春交易所于1916年7月制定,开原为1917年3月,公主岭及四平街为1919年10月,铁岭为1919年11月,各交易所税率也略有不同。但1928年3月28日,根据满铁会社社则第29号对交易所税规则进行修订,自4月1日起,各交易所税规则统一适用。因此,奉天也于4月1日起适用该项规则,但在1928年减半征收。长春交易所的钱钞交易由于交易极少,有时甚至无交易,为了提振钱钞交易,交易人协会于1928年2月29日向满铁当局提出,免除对期货交易的征税。3月14日,申请得到批准。此外,安东的镇平银交易未被列入公费规则中,故镇平银交易也未征税。税收征收方法是,各交易所附属信托公司于下个月5日之前,向满铁地方事务所管理人员申报本月收入,待纳税额核定后,再由各信托公司缴纳。[②] 各种期货交易的纳税标准如表8.6所示。

表8.6　满铁附属地内各交易所期货交易的纳税标准

	交易品种	交易单位	税率(金票)
粮豆(重要物产商品)期货交易	大豆、小麦、高粱、小米、大麻子以及其他杂粮	1车	2钱
	豆粕	1 000块	2钱
	豆油	100罐	2钱

① 南満洲鉄道株式会社庶務部調査課:《満洲に於ける日本取引所》,南満洲鉄道株式会社,1928年,附録,第25—27頁。

② 南満洲鉄道株式会社庶務部調査課:《満洲に於ける日本取引所》,南満洲鉄道株式会社,1928年,第50—52頁。

续表

		交易品种	交易单位	税率(金票)
钱钞期货交易(标价货币)	吉林官帖	金票	1 000 元	4 厘
		钞票	1 000 元	4 厘
		奉票	1 000 元	4 厘
	奉票	金票	1 000 元	4 厘
		钞票	1 000 元	4 厘
		吉林官帖	1 000 吊	1 厘
	金票	钞票	1 000 元	4 厘

资料来源:南満洲鉄道株式会社庶務部調查課,《満洲に於ける日本取引所》,南満洲鉄道株式会社,1928 年,第 51—52 頁。

按照关东州交易所规则第 11 条规定,股份制形式的交易所或交易人若不按规定申报或虚假申报税收,将被处以 200 元以下罚款,如有逃税行为,须立即进行追缴。若交易人对其所受托的期货交易,让委托人进行结算,可视为逃税行为,对其处以 200 元以下罚款,并立即征缴。交易人若出现以下几种行为,交易所将对其处以 80～100 元的罚款:第一,交易人在向交易所提交纳税申报时,出现虚假申报行为;第二,交易所对申报书未出具意见或交易人未能按时提交申报书;第三,交易人未准备好与手续费或交易相关的账簿,不认真进行账簿记录或未记录,对官员的询问不回答或陈述不属实,妨碍公务执行或有意规避。除交易人自身违反规定需要受到惩罚外,与交易人相关的代理人、户主、家族人员、共同居住者、雇佣人员及其他相关从业者若出现违反此规则的相关规定,则该交易人也将受到处罚。[①] 此外,关东州交易所令第 45 条规定交易所须对其交易人纳税行为承担担保责任,若交易人未在规定期限内缴纳交易税,关东长官可以向交易所进行征收。[②]

① 南満洲鉄道株式会社庶務部調查課:《満洲に於ける日本取引所》,南満洲鉄道株式会社,1928 年,附録,第 27—28 頁。

② 《関東州取引所令ヲ定ム》,公文類聚・第四十三編・大正八年・第二十五巻・産業・農事・商事,国立公文書館アジア歴史資料センター,A01200172600。

(二)其他相关费用

与交易相关的费用主要是由交易人或委托人缴纳,根据收费方式的不同,交易人(或委托人)需要缴纳的费用可分为定额费用和按比例缴纳的费用。定额费用与交易数额无关,是交易人为了进行交易缴纳的一种固定费用。按比例缴纳的费用则是根据交易金额进行缴纳。交易人在取得资格许可后,根据关东厅交易所规则第 16 条规定,必须缴纳交易资格许可费和进场费。许可费是一种定额费用,一次性定额收取。关东厅交易所规定,从事一种商品交易,须缴纳资格许可费 100 元,如果兼营两种商品,则为 200 元。开原和长春交易所对只从事现货交易的交易人收取 20 元的许可费。关东州交易所成立初期,为保证交易人质量,曾收取 1 000 元的高额许可费,1925 年 3 月 18 日,关东厅令第 8 号将许可费降为 300 元,1927 年 7 月 30 日,关东厅令第 43 号进一步将许可费降为 100 元,与关东厅交易所的费率相当。满洲交易所不对交易人收取资格许可费。进场费是交易人在获得交易资格后,为进入交易所交易,支付给交易所的场地使用费。进场费也是一种定额费用,但按年收取。关东厅交易所规定,交易人或代理人每人每年需缴纳 6 元。缴纳进场费后,交易所向交易人发放进场章,交易人须随身携带进场章,否则不准进场。且进场章不能外借或转让,一旦发现外借或转让,进场章将无效或被没收。此外,如果进场章破损或丢失,可缴纳金票 2 元,重新补发。满洲交易所规定,代理人的进场费也是每年 6 元。这些资格许可费和进场费上缴关东厅,作为关东厅收入的一部分。①

手续费是一种按比例收取的费用,由交易所和信托公司收取,作为交易担保及清算的报酬,这也是交易所的主要收入来源。关于手续费比率,关东厅交易所由关东厅长官批准决定,民营交易所经理事会商议,并上报关东厅,经关东厅长官批准。关东州交易所规则第 22 条规定:“交易所征收的买卖手续费费率决定方法须在交易所章程中做出规定。关东厅长官

① 南満洲鉄道株式会社庶務部調査課:《満洲に於ける日本取引所》,南満洲鉄道株式会社,1928 年,第 68 頁。

认为有必要时,可以变更手续费的费率。"[①]委托手续费是委托人向受托交易人支付的报酬,其比率由各交易人协会制定,关东厅交易所由所长批准,其他民营交易所由交易所批准决定。[②] 滨江粮食交易所对手续费的征收并没有非常具体的规定,仅限定交易双方缴纳的手续费不超过公定价格的1%,具体数额由理事会商议决定,并在市场内公布。若交易人未缴纳手续费,将从身份保证金和交易保证金中扣除。交易人向委托人收取的委托手续费金额按照交易人协会的规定执行,但对于在委托交易中发生的特别费用,可以按实际发生的数额向委托人收取。[③]

关于手续费实际缴纳数额,可从大连交易所豆货的交易中管窥一二。在大连交易所大豆期货交易中,买卖双方须缴纳一系列与交易相关的费用。手续费包括信托手续费和特别手续费,信托手续费为每车买卖双方各付钞票1元35钱,特别手续费每车双方各付金票30钱。交易税为交易金额的0.02%。如果委托人委托交易人交易,则委托人须向交易人缴纳委托手续费,按照规定,信托和特别手续费及交易所税在内,每车需钞票15元,而实际上是6元到8元50钱。[④] 大连交易所豆粕期货交易手续费也包括信托手续费和特别手续费,信托手续费为买卖双方每笔(1 000块)各付钞票1元,特别手续费是买卖双方每笔各付金票30钱。交易税与大豆相同,也是交易金额的0.02%。交易人委托手续费也包含信托和特别手续费及交易所税在内,虽然规定每笔支付钞票15元,但实际上是6~8元。[⑤] 豆油期货交易的清算手续费是每笔(28 350斤)交易买卖双方各付钞票1元35钱。交易税与大豆、豆粕相同,为交易金额的0.02%。委托交易人手续费包含信托手续费及交易所税在内,每笔15元,实际上是6元至8元50钱。[⑥] 此外,由于豆粕期货交易在1915—1922年实行过

---

① 南満洲鉄道株式会社庶務部調査課:《満洲に於ける日本取引所》,南満洲鉄道株式会社,1928年,附録,第22頁。

② 南満洲鉄道株式会社庶務部調査課:《満洲に於ける日本取引所》,南満洲鉄道株式会社,1928年,第127頁。

③ 南満州鉄道株式会社哈尔浜事务所调查课:《浜江証券粮食交易所:哈调小册子》,南満洲鉄道株式会社,1926年,第36頁。

④ 加悦秀二:《大連に於ける特産物の取引及採算》,南満洲鉄道株式会社,1931年,第23頁。

⑤ 加悦秀二:《大連に於ける特産物の取引及採算》,南満洲鉄道株式会社,1931年,第82頁。

⑥ 加悦秀二:《大連に於ける特産物の取引及採算》,南満洲鉄道株式会社,1931年,第112頁。

当面买卖制，根据大连交易所信托公司《豆粕期货当面买卖清算及交割规程》的规定，虽然采取当面买卖，但仍须经信托公司进行清算和交割，信托公司应向买卖双方每 1 000 块豆粕收取钞票 25 钱的手续费，且手续费应在交割日清算时收取，若双方解约，则立即收取。①

交易税和交易手续费都是交易人在每一笔交易中需要缴纳的费用，也是调节交易行为的重要手段。通过交易税及手续费的调整，可鼓励或约束某些商品的交易。若某些品种的期货交易过于频繁，则提高这两种费用的比率，即可抑制过度交易产生的买空卖空行为。两者有一个重要区别在于，交易税是从价征收，手续费则是从量征收。从价征收可根据价格的升降进行相应调整，有利于限制价格过度上涨，但同时可能会鼓励买卖双方低报交易价格，增加交易量。但政府更关心的是总交易金额，而不是交易量，故交易税采用从价征收。交易所或信托公司要为每一笔交易提供担保及结算，更加关注交易量，故手续费采用从量征收，这样更有利于监测交易量的变化。

五、交易价格与交割结算

(一)交易价格与结算价格的决定

交易所的交易价格主要包括约定价格、记账价格、标准价格、公定价格等不同类别。约定价格是买卖双方在交易达成时约定的成交价格，如果是当面买卖，交易人自行约定成交价格，不同交易人之间约定的价格可能不同，故有多个约定价格。若是竞价买卖，其成交价格最终由拍板员确定，故每盘交易仅有一个约定价格。记账价格是交易所为了统一登记入账，在某一时段内，根据多个约定价格所求出的平均价。记账价格的计算有四种情形：第一，根据后市开盘和收盘的约定价格计算得到平均价，作为记账价格；第二，以前后两市的开盘和收盘的约定价格求得平均价；第三，以后市收盘最后一次的约定价格作为记账价格；第四，如果价格波动过大，开盘和收盘价格相差过多，则以当日各盘中最近的约定价格作为记

① 中島宗一：《満蒙に於ける各国の合弁事業》第二輯，調査報告書第 16 巻，南満洲鉄道株式会社，1922 年，第 299 頁。

账价格。记账价格仅作为记账用，为了便利起见，通常采用四舍五入法，省去小数点，仅记整数部分。标准价格是作为交割时的参考价格，由于期货交易时间较长，通常为 1 个月到 6 个月不等，而每日都有记账价格，其数量过多，不易计算，为便于计算，通常以交割日前几日记账价格的平均价作为标准价格。公定价格是交易所公布的每日所有交易的平均价，根据每日各盘交易量和交易价格计算出总成交额，加总后再除以总成交量，得到平均价，即为公定价格。东北的日方交易所标准价格的计算大多是以交易当天前市和前一天后市（满洲交易所以当天前后市）为一个计算区间，前市或后市没有成交时，以有成交的时段为计算区间。

期货交易的结算有两种方式：一种是合约未到期之前进行转卖或赎回，以了结期货合约；另一种是到期交割。转卖或赎回是指交易人买进或卖出某一期商品后，在交割日之前，将买进或卖出的期货合约提前卖出或买回，以此了结合约。由于这种方式不需要交割商品，买卖金额的结算通常只需结算两个交易日记账价格的差价，然后在交易所或信托公司进行支付即可。交割是履行交易合约，卖方按约定提供商品，买方支付货款，与普通商品交易不同的是，交易须经交易所或信托公司完成。交割时，如果以各种商品的约定成交价分别进行结算，则交割结算手续非常繁杂。因此，为了简化结算手续，各交易所都制定了交割标准价格，此价格通常是根据交割日前几日记账价格的平均值计算得到。交割时买卖双方只需在交割日上午支付成交日的记账价格与交割标准价格间的差额即可。各个交易所标准价格的计算方法如表 8.7 所示。

表 8.7　　各交易所标准价格的计算方法

大连交易所	重要物产商品	交割日前五天记账价格的平均
	钱钞	交割日前三天记账价格的平均
奉天交易所	钱钞	交割日前三天记账价格的平均
开原交易所	重要物产商品	交割日前五天记账价格的平均
	钱钞	交割日前五天记账价格的平均

续表

四平街及公主岭交易所	重要物产商品	交割日前五天记账价格的平均
	钱钞	交割日前日记账价格的平均
长春交易所	重要物产商品	交割日前五天记账价格的平均
	钱钞	交割日前五天记账价格的平均
大连证券商品交易所		交割日前日记账价格的平均
安东交易所	钱钞	交割日前三天记账价格的平均
	小米	交割日前最近五笔交易记账价格的平均
满洲交易所	米	交割日前五天记账价格的平均
滨江粮食交易所		交割日前五天记账价格的平均

资料来源：南満洲鉄道株式会社庶務部調查課，《満洲に於ける日本取引所》，南満洲鉄道株式会社，1928年，第150頁；南滿州鉄道株式会社哈尔浜事务所调查课：《浜江証券粮食交易所：哈调小册子》，南滿洲鉄道株式会社，1926年，第37頁。

（二）特产物的交割结算

1. 交割结算的程序和要求

特产物现货交易的交割前文已有论及，我们进一步讨论期货交易的交割和结算。

首先，交割场所因商品而异。大连交易所的大豆和豆粕是以满铁混合保管品为交割标的物，以仓储证券进行交割，再以此证券至满铁码头仓库取货。但高粱和玉米等只在满铁及其他信托公司承认的仓库保管，且须加入火灾保险的商品方可成为交割标的物。如果是满铁参与保管的露天堆放物，无论是否加入火灾保险，都被视为无保险物，无需火灾保险即可交割。这些货物以各自指定的仓库作为交割场所，实则主要在满铁码头仓库。豆油是在油坊院内进行交割。其他满铁沿线交易所都是以满铁火车站及满铁附属地内的粮栈和油坊为交割场所，但原则上以火车站作为交割场所，如果在粮栈或油坊交割，则从粮栈或油坊至火车站的运费由卖方承担。

其次，关于交割结算方法，买卖双方须按要求提交所需的各类要件。在交割日中午前，卖方向信托公司提交仓库证券或有两名以上保证人作担保的仓储证书，上面记载交割标的物的种类、数量、保管场所、储藏编号、所有者姓名及作为保证金的物品。而买方则需向信托公司缴纳按交割标准价格计算的货款资金。如果买方有两人以上，信托公司则通过抽签决定各自收取的标的物及相应的卖方，买方若不同意抽签决定，则由信托公司代办相关手续。如果买方之间达成协议，对交割标的物进行交换，买卖双方可以书面形式向信托公司提出申请。买卖双方交割对象决定后，信托公司向买方交付用于提货的仓库证券或仓储证书，向卖方支付全部或部分货款。公主岭交易所是向卖方交付全部货款，但为了防止出现交易标的物不合格或数量不足，通常仅支付部分货款。①

再次，对于卖方提交的交割标的物不合格或数量不足时，采取相应措施进行更换处理。在大连、四平街、公主岭交易所，如果卖方提交的标的物不合格，须在信托公司发出通知的次日起 3 日内进行更换。若更换后仍不合格，则在信托公司发出通知的次日起 2 日内再次更换。如果第二次更换还不合格，不合格比例不超过交割总量的 30％，将要求卖方对这部分不合格商品向买方赔偿，赔偿金额为按交割标准价格计算的该部分商品数额的 7％。如果卖方没有及时归还预付资金或未支付赔偿金，则信托公司将对其交割标的物进行拍卖，所获款项用于支付赔偿金。若买方对卖方提供的仓库证券或仓储证书有异议，要求更换，则卖方在收到更换通知的次日起 2 天内，必须将需要更换的仓库证券或仓储证书向信托公司提交，否则将视为合格品，按最低等级交割。除不合格品外，交割商品还可能出现余缺。如果余缺数量不超过交割总数量的 3％，则对该部分余缺按交割标准价格进行结算。如果余缺数量占交割总数量的比例超过 3％，则信托公司将多余部分交还给卖方，对短缺部分则要求卖方在通知发出后的次日起 2 天内补交，当不足部分不满 1 车时，将对该部分商品逐袋检查。② 在开原和长春交易所，如果出现卖方提供的交割物数量不足或品质不合格，信托公司将要求卖方在做出决定之日起 5 天内补交。

---

① 南満洲鉄道株式会社庶務部調查課：《満洲に於ける日本取引所》，南満洲鉄道株式会社，1928 年，第 153—154 頁。

② 中島宗一：《満蒙に於ける各国の合弁事業》第二輯，調查報告書第 16 卷，南満洲鉄道株式会社，1922 年，第 289—291 頁。

如果卖方不补交,则视为违约。如果余缺或不合格品数量不超过交割总数量的 3%,可由买卖双方协商,对该部分商品按标准价格进行结算。[①]滨江粮食交易所规定,如果交割标的物中数量不足或不合格品的比例不超过 30%,卖方须在接到通知之日起 4 日内补足,在此期限内未进行补交的将进行违约处理。若补交的部分仍不合格,将在 3 日内再次进行更换,在此期限内未进行更换,或更换后的部分商品中仍有 10%以上不合格品的,将视为违约。但如果双方达成协议,则不受此限制。若交割标的物中数量不足或不合格品占比超过 30%,则视为违约,进行相应处理。[②]

最后,如果出现交割物丢失或毁损,追究相关责任人的责任。如果是满铁混合保管品,卖方提供仓库证券后,在抽签结束前出现的丢失或毁损,由卖方承担责任。如果非满铁混合保管品,卖方提供仓库证券后,在对交割标的物检查和称量未完成前,出现丢失或毁损,造成损失由卖方负担。但无论哪种情况,若丢失或毁损并非卖方过失造成,在交割标的物检查和称量完成后,或在抽签结束后的次日,出现丢失或毁损,卖方可拒绝履行赔偿责任。信托公司确认丢失或毁损并非卖方过失造成后,将向买卖双方发出通知,同意卖方拒绝履行交割义务,并通知买方交还相应的仓库证券或仓储证书,卖方归还预付货款。在大连交易所信托公司出现这种拒绝履行赔偿责任的情况时,若买方要求按最低等级交割,卖方必须接受该请求。[③]

2. 违约认定与惩罚措施

大连交易所章程规定了期货交易出现违约情形的惩罚措施。若期货交易的交易人未向大连交易所信托株式会社支付交易保证金及其他相关款项,或违反期货交易交割的相关规定,即被视为违约。通过竞价买卖进行的不同期限的期货交易,若其中某项交易出现违约,其他期限的交易也将被视为违约。但同一交易人同时在不同交易部门进行交易,其某一项

① 南满洲鉄道株式会社庶務部調查課:《満洲に於ける日本取引所》,南満洲鉄道株式会社,1928 年,第 154—155 頁。

② 南满洲鉄道株式会社哈尔浜事务所调查课:《浜江証券粮食交易所:哈调小册子》,南满洲鉄道株式会社,1926 年,第 40—41 頁。

③ 南満洲鉄道株式会社庶務部調查課:《満洲に於ける日本取引所》,南満洲鉄道株式会社,1928 年,第 155 頁。

交易业务出现违约，其他部门的交易可不被视为违约。若期货交易者出现违约，卖方不提供交易标的物的仓库证券或买方没有支付交割资金，则违约方需要支付货物交割金额5%的违约赔偿金，卖方需要向买方退回货款，买方需向卖方退还交易标的物的仓库证券。①

滨江粮食交易所也在营业细则中规定了对违约行为的处罚，若现货交易出现违约，按违约价格和交割日公定价格之间的差额再加上差额的10%作为违约赔偿金，由违约者支付。如果交割日没有相应的公定价格，交易所选派5名以上评议委员进行价格评议，并将该价格作为公定价格。若违约者未支付赔偿金，赔偿金将由交易所从违约者的保证金及其他结算的剩余资金中扣除支付。保证金仍不足以支付的，将向违约者追偿。期货交易在到期前发生违约的，自违约发生之日起7日内由交易所以投票方式指定其他交易人对违约标的物进行转卖或赎回，并对指定的交易人支付违约标的物的手续费，金额为扣除交易所的手续费后剩余金额的一半。若期货交易在交割日或前一天发生违约行为，被违约者须接受约定标的物。被违约者对记账价格（市场价格）和标准价格（交割价格）进行比较后，如有获益，交易所将要求违约者赔偿，金额为违约标的物总金额的10%。被违约者无利可图时，交易所也要支付赔偿金，如有损失，也无须征收。若被违约者为买方，且有利可图时（记账价格高于标准价格），赔偿金以记账价格计算；无利可图时，赔偿金以标准价格计算。若被违约者为卖方，且有利可图时（记账价格低于标准价格），赔偿金以标准价格计算；无利可图时，赔偿金以记账价格计算。此外，同一品种的交割同时出现两个以上违约者，被违约者的赔偿金和其他权利由两人以上共同承担时，需要计算违约者各自应该分担的金额。交割标的物出现部分违约时，仅进行部分标的物交割，若违约者为买方，按最高价格计算交割价格；卖方违约时，则按最低价格计算交割价格。最后，交易人受到违约处理时，可以从保证金中扣除部分资金作为赔偿金，故交易人应将身份保证金存

---

① 南満洲鉄道株式会社社長室調查課:《大連建値問題》，南満洲鉄道株式会社，1922年，第34—36頁。

储证和交易保证金存折等及时返还交易所，否则将视这些证明资料无效。[①]

3. 豆油期货的特殊交割程序

大连交易所豆油期货交易采用当面买卖方式，信托公司仅负责清算事务，而不承担担保责任，故交割手续有所不同。首先，交易契约达成时，买方按每个交易单位发行交货通知书，在相应栏目填写相关内容，然后交给信托公司，信托公司再将其登记入账，并在该通知书上加盖印章，然后交给买方。等到交割日，买方在当日正午前，将该通知书交给信托公司，信托公司进行记账后再交还给买方。然后按交割日前5天的平均记账价格计算交割标准价格，买方支付计算得出的交割金额，并取得交割物。标准价格和买卖达成时的价格之间的差额于交割日上午在信托公司进行结算。关于交货的具体时间，交货人自交割日起7天内必须做好交货准备工作，并通知收货人交割货物的保管场所。收货人收到通知后7天内必须进行交割。收货人收到交割标的物时，在交货通知书上做记录，并将其交给交货人。交货人收到通知书后，将其交给信托公司，用于信托公司做记录。最后，信托公司将该通知书交还给交货人，至此交割手续全部完成。如果在规定期限内未完成交割，买卖双方须向信托公司报告。由于信托公司仅负责结算不承担担保责任，故信托公司收到报告后，通知交易人协会，由交易人协会进行处理。此外，如果未及时对交割标准价格和买卖达成时的价格间的差额进行结算，信托公司也不承担责任。[②]

（三）有价证券和钱钞的交割结算

1. 有价证券的交割

有价证券的交割比商品更为简单，交割场所即在交易所内，在交割日下午2点前卖方提交证券实物（记名的有价证券须同时提供记名修改委任状），买方则向交易所提交支付资金（现货交易买方根据现货交易价格

---

① 南满洲鉄道株式会社哈尔浜事务所调查课：《浜江証券粮食交易所：哈调小册子》，南满洲鉄道株式会社，1926年，第43—45頁。

② 南满洲鉄道株式会社庶務部調查課：《滿洲に於ける日本取引所》，南滿洲鉄道株式会社，1928年，第155—156頁。

计算支付金额，期货交易买方则按交割标准价格计算）。同时，结算交割标准价格和契约签订时的记账价格之间的差价，并返还保证金。这种交割方式是正式交割。此外，在正式交割之前，还可在交割日经交易所同意进行临时交割（合意交割）。若交易标的物未完成交割，不能被认为是正式交割。临时交割中买卖双方出现违约时，也需要按正式交割程序对违约方进行处理。交割时如果需要更换证券持有人名称，交易所将对该证券实行名称变更手续，并由买方支付更换手续费用。如果委任状也需要更换名称，交易所将对卖方实行更换手续，但若该委任状的持有人在外地居住或正在旅行途中，无法在短期内完成，则将在交易所进行更换，手续费仍由买方承担。在交易所向交易人交付标的物证券的证书后，交割结束。记名有价证券附加委任状进行交割时，在所有权转移至买方前，卖方需对所有手续承担责任。但在证券持有人名称变更期间，卖方不承担此责任，交割结束一个月后，卖方的此项责任自动解除。如果交易所发现证券伪造或篡改等行为，即使期限已过，仍可责令卖方进行更换。①

2. 钱钞的交割

钱钞现货的交割原则上在交易当日进行，但下午 2:30 后的交易，须在次日交割。现货交易需交割时，买卖双方向交易所提交书面报告，信托公司记录在账，在卖方提交交易标的物时，开出支票替买方预先支付，迨至买方前来支付购买资金时，交付交易标的物，至此完成交割。期货交易以交割日前一日前市为截止期，按交割标准价格计算交割总金额。在交割日正午前，买卖双方分别提交资金和交易标的物，完成交割。但钱钞交割并非在信托公司进行，而是由正隆银行和其他银行代办。除正式交割外，在交割日前一日之前，买卖双方共同提出申请，也可进行非正式交割。如果同期限的品种交割中出现违约，则这种交割将无效。②

总之，关于各类价格的计算，中日双方交易所基本相同，期货交易到期交割标准价格的计算仅存在某些细微的差别。在交割方式和程序上，

① 南满洲鉄道株式会社庶務部調查課：《満洲に於ける日本取引所》，南满洲鉄道株式会社，1928 年，第 151—152 頁。

② 南满洲鉄道株式会社庶務部調查課：《満洲に於ける日本取引所》，南满洲鉄道株式会社，1928 年，第 152 頁。

日方交易所及滨江粮食交易所基本相同。对违约行为的处理上,滨江粮食交易所在某些处罚措施上略有差异,但总体而言,并不存在本质上的区别。

小 结

在交易所产生前,东北的期货交易较为分散,没有统一的规章制度,对违规和违约行为较难界定,难以有效约束交易人的行为。交易所产生后,在各方面都形成了一套完善的规则和制度安排,各地交易所在这种统一规则下制定具体的实施细则,使交易更加同质化,便于监测各种违规和违约行为,使政府对交易所及交易人的监督有章可循,便于维持正常的市场秩序。东北交易所的发展既具有其自身的规律,也有区别于前期期货交易市场的特点。

日本当局在东北所设交易所主要有官营和民营两种组织形式。官营交易所的管理人员都是官员,实际上还充当监督交易人的角色,同时设置商议员会作为监督审查机构,对交易人的行为进行监督。民营交易所作为一种营利性机构,其管理人员的行为受关东厅长官的监督,而对交易人行为的监督主要通过交易人协会进行。交易人协会在官营和民营交易所都有设置,主要是让交易人进行相互监督,形成一种自我实施机制,实现交易人的自我约束。除这些组织结构和规则设置外,交易所保证合约履行最重要的制度安排是信托担保制度,这是与晚清时期期粮交易市场的重要区别之一。期粮交易类似于会员组织交易所,以交易双方的信用保证合约执行,并无实物作担保,而交易所的担保制度通过收取保证金,并设置专门的信托担保公司,以保证合约的执行。这种区别是交易所能够扩大交易规模,提升市场影响力的重要保证,也是交易所区别于前期期货交易市场的重要特征。

在保证金收取方面,交易所设置了身份保证金和交易保证金。身份保证金是对交易人身份和信用的一种甄别。在信息不对称的条件下,交易所难以识别交易人的资产和信用状况,身份保证金既可充当抵押物,也可筛选出信用良好的交易人。关于身份保证金的收取，民营交易所较官营交易所略高，这是由于官营交易所受官方的支持，抗风险能力较强，而民营交易所为了降低风险，以较高的身份保证金剔除信用不佳的交易人，以降低违约风险。交易保证金的收取是从价收取，保证金的数额随价格的变化而调整，且不是一次性收取，而是根据价格变化设置了多种类型的交易保证金，随时调整交易人的违约成本。这种较为灵活的制度安排，可随时管控风险，减少违约行为的发生。

近代东北交易所的产生，主要是在关东厅的推动下建立的，由日方官商所主导，中方交易所在参照日方交易所相关法规的基础上逐步建立起来。在这一过程中，日方交易所的建立起到较好的示范作用，但实际上东北早在19世纪30年代左右就已产生期货交易市场，交易所的产生只是在此基础上的继承和发展。如果没有日方交易所的设立，随着对外贸易的发展，特产物交易量的日渐增加，本土交易所势必也会在顺应市场需求的趋势下应运而生。对本土交易所的产生可能造成阻碍的是传统的交易习惯，如传统上以对人信用为主的商业习惯，与交易所的信托担保制度存在一定冲突。信托担保制度要求交易人提供实物作担保，以防发生违约时，交易人的损失难以得到补偿。对人信用制度通常适用于熟人社会，交易双方有较为深入的了解，且已建立长期的交易关系，这种信用才能较为有效的维持合约的履行。而随着交易规模和范围的扩大，交易人难以建立这种长期的信用关系，对人信用难以保证合约的执行。中方交易所建立后，仍有部分交易所受此影响，允许以信用交易，未采取担保制度，结果导致违约行为时有发生。滨江粮食交易所虽然采取担保制度，但在营业细则中也指出允许交易人自行协商，按商业习惯交易。当时的满铁调查资料中，有日本学者对华商这种以对人信用为基础的交易表示难以理解，认为这难以保证交易合约的履行。总体而言，近代中国金融业及工商业中的对人信用逐渐转向对物信用，这种转变既受西方制度传播的影响，也是市场规模和范围逐渐扩大的必然结果。

参考文献

中文文献

(一)著作(含译著、文集和资料汇编等)

《清实录》,中华书局,1986 年。

《中华民国史档案资料汇编》第三辑《金融》,江苏古籍出版社,1991 年。

褚华:《木棉谱》,《上海掌故丛书》第 1 集,上海通社,1935 年。

范金民:《明清江南商业的发展》,南京大学出版社,1998 年。

付文龄:《吉林省金融编年纪事(1738—1985 年)》,延边大学出版社,1994 年。

顾明义:《日本侵占旅大四十年史》,辽宁人民出版社,1991 年。

郭铁桩等:《日本殖民统治大连四十年史》,社会科学文献出版社,2008 年。

哈尔滨满铁事务所编,汤尔和译述:《北满概观》,商务印书馆,1937 年。

金广凤主编:《长春市志·金融志》,吉林文史出版社,1993 年。

锦州市政府地方志办公室:《锦州市志》经济建设卷,中国统计出版社,1996 年。

孔敏:《南开经济指数资料汇编》,中国社会科学出版社,1988 年。

雷慧兒:《東北的豆貨貿易:1907—1931》,臺灣師範大學歷史研究所專刊(7),1981 年。

李伯重:《江南农业的发展》,上海古籍出版社,2007 年。

李澍田:《中国东北农业史》,吉林文史出版社,1993 年。

辽宁省地方志编纂委员会办公室:《辽宁省志·粮食志》,辽宁大学出版社,2000 年。

罗饴:《东盛和债案报告》,商务印书馆,1908 年。

满史会:《满洲开发四十年史》,新华出版社,1988 年。

民国《上海县续志》卷 1《风俗》。

民国《铁岭县志》第 8 卷。

苏崇民:《满铁史》,中华书局,1990 年。

孙建华:《近代日本在华交易所(1906—1945 年)》,社会科学文献出版社,2018 年。

吴承明、江泰新主编:《中国企业史》近代卷,企业管理出版社,2004 年。

吴德培:《交易所论》,商务印书馆,1946 年。

谢占壬:《古今海运异宜》,《皇朝经世文编》,卷 48。

薛虹、李澍田:《中国东北通史》,吉林文史出版社,1991 年。

杨端六、侯厚培:《六十五年来中国国际贸易统计》,台湾中央研究院社会科学研究所专刊(第四号),1931 年。

杨荫溥:《中国交易所论》,商务印书馆,1930 年。

伊兰:《交易所要览》,上海文明书局,1921 年。

营口市地方志办公室:《营口县志》,辽宁民族出版社,1999 年。

张洪祥:《近代日本在中国的殖民统治》,天津人民出版社,1996 年。

张忠民:《上海:从开发走向开放(1368—1842)》,云南人民出版社,1988 年。

中国人民银行:《中国近代货币史资料》第一辑,中华书局,1964 年。

中国人民银行总行参事室:《中华民国货币史资料》第 1 辑,上海人民出版社,1986 年。

中国人民银行总行金融研究所金融历史研究室:《近代中国的金融市场》,中国金融出版社,1989 年。

中国银行总管理处:《东三省经济调查录》,(台北)文海出版社,1987 年,影印本。

朱彤芳:《旧中国交易所介绍》,中国商业出版社,1989 年。

(二)近代报刊

《财政厅命令》(三十二则),《奉天财政月刊》1928 年第 23 期。

《常年会务报告:会务报告:(十一)设立银钱现货交易所》,《奉天省城总商会月刊》1925 年第 5 期。

《大清银行第二次股东大会报道》,《中外日报》1908 年 5 月 22 日。

《东三省之货币概况》,《钱业月报》1925 年第 5 卷第 10 期。

《奉天财政厅训令》第 135 号,《奉天公报》1924 年第 4484 期。

《奉天财政厅训令》第 107 号,《奉天公报》1923 年第 3925 期。

《奉天财政厅训令》第 98 号,《奉天公报》1923 年第 3909 期。

《各埠金融市况:吉林:严厉取缔交易所》,《银行月刊》1925 年第 5 卷第 11 期。

《公牍:杂项:函复奉海铁路公司爲设立粮石交易所请派员监视文》,《奉天财政月刊》1926 年第 5 期。

《辽宁财政厅管理营口炉银暂行章程》,《东三省官银号经济月刊》1929 年第 1 卷第 3 期。

《日伪政情:满铁附属地内各交易所移归伪满:设置税务署,官员人数已决定(长春特讯)》,《边讯》1936 年第 1 卷第 5 期。

《训令第 1688 号》,《行政院公报》1930 年第 147 期。

《一年来中国本部对大连贸易之回顾》,《中行月刊》1934 年第 8 卷第 4 期。

《以大连为中心的东北贸易》,《工商半月刊》1934 第 6 卷第 23 期。

《营口炉银制竟被废除》,《黑白半月刊》1933 年第 1 卷第 3 期。

《营口炉银最近情形的调查》,《东三省官银号经济月刊》1929 年第 1 卷第 6 期。

《营口整理炉银新条例》,《中国银行通信录》第 57 期,1920 年。

陈启慧:《哈尔滨历史上最早的粮食交易所》,《黑龙江档案》2007 年 6 月。

顾义:《营口炉银及银炉之状况并维持之意见》,《银行周报》1920 年

第 4 卷第 1 期。

黄亚东口述，汪毅久整理：《营口炉银的沿革》，《东三省官银号经济月刊》1929 年第 1 卷第 6 期。

健行：《大连商港的地位和贸易状况》，《商业月报》1930 年第 10 卷第 12 期。

江怀澄：《大连输出入贸易概况》，《中行月刊》1932 年第 5 卷第 4 期。

蓝维先：《满洲金融及财界现状》，《东三省官银号经济月刊》1930 年第 4 期。

省三：《对于筹设交易所之我见》，《东三省官银号经济月刊》第 1 卷，1929 年第 2 期。

裕孙：《汇兑市场与大连商人之关系》，《银行周报》1923 年第 7 卷第 43 期。

张金灿：《大连之金融状况》，《银行周报》1919 年第 3 卷第 9 期。

张希为：《走私问题及其对策》，《国论》1936 年第 1 卷第 12 期。

朱仁：《大连的贸易状况》，《中央日报特刊》1928 年第 4 卷第 15 期。

（三）当代期刊

邓亦兵：《清代前期沿海运输业的兴盛》，《中国社会经济史研究》1996 年第 3 期。

杜恂诚：《二十世纪前期白银汇率的两次异常震荡及对中国经济的影响》，《历史研究》2018 年 6 月第 3 期

贾德辉：《近代大连城市发展中对外贸易因素的评价》，《大连近代史研究》2012 年 9 月。

佟静：《近代营口的地方性货币——过炉银》，《辽宁师大学报》1994 年第 5 期。

燕红忠、许晨：《日本不同殖民集团对我国东北货币本位政策之争（1906—1933）》，《历史研究》2018 年第 5 期。

姚景芳：《谈营口炉银的兴衰》，《辽宁师专学报》2014 年第 2 期。

张宗江、刘纬：《对营口过炉银问题的探讨》，《吉林财贸学院学报》1990 年第 3 期。

周世德:《中国沙船考略》,《科学史集刊》1963 年第 5 期。

日文文献

(一)日文书籍(含资料汇编等)

《南清視察復命書》,大阪商船,1900 年。

《汕頭港ノ状勢》,大阪商船,1905 年。

安冨歩、深尾葉子:《"满洲"の成立——森林の消尽と近代空間の形成》,名古屋大学出版会,2009 年。

安富歩:《"满洲国"の金融》,創文社,1997 年。

安富歩:《満洲暴走隠された構造:大豆・満鉄・総力戦》,角川新書,2015 年。

八木聞一:《營口軍政誌抄》,南滿洲鉄道株式会社,1937 年。

坂本辰之助:《実業の滿洲》,集成堂,1905 年。

本宿家全:《支那各港略誌》,大阪商船,1899 年。

濱下武志:《山西票號資料 書簡篇(一)》,《東洋学文献センター叢刊》第 60 輯,東京大学東洋文化研究所附属東洋学文献センター,1990 年。

曽田三郎:《近代中国と日本:提携と敵対の半世紀》,御茶の水書房,2001 年。

川畑竹馬:《北清之栞〔正編〕》,川畑竹馬,1906 年。

船津辰一郎:《南滿州ニ於ケル商業》,金港堂,1907 年。

大連商業会議所:《大連上海銀市相場の開き並に大連支那銭荘の鞘取売買の研究》,大連商業会議所,1927 年。

旦睦良、池永省三:《滿洲通貨及金融》上巻,滿洲日日新聞社,1912 年。

東亜同文会:《支那経済全書》第八辑,東亜同文会編纂局,1909 年。

東亜同文書院:《清国商業綜覽》第二巻下,丸善株式会社,1908 年。

東亜同文会:《支那經濟全書》第三辑,丸善株式会社,1907 年。

宮下忠雄:《中国幣制の特殊研究:近代中国銀両制度の研究》,日本学術振興会,1952 年。

関東都督府:《満洲ニ於ケル期糧ト銀市》,國光社,1906 年。

関東都督府陸軍部:《明治三十七八年戦役 満洲軍政史》第五、七、九巻,小林又七印刷所,1915 年。

関東都督府陸軍経理部:《満州一般誌草稿》,関東都督府陸軍経理部, 1911 年。

関東都督府民政部:《満蒙経済事情》第 8 號,関東都督府民政部, 1917 年。

関東都督府民政部庶務課:《満洲穀物取引慣習一班草稿》,満洲日日新聞社,1910 年。

関東庁大連取引所:《銭鈔統計》,関東庁大連取引所,1934 年。

関東州民政署:《満州産業調査資料》(綿布及綿糸),國光社,1905 年。

河野文一:《北清各港視察報告書》,河野文一,1899 年。

横浜税関:《清国芝罘、威海衛、旅順口、青泥窪、牛荘、膠洲及上海視察報告書》,横浜税関,1903 年。

横浜正金銀行大連支店:《満州に於ける通貨及金融》,横浜正金銀行大連支店,1914 年。

横浜正金銀行調査课:《大連を中心として見たる満州の金融、為替、貿易》,横浜正金銀行大連支店,1927 年。

加藤末郎:《清国出張復命書》,農商務省商工局,1899 年。

加悦秀二:《大連に於ける特産物の取引及採算》,南満州鉄道株式会社,1931 年。

江夏由樹ほか:《近代中国東北地域史研究の新視角》,山川出版社, 2005 年。

金融研究会:《満州国幣制と金融》,金融研究会,1932 年。

近代中国研究委員会:《近代中国研究》第一輯,東京大学出版会, 1958 年。

栃倉正一:《満洲中央銀行十年史》,満洲中央銀行,1942 年。

柳沢遊:《日本人の植民地経験:大連日本人商工業者の歴史》,青木書店,1995 年版。

満鉄調査課:《大連を中心として観たる銀市場と銀相場の研究》,南満洲鉄道株式会社,1930 年。

満鉄調査課:《満洲経済統計》,南満洲鉄道株式会社,1927 年、1928 年、1932 年。

満鉄経済調査会:《満洲通貨統計 B 貨幣相場編》,南満洲鉄道株式会社,1932 年。

満洲経済研究会:《満洲国通貨問題の研究並に資料》,満洲経済研究会,1935 年。

南満州鉄道株式会社哈尔浜事务所调查课:《浜江証券粮食交易所:哈调小册子》,南満洲鉄道株式会社,1926 年。

南満洲鉄道調査課:《南満州経済調査資料第六 営口》,南満洲鉄道調査課,1911 年。

南満洲鉄道庶務部調査課:《満洲に於ける日本取引所》,南満州鉄道株式会社,1928 年。

南満洲鉄道株式会社産業部:《満洲会社考課表集成(商業金融編)》,南満洲鉄道株式会社,1937 年。

南満洲鉄道株式会社地方部勧業課:《満洲大豆》,満蒙文化協会,1920 年。

南満洲鉄道株式会社調査課:《南満洲経済調査資料第三 鉄嶺 北山城子 海龍城 朝陽鎮 大疙瘩 掏鹿 開原城 附開原驛》,南満洲鉄道株式会社,1911 年。

南満洲鉄道株式会社社長室調査課:《大連建値問題》,南満洲鉄道株式会社,1922 年。

南満洲鉄道株式会社庶務部調査課:《在満日本取引所に関する諸問題》,南満洲鉄道株式会社,1929 年。

農商務省農務局:《大豆其他ノ豆類ニ関スル調査》(農務彙纂第七十四號),日本農会,1919 年。

農商務省商工局:《満洲商工業調査報告書》,農商務省商工局,1906年。

日清貿易研究所:《清国通商綜覧》第2编,日清貿易研究所,1892年。

三井銀行上海支店:《支那為替投機業者論》,内山書店,1927年。

山川勇木:《清国出張復命書》,横浜正金银行,1899年。

山吉盛義:《清国広東省汕頭並潮州港情況》,外務省通商局,1903年。

山口寛雄:《満州産大豆油粕の内地に於ける消費の現在と将来》,南満州鉄道株式会社哈爾賓事務所調査課,1923年。

山田鎗之助:《満州貿易案内:附・地理大要》,南陽堂,1895年。

商工省貿易局:《満洲貿易事情 前篇》,商工省貿易局,1934年。

神戸商業大学商業研究所:《海外旅行調査報告 昭和6年 夏期》,神戸商業大学商業研究所,1931年。

守田利遠:《満洲地誌》中巻,丸善株式会社,1906年。

拓殖局:《拓殖局報第二十五 大豆ニ関スル調査》,博文館,1911年。

外務省通商局:《通商彙纂》第60號,博文館,1905年。

外務省通商局:《満洲ニ於ケル通貨事情》,外務省通商局,1919年。

外務省通商局:《満洲事情》第2辑(第1回,牛荘、安東),外務省通商局,1911年。

外務省通商局:《満洲事情》第4辑(第2回,牛荘),外務省通商局,1921年。

外務省通商局:《清国商况視察復命書》,元真社,1902年。

外務省通商局:《清国事情》第2輯,1907年。

外務省通商局:《鉄嶺事情》,外務省通商局,1908年

務省通商局:《満洲ニ於ケル通貨事情》,外務省通商局,1919年。

篠崎嘉郎:《満洲金融及財界の現状》上巻,大阪屋號書店,1927年。

篠崎嘉郎:《満洲金融及財界の現状》下巻,大阪屋號書店,1928年。

営口軍政署:《営口軍政志》,小林出張所,1907年。

羽賀哲治:《富の満州》,末広堂,1906 年。

支那調査会:《支那通商》,文献社,1901 年。

支那経済研究会:《大連ヲ中心トスル上海日本爲替三角關係》,内山書店,1930 年。

織田一:《支那貿易》,東京専門学校出版部,1899 年。

中村桂次郎:《日清貿易策》,日本経済社,1902 年

中島宗一:《滿蒙に於ける各国の合弁事業》(第二輯,調査報告書第 16 卷),南滿洲鉄道株式会社,1922 年。

中島宗一:《滿州国に於ける商工団体の法制的地位:在滿邦人商工会議所及び滿人商会に就て》,南滿州鉄道株式会社,1937 年。

塚瀬進:《中国近代東北経済史研究:鉄道敷設と中国東北経済の変化》, 東方書店,1993 年。

佐田弘治郎:《大連に於ける特産物の取引及採算》,南滿州鉄道株式会社,1931 年。

(二)日文期(报)刊

加藤繁:《康熙乾隆時代に於ける滿州と支那本土との通商について》,《支那経済史考証》,東洋文庫,1953 年。

宮下忠雄:《営口過炉銀の研究》,《神戸経済大学創立五十周年記念論文集》,1953 年第 1 号。

宮田道昭:《19 世紀後半期、中国沿岸部の市場構造—“半植民地化”に関する一視点》,《歴史学研究》,1986 年第 550 号。

向井鹿松:《関東州特に大連取引所制度の生成—関東州取引所制度論》,《三田学会雑誌》,1928 年第 22 卷第 11 号。

香坂昌紀:《清代前期の沿岸貿易に関する一考察——特に雍正年間・福建—天津間に行われていたものについて》, 東北大学文学会《文化》,1971 年第 35 卷第 1、2 号。

山本進:《清代東銭考》,《史学雜誌》,2005 年第 114 編第 3 号。

山本進:《清末東三省幣制:抹兌と過帳》,《九州大学東洋史論集》,2007 年第 35 号。

山本進:《清末民初奉天における大豆交易:期糧と過炉銀》,《名古屋大学東洋史研究報告》,2007 年第 31 号。

山本早苗:《営口の過炉銀》,《愛知県立大学大学院国際文化研究科論集》,2008 年第 9 号。

小瀬一:《十九世紀末中国開港場間流通の構造:営口を中心として》,《社会経済史学》,1989 年第 54 巻第 5 号。

深見泰孝:《満洲証券取引所の設立と日系証券業者の満洲進出について》,《証券経済研究》,2013 年 12 月,第 84 号。

水内俊雄:《植民地都市大連の都市形成——1899~1945 年》,《人文地理》,1985 年第 37 巻第 5 号。

石田興平:《営口における過炉銀の基調とその推移》,《彦根論叢》,1962 年第 5 号。

石田興平:《営口における過炉銀制度の成立と機構》,《彦根論叢》,1962 年第 3 号。

石田興平:《営口を中心とする輸出入品の取引と経済循環》,《彦根論叢》,1961 年第 77 号。

石田興平:《清代満州における貨幣流通と経済循環》,《彦根論叢》,1960 年第 70・71・72 号。

石田興平:《清代満州における中国植民地的経済循環の形成》,《彦根論叢》,1959 年第 59・60・61 号。

倉橋正直:《営口の公議会》,《歴史学研究》,1980 年第 481 號。

宋芳芳:《日本租借地時代における大連華人の社会的生活基盤の形成——大連の華商公議会を中心に—》,《環東アジア研究センター年報》,2010 年第 5 号。

塚瀬進:《戦前・戦後満州史研究の成果と問題点》,《長野大学紀要》,2011 年第 32 巻 3 號。

塚瀬進:《満州事変前、大豆取引における大連取引所の機能と特徴》,《東洋学報》,1999 年第 81 巻第 3 号。

内閣官報局:《官報》5052 號,1900 年 5 月 8 日,大蔵省印刷局。

内閣官報局:《官報》5198 號,1900 年 10 月 27 日,大蔵省印刷局。

内閣官報局:《官報》5213 號,1900 年 11 月 15 日,大蔵省印刷局。

内閣官報局:《官報》5348 號,1901 年 5 月 4 日,大蔵省印刷局。

柳沢遊:《在"滿州"日本人商工業者の衰退過程——1921 年大連商業会議所会員分析》,《三田学会雑誌》1999 年第 1 期。

(三)日文档案

《1 大正二年度上半期 諸般政務執行成績 関東都督府 4/第二、農工商業鉱業其ノ他生産業ニ関スル状況》,《関東都督府政況報告並雑報》第九巻,1914 年 5 月 30 日,国立公文書館アジア歴史資料センター,B03041559500。

《3. 明治四十五年大正元年下半期自大正元年十月至同二年三月本府諸般政務ニ関スル状況 4/第二 農工商業鉱業其ノ他生産業ニ関スル状況》,《関東都督府政況報告並雑報 第八巻》,1913 年 11 月 24 日,国立公文書館アジア歴史資料センター,B03041558300 。

《3 大正二年度下半期 諸般政務施行成績 関東都督府 4/第二 農工商業鉱業其ノ他生産業ニ関スル状況》,《関東都督府政況報告並雑報》第九巻,1914 年 12 月 28 日,国立公文書館アジア歴史資料センター,B03041561500。

《関東州取引所令ヲ定ム》,公文類聚・第四十三編・大正八年・第二十五巻・産業・農事・商事,国立公文書館アジア歴史資料センター,A01200172600。

《支那商務総会ニ関シ取調方ノ件》,日本国立公文書館アジア歴史資料センター, B10074345200。

1909 年 12 月日本驻长春领事报告,《各国事情関係雑纂/支那ノ部/長春》第一巻,国立公文書館アジア歴史資料センター,B03050390700。

御署名原本,1913 年 2 月 14 日勅令第六号,《関東州内ニ設立スル重要物産取引市場ニ関スル件》,国立公文書館アジア歴史資料センター,A03020954600。

御署名原本,1915 年 4 月 12 日勅令第五十四号,《大正二年勅令第

六号(関東州内ニ設立スル重要物産取引市場ニ関スル件)中改正》,国立公文書館アジア歴史資料センター,A03021034000。

三井物產牛莊出張所致三井物產株式会社業務課長赤羽克己電函,1919年2月6日,《奉天兑換停止問題一件(営口西義順破産ヲ含ム)》,日本国立公文書館アジア歷史资料センター,B11090661300。

商工局商事课:《明治四十二年自四月至六月三ヶ月間ニ於ケル外国貿易ノ状況》,《外国貿易ニ関スル官民ノ調查報告雑纂》第一巻,農商務省調查/分割1,1909年,国立公文書館アジア歴史資料センター,B10073866400。

小松正则:《満州ト大豆》,《豆及豆粕関係雑件》第一巻,1911年3月1日,国立公文書館アジア歴史资料センター,B11091343300。

小松正则:《長春ニ於ケル大豆事情》,《豆及豆粕関係雑件》第一巻,1910年11月30日,国立公文書館アジア歴史资料センター,B11091343300。

駐牛莊領事酒匂致外務大臣内田第二一號密碼電文,1919年1月31日,《奉天兑換停止問題一件(営口西義順破産ヲ含ム)》,日本国立公文書館アジア歴史资料センター,B11090661300。

駐鐵嶺領事小倉致外務大臣内田第五號密碼電文,1919年2月7日,《奉天兑換停止問題一件(営口西義順破産ヲ含ム)》,日本国立公文書館アジア歴史资料センター,B11090661300。

朝鲜銀行理事木村雄次致外務省政務局长埴原正直函件,1919年2月8日及1919年2月15日,《奉天兑換停止問題一件(営口西義順破産ヲ含ム)》,日本国立公文書館アジア歴史资料センター,B11090661300。

島川毅三郎:《満州二関スル報告書送付ノ件》,1902年4月15日,国立公文書館アジア歴史资料センター,B03050320600

東亜同文会:《東亜同文会ノ清国内地調查一件/営口駐在班ノ部》第三巻,1907年,国立公文書館アジア歴史資料センター,B03050510700。

東亜同文会:《東亜同文会ノ清国内地調查一件/営口駐在班ノ部》第二巻,1907年,国立公文書館アジア歴史資料センター,B03050508300。

東亜同文会:《東亜同文会ノ清国内地調査一件/営口駐在班ノ部》第二卷,1908 年 2 月 29 日,国立公文書館アジア歴史資料センター,B03050509300

日本外務省:《各国事情関係雑纂/支那ノ部/鉄嶺》第二節,国立公文書館アジア歴史資料センター,B03050403000。

日本驻厦门领事馆事务代理副领事森安三郎致外务大臣小村寿太郎的信函,《豆及豆粕関係雑件》第一巻,1909 年 5 月 13 日,国立公文書館アジア歴史資料センター,B11091342200。

英文文献

BPP,Commercial Reports,Newchwang,Vol. 11,1873.

BPP,Return of the Trade the Various Ports of China. 1845—1846, Vol. 40,1847,Foochow.

Christopher M. Isett,State,Peasant,and Merchant in Qing Manchuria,1644—1862. Stanford University Press,2006.

IMC Report,Newchwang,1875.

IMC Report,Newchwang,1876.

Report on Trade at the Treaty Ports in China, 1871—1872. Published by Order of the Inspector General of Customs,Shanghai,1874,Newchwang.

The Chinese Repository,Vol. XV,No. 9,Sept. 1846.

The Maritime Customs,Decennial Reports on the Trade . Published by Order of the Inspector General of Customs,Shanghai,1904,Newchwang: Decennial Report,1892—1901.

The Maritime Customs,Decennial Reports on the Trade,Published by Order of the Inspector General of Customs,Shanghai,1893,Newchwang: Decennial Report,1882—1891.

Y. C. Wang,*Food Supply And Grain Price In The Yangtze Delta In the Eighteenth Century*,in The Second Conference on Modern Chinese

Economic History, Institute of Economics, Academia Sinica, 1989;

Y. C. Wang, *Secular Trends of Rice Prices in the Yangzi Delta*, 1638—1935, in Thomas G. Rawski and Lillian M. Li eds. *Chinese History in Economic Perspective*, University of California Press, 1992, pp. 35—68.

后 记

本书是我所主持的国家社科基金重大项目“近代中国金融市场发展与运行研究”(16ZDA133)的阶段性成果,也是我近年来所重点研究的一个领域,即基于东北地区的货币、信用和贸易关系对近代区域金融市场发展和运行进行考察和探讨。本项研究中所必需的日文资料整理和翻译工作先后由日本武藏野学院大学高宇教授、上海杉达学院王万光老师协助完成。我的博士研究生李裕威和许晨承担了部分内容的助研工作。在此对各位的协助、支持和贡献致以诚挚感谢!

本书的出版先后得到“十三五”国家重点出版物规划项目、国家出版基金项目及上海财经大学专项资金的资助,感谢上海财经大学出版社对《中国经济专题史研究丛书》的策划和支持,感谢责任编辑江玉女士的精心编校和辛勤努力!

燕红忠

2020 年 10 月 3 日